上图：1986 年 11 月 15 日，在戴维营。玛格丽特·撒切尔在听闻 10 月雷克雅未克峰会上美苏双方取得的成果后，坦率地对里根说了自己的不同看法。（里根图书馆协助）

下图：1987 年 6 月，中曾根康弘、玛格丽特·撒切尔、罗纳德·里根、阿明托雷·范范尼、弗朗索瓦·密特朗和赫尔穆特·科尔等在威尼斯七国集团领导人会议上。（Photo by Daniel SIMON/Gamma-Raphovia Getty Images）

上图： 1987 年 6 月，里根站在勃兰登堡门前发表演讲："戈尔巴乔夫先生，推倒这堵墙！"（MIKE SARGENT/AFP/Getty Images）

下图： 1985 年，赫尔穆特·科尔和弗朗索瓦·密特朗举行联合记者招待会。科尔将从东德经济独立的秘密破坏者转变成德国统一的积极推动者；密特朗为这一转变感到不安，但与撒切尔夫人不同的是，他克制住自己没有公开指责。（JOEL ROBINE/AFP/Getty Images）

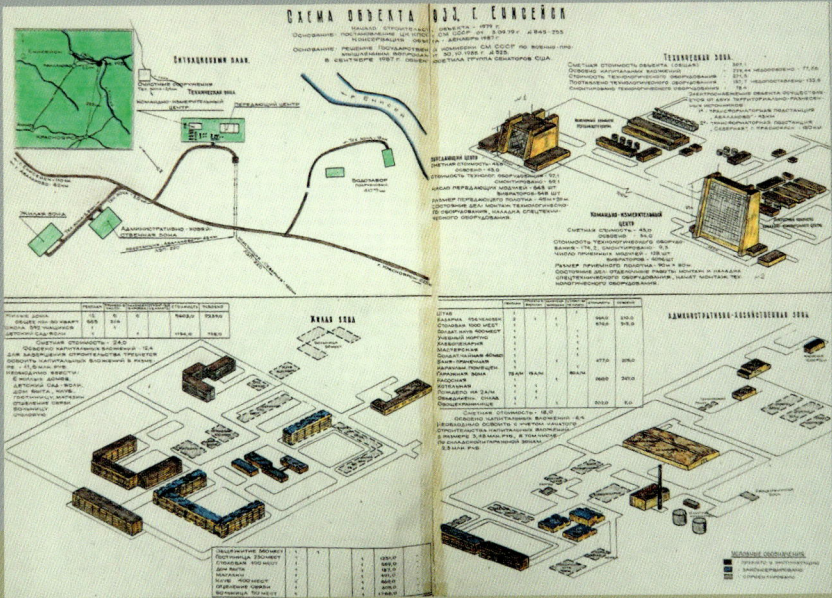

上图： 苏联克拉斯诺亚尔斯克反弹道导弹基地示意图，绘制于 1988 年。右上方标明的是军事技术设施；图纸下半部分标示的是基地人员的生活区域和一栋可容纳 456 人的卫戍部队的建筑。（Kataev Papers，Hoover Institution Archives）

下图： 20 世纪 80 年代，苏联关于部署在美国本土和西欧的美国中短程核导弹发射基地和设备存储基地的秘密地图。这份被苏共中央国防部用旧了的地图凸显了苏联对以美国为首的北约发起核攻击的恐惧。（Kataev Papers，Hoover Institution Archives）

上图： 1987 年 12 月，美国副总统布什陪同热情洋溢的戈尔巴乔夫现身于华盛顿的一条街道上。（Images Gro/REX Shutterstock）

下图： 1987 年 12 月华盛顿峰会上，里根和戈尔巴乔夫签署了《中程导弹条约》。在获得美国参议院和苏联最高苏维埃的批准后，条约在 1988 年 6 月的莫斯科峰会上正式生效。（Photo by Dirck Halstead/The LIFE Images Collection/Getty Images）

上图： 1988 年 6 月，里根在莫斯科国立大学发表演讲，他后上方那尊不太和谐的雕像正是苏联的奠基人弗拉基米尔·列宁。（Photo by Dirck Halstead/The LIFE Images Collection/Getty Images）

下图：1988 年 9 月，舒尔茨和谢瓦尔德纳泽在白宫玫瑰园会面，这是他们职业生涯中最后几次正式会面中的一次。（Photo by Diana Walker/Time Life Pictures/Getty Images）

上图： 1989 年 12 月在马耳他峰会上，乔治·布什总统与戈尔巴乔夫总书记的心情都不错。詹姆斯·贝克和爱德华·谢瓦尔德纳泽充满期待地站在布什的左边；亚历山大·雅科夫列夫友善地注视着戈尔巴乔夫。（Photo by Dirck Halstead/The LIFE Images Collection/Getty Images）

下图： 1990 年 6 月，西方国家领导人在七国集团休斯敦峰会上：雅克·德洛尔、朱利奥·安德烈奥蒂、海部俊树、玛格丽特·撒切尔、赫尔穆特·科尔、弗朗索瓦·密特朗、乔治·布什和布莱恩·马尔罗尼。只有科尔为戈尔巴乔夫和对苏联实施经济援助说好话。（Photo by Dan Ford Connolly/The LIFE Images Collection/Getty Images）

我们就不会有汽车或者电影产业。举例来说，总统先生，你注意到他们的清单上写着，地磁遮蔽加速器（electromagnetic masked accelerator）要被限制在 1.2 克每英寻。毫无疑问，这太严苛了。[23]

他的吹毛求疵让大家忍俊不禁。[24] 显然，他越来越意识到，自己是一种已经失了势的政治力量。此时白宫正朝着签署一份条约的方向推进。里根想让谈判取得成功。

总统同意让舒尔茨飞往莫斯科，讨论仍在阻碍条约顺利达成的难题。10 月 23 日，舒尔茨与戈尔巴乔夫见了面，并再次明确战略防御计划是不可改变的。戈尔巴乔夫回应说，如果这就是美国的态度，那么他飞越大西洋前往华盛顿没有任何意义。他建议在两国首都中间的某地与里根见面，而不是召开一次华盛顿峰会。[25] 显然，他希望表现得强硬一点能迫使美国做出让步。[26]

当舒尔茨明确表示他不会改变态度时，戈尔巴乔夫不得不重新思考。他的难处——他知道舒尔茨明白——就是和里根一样，迫切地想要一份条约。这让他失掉了讨价还价的筹码。他干脆地反对华盛顿作为峰会地点，并转向讨论实际问题。双方试着制定出一个共同的标准，来评估他们在中程和短程武器上的能力；他们还逐渐接近在核查程序上达成一致。但正如戈尔巴乔夫指出的那样，战略核武器和《反弹道导弹条约》问题依然悬而未决。他谴责华盛顿的不妥协态度，并呼吁美国人在未来十年内，继续遵守《反弹道导弹条约》；他还主动提出就哪些装备允许部署在外太空进行谈判。为表诚意，他说他会考虑暂停克拉斯诺亚尔斯克雷达站；但是，他拒绝了坎佩尔曼在日内瓦的主张，即将战略武器和战略防御计划分开谈判。[27]

戈尔巴乔夫和舒尔茨都认为，他们至少为达成中程核导弹条约奠定了基础，另外，苏联方面呼吁戈尔巴乔夫出访华盛顿要受到最高级别的待遇。经历了莫斯科的政治动荡之秋，戈尔巴乔夫试图通过国际赞誉来提升自己的形象。他的助理们要求他得到在美国国会联席会议上发表演讲的邀请。对一个美国保守主义政府而言，这是难以实现的。[28] 工作组还没有解决阻碍条约达成的几个难题，里根非常谨慎地在为谈判做准备。戈尔巴乔夫身边的人也同样小心翼翼。在飞往美国途中，戈尔巴乔夫团队的一员开玩笑说："如果哪位将军得知谁在这架飞机上，他会发射一枚导弹，改革也就此终结了。"[29] 这个笑话说的是苏联最高统帅部可能采取的行动。所有人都大笑了起来，他们都抱着戈尔巴乔夫将继续掌控局面的希望。说得委婉些，大西洋两岸都面临很多风险，里根和戈尔巴乔夫谨慎地对待这次峰会是明智之举。

峰会于 1987 年 12 月 8 日召开，一切尚未准备妥当。苏联代表团来到了华盛顿，但是拒绝提交其 SS-20 导弹的技术照片。而条约草案正是要求销毁所有这类导弹。苏联谈判者解释道，SS-20 导弹是在一种罐子里面组装的，他们没有办法拍照。鲍威尔不想再追究，但是其他美国官员不打算让步，舒尔茨也是这种态度。苏联谈判者认识到，如果他们想要签署条约，就不得不妥协。[30]

他们照做了，这为在白宫举行签字仪式扫除了障碍。这是一个历史性时刻。两个超级大国不仅仅是限制，而是将一整类的核武器从它们的武器装备中清除了。里根和戈尔巴乔夫在白宫东厅签署了条约——只剩下批准生效程序了。第二天，12 月 9 日，里根在舒尔茨和卡卢奇的陪同下，与戈尔巴乔夫举行了会谈。他明确表示美国接受将战略弹道导弹数量削减一半的目标。尽管戈尔巴乔夫对战略防御计划有所抱怨，但只是敷衍地说了几句；他不再尝试在军备控制上取得更多的进展，条件是里根同意废弃其最心爱的计划。他只是想表达，如果美国人继续防御计划的部署工作，那么克里姆林宫将下令开发和建造更具杀伤力、足以摧毁任何防御系统的新型导弹。此外，他还重申他准备将苏联部队撤出阿富汗。虽然拒绝为撤军设定明确的日期，但他承诺将很快执行。作为回报，他要求美国不得再为"圣战者"组织提供援助。里根拒绝了这一请求：他找不到任何理由让美国不去帮助那些反抗苏联建立的非法政权的人。[31]

双方的交流总体来讲是积极而友好的，尽管舒尔茨认为在戈尔巴乔夫试着解释他希望重建苏联社会时，总统讲一个自己最喜欢的关于苏联的笑话是很不明智的。舒尔茨直白地说："总统先生，不要说了。戈尔巴乔夫做了一番充满激情、积极乐观的讲话，而你却讲一个侮辱他的笑话。"里根不以为然：他用幽默的方式来强调自己的想法——苏联政府需要承认个体权利，而且他并不介意这是否会冒犯他们；舒尔茨慢慢地开始欣赏总统的这种态度。[32]

里根认为这是"与苏联最好的一次峰会"。[33]他在12月11日早餐时间，就是这样对民主党和共和党领袖汇报的。美国民意调查显示，他的支持率在上升。他受到了各界人士的赞扬。在他和戈尔巴乔夫宣布就中程核武器签署条约之后，整个世界似乎都变得更加安全了。里根电话告知了东京、巴黎和伦敦的领导人。[34]他和舒尔茨都对削减军备取得更多进展的前景感到非常乐观。在峰会上，美国还提出了一个严肃的承诺：舒尔茨表示，美国人可能愿意在接下来的几年遵守《反弹道导弹条约》，放弃进行战略防御计划试验的自由。戈尔巴乔夫欢迎任何拖延部署的想法，进而表示苏联不会反对美国在条约期限结束时部署战略防御系统。这就为制定一份新的战略核武器条约开辟了一条可能的道路。12 月 13 日，舒尔茨向全世界发表了一份兴高采烈的声明。他说，要是双方谈判代表团在日内瓦能够加速推进工作，说不定在下次莫斯科峰会时，就能签署一份草约了。[35]

在前往布鲁塞尔参加北约外交部部长会议时，舒尔茨警告说不要过分乐观："现在说苏联的制度及其与世界打交道的方式会产生根本性的改变，还为时过早。"[36] 然而，峰会毫无疑问取得了成果，舒尔茨为此感到自豪。会议上，各国一致认为美国参议院应尽快批准《中程导弹条约》，不得拖延。[37] 舒尔茨对参议院外交关系委员会说，里根的强硬态度已经证明，美国永远不会在涉及重要利益的问题上让步。他预料白宫和北约盟友之间不会有什么分歧和麻烦。[38] 他写信给参议院民主党党魁罗伯特·伯德（Robert Byrd），承诺说会向参议员们提供机密信息，让他们相信政府没有任何隐瞒。他还愿意公开美苏谈判的所有录音。[39] 参议员伯德和纳恩友好地回了信，舒尔茨又承诺政府将坚持其对条约条款已经公开的解读。这将避免条约出现会引起参议院不安的突然偏离。[40]

舒尔茨为在里根离任前进一步签署关于战略武器的条约而努力工作。[41] 美苏已经同意夏天在莫斯科举行峰会。1988 年 2 月 9 日，美国国家安全规划小组召开会议为此次峰会筹划战略。总统说："我不会为了达成协议而盲目地促成共识。"[42] 鲍威尔预测峰会会陷入困境。[43] 连舒尔茨也表达出不安时，里根感叹道：

> 按照我过去作为劳工谈判代表的经验来看，也许我们必须这样做；我们必须争取最好的结果。你们需要写下理想的

条约是什么样子的。写完你们就能够决定我们的底线应该在哪里——我们可以放弃什么，不可以放弃什么；而且哪些东西是不可讨价还价的。[44]

他鼓励官员们为了胜利打一场硬仗。国防部部长卡卢奇却试图浇灭人们的热情。他报告说，他和参谋长联席会议主席威廉·克罗（William Crowe）在国会里听到了越来越多的担忧：总统可能会匆忙而草率地签署一份条约。[45] 白宫办公厅主任贝克说，政府需要保持团结一致。[46] 舒尔茨强调说，"苏联也想批准这份条约"；他请求会上的每个人都同意批准条约。鲍威尔说他可以相信舒尔茨的话。[47]

戈尔巴乔夫希望保持良好的势头，正如他在 2 月 25 日向政治局解释的那样：

> 没错，我们已经在军事战略上与美国势均力敌。没有人思考过我们为此付出了多少代价。但我们真的应该算一算。众所周知，如果不大幅度削减军费开支，我们就不可能解决经济改革中的问题。势均力敌就是不相上下，我们必须保持住。但是，削减军备也同样是必不可少的。而且现在就出现了这样一个机会。[48]

他呼吁对战略防御计划进行适当的科学分析：它究竟是"虚张声势还是一种事实"？只有在这一问题被权威地解答之后，才能制定"唯一正确的政策"。他还补充说，必须创造出一种真正可靠的和平："人们还记得 1941 年呢！"[49]

然而，美国参议院迟迟没有批准中程核武器条约。前国务卿基辛格虽然对条约颇有微词，但也觉得除了签署，别无选择。[50]
并不是所有的保守派人士都能这么审时度势。军事委员会的年轻参议员丹·奎尔（Dan Quale）就抨击条约损害了美国的国家利益。[51] 参议员杰西·赫尔姆斯（Jesse Helms）也制造了麻烦，这位资深共和党人正是凭借反对任何与苏联和解的举措而为人们所知。舒尔茨出现在参议院外交委员会时，赫尔姆斯就谴责政府向公众说明条约时，充斥着"迷惑、虚假……甚至欺骗"。舒尔茨忍无可忍。他直接质问赫尔姆斯是不是意在指控他故意歪曲事实。虽然赫尔姆斯退缩了，但舒尔茨仍然怒气冲冲："我不知道我来这里做什么！"这句话激起了赫尔姆斯的反击："你得明确为什么来到这里。"民主党中的资深参议员插话进来，帮舒尔茨解了围。但是，民主党人并不是全心全意地帮忙，因为他们想要否决总统有权对批准后的条约进行重新解释；但无疑，他们是赞成批准条约的。[52]

3月，美国参议员纳恩、科恩、莱文和沃纳在莫斯科会见了戈尔巴乔夫，希望推动这一进程。当戈尔巴乔夫畅言要建立一条没有核武器和化学武器的欧洲"走廊"时，纳恩解释说，除非苏联把坦克也撤走，否则美国人对此是不会有兴趣的。在呼吁美国遵守《反弹道导弹条约》的同时，戈尔巴乔夫居然试图否认他的科学家们正在研究能够应对美国战略防御计划的武器系统。[53] 这不是一次和气融融的会议。但它至少让两种政治制度得以更深入的交流和了解彼此。

9天后，谢瓦尔德纳泽到达了华盛顿。两国代表团在国务院见了面，并针对人权、地区性冲突、军备控制和美苏双边关系等议题分成不同的谈判小组。[54] 谢瓦尔德纳泽要求舒尔茨承认苏联国内正在取得的进步："到处都是新耕过的泥土的味道。"他为苏联精神病医院所进行的改革感到自豪，与此同时，也严厉批判了美国在种族主义方面的记录。他批评美国企图扩大对《反弹道导弹条约》的解释。舒尔茨丝毫不让步。[55] 但因为战略核武器问题仍然悬而未决，让人担忧，所以舒尔茨决定在 4 月下旬赴莫斯科谈判。他带着鲍威尔和一个大团队到了莫斯科，但是苏联领导层拒绝在有争议的议题上妥协。舒尔茨观察到，"人们已经松开了手中的桨"。他和他的团队推测，克里姆林宫正集中精力应对国内紧张的政治局势。谢瓦尔德纳泽给出的理由则是，苏联无力帮助美国结束两伊战争，因为他们担心在苏联军队撤离阿富汗时，伊朗人会制造事端。但是在尼采看来，这并不足以解释苏方为何停止向前推进核武器谈判。舒尔茨总结说，在莫斯科峰会召开之前起草一份战略武器条约是不可行的了。他和谢瓦尔德纳泽一致同意利用整个夏天及之后的时间继续研究和推进条约起草工作。[56]

他们之间的合作将经历更多的复杂性。舒尔茨到达莫斯科当天，里根在斯普林菲尔德市向西马萨诸塞州世界事务委员会做演讲，并就苏联说了一些直率的想法，指责苏联的政治体制。[57] 这一直都是他的理念，他的话再次证明了他的保守主义政治根基。这些话没有让戈尔巴乔夫在苏联的日子好过一些。

不幸的是，白宫并没有将斯普林菲尔德讲话告知舒尔茨。4 月 23 日，他发现戈尔巴乔夫怒气冲冲。戈尔巴乔夫想知道里根是不是改变了其对苏政策。舒尔茨因没有拿到讲话的文本而陷入了尴尬的境地。他想，总统的撰稿人忽视了外交关键时刻的敏感性。[58] 舒尔茨别无选择，只能坐下来听任戈尔巴乔夫发泄自己的怒气，之后再说服他相信里根真的是怀着善意。除此之外，他还指出众议院以 393 ∶ 7 的投票结果，通过了《中程导弹条约》。谈判的气氛逐渐明晰起来。[59] 舒尔茨向里根报告说："今天，戈尔巴乔夫一会儿兴致高昂，一会儿陷入沉思，一会儿又幽默风趣。"[60] 但是他希望将注意力集中在即将召开的峰会上，再来一场斯普林菲尔德演讲无疑将让它夭折。舒尔茨表达了自己的忧虑之后，回忆起他最初上任国务卿一职时，里根给了他一块玻璃板，上面刻着："心无所累，行者无疆。"[61]

不幸的是，美国参议院仍未完成其审议工作。在 5 月 10 日的日内瓦谈判上，舒尔茨向谢瓦尔德纳泽表达了自己对此延迟的不满。谢瓦尔德纳泽回复道："对我们而言，这已经出乎我们的意料了。"中国人向沙特阿拉伯出售弹道导弹的消息同样搅动着他的思绪。舒尔茨和谢瓦尔德纳泽同意就此问题进行协商。[62]

5 月 23 日，里根对国家安全规划委员会说："我想尽可能在离开时留下一个完整的、连贯的削减军备立场。"[63] 舒尔茨承认说："现在我们能做的唯一正确之事就是聆听、保留选择的余地，以及寻找合适的机会。"[64] 他发誓坚定不移地执行战略防御计划，并保证必须拆除克拉斯诺亚尔斯克雷达站，以换取美国的支持。他主张，继续遵守《反弹道导弹条约》符合美国的利益。[65] 国防部部长卡卢奇斩钉截铁地说："我在这里告诉你，乔治，如果你查出雷达站没有关闭，并且你不宣布苏联这样做是实质性违约的话，那么你就永远不会看到一份（削减战略核武器）条约！"总统国家安全事务助理鲍威尔警告说，如果对苏联有任何示弱，参议员赫尔姆斯就会提出控诉。总统的军控问题特别顾问罗尼建议告知戈尔巴乔夫，美国在克拉斯诺亚尔斯克问题上的立场是不可协商的。舒尔茨回应道："你怎么可能在声称存在重大违约的同时，仍然坚持保留《反弹道导弹条约》呢？而且顺便说一句，我们称苏联那样做是重大违约，苏联人也会拿我们的菲林戴尔斯说事。"卡卢奇喋喋不休，直到舒尔茨自愿说出大家"达成了一致：

除非克拉斯诺亚尔斯克雷达站关闭，否则就不会有削减战略武器条约"。[66]

不论是美国政客还是苏联领导人，都没有指望在莫斯科峰会上就战略核武器做出最终决定。"五巨头"着手为戈尔巴乔夫起草建议时，除了建议他注意美国政治右翼给里根施加的政治压力之外，没有给出其他的指导意见。[67]这种模糊性给了戈尔巴乔夫一定的个人主动性。他打算给予他自己在华盛顿所感受到的那种自由。里根将向莫斯科国立大学的学生发表直播的、不经任何审查的演讲。另外，戈尔巴乔夫还有一个想法，即他和里根在红场上的人群中散步。他相信俄国民众会表现得不失尊严和体面。[68]美国人可以邀请任何他们喜欢的人去参加他们大使馆的聚会：戈尔巴乔夫想要证明苏联的确发生了根本性的变化。莫斯科很干净，但有些单调，戈尔巴乔夫下令给建筑物的外观增色。警察赶走了中心区旅游酒店里的妓女。当局决心让美国总统的 800 名官员和 3300 名记者看不到生活在法律之外的苏联人。[69]

最终在 5 月 27 日，参议院以 93 : 5 的投票结果批准了条约。苏联的最高苏维埃则以全体一致的掌声批准了条约。这就确定了峰会的召开，总统和第一夫人立刻飞往莫斯科，在 5 月 29 日乘坐"空军一号"抵达了伏努科沃机场。

谢瓦尔德纳泽在当天晚上迎接了舒尔茨的到来。当舒尔茨为没能起草战略武器的草约表示遗憾时，谢瓦尔德纳泽回应说，至少他们已经打下了基础。他还补充说戈尔巴乔夫也持这样的态度——而且阿赫罗梅耶夫也是支持他的。工作随即开始。[70]没有人指望会在年底前完工——而且到那时，里根的总统任期也行将结束。谢瓦尔德纳泽在谈到其他问题时，提到了其所谓的美国滥用权力问题。他说他听说美国有 1.1 万名政治囚犯。但是正如他承认的那样，他没有具体名单，也不可能说出其指控的依据。[71] 谈到阿富汗时，他变得更加自信一些。他对巴基斯坦违反《日内瓦公约》(Geneva Accords) 表示惋惜；他评论说，戈尔巴乔夫将阿富汗问题视为超级大国解决地区冲突能力的"试金石"。莫斯科遵守公约与否将取决于伊斯兰堡的所作所为。[72] 舒尔茨没有对这一隐含的威胁做出回应，只是重申了拆除克拉斯诺亚尔斯克早期预警雷达站的要求。谢瓦尔德纳泽曾私下就此给了承诺，但是舒尔茨要的是苏联的行动。在谢瓦尔德纳泽巧妙地把这一话题交给阿赫罗梅耶夫详细阐述之前，这真是一个棘手的时刻。[73]

在地区冲突工作组里，成员们交流了关于南非的信息——而且阿达米申强调说，除非结束种族隔离，否则这一地区不会有和平。[74] 苏联官员们强调说，无论如何，外国军队都应撤离安哥拉：他们在此将古巴人也包括在内。[75] 至于柬埔寨，双方都反对曾实施种族屠杀的波尔布特政府重新掌权。美国人指出，仅仅是越南军队的完全撤离就能让中国满意。[76] 美国人"还在找冲突的关键点"。[77] 而事实上，很多冲突都超出了美国或者苏联的直接控制。就朝鲜而言，没有人知道怎样让金日成缓和紧张的局势。中东的局面更令人担忧。[78] 美国人反对继续为尼加拉瓜提供军事物资。[79] 苏联官员们则反驳说，巴基斯坦正向阿富汗边境运送武器，这是在对《日内瓦公约》的系统性破坏。美国人对此指责不理不睬。如果苏联同意终止援助阿富汗的共产主义政府，他们或许听着会有些许认同。[80] 美国人补充说，"圣战者"组织正在用从阿富汗共产主义者那里缴获的武器战斗，而那些武器正是莫斯科长期以来坚持运送过去的。美国的首选解决方案是苏联停止给他们的阿富汗客户输送武器。[81]

美苏双方虽有分歧，但没有论战起来。最平心静气的交锋发生在两国国防部部长亚佐夫和卡卢奇之间。根据卡卢奇的看法，华约的武力部队存在入侵西欧的结构性倾向。亚佐夫回应说，苏联的军事原则是防御性的；他引用了这方面的官方声明，并问道为什么美国领导人不相信他们。阿赫罗梅耶夫展开了一幅地图，上面标示着位于苏联边境地带的所有美国军事基地。如果美国感觉受到了威胁，那么苏联也是如此。卡卢奇让亚佐夫理解宛如一个"岛屿国家"的美国的后勤部署需要。亚佐夫本想发问加拿大人和墨西哥人对这种地理概念作何感想，但是忍住了。卡卢奇的主要观点在于，美国的武力部署致力于抵御攻击，而不是发起进攻。让所有人吃惊的是，阿赫罗梅耶夫居然承认苏联军队的结构具有进攻性的特征。他要求卡卢奇认可苏联对实施军事改革的真心实意。他接着说道，改革无疑需要时间。他对卡卢奇开玩笑说，中情局一定已经报告过苏联军队采取的转向防御性姿态的行动。亚佐夫指出，最近在东德举行的军事演习完全是出于防御考虑。[82]

/ 298

尽管这些事情在峰会期间上演，但是聚光灯仍然照在里根身上。他的魅力与和蔼几乎征服了每一个在莫斯科见到他的人。他所到之处，人们无不振奋欢呼；唯一让他恼火的是，在他们夫妇突然出现时，苏联安全机构对聚集在街上的一些人非常粗暴无礼。[83]他和南希住在美国大使馆，并不得不遵从一些日常的反间谍措施。正如在雷克雅未克所经历的那样，他进到"气泡"里面与其同行团队达成战术上的一致。[84]几乎没有什么新事情需要做决定。《中程导弹条约》文本已经在华盛顿峰会时达成共识：只待签署进入最终的行动阶段。

在第一次私下会面时，里根像一个朋友一样对戈尔巴乔夫说话，他恳求在俄罗斯东正教之外的地区实行宗教的自由化。戈尔巴乔夫拒绝了这一请求。但是，谈话仍然友善地进行着，并且双方同意称呼彼此为米哈伊尔和罗恩。[85] 在 5 月 30 日他们第二次单独会面时，戈尔巴乔夫从他的办公桌抽屉里拿出了苏联市民写的信，信中都是在祝贺他们让世界走向和平。一些人甚至为了纪念总统，而给他们的孩子取名罗纳德。里根非常感动，并主动提出要亲自给他们回信。随后，他用温和的口吻向戈尔巴乔夫介绍了自由企业和竞争的好处。戈尔巴乔夫也认为，传统的国家垄断已经在苏联发挥不了什么作用。克拉斯诺亚尔斯克唯一的联合收割机工厂一直在生产质量低劣的机器，直到政府拒绝为它提供资金纾困。现在，他声称，生产的机器质量已经达到了让人满意的水平。戈尔巴乔夫告诉里根，他的全部目的在于实行一种新型的社会主义。他确信人民会支持他的。他沉醉于苏联将会发生的变化，并说苏联"是世界上争论最多的国家"。他否认他想把整个社会捋得像一块木板那样平整——为了强调这一点，他还用手掌拍了拍咖啡桌。[86]

5 月 31 日，里根在莫斯科国立大学发表演讲。他用一种长辈的口吻写了这篇演讲稿。他的主题是自由、和平与合作。他清晰地回忆起电影《虎豹小霸王》中两个逃犯（布奇和圣丹斯）站在悬崖边俯瞰河流的场景。布奇催促着圣丹斯跳下去。圣丹斯说他不会游泳。但是，他们都跳了下去，最终幸存下来。里根把这一情节比作"苏联的改革和它的目标"。他希望苏联的改革一切顺利。

戈尔巴乔夫和里根一样，都是善于引起公众注意的人。当天，他们按计划在红场散步时，戈尔巴乔夫抱起一个小男孩，让他与里根爷爷握握手。总统表现出了其特有的优雅风度。正当他们从司帕斯基城门（Spasski Gate）进入克里姆林宫时，一群记者为了引起他们的注意而大叫起来。他们提出的一个问题是："总统先生，您仍然认为您是在一个邪恶帝国吗？"里根简单地答道："不，我当时说的是另一个时间和另一个时代。"[87] 那个"不"字在全世界的电视和新闻上转播。这确实是一项重要的声明。一位曾经猛烈诋毁苏联的总统正在和总书记散步，好像一切都再正常不过了。美国保守党人担心他们的总统拜倒在苏联领导人的魅力之下。他们还感到不安的是，即便里根对戈尔巴乔夫诚意的判断是证据确凿的，这也保证不了他会长期执政。5 月 31 日，舒尔茨回答了 NBC 新闻的汤姆·布罗考一个与此相关的问题。他没有对总书记的未来任期做出评论，而是向美国观众保证，总统坚持尽快与苏联达成进一步的协议是正确的。[88]

6 月 1 日，戈尔巴乔夫和里根来到克里姆林宫的弗拉基米尔厅签署条约。美苏两国的高官显贵都出席了会议。参议员多伊尔（Doyle）和伯德已经乘飞机前来，围着里根的是舒尔茨、卡卢奇和鲍威尔，而戈尔巴乔夫则把整个政治局都带了过来。在挨着赖莎·戈尔巴乔夫坐下之前，南希·里根亲吻了舒尔茨。按照计划，签署时间是在中午。里根向美国参议院的支持表示了感谢，美国方面并没有忘记政治。[89] 意想不到的事情发生了。美国和苏联不仅仅同意限制各自持有的核武器数量，还打算销毁整个类型的弹道导弹。自莫斯科部署 SS-20 导弹，而华盛顿以潘兴 -2 导弹作为回应以来，世界就处于危机之中。《中程导弹条约》一举消除了这类武器让欧洲遭遇末日之战的威胁。美苏双方都认为这一重大进展只是迈向全面削减核武器进程的第一步。

　　大家都知道，西欧国家领导人一致接受了莫斯科峰会的结果。但他们的心里依然充满怀疑。密特朗直白地警告里根说，《中程导弹条约》没有为抵抗苏联在常规武器数量方面的优势提供保障。法国人、英国人和西德人都认识到，美苏终极的意愿是在达成战略导弹的协议方面取得进展，但是他们要求里根将注意力从核导弹上移开。[1] 密特朗采取行动，秘密下令扩大法国的化学武器计划。[2] 里根与戈尔巴乔夫走得越近，北约国家就越焦虑，它们唯恐西欧可能最终会受到苏联的欺凌，甚至侵略。东西和解显然暗藏着危险。

　　美国总统知道，他能够完全信赖的欧洲国家领导人寥寥无几。尽管密特朗坚决反对苏联对西方安全的威胁，并希望保留美国在欧洲的军事存在，但是他不喜欢战略防御计划，不赞成让苏联瓦解。他的国家决然不加入北约。除此之外，他还领导着一个社会主义政党——绝不是一个能对里根有吸引力的政治组织。西德的赫尔穆特·科尔，一位基督教民主党人，更有可能成为美国政府的合作伙伴，而且他已经敏锐地意识到华约国家对其边境造成的威胁。正如他对密特朗所说，唯一能让他感到安慰的就是他相信，苏联的经济环境没有可能得到任何实质性的改善。[3] 然而，他对于战略防御计划并不比密特朗有更多的好感，只是在舒尔茨的施压下才公开表示支持。[4] 另外，科尔比里根花了更长的时间才认为自己能够与戈尔巴乔夫进行有效的谈判，在他看来，戈尔巴乔夫是一个"正统的共产主义者"，深受卡达尔和雅鲁泽尔斯基的影响。[5] 与密特朗一样，他也把首要工作放在防止与莫斯科发生摩擦上。他需要花一些时间才能信任里根。

玛格丽特·撒切尔和教宗约翰·保罗二世曾是总统自进入白宫以来最重要的支持者。美国和梵蒂冈联合起来反对苏联和东欧的共产主义，但是它们之间的合作是松散的。约翰·保罗二世通过驻华盛顿的罗马教廷大使传达他的想法。[6]教宗是波兰人，理所当然地认为自己比大西洋彼岸的任何政治家都更了解东欧，因而当他认为可以破坏无神论和独裁专制时，无论何时他都会主动采取行动。1987年，他的计划是在夏天访问一下自己的祖国。显然这需要得到波兰共产主义当局的允许。雅鲁泽尔斯基为了避免招致拒绝给波兰裔教宗发放签证的骂名，也为了通过强化与国家教会切实可行的关系而获得波兰人的信任，就同意了教宗的来访。这样约翰·保罗二世面临的最后一个问题是，要不要从波兰继续飞往维尔纽斯，参加庆祝基督教在立陶宛600周年的纪念活动。[7]这一可能的行程让克格勃警觉起来，他们担心宗教庆祝活动会导致民族主义骚乱，进而给全苏联造成恶劣的影响。最后，教宗决定只去波兰。他似乎认为当前的苏联领导层正以前所未有的温和方式处理东欧事务，去扰乱它的稳定实在不是明智谨慎之举。

经过华约和梵蒂冈之间紧张激烈的谈判，教宗于1987年6月8日开始了访问之旅。雅鲁泽尔斯基明白如果禁止教宗前来，将会惹怒数百万的市民。他还盘算着，批准教宗来访，他本人可能会在一定程度上赢得波兰人民的尊重。共产主义当权者认识到约翰·保罗二世即便讲话带着外交正确性，也有能力煽动起人民对他们的强烈反感。他们判定教宗的讲话里面带着一股狡猾的政治暗流。雅鲁泽尔斯基及其部长们认为，他表现得"比预想的更咄咄逼人"。[8]教宗到了作为抗议运动中心之一的格但斯克，以及华沙。他关于人权、尊严和公正的说教提振了人们的精神；

并且他私下里会见了莱赫·瓦文萨，向团结工会致以教会的祝福。他号召波兰人民依从着他们的基督教信仰生活，这是对无神论共产主义政治合法性的挑战。热情的民众丝毫不怀疑那蕴含于其庄严的、有原则的反抗话语中的民族自豪感。[9]

与教宗相比，玛格丽特·撒切尔与里根交流得更频繁，也更直接。她和总统在政治上简直就是一对灵魂伴侣。两人书信往来频繁，当需要快速做出重要决策时，他们就会打电话给对方。[10] 尽管承认美国在全球实力上超过了英国，但撒切尔夫人希望利用自己对里根的影响力来促进他们的共同事业。与此同时，她也致力于促进英国的国家利益；而且在 1982 年马岛之战爆发前里根拒绝支持她，在 1983 年美国人侵格林纳达之前，里根没有通知她，她对里根发泄了自己的不满。除此之外，她还渴望与里根交流自己热爱的东西。1984 年，她就告诉过总统，戈尔巴乔夫将会成为一位新式苏联领导人。

然而，戈尔巴乔夫一当上总书记，撒切尔夫人就完全改变了态度。她非但没有扮演起东西方中间人的角色，反而在美苏走向和解的过程中冷眼旁观。她恐惧的是里根可能会在与莫斯科谈判时让步太多，她还向法国总理洛朗·法比尤斯（Laurent Fabius）保证，戈尔巴乔夫只是一个"有魅力的共产主义者"。[11] 她一直对里根废除核武器的想法抱有敌意。雷克雅未克峰会之后撒切尔夫人对自己立场的唯一调整就是，她建议总统让戈尔巴乔夫更清楚地了解部署战略防御计划要经过哪些阶段；她还建议里根承诺，美国人将在一个固定期限内不对他们研究的成果进行实际部署。[12] 她的外交政策顾问珀西·柯利达（Percy Cradock）认为，美国外交政策问题占据了她过多的精力。他在 1986 年唠叨她——当然，以最友好的方式——弄一张访问莫斯科的邀请函。

撒切尔夫人一直拒绝，称那儿"可能没有什么能拿得出手"。[13]很明显，她的意思是戈尔巴乔夫不可能为了英国的国家利益做出让步。切尔尼亚耶夫很敏锐地认为，撒切尔夫人发自内心地非常看重戈尔巴乔夫，因为他可能会做出对那种有悖人性的政治社会秩序的"自我清算"。[14]然而，外交政策就是另一回事了。撒切尔夫人不会表现出与他合作的样子而为戈尔巴乔夫带来过多的宣传。她并不觉得让戈尔巴乔夫和里根之间的联系变得更容易有什么意义。

她的冷眼旁观甚至让她在英国的一些朋友困惑不已。批评者也一直攻击她。工党领导人尼尔·基诺克（Neil Kinnock）同情戈尔巴乔夫为了缓和国际关系而做出的努力，并在与苏联官员会面时说了撒切尔夫人的坏话。[15]撒切尔夫人对此不予理会。她担心的依然是苏联领导层可能在愚弄所有人。按照美国人的立场谱系，她更接近于温伯格，而不是舒尔茨。她珍惜自己被视为"铁娘子"的名声。

如果苏联领导人想要软化这位"铁娘子"，就必须在莫斯科点燃一座熔炉。戈尔巴乔夫赞赏撒切尔夫人与里根之间的交流。美国和英国之间的一贯做法是，如果其中一方联系了戈尔巴乔夫，就要把情况报告给另一方。[16]戈尔巴乔夫希望利用撒切尔夫人来从外部对白宫施加影响。到1986年末，他已经放弃了任何让西欧人对抗美国人的幻想。他不再幻想自己能够说服法国脱离北约单独行动。1987年5月，他对政治局说，法国总理雅克·希拉克（Jacques Chirac）认为出于政治上的需要，在与克里姆林宫的任何谈判中，都要表现得很强硬。希拉克在军事安全问题上是站在撒切尔夫人一边的。[17]戈尔巴乔夫对科尔总理也失去了信心，科尔在1986年10月说他在公关技巧上堪比约瑟夫·戈培尔。[18] 虽然科尔为这一言论半真半假地道了歉，但苏联仍然心存芥蒂，即便戈尔巴乔夫承认需要改善与西德的关系。[19] 戈尔巴乔夫的计划以撒切尔夫人为焦点，他向她发出了到访莫斯科的邀请函——让撒切尔夫人的顾问们高兴的是，她马上就接受了邀请。英国政界对即将到来的访问兴奋不已。[20]

政治局并不认为她会对莫斯科产生什么影响。彬彬有礼、措辞文雅，撒切尔夫人总是会在其支持者面前表现出最佳状态。然而，她说服异见者的能力却值得怀疑。苏联当局认为他们才是更善于沟通的领导人。只有里根才能与戈尔巴乔夫的非凡魅力相媲美。无疑，总书记的魅力远超撒切尔夫人！他们忽视了她好斗的一面。戈尔巴乔夫于 1984 年 12 月在首相别墅时就亲身体验到了这一点。而且他将会发现，她也会在苏联土地上轻易地展示自己的斗志。像往常一样，她紧张地做着准备工作。她向克格勃叛变者奥列格·戈尔季耶夫斯基（Oleg Gordievski）咨询要做些什么和说些什么。[21] 戈尔季耶夫斯基比任何人都清楚一个西方人想要探索的脆弱点在哪里。在首相身上，他看到了一个倾听者和学习者。

1987 年 3 月 29 日，部长会议主席雷日科夫到伏努科沃机场迎接撒切尔夫人。她以神气十足的派头开始了接下来五天的会见和亮相。她戴着毛皮帽子，穿着华丽的毛皮大衣，参观了位于首都外围的扎戈尔斯克（Zagorsk）的俄罗斯东正教修道院，来到了一个普通俄罗斯家庭居住的公寓——英国大使馆谨慎地确保了这个家庭中没有克格勃人员。撒切尔夫人有了一个影响苏联民众的机会，她要接受三位资深记者的电视直播采访。她把他们提出的问题反抛回去，并且详细阐述了开放社会和市场经济的好处，这让他们的专业经验显得毫无用处。是撒切尔夫人，而不是记者们，主导着采访议题。他们习惯了女性的服从，从来没有碰到过这样一位女斗士。电视观众饶有兴趣地看着她如何戳破苏联官方的自鸣得意。她的直率和魅力为西方在苏联争取到了朋友。她"美妙地"表达了自己的思想，就好像猫在接近一群兔子时高兴地发出的咕噜声。[22] 与戈尔巴乔夫私下会面时，撒切尔夫人的表现也没有什么不同，正如卡特里奇大使回忆的那样：

> 从来没有出现过这样的情况：两位政府首脑之间产生了如此强烈的化学反应。你可以看到火花四射。他们都喜欢谈天说地。他们都喜欢自己的声音。他们都很难被打断。但是他们都成功地打断了对方，他们棋逢对手。[23]

他们之间关系密切的消息不知怎么传到了苏联民众的耳朵里，出现了很多桃色笑话。[24]

戈尔巴乔夫看到了积极的一面。正如他向其政治心腹承认的那样，首相很难被归类："夫人更狡猾，密特朗则更卑鄙。"他曾说，英国坚持保留核武器的做法只会在世界范围内败坏她的声誉，并间接鼓励其他国家发展核武器。撒切尔夫人则回应道，一旦被发明出来，这样的武器就不可能被废弃掉。当戈尔巴乔夫问她已经做了哪些对核裁军进程有帮助的事情时，他们的观点就南辕北辙了。4月1日，她飞往格鲁吉亚，在第比利斯待了一天。外交部副部长科瓦廖夫报告说，她混进人群中，人民开始大喊："和平，和平！"戈尔巴乔夫承认，她在苏联的行为为她赢得了很多崇拜者，尤其是苏联女性。但他相信，撒切尔夫人回到国内后会对苏联领导层和改革大加赞赏。据说这惹恼了美国人。然而事实上，没有证据可以证明这一点；但是他有理由说，撒切尔夫人的访问是苏联在国际关系上的成功。[25]

第二天即 4 月 2 日，在政治局，戈尔巴乔夫对西方领导人做出了乐观的评估。他声称撒切尔夫人的顿悟证明了一种新准则的有效性："谁不与我们往来，谁就会在国内失去权威。科尔就是个例子。"他注意到西德总理被迫承认了把他比作纳粹宣传部部长约瑟夫·戈培尔的错误做法。戈尔巴乔夫为自己的外交记录感到自豪。[26]

他对政治局说，撒切尔夫人似乎一度要退出他们的会谈。他严厉指责她的长篇大论，并说他没有向一位"表现得就像在她自己的议会中一样"的"好斗的老女人"做出任何让步。炫耀完他的共产主义——以及一定程度上的大男子主义——资历之后，他又要求政治局看到她好的一面："不同于密特朗，她不知道怎样去掩饰自己真实的想法和计划。"戈尔巴乔夫相信，她对在苏联的所见所闻印象深刻，并且是真心实意地想要增进双方互信。当她提及 1944 年苏联军事占领波罗的海国家时，总书记回答说它们自彼得大帝时期以来，就一直属于"我们"。他让《真理报》全文刊印出撒切尔夫人的演讲，这让她感到惊讶。在戈尔巴乔夫看来，撒切尔夫人在英国的支持率对她的政党有一定的影响：如果她想赢得与工党的选举大战，就不能表现出一副阻碍与苏联达成协议的样子，而且，按照戈尔巴乔夫的说法，她认识到"里根正走向腐朽"。戈尔巴乔夫得出结论，她的谈判地位弱于以往。[27]

撒切尔夫人的助理查尔斯·鲍威尔并不这样认为：在他看来，她的表现保证了她在下一次大选的胜利。[28] 在更大的范围内，全英国的撒切尔夫人批评者都想看到她不再阻止美国与苏联和解。4 月 26 日，在下议院，工党影子外交大臣丹尼斯·希利（Denis Healey）号召政府接受"自 1917 年以来俄国与世界关系的最大变化"。如果里根总统正努力实现全球性削减核武器的目标，为什么英国大臣们不去合作？鉴于过去对战略防御计划持批判态度，外交大臣杰弗里·豪爵士此时的无所作为似乎显得自相矛盾。希利并没有从豪那里得到什么启发，他只是对在戈尔巴乔夫治下共产主义政策的教条是否已经消失表示怀疑。[29]

撒切尔夫人听到戈尔巴乔夫将在 1987 年 12 月到美国签署《中程导弹条约》的消息时，很不高兴。在美苏谈判过程中，没有人征求过她的意见。抛下了对戈尔巴乔夫的冷漠与隔阂，她想参与进去。她召见扎米亚京（Zamyatin）大使，感叹说："请告诉戈尔巴乔夫，我已经准备好迎接他在去往华盛顿时，到我们的布雷兹诺顿基地停留两三个小时，还没有俄国的飞机到过那里。"[30] 切尔尼亚耶夫建议答应这一请求，给她一份提升其全球影响力的"大礼"，这样做符合苏联的利益。这正是她渴望得到的东西。反过来，苏联将会得到她对"新思维"改革的支持。[31] 戈尔巴乔夫同意了。撒切尔夫人向媒体大肆渲染她与戈尔巴乔夫之间热烈的谈话：

> 今天的气氛真的是特别特别好。这种气氛通常是在戈尔巴乔夫和我谈话开始之时就有了，因为我们的谈话总是充满了热烈的讨论。他是个很强势的人，但是我相信我自己也并不怯懦！所以，我们的讨论非常激烈，但是这样你会非常快速地理解问题。氛围很好。当然，我不是一个中间人。我是北约联盟中非常重要的组成部分，也是一个非常可靠的盟友，没有人会怀疑我的立场。[32]

她没有提及她不再试着去阻挠戈尔巴乔夫和里根之间的和

解。戈尔巴乔夫在布雷兹诺顿基地没有向她做出任何让步，得到了她的支持承诺后就飞往美国。[33] 撒切尔夫人选择合作的原因只能靠猜测。可能她的秘密崇拜者切尔尼亚耶夫关于她渴求声望的说法是正确的。或者她最终决定，如果无法打败他们，就加入他们。或许，还有个人因素？她对戈尔巴乔夫的热情，从访问莫斯科开始，就悄悄映入其顾问们的眼帘。他们发现很难与她"客观地谈论"他。[34] 大量的证据表明苏联拥有大量的化学武器。撒切尔夫人对此谴责了雷日科夫。当戈尔巴乔夫承诺不存在这样的武器的时候，撒切尔夫人不相信他是在说谎。她相信"人们对他隐瞒了事实"。[35]

她的确对他有好感。他们开始相处得火热，每次见面时都会激烈而愉快地争吵。[36] 英国外交大臣豪和苏联外交部部长谢瓦尔德纳泽同样交好，但是他们之间的交往不具有国际影响力。[37] 这是因为撒切尔夫人独自掌控了英国政府处理苏联问题的权力。在与里根和布什会面时，她坚持要将其外交大臣排除在外。舒尔茨留意到，她甚至不愿意让他来到华盛顿。[38] 她越来越看重戈尔巴乔夫，认为他正在改变苏联历史的发展方向。理解了他所面临的困难，她看到了她在英国努力推进的事情与戈尔巴乔夫所做之事的相似之处。[39] 事实上，她从来没有停止怀疑戈尔巴乔夫与她的另一个朋友罗恩（即里根）之间的关系。戈尔巴乔夫喜欢并尊重她，但他感觉要对她多加提防。1988 年 3 月 10 日，他对政治局说，撒切尔夫人仍旧继续领导着那些谴责克里姆林宫蛊惑人心、口是心非的西方政治家。[40] 在他看来，在美国和苏联领导层朝着批准《中程导弹条约》目标努力的同时，他需要知道她与白宫之间的往来。英法两国仍拒绝放弃它们的核武器。撒切尔夫人和戈尔巴乔夫虽然彼此吸引，但都没有放弃对彼此的保留意见。

尽管她让这位共产主义领导人免受批评，但是她对共产主义的批判毫无情面。在 1988 年 11 月访问波兰时，她在行程中预留了会见莱赫·瓦文萨和到遭暗杀的耶日·波比耶乌什科神父墓前献上鲜花的时间。雅鲁泽尔斯基认为他不得不允许这些做法。东欧的共产主义当局不再认为他们能够规定一位外国政府首脑在其领土上的访问路线。雅鲁泽尔斯基的首要任务是确保撒切尔夫人的抵达和离开不受到任何干扰。他推断，她的出现将会向波兰人民证明，西方将共产主义波兰视作一个正常国家。[41] 而撒切尔夫人却抓住机会表明她的相反意图。对于大多数波兰人而言，她向已故的波比耶乌什科神父献花比她与雅鲁泽尔斯基的正式会面更意味深长。她给波兰带来的影响几乎与一年前她对莫斯科的影响一样深刻。但是，她担心随着里根的第二届任期即将结束，她的国际影响力也会日薄西山。在很大程度上，她是在自己位于唐宁街的大本营来对克里姆林宫和白宫施加影响。她从来没有与密特朗或者科尔来往过，而且也很少在安德烈奥蒂身上花心思。罗德里克·布雷思韦特在赴任英国驻莫斯科大使前与她聊过，"她看到了自己和戈尔巴乔夫的相似之处。这种关系，她觉得，很亲密"。"如果杜卡基斯赢得了美国大选，那么戈尔巴乔夫将是我唯一的朋友。"[42]

/ 309

戈尔巴乔夫的外交举措并没有减轻她的悲观情绪。西欧的国际关系枢纽正从伦敦移向波恩。谢瓦尔德纳泽在 1988 年 1 月进行了一次探索性的访问。他和西德外交部部长汉斯－迪特里希·根舍（Hans-Dietrich Genscher）很快就达成一致：莫斯科和波恩应该加强彼此间的合作。谢瓦尔德纳泽强调说，他并不是要撬动西德和美国之间的关系；他声称，苏联外交政策现在是建立在"普遍的人类利益"基础之上。他很坦率地承认苏联当前面临经济困难。他说，国际关系是需要魄力的。在希望改善与西德的外交和贸易的同时，他对巴黎统筹委员会继续实施技术转移禁运表示遗憾和失望——他评论说，甚至连制鞋机器也处于禁令之下。他呼吁西德应认识到与莫斯科增加商贸往来所带来的好处。根舍反驳说，苏联本身应该表现出更大的灵活性。他也对戈尔巴乔夫说过同样的话，对克里姆林宫通过经济互助委员会运营自己版本的"巴黎统筹委员会"以及限制转移自己的技术表示失望，但没有收到回应。他敦促谢瓦尔德纳泽考虑欧共体与经互会在太空探索方面进行合作。[43]

尽管根舍对戈尔巴乔夫保持了非常开放的态度，但科尔对他报以所谓的"怀疑的同情"。他想要看到更多的行动、更少的胡说——在他眼中，戈尔巴乔夫仅仅致力于打造一种更高效的共产主义模式。[44]

然而，他开始意识到对戈尔巴乔夫大度一些是有好处的。当对谢瓦尔德纳泽说苏联是"我们东边最重要的邻居"时，他提出了这个观点："历史经验告诉我们，当俄国与德国合作时，和平就会降临欧洲。"这种说法让谢瓦尔德纳泽很厌烦，这让他想到了斯大林和希特勒合作的后果。但是，谢瓦尔德纳泽并不想破坏气氛，他补充说："希特勒来了又走，但是德国人民依然存在。"科尔说了一些自己的事情："我们德国人理论上是不可能谈论削减军备的。你知道我是一个难民吗？我的哥哥和我都是难民。他当时 17 岁，我 15 岁。"科尔和谢瓦尔德纳泽发现，他们都有一个兄弟死于第二次世界大战。谢瓦尔德纳泽喜欢科尔的评论，他感觉像在受他母亲谆谆教诲一般——"己所不欲，勿施于人"。他认为这是一句非常好的国际政治箴言，并邀请科尔访问莫斯科。科尔出人意料地捍卫了他的国家的尊严。戈尔巴乔夫已经出访过伦敦和巴黎，并将要访问贝尔格莱德。德国人民，总理说，可能不喜欢他在总书记还没有到访波恩的前提下就去访问苏联。他要求戈尔巴乔夫改变原定日程：这将是一个重要的信号。[45]

莫斯科和波恩之间的外交小步舞曲变得更加欢快了，谢瓦尔德纳泽秘密地把北约和华约如何解决它们在常规武器上的分歧问题告诉了科尔。他无所顾忌地把密特朗描述为"一个狡猾的人"——无疑这表明了莫斯科现在对科尔十分重视。[46] 科尔本人仍旧有所防备。苏联军队对西德的东部边境而言仍然是一个具有威胁性的存在，科尔认为有必要紧紧与里根团结在一起。他欣赏美国总统的政治直觉："少有到访过西德的政治家，能亲身感觉到是什么分裂了一个国家，里根就是其中之一。当我们在柏林的时候，我们站在柏林墙上，他看到了这个，他把它比作分裂人体的东西。"[47] 他们之间产生了友谊："那是一种非常私人的关系。就是这么简单。我们并不拘泥于外交礼节。我们会时不时地通电话，无论何时再见到彼此，它都不是什么'大事儿'。"[48]

戈尔巴乔夫对西德保持着观望态度，1988 年 11 月底，他迎接了到访莫斯科的密特朗。密特朗是戈尔巴乔夫用俄语中亲近的"你"称呼的唯一的外国领袖[49]（戈尔巴乔夫和撒切尔夫人即便在会面了十几次之后，也仍然用"首相夫人"和"总书记先生"称呼彼此）。[50] 当密特朗当面说戈尔巴乔夫是一个政治浪漫主义者时，戈尔巴乔夫在不否认这一提法的同时，补充说他也是一个现实主义者。[51] 谈话中密特朗渊博的历史知识让戈尔巴乔夫非常着迷。另一个吸引人的地方在于，这位法国总统愿意表达对战略防御计划的担忧。密特朗想获得戈尔巴乔夫的信任。他说他知道美国人在多么努力地往苏联的东欧伤口上"撒盐"。他赞成巴黎和莫斯科之间进行科学技术合作的想法；并且戈尔巴乔夫向政治局汇报说，密特朗承诺采取行动以取消巴黎统筹委员会对出售先进技术的限制。[52] 戈尔巴乔夫的汇报乐观得过了头。事实上，他只是说服密特朗让法国部长们向他提供他们的违禁货品清单。而这与改变政策还相去甚远。

不管怎么说，密特朗向来是说一套做一套，戈尔巴乔夫也意识到了这一点。在与政治局的谈话中，总书记对事情做了符合其当前政治设计的解释。他看重维持苏联高层在外交政策上的共识。夸大其词是他惯用的伎俩之一。

西欧出现了问题。密特朗不可信，科尔冷漠，与撒切尔夫人维持良好的关系是明智的做法。接受了 1989 年 4 月访问伦敦的邀请之后，戈尔巴乔夫发现她斗志昂扬。她猛烈抨击英国当局，攻击其他西方领导人，包括布什总统。她批评苏联，预言了苏联革命"综合征"的末日。在她看来，戈尔巴乔夫别无选择，只能走与其他国家一样的道路。她说当这一切发生的时候，整个世界将变得截然不同。[53] 她再次申明了自己对相互确保摧毁原则的信仰："我们两国（苏联和英国）都从苦难的经历中明白，传统武器不能让欧洲免于战争，但核武器在过去 40 多年里做到了这一点。作为威慑物，没有什么能够替代它们。"[54] 在他们争执不下时，她和戈尔巴乔夫依然相处得轻松自在。她甚至透露她希望在下次大选时下台。她看到了戈尔巴乔夫的改革与她自己的改革之间的相似性，说英国的"新思维改革"已经持续了几乎 7 年时间。她轻声笑着说："看，我们有撒切尔夫人主义，而你有戈尔巴乔夫主义。"她说他本应优先采取措施，提高苏联人民的生活水平。这一次，她觉察到自己的话让人听起来太无礼了。直言北爱尔兰的局势让她很头疼之后，撒切尔夫人承认说："我知道你对苏联的未来也很头疼。"[55]

只要他们一同公开露面，撒切尔夫人就不会对他的政策说出保留意见。她更像是戈尔巴乔夫友好的追随者，而不是他的对手和批评者。翻译伊戈尔·科尔奇洛夫（Igor Korchilov）回忆说：

> 我注意到，可能和在座的其他人一样，在戈尔巴乔夫发表演讲时，她看着他，眼神中饱含强烈的爱慕，这也许只能被解释为据说存在于两位出色领导人之间的"特别的私人火花"的显现。后来，我们晚饭后返回大使馆，雅科夫列夫试图以此取笑戈尔巴乔夫，但是赖莎·马克西莫夫娜紧紧地抓住了他的胳膊，把他带上楼，说了句"大家晚安"，打消了雅科夫列夫的这个念头。[56]

雅科夫列夫不是唯一注意到撒切尔夫人奇怪举止的人。可能她从南希·里根支持丈夫的方式中学到了一二。她决定认同这位苏联领导人及其改革苏联的努力。一旦下定了决心，她总是会毫不妥协地走下去。她决心证明她所感受到的自己与戈尔巴乔夫的契合。

戈尔巴乔夫与赖莎、雅科夫列夫、谢瓦尔德纳泽和切尔尼亚耶夫坐在一起，仔细思考着他在伦敦的经历。他总结说，首相有她自己的主意，"我们"有我们的想法。[57] 他告诉政治局："我喜欢撒切尔夫人的独立。你可以和她谈论任何你喜欢的东西。而且她能理解一切。她是个可靠的人。每次我们都在核武器问题上激烈地争论。她必须据理力争。她意识到她的立场是有缺陷的。"[58]

这远非赞美之词。事实上，戈尔巴乔夫说她产生了在里根离开白宫之后成为"西方领导者"的愚蠢的野心。他称注意到布什和科尔都"很讽刺地"看待她。但是，戈尔巴乔夫坚持认为，保持与撒切尔夫人的对话仍是有用的："与她保持联系是重要的。"[59] 尽管一个月后撒切尔夫人授权将 8 名苏联官员和 3 名记者驱逐出英国，但她还是友好地回应了戈尔巴乔夫。她给戈尔巴乔夫发了一封秘密信件，解释说这不会改变她对他及其改革的友好态度。此外，她还将尽量减少对上述举措的宣传。[60]

撒切尔夫人、科尔和密特朗慢慢地减少了对戈尔巴乔夫的担忧，因为后者表现出愿意去理解他们一直担心苏联军事威胁的原因所在。美国人已经对北约盟友关于避免向莫斯科做出不恰当让步的警告习以为常。克里姆林宫坚持不懈地努力打消外国的疑虑，改善了外交前景——而且戈尔巴乔夫在西欧各国的声望飙升到了新的高度。

戈尔巴乔夫不可能以牺牲苏联在东欧的利益为代价去讨好西欧各国政府。该地区发生的事件一直在影响莫斯科政治。苏联是占据主导地位的地区性强国。在 1956 年匈牙利和 1968 年捷克斯洛伐克的共产主义秩序受到威胁时，政治局送去了它的坦克和战斗机。但是，政治局越来越多地与东欧的统治者们就经济关系和军事部署进行协商，经常性地讨论预算困难。一般来说，是东欧国家在推动改革。而在戈尔巴乔夫治下，苏联领导层发起了激进变革的运动。

华约国家的共产党领导人在 1985 年会见了四次，先后在莫斯科、华沙、索非亚和布加勒斯特，商讨一个共同的战略。在这些饱经沧桑的领导人熟悉了苏联的新领袖之后，戈尔巴乔夫对东欧的看法基本与其执政早期一致，没有什么改变。他希望这一地区的领导人会采取苏联的改革路径。他想要他们自愿地进行改革，但他并不指望这会马上实现，因为他明白他们都是共产主义中的保守派。他认为自己别无选择，只能配合他们的步调。他需要时间和稳定的局面以在苏联推行"新思维改革"，也担心东欧任何政治动荡的爆发都可能会导致改革偏离他的路线。与此同时，他向东欧的统治者们发出警告：不要再指望苏联军队把他们从内部政治麻烦中解救出来。他们必须自力更生、独立自主地统治他们的国家。戈尔巴乔夫将此视为淘汰他们的老旧政策的一种有效激励。苏联，他坚持认为，必须与东欧建立一种新型关系。他希望通过发誓抛掉其前任领导人们的俄国式傲慢，来排解民族仇恨，而且他承诺进行更频繁的协商议政。

经济互助委员会内部签署了协议，来强化整个东欧地区的经济合作。苏联领导人对各方一致同意建立一个"身体互动机器人"（Interrobot）公司而自豪。[1] 他们的声明中充斥着天真和幼稚。他们低估了西方世界信息技术的地震效应。他们事实上没有任何针对东欧的战略计划，只是希望东欧各国的领导人能找到一种方法，将他们各自的工业和技术努力整合到一起。

政治局——不单单是戈尔巴乔夫一人——并不想为东欧各国操心，除非它们惹了麻烦。当然，华约盟国必须随时了解与美国人谈判的计划。共产主义领导人同僚对戈尔巴乔夫在苏联的改革心存怀疑。莫斯科的外交政策则另当别论。所有人都寻求缓和欧洲的紧张局势，戈尔巴乔夫也带来了结束军事对抗的希望；而且如果他最后成功了，那么东欧将能够把财政开支转移到满足消费者的需求上去。谢瓦尔德纳泽在 1986 年参加于波兰召开的外交部部长大会时，听到的只有对戈尔巴乔夫的颂扬。罗马尼亚外交部部长伊利耶·沃杜瓦（Ilie Văduva）则不同以往地发出了刺耳的声音——他呼吁解散北约和华约，遣散外国驻军。罗马尼亚人一直都想把苏联部队赶出东欧；戈尔巴乔夫对国家主权的承诺正好为他提出这一问题提供了机会。他们知道其他人是不会赞同沃杜瓦的提议的。不出所料，东德人站到了苏联一边，他们感谢谢瓦尔德纳泽分享了与美国人谈判进展的消息。[2] 谢瓦尔德纳泽感到很高兴。至少关于苏联的全球战略，几乎整个联盟都给予了热情的支持。

戈尔巴乔夫认为里根可能会在谈判中对东欧问题小题大做，于是就仔细检查了规划中的两德政策。[3] 1986 年 6 月下旬，他亲自到访华沙。共产主义领导人对他的到来致以热烈的掌声，并发誓与苏联永远交好。戈尔巴乔夫承认切尔诺贝利核爆炸给波兰造成的损害——这为他赢得了阵阵喝彩。他自以为已经了解了波兰人对他们的政府持有多么不同的看法。[4] 但是，他仍然没有认识到的是，民众对雅鲁泽尔斯基政府的痛恨几乎是普遍存在的。他和苏联领导层的其他人真正认识到的是经济危机的严重性。1986 年 10 月 23 日，雷日科夫向政治局做了报告。波兰深陷债务泥沼，匈牙利处于崩溃的边缘。苏联的信贷正挽救保加利亚免遭灾难。然而，它们当中没有哪一个国家真正想让自己的经济融入苏联。它们完全在指望西方银行来拯救它们。对它们而言，外国贷款的确是一个陷阱，但它们仍希望靠出售足够多的自然资源来购买有价值的电子技术。雷日科夫十分绝望："我们连一个真正的政治－经济概念都没有。"发泄完之后，他向政治局保证，苏联的经济援助将会提升波兰人民对苏联的友情。戈尔巴乔夫喜欢他所听到的。[5]

在苏联领导人梦游般地靠近东欧危机时，瓦连京·法林递交了一份由分析师雷姆·别洛索夫（Rem Belousov）写的论文，他预测华约国家将在 1989~1990 年陷入经济崩溃。[6] 政治局则认为这些问题是可控的。1986 年 11 月 10 日，雷克雅未克峰会结束之后一个月，戈尔巴乔夫召集东欧国家领导人来到莫斯科，在此他承认苏联过去在东欧地区所犯下的错误。他强调，苏联军事干涉的时代已经结束了。每一个共产主义国家必须对其公民负责。[7] 保加利亚的总书记托多尔·日夫科夫大声说道："（苏联共产党）头一次这样谈论自己。"齐奥塞斯库可没有这么大度。他觉得苏联"新思维改革"乏善可陈，并声称罗马尼亚已经实施了它自己的成功的改革（在向政治局如此汇报时，戈尔巴乔夫愚弄齐奥塞斯库是"王朝社会主义"）。此外，出席会议的还有越南人和古巴人。卡斯特罗请求让库罗奇金将军（General Kurochkin）返回，担任古巴在安哥拉分遣队的军事顾问。雅鲁泽尔斯基散发出了一种会在波兰赢得胜利的自信。卡达尔说话时明显没那么有底气，但是戈尔巴乔夫仍对他有信心，就像对胡萨克那样。他期待着共产主义在苏联和东欧的胜利。[8]

戈尔巴乔夫充满激情地向政治局讲述了东欧国家领导人对在他们自己的国家开启改革的渴望。但事实上，没有人对改革感兴趣。齐奥塞斯库仍在专制地统治罗马尼亚，昂纳克、胡萨克和日夫科夫从没打算进行严肃的改革。[9]

莫斯科越来越担心东德。昂纳克是一个双重麻烦。他对西德的银行欠下了还不完的债务；与此同时，他拒绝考虑对其国家的共产主义进行丝毫的改革。苏联领导层多年来一直认为他与波恩进行秘密交易冒着巨大的财政风险。当然，正因如此，科尔才会喜欢他：没有什么比与一个心存感激的、合作的东德领导人打交道更能让他高兴的了。到 1986 年，科尔可以庆祝有 300 万名东德人拿到了前往西德的签证——5 年前，这个数字只有 40 万。他意识到西德政策上的成功可能会让其西欧的伙伴们担心，于是他向法国承诺不会做任何有损西德和法国两国利益之事。科尔的首要任务是抓住东方出现的机会。他希望像对待东德那样，对波兰和匈牙利施加影响。至于罗马尼亚，科尔打算继续以每人每年 2.5 万德国马克的价格，让 5000 名德意志人回到西德；他明白齐奥塞斯库永远不会实行政治和经济改革。[10]

1987 年 1 月，华约国家中央委员会书记会议在波兰首都举行。雅科夫列夫、多勃雷宁和梅德韦杰夫代表苏联出席，听到了众人的不安和担忧。东德领导人汇报说苏联的改革正在让共产主义政权产生"政治挫败感"。[11]昂纳克则谴责苏联用一种南斯拉夫式的方式与马克思列宁主义决裂。他将近期由米哈伊尔·夏特洛夫（Mikhail Shatrov）表演的关于列宁的戏剧称为对十月革命的背叛；他反对将安德烈·萨哈罗夫从在高尔基市的行政流放中释放出来。[12] 戈尔巴乔夫得知此事后大发雷霆。他从没有对昂纳克产生过敬意，他把他比作虚构的苏联骗子奥斯塔普·班得尔（Ostap Bender），[13] 并认为昂纳克在华沙的爆发是让人不可忍受的。如果他继续制造麻烦，戈尔巴乔夫对政治局说，莫斯科将实施终极制裁，停止向东德供应天然气和石油，或者坚决要求其以硬通货支付。这两项措施对东德而言都会是灾难性的。而戈尔巴乔夫没有将它们付诸实践的原因在于，他知道制裁东德并不会给苏联带来什么好处。他坚持认为，与所有心怀疑虑的东欧领导人"做朋友是必要的"。他明白，昂纳克并不是唯一怀疑苏联改革的东欧领导人。胡萨克与昂纳克都认为，将苏联改革进程视为不可逆的是不明智的；日夫科夫始终铭记着，赫鲁晓夫的改革是如何引发了匈牙利的全国性反抗。在戈尔巴乔夫看来，解决这些问题的方法就是让改革成功，让它值得别国去效仿。[14]

戈尔巴乔夫、谢瓦尔德纳泽和雅科夫列夫两手交叉，祈祷着一切顺利。谢瓦尔德纳泽认为雅鲁泽尔斯基的讲话非常成熟。他希望雅鲁泽尔斯基能获得社会"先进阶层"的支持，包括团结工会前成员的支持。他认为，"基本的困难已经克服了"，而且他很高兴戈尔巴乔夫和雅鲁泽尔斯基之间有了"一种完全的相互理解"。[15] 戈尔巴乔夫也同样乐观。他对经济互助委员会国家主要的担心是，它们的人民生活水平都高于苏联人民的生活水平。（他真的把罗马尼亚纳入分析当中了吗？）[16]

戈尔巴乔夫早就该明白这一点。他曾从东德对外情报局局长马库斯·沃尔夫（Markus Wolf）那里听说，昂纳克正在从西德获取秘密贷款，以防止经济崩溃。戈尔巴乔夫向政治局承认，他还没有制定出处理东德问题的切实可行的政策。部长会议主席雷日科夫对昂纳克及其随行人员的态度表现出了不满。由于以最低的价格向经济互助委员会国家出口石油和天然气，苏联发现自己对这些国家欠下了 140 亿卢布的债务。然而，东德部长会议主席维利·斯多夫（Willi Stoph）却要求严格按时付款。雷日科夫说，东德与苏贸易就只是为了获取原材料；而且，他对昂纳克和斯多夫"以中国为导向"的做派也很担心。戈尔巴乔夫只能建议，需要做出新的努力让东德再次与莫斯科关系亲密起来。[17] 沃尔夫对他的苏联对接人说，昂纳克的政策已经把国家推向了不可挽回的崩溃边缘。到了 1987 年秋天，苏联前驻西德大使瓦连京·法林向戈尔巴乔夫建议，放弃宣布两个德国会存在 50 年或 100 年的想法。戈尔巴乔夫没有理会这一建议。[18] 法林继续警告他说，东德随时可能会陷入动荡。[19]

匈牙利是另一个让莫斯科有些头疼的国家。1987 年 3 月，匈牙利共产党领导层对苏联外交部发出警告："你们应该考虑一下你们的部队在我们国家，以及在东欧和中欧的存续问题。因为未来的局面可能会发生意想不到的转折。如果让民众来提出这个问题，那么我们将会遭受一连串的不良后果。"[20] 谢瓦尔德纳泽对此警告不屑一顾。他仍然将苏联的武装力量视为地区稳定的保证。他指出，匈牙利人和保加利亚人关系紧张，波兰人和德国人之间也存在潜在的难题。在谢瓦尔德纳泽看来，"我们的朋友们"还没有做好承担额外军事开支的准备。[21]

1987 年 4 月 9 日，戈尔巴乔夫开始了对捷克斯洛伐克为期 3 天的访问。大批群众出来迎接他的到来。人们喊叫着，让他在这个国家多待些时间；他们想让他开启布拉格的共产主义自我改革。他们在欢呼戈尔巴乔夫的同时，也在示威反对胡萨克。每个人都知道正在发生什么。但是出于其东欧政策的考虑，戈尔巴乔夫避免公开说任何可能会危害掌权的共产主义领导层的话。他甚至对胡萨克在勃列日涅夫进行军事干涉之后如何应对局势表示了赞赏。戈尔巴乔夫没有改变要推翻杜布切克（Dubček）统治的想法，但是尽管他着手结束苏联国内的威权统治，他依旧是一位现实主义者，保留了对其掌权能够强化地区稳定的威权领导人的绝对同情。他这样评价胡萨克：他是不错的。他将是否开启捷克斯洛伐克新改革以及如何处理 1968 年问题，都留给胡萨克自己决定。他给出的唯一忠告就是事情不可能一成不变。[22] 戈尔巴乔夫的感情是矛盾的。后来，他对助理们说，他能够看出来年迈的胡萨克的权势日渐衰落。他发自内心地补充道："在捷克斯洛伐克时，我的心在哭泣。我看到的景象是社会意志正在压倒政府当局的意志。"[23]

1987 年 5 月下旬，戈尔巴乔夫在前往东柏林参加政治协商委员会会议时顺道去了布加勒斯特，他对罗马尼亚的改革前景同样感到悲观。在他看来，向着齐奥塞斯库欢呼的人群是专门为此目的被带到首都来的。他听说，在他离开之后，人群就抢劫了那个在他访问期间伪造的供应高品质商品的市场。齐奥塞斯库招待戈尔巴乔夫时心怀不满。他对戈尔巴乔夫将华约军事原则改为"足量够用"的提议嗤之以鼻，对戈尔巴乔夫关于苏联改革的演讲也愤愤不平。在他眼中，这是在罗马尼亚土地上的恶意举动，他谴责戈尔巴乔夫试图就其经济独立战略而惩罚他。戈尔巴乔夫驳斥道，齐奥塞斯库此前向西方献殷勤，以与西方建立经济关系，现在，却吞咽着苦果，而这并不是苏联的过错。尽管邀请齐奥塞斯库修复与莫斯科的关系，但他并不幻想能与齐奥塞斯库这样一位虚荣和傲慢的领导人达成共识。[24]

/ 320

在东柏林的政治协商委员会会议上，戈尔巴乔夫主张共产主义政府之间需要讨论柏林墙问题。昂纳克对此很不高兴。他对任何消除两个德国之间的严格分割的暗示都感到恐惧。[25]显而易见，戈尔巴乔夫想要就如何应对里根在1987年6月访问西柏林问题达成共识。白宫希望此行能产生重大影响：西德人早在3月就告诉了法国人，美国总统将在勃兰登堡门前发表重要演讲，呼吁欧洲两个部分之间的人民和思想自由同行。[26]戈尔巴乔夫的提议是来自苏联情报机关还是他自己的直觉，我们不得而知。可以肯定的是，他提出了一个关乎苏联和东德战略政策的根本性问题。

政治协商委员会没有做出决定，事实上，戈尔巴乔夫究竟想要做什么也是含糊不清的。东德是政治局越来越担心的一个问题。随着忧虑蔓延，克格勃开始试探东德民众的意见。[27]戈尔巴乔夫决定什么也不做。尽管他希望东德——以及东欧其他国家——采取苏联改革的模式，但他预见到，如果他清除了昂纳克，就会有麻烦。同样的考虑也困扰着谢瓦尔德纳泽，但是他得出了一个不同的结论。似乎他在至少一年前就已经接受了德国的统一；但是可能他意识到他的格鲁吉亚族敏感性让他比戈尔巴乔夫和其他俄罗斯政客看得更清楚一些。[28]5月30日，在外交部的一次讨论会上，他提出了两个德国的问题。与戈尔巴乔夫一样，他想要就如何应对美国总统下个月西德之行的潜在不良影响制定一个清楚的政策。谢瓦尔德纳泽让他的下属官员帮助他筹划一下未来："里根提出德国统一的想法。我们（东德）的朋友们对此反应强烈。制订一个这方面的长期工作计划。"[29]

里根的撰稿人皮特·罗宾逊（Peter Robinson）起草的演讲稿正是苏联领导人所害怕听到的。罗宾逊想让总统说："戈尔巴乔夫先生，推倒这堵墙！"虽然这句话并不是在号召反抗，但他含蓄地将让东欧发生符合美国意愿的变化的责任个人化了。戈尔巴乔夫很有可能会生气。舒尔茨、鲍威尔和撰稿团队都在考虑这一问题。[30] 鲍威尔倾向于弱化一下语气。[31] 但是里根否决了他的意见。他喜欢挑战戈尔巴乔夫，并直觉地认为现在采取坚决的政治攻势是适当的。他向罗宾逊表达了谢意。[32]

6月11日，里根在勃兰登堡发表演讲。还没有哪位美国总统像他那样演讲。即便是肯尼迪总统，1963 年在柏林也只是把自己称作一名"柏林人"，没有明确地将责任推到苏共中央第一书记赫鲁晓夫个人身上。里根赞扬了西德自 1945 年来在政治自由和经济发展方面取得的成就。"甚至直到今天，"他声称，"苏联仍然不能喂饱自己。"他对苏联正在进行的有限的改革表示欢迎，但是他呼吁采取更多的措施。

他没有直接提及德意志民主共和国。里根在坚称莫斯科才是麻烦源头所在的同时，发出了劝告："戈尔巴乔夫总书记，如果你寻求和平，如果你寻求苏联和东欧的繁荣，如果你寻求自由化，就来到这座门前。戈尔巴乔夫先生，打开这扇门。戈尔巴乔夫先生，戈尔巴乔夫先生，推倒这堵墙！"里根完成了一次完美的表演。演讲时的每一个短语、停顿和重复都是为了达到最佳的效果。他说苏联领导层因为北约提高了自身的军事力量而开始进行认真的谈判。他希望有一天柏林的东西两部分能够共同举办奥林匹克运动会。[33]

《真理报》史无前例地避免表现出任何愤怒。[34] 当天，莫斯科一片平静，但东柏林相反，昂纳克在电视上发泄了他的愤怒。戈尔巴乔夫本人保持缄默。尽管里根在演讲中点名的是他而不是昂纳克，但这位苏联总书记看不出有任何表达自己不满的必要。他只是看起来软弱无能。无论如何，他依然想要完成与美国人的协议。他避免与总统发生争吵。

他还在担忧东欧，那些日子里来自波兰的消息越来越令人不安。雅鲁泽尔斯基承认西方的债权人扼住了波兰的咽喉——他最新的主意是通过与日本签订协议，在波兰建一处汽车工厂，来摆脱他们的控制。教宗增加了雅鲁泽尔斯基的困难。约翰·保罗二世的访问碰巧与里根访问西德发生在同一时间，因而团结工会的士气在波兰全境高涨。[35] 1987 年 9 月底，副总统布什对波兰进行为期 4 天的访问。他既见了雅鲁泽尔斯基，也见了瓦文萨。[36] 他参观了遭暗杀的耶日·波比耶乌什科神父的墓地。布什对雅鲁泽尔斯基强调说，要想让美国批准对波兰的金融贷款，人权就必须得到更好的尊重。10 月，布什宣布参加下一年的总统竞选。他在保持镇静、有政治家风范的外表与坚持坚定的、不妥协的要求之间达到了一种平衡。后来，他对戈尔巴乔夫说了自己对波兰的印象，表达了对雅鲁泽尔斯基——这位处于困难境地的国家领导人的钦佩。此外，他还与瓦文萨进行了交谈。他认为不断加强与波兰的经济关系是必要的——戈尔巴乔夫则没有忘记提出美国应该对苏联采取同样的路线。[37]

10 月 27 日叶利钦在中央委员会上批评他之后，戈尔巴乔夫面临政权内部的困难。叶利钦呼吁加快改革步伐，并谴责戈尔巴乔夫太过听从其妻子的意见。他辞去了政治局的职务，这让所有人大吃一惊。在此前的苏联政治史上，还没有发生过类似的事情，而且戈尔巴乔夫失去了高层中一位坚定的激进改革者。叶利钦断送了自己的政治生涯，却没有起到什么作用，这让他感到非常沮丧。随后，他被拉到莫斯科市委，并被解除了书记一职。在这次痛苦的经历之后，他受到了戈尔巴乔夫的宽恕和怜悯，成了国家建设委员会副主任。

正是在这一混乱的时间里，东欧领导人来到了莫斯科，纪念十月革命。苏联改革的前途悬而未决，有猜测说戈尔巴乔夫很快就会被利加乔夫取代。11 月 10 日，在戈尔巴乔夫对东欧领导人发表讲话时，他将重点放在经济方面，而没有提出任何政治预断。他想要一个"经济互助委员会成员国科技进步的综合计划"。他提醒东欧领导人，苏联为了给他们提供石油、天然气和军事安全，付出了高昂的代价。戈尔巴乔夫的讲话没有什么新鲜点。他真正的创新之处在于，他提议建立跨国公司，以满足消费者对汽车、视频技术和个人电脑的需求。尽管他希望这一项目能够将西方公司包括进来，但是他清楚地知道这些公司更倾向于在西欧开展业务。[38] 他不知道如何结束巴黎统筹委员会的技术转移禁令。他含蓄地放弃了提出任何关于苏联能够领导东欧经济复兴的主张。他承认共产主义在某种程度上必须找到利用资本主义的方法。

11 月 19 日，雷日科夫告诉政治局，捷克斯洛伐克领导层终于开始走向改革。总理卢博米尔·什特劳加尔（Lubomír Štrougal）曾告诉雷日科夫，捷克斯洛伐克正"孕育"一场姗姗来迟的改革。戈尔巴乔夫对这一汇报很满意，同时强调不能干涉，要让捷克斯洛伐克人自己解决他们的问题。他怀疑如果什特劳加尔成为捷共中央总书记，其是否有能力将领导层团结起来。[39] 但是，他仍然坚持认为东欧"朋友们"必须按照他们自己的意愿行事。戈尔巴乔夫希望他们能够找到自己的改革之路。根据戈尔巴乔夫的说法，卡达尔感到自己的政治生涯就要结束，曾对他说，他希望从匈牙利高层的位置上退休。戈尔巴乔夫拒绝了，并建议卡达尔再考虑一下。[40] 这成了他的惯用做法：他想要摆脱那些老干部，但是不会举手反对他们——他要避免整个地区的不稳定。[41] 他甚至放任罗马尼亚自生自灭。尼古拉·米利塔鲁将军（General Nicolae Militaru）冒险到苏联驻康斯坦察的领事馆，请求帮助反对齐奥塞斯库的政变。戈尔巴乔夫的反应仅仅是："我们不会干涉他们的事务。"[42]

12月11日，他飞往东柏林向华约国家领导人汇报华盛顿峰会的情况——只有齐奥塞斯库缺席。戈尔巴乔夫脱稿讲话，吹嘘美国的祝福者们从窗户探出身子欢迎他的到来，就好像他是在布拉格，而不是华盛顿；并且他强调说，这种热情并不是人为组织起来的。[43]他的听众知道，站在亚历山大广场上、身穿统一服装的一排排年轻人，正等着向他致以他正在批判的那种预先安排好的欢迎。[44]他兴致高涨，声称里根最终承认苏联不再致力于谋求统治世界[45]（里根从未说过这样的话，但是戈尔巴乔夫想要给华约国家留下深刻的印象）。卡达尔向戈尔巴乔夫和谢瓦尔德纳泽表示祝贺，称这是苏联国际关系领域改革的首次胜利。甚至连罗马尼亚外交部部长伊万·托图（Ioan Totu）也似乎感到很高兴。胡萨克只做了"模糊性"的泛泛而谈，这让一个听众对旁边的人悄悄地说，这位捷克斯洛伐克领导人正在申请退休金。只有日夫科夫说了一些不满的话。他请求给予东欧更多的关注，并谴责说苏联评论家所描绘的"社会主义"仍然处于"发展的封建阶段"。[46]

1988年1月11日，戈尔巴乔夫告诉捷克斯洛伐克共产党中央委员会新任第一书记米洛什·雅克什（Miklos Jakes）说，意大利的同志们已经催促他要求对亚历山大·杜布切克进行重新评估。他们否认了他是人民的敌人。雅克什回复说，平反工作已经开启，但是给杜布切克平反对他而言仍然无法实现。戈尔巴乔夫勉勉强强地同意了；他拒绝提议将"布拉格之春"的领导人视为他自己的改革前辈。[47]1989年4月18日，他强调了这一立场，告诉雅克什捷克斯洛伐克的局势已经朝着 1968 年的反革命运动方向发展了。[48] 这不是他和朋友们说话的方式，而且这表现出了一种迹象，即他愿意放弃追求地缘政治目标。

戈尔巴乔夫在东欧的重点仍然是维护"社会主义国家的政治稳定"。[49] 苏联的经济利益是另一个重点。他在 1988 年 3 月向政治局解释了自己的困境："我们必须考虑经互会的融合进程。这是最大规模的政治，更不用说经济了；800 亿卢布的商品交易。这不仅仅是它们没有我们就无法生存，我们没有它们也无法生存。"[50] 虽然苏联可以生产出价值 60 卢布的特殊滚珠轴承，在世界市场上以 400 卢布的价格出售，但是它的"朋友们"太穷了，承受不起这样的价格。波兰和匈牙利依靠西方金融贷款和苏联的廉价原材料。所以，政治局应该制定什么样的战略？问题在于，东欧当前的经济形势不能无限期地持续下去："要在经互会的会议上直接说明白：我们要不要融合？它们要做出决定，因为我们不可能无止境地作为它们的廉价原材料之源。如果它们拒绝融合，那么我们就会得到解放。我们需要说：你们有一个简单明了的选择。我们不要发布那些关于经互会里双边关系的好信息了。所有人都知道真正的情况是什么。"[51]

戈尔巴乔夫不久之后就访问了南斯拉夫，体验了贝尔格莱德群众的热情。斯大林曾试图威吓铁托屈服于他，戈尔巴乔夫则承诺致力于"平等和不干涉的原则"。他强调说，苏联希望所有的社会主义国家"自己确定自己的发展道路"。[52] 但是，当雅科夫列夫在同月到乌兰巴托参加"兄弟党"的会议时，东德人否认有任何"革新"社会主义的必要。[53] 几天之后，华约国家的外交部部长们聚集在贝尔格莱德开会时，德国问题以另一种形式被提了出来——波兰的马里安·奥热霍夫斯基（Marian Orzechowski）

表达了对西德一直拒绝承认1945年确定的欧洲边境的担忧。东德的奥斯卡·费舍尔（Oscar Fischer）警告说，西德与法国的联系日益密切，这代表了波恩有拥有核武器的危险。[54]

东欧领导人响应了削减北约和华约常规武器力量的呼吁。然而不管怎样，政治协商制造麻烦与否对谢瓦尔德纳泽而言，并不会产生多大影响："即使某个或某些社会主义国家在一些问题上不支持我们，也不会造成什么悲剧结果。"[55] 他和戈尔巴乔夫都认真思考过从东欧撤出苏联部队。但他们还不清楚要部分撤出，还是全部撤出。外交部的官员们警告说，撤军需要时间，并且需要密切关注社会影响。他们预料到将那么庞大的部队重新安置到苏联所面临的困难。但这并不会让谢瓦尔德纳泽泄气，他认为苏联领导层别无选择：如果他们不主动撤出部队，那么东欧的人民迟早会攻击他们。他讲到用武力解决政治危机的可怕后果，提到了格鲁吉亚人对1956年第比利斯抗议示威活动的持久的愤怒。世界历史中从群众怨恨走向全面叛乱的先例比比皆是。先发制人的措施更为可取。他提议的撤军将完全出于苏联自愿。没有任何外国势力，甚至是美国或中国，要对苏联撤军负责；"反苏主义"将在全世界范围内大大减少。[56]

苏联发言人否认了苏联的政策即将发生改变，但是匈牙利人向美国人泄露了消息。中央情报局一直在监视这一进程。如果莫斯科做出了撤军举动，那么整个北约将出现激烈的争论。在美国的一些盟友看来，苏联将会是一个完全和平的超级力量。这可能会使美国所做的让北约坚守共同的军事现代化目标的努力变得复杂化。[57]

波兰的局势也在恶化。雅鲁泽尔斯基对团结工会的镇压没有阻止1988年3月一系列罢工和政治抗议的出现。当局实施了进一步的抓捕，但是到 4 月，工厂、矿山和造船厂都陷入了瘫痪。警方采取又一轮行动才使局面稳定下来。戈尔巴乔夫在 7 月中旬访问华沙时，哄劝波兰共产主义高层进行政治和经济改革——他感觉自己不能再安静地置身事外了。[58] 他很享受普通波兰民众对他的欢迎和接待；而且他相信他们希望与苏联深化合作。[59] 他把波兰人民对他个人的友好误认为对波兰当局的默许。8 月，更大规模的罢工在波兰各地爆发。随着经济陷入停滞，波兰统一工人党政治局也出现了分歧。一些人呼吁加强军事镇压，直到内政部部长米奇斯瓦夫·拉科夫斯基（Mieczysław Rakowski）指明了军事镇压的破坏性后果。[60] 雅鲁泽尔斯基决定组建新内阁，将与共产主义没有关联的部长纳入进来。他的指导思想是"让步，可以；投降，免谈"。[61] 他称赞戈尔巴乔夫在苏联采取的政策，对苏联不干涉波兰危机的做法表达了感谢。[62]

莫斯科继续推动波兰统一工人党领导层实施内部改革。1988年 9 月，苏共中央国际部的尼古拉·希什金（Nikolai Shishlin）在接受法国《世界报》（Le Monde）采访时，表示对恢复团结工会并不恐惧。随后，苏联与波兰行动迟缓的当局开始了谈判。[63]

格奥尔基·沙赫纳扎罗夫对处理事情的方式失去了耐心。在成为戈尔巴乔夫的个人助理之前，他曾在苏共中央国际部工作多年。在他看来，政治局一直在摸索、踟躇不前，没有明确的东欧政策。他近距离地观察到，戈尔巴乔夫因为面对太多的其他问题，而没有意识到局势的危险性。10 月 6 日，他给戈尔巴乔夫发了一份措辞强硬的备忘录，列出了他的担忧。沙赫纳扎罗夫对昂纳克和齐奥塞斯库拒绝走改革之路感到遗憾；他写道，他们的保守主义只能深化全世界社会主义内部的危机。苏联领导人必须正视波兰、匈牙利、保加利亚、德意志民主共和国和捷克斯洛伐克即将破产的可能性。民众的不满是意料之中的事情。沙赫纳扎罗夫呼吁政治局为可能发生的突发事件制定政策。如果西方向东欧提供金融援助，莫斯科会怎么做呢？政治局应该鼓励或者忍受这样的结果吗？苏联军队继续驻扎在东欧符合苏联的利益吗？[64]

沙赫纳扎罗夫敦促苏联领导层专注于东欧地区，在灾难发生之前，制定一项政策，并主动贯彻执行。雅科夫列夫和谢瓦尔德纳泽都赞同这种分析。1988年10月底，谢瓦尔德纳泽从华约的其他外交部部长那里了解到，东欧因为对西方银行的债务，处于破产的边缘。[65]在雅科夫列夫会见捷克斯洛伐克的高官们时，他们警告他，如果苏联媒体继续暗示苏联对1986年"布拉格之春"的政策将发生逆转的话，共产主义原则就会面临威胁。[66]雅科夫列夫以喜欢公开讨论这类问题而出名。同时，谢瓦尔德纳泽还听说了匈牙利所面临的困难，新的共产党领导人格罗斯·卡罗利（Károly Grósz）向他承认，这个国家的金融贷款完全用在了消费上面，而不是资本投资和工业现代化。匈牙利领导层显然没有想出什么解决方法；而且当被问到苏联在该国的军事存在是否正引发问题时，格罗斯表示，民众骚乱随时可能发生。[67]

苏联加快了撤军的速度。11月10日，军事和工业部门的官员们在别利亚科夫（Belyakov）的办公室里举行了一次会议。主要议题是减少苏联部署在这一区域的部队。会上讨论建立更小规模、更机动的军队，而且亚佐夫和国防部没有像早些年那样对这一改变大惊小怪。限制苏联的权力得到了大家的认可。马斯柳科夫强调了减少军事存在的理由。雷日科夫作为部长会议主席说出了严酷的真相：除非削减苏联军队，否则经济改革就不会有希望。[68]扩张帝国和内部改革，两者不可兼得。

美国国务院一直把注意力集中于莫斯科，没有干涉东欧事务。只要戈尔巴乔夫愿意和平解决问题，美国官员就认为最好避免干涉。共和党参议员吉姆·萨瑟（Jim Sasser）批评这一政策太过被动；他敦促西方银行应该停止给共产主义政府的贷款。国防部部长卡卢奇赞成他的立场。他们都认为如果银行继续帮助共产主义摆脱困境，那么北约国家只能增加它们的国防开支——这似乎是一种堂·吉诃德式的做法。[69]中央情报局站在国务院一边。情报报告强调说，罗马尼亚处于非常不稳定的状态，但是盖茨及其官员们则认为美国对东欧局势的影响微乎其微。最好坐待时局发展。[70]尽管有迹象表明要发生重大变化，但中央情报局高层在1988年5月仍相信"莫斯科的东欧帝国不会崩溃"。[71]同年11月，中情局声称，苏联永远不会从该区域单方面撤军。[72]

原有的假设和分析压倒了开放的猜测。在华盛顿和莫斯科，都是这样。每个人都感觉到政治的根基在晃动。美国政府觉得形势在朝着有利于其意愿和利益的方向发展，但当时在华盛顿还没有谁预见到那将是一场地震。

/ 第二十九章　撤离阿富汗

很奇怪的是，东德、匈牙利甚至波兰的问题并没有出现在美苏会谈中。相反，阿富汗却引起双方持续的关注。自1984年以来，美国人将"地区冲突"纳入了他们与苏联谈判的议题之中。对他们而言，阿富汗问题是检验戈尔巴乔夫改变其全部外交政策之诚意的试金石。里根和舒尔茨一直要求苏联从阿富汗撤军。戈尔巴乔夫在1985年11月的日内瓦峰会上曾明确表示，尽管只是泛泛而谈，但他已经在考虑这一问题了。在接下来的几年里，他的承诺越来越多，他还时常向政治局大声朗读那些想要知道自己儿子遭遇的妈妈们言辞激烈的信件。

大多数政府对莫斯科政策开始改变的迹象感到满意，但并不是所有政府都是这样。拉吉夫·甘地和其他印度官员劝告戈尔巴乔夫和谢瓦尔德纳泽要对撤离阿富汗慎之又慎。他们想给巴基斯坦人制造麻烦。他们警告克里姆林宫里的领导人，巴基斯坦作为美国的盟友，有可能潜入喀布尔的权力真空地带——新德里和莫斯科都会对此感到担忧。[1]一些正在访问莫斯科的非洲政客对计划中的苏联撤军也表现出了相似的谨慎；他们警告说，苏联在全世界的影响力将随着"帝国主义"借机发动攻势而逐渐消失。[2]这些都不是对于戈尔巴乔夫倡议的通常反应。虽然菲德尔·卡斯特罗不是苏联改革的崇拜者，但他对苏军撤离阿富汗给予了热情的赞同。他向谢瓦尔德纳泽抱怨说，侵占阿富汗一直都是一个严重的错误，把古巴人置于"一种完全为难的境地"。[3]戈尔巴乔夫有理由认为卡斯特罗比甘地更符合世界舆论的立场。无论如何，他都认为延长苏联军队在阿富汗土地之上的痛苦已经没有意义了。

/ 330　　因为没有任何保证说政治局不会把政策改回实施占领，所以里根认为缓解苏联的困境对于美国而言并没有什么好处。苏联领导层在越南战争结束时利用了美国当时所面对的困难，现在他们也要尝尝那是种什么滋味。1986 年 3 月，总统批准向"圣战者"提供毒刺导弹。第一批毒刺导弹很快就将抵达巴基斯坦，之后将运往阿富汗。[4] 在几个月之内，美国情报机构就报告说，苏联因这一新武器，而坠毁了两架运输机和一架直升机。[5] 温伯格到阿富汗难民营参观时，受到了热烈的欢迎。[6]

政治局忽略了这些复杂情况，坚持撤军目标。1986 年 6 月 11 日，作为第一步，它下令撤出 6 个完整的团。国防部部长索科洛夫表示支持。戈尔巴乔夫评论说，驻扎在阿富汗的 8000 名战士的返回将证明苏联对印度洋的"温暖水域"没有任何企图。阿富汗共产主义领导层应被告知，为今后没有苏联军事保证的生活做好准备。[7] 戈尔巴乔夫明确表示，对于苏联而言，"这一结果绝不会是一场可耻的失败"。葛罗米柯评论说："那不是我们的战争。"戈尔巴乔夫一定会感到很奇怪，为什么那时葛罗米柯会极力支持入侵阿富汗；但是他什么也没说。[8] 在 1986 年 8 月 14 日的政治局会议上，他呼吁苏联顾问停止出席阿富汗共产党高层的会议。"我们，"他声称，"不是美国人。"（东欧人民会对苏联没有对外国发号施令的习惯这一说法很感兴趣。）[9] 1986 年 9 月 25 日，政治局派尤里·沃龙佐夫担任戈尔巴乔夫在喀布尔的特别代表。沃龙佐夫将安排穆罕默德·纳吉布拉（Mohammad Najibullah）代替卡尔迈勒（Karmal），并举行戈尔巴乔夫与纳吉布拉之间的会晤，苏联高层认为纳吉布拉愿意将阿富汗政治反对派纳入政府联盟之中。他的任务还包括秘密向巴基斯坦政府示好。[10]

直到 1986 年 11 月 13 日，政治局才做出了重大的决定：将全部苏联军队撤出阿富汗。甚至葛罗米柯也承认，干预阿富汗是建立在错误的假想之上。戈尔巴乔夫希望在两年之内完成撤军。切布里科夫和谢瓦尔德纳泽一致同意，戈尔巴乔夫提议，政治局应该使阿富汗变成"一个友好、中立的国家"。他想要在1987年遣返一半的苏联军队，一年之后遣返其余部分。考虑到这一点，他希望与巴基斯坦开启对话。他主要的关切在于美国人可能会"潜入阿富汗"。阿赫罗梅耶夫向他保证说，这基本上是不可能发生的；他呼吁所有人承认一个基本的事实："我们已经输了这场战斗。现在阿富汗人民的大多数是反革命分子。"[11]

政治局命谢瓦尔德纳泽去"解决"阿富汗问题。他在这方面与总书记和国防部部长合作得很好，他们都完全支持新政策。为了让自己更了解阿富汗，他与多勃雷宁一同对喀布尔进行了探索性的访问，并于1987年1月5日参加了国家民主党（National Democratic Party）的中央委员会全体会议。党的总书记纳吉布拉逐条列出了他的政府在城镇和乡村所面临的问题，并强调了巴基斯坦和伊朗正在实施的恶意干涉。借着谢瓦尔德纳泽的出席，他强调说除非苏联继续给予援助，否则共产主义将在阿富汗崩塌。谢瓦尔德纳泽则希望大家明白，莫斯科对阿富汗发号施令的年代已经结束了。给纳吉布拉以重击的是，他得知了苏共中央政治局完全支持戈尔巴乔夫优先撤出军事力量的消息。谢瓦尔德纳泽补充道，"我们仍有合作的机会"：他开始感觉到对纳吉布拉产生了情感上的依附，并且不想让阿富汗共产党领导人在失去外部军事干预的情况下独自战斗时，灰心丧气。[12]

1月8日，谢瓦尔德纳泽向政治局的阿富汗委员会做报告。他请求大家认识到撤军过程的复杂性。他想要保留苏联在阿富汗的军事基地——很明显，他想要为苏联保留一些小的立足点。[13]

他还恳求大家认真考虑撤军的政治后果。按照他的估计，撤军将削弱苏联在全球"社会主义国家"里的威信（他想到的不可能是普通的捷克斯洛伐克人或者越南人，更有可能是他们的领导人）。委员会要起草自己的意见供政治局审议。比其他事情更能引起他警觉的是，撤军将在阿富汗留下权力真空，从而酝酿出像黎巴嫩那样的民族和宗教大屠杀。残酷的内战近在咫尺。[14]

政治局在1月21日听了谢瓦尔德纳泽的分析。他讲到纳吉布拉给他留下的"好印象"，尽管他让农民阶级失望透顶。苏联每年的战争开支至少是10亿卢布——美国人认为总共20亿卢布，而日本人则认为是苏联给出数字的三倍："我们必须尽一切努力离开阿富汗。"没有莫斯科的援助，喀布尔的局势将会得到改善。苏联有意与美国人进行秘密对话，劝阻他们不要干涉。[15]谢瓦尔德纳泽问道，苏联领导层在下令入侵阿富汗时，是否知道自己正在做什么。这是对葛罗米柯的冒犯。戈尔巴乔夫介入进来，防止发生争吵，因为他想要政治局对当前议题取得共识。雷日科夫表扬谢瓦尔德纳泽提供了一幅"现实主义的画面"；他呼吁苏联军队给阿富汗留下一个"中立、友好的政府"。利加乔夫发言支持了雷日科夫。政治局希望在撤出军队的同时，不损害阿富汗"进步力量"的利益。索科洛夫警告说，这是无法通过军事手段实现的。需要在阿富汗国内和国外采取政治行动。[16]

在戈尔巴乔夫看来，苏联高层在入侵阿富汗时，一直受到意识形态的蛊惑。现实证明不可能从封建主义一大步跨到社会主义。军事干涉必须停止，并且需要设法接近联合国、巴基斯坦和美国（他对自己说服伊朗施以援手没有信心）。他想要在两年之内完成撤军。[17]

2月，谢瓦尔德纳泽向政治局陈述了自己的提案。他说让纳吉布拉政府有能力生存下来是至关重要的。如果撤军过于匆忙，那么喀布尔政府将会分崩离析。纳吉布拉的人民已经开始人心惶惶了。[18]戈尔巴乔夫对自己听到的提案很满意，并坦言愿意与巴基斯坦的齐亚哈克达成协议：作为与他合作的回报，他将无视纳吉布拉的反对。[19]甚至连葛罗米柯也对撤军表示了支持。他回忆说，在政治局同意之前，阿富汗共产党人曾 11 次请求莫斯科进行军事干预；但是他承认莫斯科高层对可能出现的后果想得过于简单化。事后来看，他怀疑不论苏联给予多少援助，都不可能建立起一支高效的阿富汗军队。这位老人的"半道歉"惹恼了戈尔巴乔夫，他挖苦地说道，政治局仍可以选择另外派遣 20 万人的部队到阿富汗战场中去。葛罗米柯领会到了戈尔巴乔夫的暗示，不再说话。戈尔巴乔夫总结说："因此，撤军是唯一正确的选择。"[20]

1987 年 5 月，随着纳吉布拉的军事和政治局势恶化，政治局召开紧急会议。瓦伦尼科夫（Varennikov）嘲笑了所谓阿富汗人民对社会主义或者民主抱有兴趣的说法。克留奇科夫谈及了自己担心的地方，即苏联可能会"失去"阿富汗。当前的工作重点是必须保持阿富汗是一个"友好的"国家。科尔尼延科和阿赫罗梅耶夫讲了纳吉布拉及其政党所表现出的弱点。戈尔巴乔夫思考着未来。"圣战者"不会忘记苏联军队杀死了他们那么多的战士。阿富汗共产党将怨恨苏联让他们大失所望。结果似乎不可能是一个与莫斯科交好的阿富汗。[21]他要求阿富汗委员会制定指导方针，并建议谢瓦尔德纳泽再去喀布尔一次。既然戈尔巴乔夫反对让下一个阿富汗政府臣服于共产主义统治的主张，那么就需要做出重大的改变。必须要做纳吉布拉的工作。在戈尔巴乔夫看来，他不适合担任总统，最多担任总理。戈尔巴乔夫想要在接下来的 18 个月里解决阿富汗问题。他缩短了时间。[22]

谢瓦尔德纳泽目睹了喀布尔令人沮丧的境况。6 月 11 日，他向政治局汇报说阿富汗共产党正处于崩溃的边缘，苏联的军事干预已经摧毁了几乎每一个家庭和定居点："反苏主义将在阿富汗持续很长一段时间。"[23]

政治局还未决定要如何应对撤军给喀布尔和莫斯科带来的影响，克里姆林宫高层内部仍在激烈地讨论。与此同时，谢瓦尔德纳泽告诉了全世界，苏联的干预即将终止。7 月 15 日，在伦敦的兰开斯特宫，他告知外交大臣豪，苏联关于撤军的决定是不可逆转的。豪承诺会把这一振奋人心的消息转达给撒切尔夫人。[24] 9 月，谢瓦尔德纳泽在被特别要求的私下会面里，向舒尔茨也传达了相同的消息。[25] 在 1987 年 12 月华盛顿峰会结束后，舒尔茨向北大西洋理事会汇报说，戈尔巴乔夫已经向里根承诺，只要苏联领导层能够实现阿富汗的"国家和解"进程，就会终止对阿富汗的军事干预。舒尔茨认为鉴于这个国家所发生的一切，这是不可能实现的。[26] 尽管如此，他和美国政府的其他官员都对局势的发展感到满意。阿富汗，由于苏联的入侵，已经变成苏联对外政策意图的试验场之一。美国人有时会谈论他们希望怎样帮助撤军。但在现实中，他们继续通过援助"圣战者"来增加困难。在他们看来，苏联需要接受其军事失败的后果。不存在能直接缓解撤军痛苦的镇痛药。

阿富汗共产党当局在 1986 年 11 月撤销了卡尔迈勒的权力，并把他送到莫斯科退休。但是，在 1987 年成为总统的纳吉布拉，在处理国家和解事务上，并不比卡尔迈勒强多少。谢瓦尔德纳泽不得不在 1988 年 1 月飞往阿富汗，亲自处理。[27] 他向喀布尔的苏联官员解释道，政治局希望达成组建联合政府的共识。当纳吉布拉拒绝时，他们的工作就变成打消他的幻想。[28]瓦伦尼科夫报告说，每个城市的情况都不一样——他认为这个国家的东部情况最好。谢瓦尔德纳泽及其团队知道，纳吉布拉的人民对于在苏联撤军之后要做些什么，是没有任何计划的。纳吉布拉，根据瓦伦尼科夫的说法，相信自己不会存活很久，而且在喀布尔没有人反驳这一预判。谢瓦尔德纳泽没有什么解决办法可以提供给阿富汗的同志们。在他看来，重点是苏联领导层制造了一个糟糕的局面，而且必须从这个国家和它的战争中撤出来。[29]

美国人继续在日内瓦谈判中施压，要求苏联军队在里根抵达莫斯科与戈尔巴乔夫举行夏季首脑会晤之前撤离阿富汗。政治局的阿富汗委员会在一般情况下，不会同意加快撤军进度，而且在3月11日的会议上，科尔尼延科和阿赫罗梅耶夫对这一想法感到非常愤怒。[30]3月23日，舒尔茨和谢瓦尔德纳泽发生了冲突。舒尔茨呼吁在美苏的武器运输政策上实现"对称"：他主动提议美国停止向阿富汗提供武器，作为回报，苏联停止为其阿富汗共产党客户提供武装。谢瓦尔德纳泽惊呼道："绝对不行！这种想法是不会通过的！"另外，舒尔茨和谢瓦尔德纳泽在哪种类型的战斗者应被允许接受援助这一问题上也没有达成一致。美国人想要禁止分配援助给"受雇"之人，然而也以他们是志愿者之由，将"圣战者"排除在"受雇"范围之外。谢瓦尔德纳泽拒绝了这一提议，但是没有提出被舒尔茨接受的替代性方案。[31]没有什么办法能够打破此时的僵局。苏联领导人必须接受这一现实，否则就会丧失签订协议余下部分的机会。

4月2日，政治局考虑了由阿富汗政府、巴基斯坦、美国和苏联签署的协约草案。谢瓦尔德纳泽再一次尝试让美国人中断对"圣战者"的援助。舒尔茨回信说，如果苏联领导人想要达成协议，他们就必须抛弃任何此类规定。[32] 在他们看来，里根是不会在这一问题上妥协的；无论如何，他们都认为，即使里根同意了，也不值得把它写在纸上。戈尔巴乔夫决定让政治局批准目前的协议。他急于在莫斯科峰会之前把所有问题都解决掉，以免造成在美国强迫之下行事的印象。他想让整个政治局对这一决定负责，并要求记录下来每一位政治局委员的投票。[33] 他的提议获得了一致通过。总参谋部已经准备了一个撤军行动计划，而且阿赫罗梅耶夫也被邀请出席会议解释计划。阿赫罗梅耶夫和戈尔巴乔夫一样，急于让苏联军队回家。他展开一幅阿富汗地图，说明了自己打算如何撤军。政治局同意从 5 月 15 日开始执行他的计划，无论日内瓦谈判过程中会发生什么。[34]

戈尔巴乔夫和谢瓦尔德纳泽分担了政治重任。谢瓦尔德纳泽飞往喀布尔，与苏联军队和文职人员协商如何完成最终的撤离。他把政治局的意图告知了纳吉布拉。对谢瓦尔德纳泽而言，这是一次让人压抑的经历，他对苏联军队的存在帮助阿富汗的抵抗力量团结起来的事实表示了遗憾。[35] 纳吉布拉自然很不高兴，戈尔巴乔夫邀请他出席 4 月 7 日在苏联的塔什干举行的会议。戈尔巴乔夫带着克留奇科夫一同前往塔什干，以便身边有个对阿富汗的情况有切身体验的人。他解释了莫斯科政策的变化，并敦促向政治多元主义、农民的要求和伊斯兰教妥协。[36] 之后向政治局汇报时，戈尔巴乔夫承认，他并不确认纳吉布拉是否有能力或者意愿来接受自己的建议。[37]

但是，4 月 14 日，签署协议的障碍已经清除了。谢瓦尔德纳泽与舒尔茨，以及阿富汗、巴基斯坦的外交部部长坐在一起，在日内瓦执行了这一任务。联合国秘书长哈维尔·佩雷斯·德奎利亚尔（Javier Pérez de Cuéllar）出席了这一会议。最终，大家对苏联的军事撤离达成了一致。4月18日，谢瓦尔德纳泽在政治局上强颜欢笑，声称苏联的撤军与美国人从越南撤军毫无相似之处。他补充说，美国人最终被禁止取道巴基斯坦为阿富汗提供武器装备。他这是在幻想。实际上，《日内瓦协议》（Geneva Accords）并没有就结束阿富汗内战做出规定。战斗必然会加剧，而且苏联军队将长途跋涉地撤出阿富汗，但美国仍会致力于援助"圣战者"。谢瓦尔德纳泽对阿富汗全国的政府治理和经济状况给出了悲观的评估，这相对于其他问题而言更坦诚一些。他并没有说情况可能会得到改善。总有一天，谢瓦尔德纳泽说，政治局将不得不公开承认，1979年的入侵是一个重大的错误。[38]

戈尔巴乔夫和谢瓦尔德纳泽出人意料地在如何完成撤军的问题上产生了冲突。长期以来，他们在阿富汗问题上似乎并没有什么分歧。但是，谢瓦尔德纳泽只是一个经常访问喀布尔的政治局委员，而且他慢慢地喜欢上了纳吉布拉。他讨厌让苏联的盟友自生自灭的想法。至少，他对政治局是这样说的。几个月后，他暗示了自己的另一个动机：他对一名助理说，除非做点什么帮助阿富汗政府存活下来，否则他担心苏联的改革事业会遭遇阻碍。[39]他担心改革派很可能会在不久之后因为在阿富汗问题上做了对的事情，而付出沉重的政治代价。他不希望发生让苏联的将军们抱怨政府领导层的事情。然而，如果"圣战者"推翻了纳吉布拉政府，这样的事情将很容易出现。一次官方调查可能就会将责任归于政治局的优越领导地位。谢瓦尔德纳泽希望避免发生这种状况，因而在苏军大部队撤离之时，他将一个军事分队留了下来。[40]

戈尔巴乔夫提倡一种不同的途径，并在4月18日的政治局会议上，击败了谢瓦尔德纳泽。自1987年年初以来，他就曾对阿富汗战乱"越南化"提出警告。[41]美国人将他们的部队留在越南太长时间，因而受到了羞辱。他下决心避免苏联军队重蹈覆辙。现在，当谢瓦尔德纳泽敦促政治局在阿富汗保留 1 万 ~1.5 万人的军队时，他失去了耐心，批评其政治伙伴发出了"鹰派的尖叫"。紧接着就是一场吵闹的辩论。克留奇科夫支持了谢瓦尔德纳泽，切布里科夫则与戈尔巴乔夫立场一致，要求完全撤离。戈尔巴乔夫赢了。[42]

总参谋部高效地完成着后勤运输工作。在谢瓦尔德纳泽于 1988 年 8 月再次访问喀布尔时，苏联军队差不多撤离了 50% 的驻军。挥之不去的担忧是落入"圣战者"手中的战俘的命运。外交部请求美国人介入调解。[43] 美国部队大批撤出越南的记忆被唤醒。在 1975 年秋季的西贡，越南共产党就利用美国囚犯——包括他们的遗骸——作为讨价还价的工具。现在，苏联将亲身感受这样的处境会有多么艰难。[44] 瓦连尼科夫将军向谢瓦尔德纳泽保证，苏联军队至少会留下一个稳定的阿富汗政府。驻扎在南方的格洛莫夫将军（General Gromov）则描绘了一幅更阴暗的图景。[45] 格洛莫夫的报告说服了谢瓦尔德纳泽，于是他再次呼吁增加对纳吉布拉政府的援助。瓦连尼科夫和其他官员提议实施针对"圣战者"的轰炸。反共产主义头领艾哈迈德－沙阿·马苏德（Ahmed-Shah Masud）正要求切断喀布尔直达苏联的主要道路。纳吉布拉的供给线不久之后就将被破坏。切尔尼亚耶夫反对说，除了配合以地面部队，否则空袭不会有任何成效——但是苏联高层没有人想要再次入侵阿富汗（尽管戈尔巴乔夫一度犹豫不决）。[46]

"圣战者"残酷无情。纳吉布拉的前途命运一天天恶化，叛乱四起，他手下的阿富汗军队士气低落。苏联总参谋部集中精力于撤退的任务上。首要工作是以尽可能少的伤亡和尽可能多的尊严撤离。时间表已定。截至 1989 年 2 月，没有任何陆军和空军部队留在阿富汗。

谢瓦尔德纳泽在 1989 年 1 月中旬又一次到访喀布尔，并目睹了首都的经济封锁。[47] 回到莫斯科时，他再次呼吁在阿富汗保留一个苏军分队。纳吉布拉曾请求一个旅的兵力支援，以突破对坎大哈的包围。1 月 23 日，政治局的阿富汗委员会开会听取谢瓦尔德纳泽的意见。参会官员还包括雅科夫列夫、切布里科夫、克留奇科夫和亚佐夫。[48] 雅科夫列夫要求禁止从苏联军事基地起飞的轰炸机飞到阿富汗上空；他想让全世界的公众舆论倒向克里姆林宫一边。谢瓦尔德纳泽反驳说，纳吉布拉政府并不是注定失败的；他补充说，如果是苏联的行动导致了这一结局，那么苏联将会失去全世界的支持。[49] 雅科夫列夫打电话给切尔尼亚耶夫，恳求他去找戈尔巴乔夫调停，后者正担心自己与谢瓦尔德纳泽不断加深的嫌隙。谢瓦尔德纳泽、雅科夫列夫和切尔尼亚耶夫被安排了三方电话，同时戈尔巴乔夫在一旁听着他们的争论。切尔尼亚耶夫指责谢瓦尔德纳泽扰乱了撤军计划。谢瓦尔德纳泽回应说，纳吉布拉曾向他保证如果他能坚持到明年，他就可能会无限期地存活下来。戈尔巴乔夫就阿富汗问题向克格勃主席克留奇科夫咨询意见。克留奇科夫近来一直为谢瓦尔德纳泽说话。现在，他给了一个更为悲观的描述。戈尔巴乔夫听了之后，马上打消了派遣一个旅的念头。[50]

1989 年 2 月 15 日，苏联最后一名战士走过了桥头，进入苏联的塔吉克。再过几个月，这场战争就将持续整整十年。共产主义革命的尝试同时伴以经济和教育改革。当地的社会传统和伊斯兰教信仰时常受到侵犯。苏联的干涉强化了阿富汗共产党的反对力量。这一实验已经变成一个可悲的失败。

  "圣战者"封锁了靠近巴基斯坦边境的贾拉拉巴德市，纳吉布拉的处境更加严峻了。如果城市陷落，进攻喀布尔之路将会畅通无阻。3月9日，纳吉布拉请求从苏联领土发起一场空袭行动。第二天政治局召开会议，回绝了纳吉布拉的请求。谢瓦尔德纳泽表达了自己的悲痛之情，因为对他而言支持纳吉布拉事关荣誉问题[51]（他没有提及他对日后进行官方调查有着更严重的关切）。在3月11日政治局的紧急会议上，他再次反对"抛弃"苏联在阿富汗的"朋友们"。克留奇科夫对他表示了些许支持，切布里科夫则两面下注；但是雅科夫列夫抨击了派苏联军队去帮助纳吉布拉的任何建议。利加乔夫此时正出访布拉格，雷日科夫也正在访问西伯利亚。尽管如此，在戈尔巴乔夫驳斥了谢瓦尔德纳泽之后，结论就再也不用怀疑了。他否认曾有人认为纳吉布拉能够坚持下去。他坚称只要他还是总书记，就会尊重日内瓦协议。[52]就是这样，可怕的苏联军事冒险结束了。政治局虽不情愿但信心满满地进入了阿富汗，如今它低声下气地退了出来。

/ 第三十章 困难重重

　　美国民众对克里姆林宫的敌意正在逐渐消退，正如堤坝上的积雪融化一般。人们称赞戈尔巴乔夫为了世界和平所做的一切。调查结果还表明，大部分的选民赞成里根与苏联和解。人们对看起来要终结冷战的总统和总书记抱有极大的热情。

　　那些对民调感到紧张不安的里根政府官员发现，他们的影响力日益减弱。糟糕的身体状况迫使凯西在 1986 年 11 月作为中央情报局局长退休，他在原定到国会为伊朗军售事件做证的当天，晕倒在了家中；1987 年 5 月，凯西因脑肿瘤去世。代理局长罗伯特·盖茨对中情局的分析结论几乎未做调整。中情局估计，由于克里姆林宫要避免东欧国家已经陷入的债务困境，因此按实值计算，苏联的对外债务仅比其在 1985 年的债务水平高出 16 个百分点。但是，结果就是那些工业改造和大众消费急需的进口货物总量下跌。政治局希望鼓励与资本主义公司建立合资公司。想法是这些公司会让它们的投资增值，进而帮助振兴苏联经济。[1]中情局内部的讨论认为，克里姆林宫有可能会允许东欧国家自由地与西欧公司签订协议。与此同时，戈尔巴乔夫在第三世界国家推行了一种新型的务实政策。中情局认为，现在向苏联施加更多的压力是不明智的，因为这样做可能会让戈尔巴乔夫偏离改革外交政策的路线。他的连任似乎符合美国的国家利益。[2]

　　虽然如此，但温伯格在 1987 年 4 月指责克格勃在美国驻莫斯科大使馆的"大规模间谍活动"。他夸张地把苏联的渗透行为比作伊朗国民革命卫队对德黑兰大使馆的暴力占领。[3]8 月，他在《纽约时报》上写文章攻击那些否认有可能建设一个完美的防御系统的组织，比如共同目标协会（Common Cause）和美国物理学会（American Physical Society）。温伯格说，如果防御系统本身就是一个有效的威慑，那么这些否认就是无关紧要的。另一个好处在于，它会让克里姆林宫担负毁灭性的开支："失去了削减军备的动机，苏联人将会继续扩充军备。"[4]他对那些认为苏联政治局对"民主、自由或变革共产主义做出了深刻的承诺"的想法嗤之以鼻；他几乎无法相信，戈尔巴乔夫怎么能继续任命那些可怕的人担任苏联的高级职位。[5]

1987年初，温伯格在给美国国会的报告中对那些主张优先降低国家财政赤字的参议员和众议员大加斥责。他放弃一直坚持的财政紧缩理念，认为当前债务中的最大一部分——42%——是由美国企业持有，这些企业将用它们的股息为美国的经济利益服务。推动武器（包括进攻性武器）现代化应该获得总统的允许。[6]他将苏联描述成致力于"扩张主义"和世界革命的国家。[7]他称赞战略防御计划已经把苏联领导层拉到了谈判桌上。[8]温伯格含蓄地否认了战略防御计划只有单纯的和平目的。他想要让美国成为欧洲的主导力量。他批评克拉斯诺亚尔斯克雷达站违反了《反弹道导弹条约》；称赞图勒和菲林戴尔斯早期预警雷达站的升级工作。[9]温伯格不理会雷克雅未克峰会上达成的关于中程核导弹的谅解。在接受质询时，他斩钉截铁地重申了他对里根全面清除核武器目标的忠诚，但是他的行事方式让人清晰地知道了他的个人主张。[10]

1987年，温伯格过得非常不顺利，因为他挫败舒尔茨和国务院的努力付诸东流。里根做出了明确的政策选择，温伯格已经失去了他的职业发展空间，并且没有任何机会再获得它。他骄傲又疲惫，递交了辞呈；11月23日，离开了职位。流言传开了，说温伯格离开职位，是因为他的妻子得了癌症（可以理解，这让简·温伯格感到很不安，于是公开否认了这一说法）。[11] 里根在白宫发表了热情洋溢的致谢演讲，之后温伯格就退休了。国务院和政治局都感觉松了一口气——谢瓦尔德纳泽周围的人都在庆祝那个人的离开，那个曾阻碍美苏恢复关系的人。[12] 温伯格始终忠于自己，他对一名记者说："我想，认定（戈尔巴乔夫）是一个温暖、体贴、值得信任、不会做错事的人还太早了。他有魔爪，每隔一段时间那些魔爪就会暴露出来。"[13] 1988 年 2 月，他在参议院外交关系委员会号召警惕苏联的欺骗行为，保护美国的军事预算和战略防御计划。[14]

温伯格并不是唯一离职的高级官员。国防部长助理珀尔在1987 年 6 月离开了国防部；他认为在政府之外可以更有效地影响外交政策。他不喜欢那些正在与苏联探讨的让步，讨厌妥协精神。在珀尔看来，匆忙签一份战略武器条约是毫无意义的。[15] 尽管温伯格仍然认为那些首脑峰会没有什么意义、充满了危险，珀尔却逐渐承认它们至少在将苏联碾碎"到地下"方面有些用处。[16] 但是，珀尔仍然坚持美国要强硬地讨价还价；而且在美国官员们已经准备好在当年年底签署一份《中程导弹条约》之时，他警告他们不要指望得到他的支持。他坚持不在美国媒体上表明自己的立场，而是让自己有选择的余地。[17] 然而，在他审查草约的时候，他却表示建议批准该条约。[18] 前联合国大使珍妮·柯克帕特里克也持有这样的立场。她断言，拟议的条约将削弱西欧的防御，同时让苏联变得"没那么脆弱"；但是她最终还是赞成了它的通过。[19]

即便如此，政府内部仍然有官员质疑与苏联和解。中情局的弗里茨·厄尔马斯（Fritz Ermath）写信给科林·鲍威尔说："新的苏联领导层相信不用从根本上改变其对第三世界的政策，就能实现它的主要目标——缓和两国关系。"[20]国防部部长卡卢奇私下里对美国犹太人组织的领导人们宣称："戈尔巴乔夫玩弄了欧洲。和平的图景、充满同情心，但是谈武器时却含糊其词。"[21]里根长期防御战略咨询委员会的联合主席弗雷德·伊克尔（Fred Iklé）断言，核查仍然是不可能的。[22]

/ 342

保守主义评论员们表达了他们的担忧。基辛格是他们中的一员，他质疑苏联是否对美国的国家安全做出了可信的承诺。他暗示如果他加入谈判，就不会像里根那样满足于一丁点儿的成果。舒尔茨在美国广播公司（ABC）的新闻上发泄了自己的怒火。[23]里根的老朋友威廉·F.巴克利也和基辛格一样持有疑虑。1987年1月，他写道，里根的话听起来就像是《真理报》和《消息报》（Izvestiya）上写的那样："里根拒绝细想的是，那些绝不认为战争是必然的人们相信《中程导弹条约》削弱了西方的威慑力。"[24]5月5日，巴克利的《国家评论》发出了国家安全警告，里根对此抗议说他坚决没有对苏联心慈手软。他写道，他仍然视苏联为一个邪恶帝国；除此之外，他又不太准确地声明，他已经在雷克雅未克峰会上告诉戈尔巴乔夫，如果苏联领导人不同意减少核武器数量，美国将重启一场他们不可能赢的军备竞赛。他明确承诺会"纠正常规武器的失衡"。[25]

尽管如此，巴克利在当月还是刊发了尼克松和基辛格的批评文章。[26]几个月后，他才接受了总统的保证，但仍旧在强调国会可能会在里根离任之后取消给战略防御计划足够的资金支持。他同情那些把美国的弹道导弹作为应对苏联军事讹诈的关键威慑的西欧国家；而且他特别提到，美国保守派的很多朋友与他站在同一立场上。[27]

里根注意到了1987年12月华盛顿峰会之后国内出现的不安

情绪。巴克利对古巴、尼加拉瓜、越南、莫桑比克和安哥拉也提出了反对意见："如果戈尔巴乔夫真的要放弃他的先辈的信仰，那么愿上帝保佑他。关键是他还没有放弃。"[28] 乔治·威尔更进一步，把里根比作内维尔·张伯伦："出现了与英国相似的分歧——大多数人情绪高涨，少数人沮丧惊慌——一般认为，慕尼黑会议驯服了希特勒。"[29] 里根可以看到，如果想要继续与戈尔巴乔夫寻求和平，他就必须驱散这些质疑。他还必须提拔更多能够帮助舒尔茨和国务院的人。他不能再让任何人像温伯格那样肆意妄为。他们已经达到了威吓政治局的目的。假如没有温伯格，戈尔巴乔夫可能不会像在 1987 年 3 月那样改变他的谈判态度。但是现在，里根需要做的是安抚那些"愤怒的公牛"。华盛顿与莫斯科之间恶语相向不会起到什么正面作用。

　　总统在让自己的国家安全事务助理卡卢奇从 1986 年 12 月开始填补温伯格在国防部留下的空位时，还不是这样看待形势发展的。卡卢奇对雷克雅未克峰会抱有偏见。[30] 而且，他和舒尔茨并不总是能愉快地与彼此共事。舒尔茨采取了一些预防措施。"伊朗门事件"发生之后，他不想再有更多他不知情的秘密外交。他禁止美国大使们与卡卢奇沟通，除非他们获得他的允许，或者至少事先通知了他。[31] 但是，舒尔茨还想与卡卢奇修复关系，于是邀请他到自己位于斯坦福的家里待几天，在那里他们边吃早饭边讨论他们将如何共事。舒尔茨也邀请了科林·鲍威尔——他刚刚接替了卡卢奇的职位，被任命为国家安全事务助理——来参加家庭聚会。鲍威尔非同一般，不仅仅是因为他成为担任国家安全事务助理的第一位非裔美国人，还因为他的外交技巧——他被称为"有人缘的人"，擅于避免发生冲突。舒尔茨认为他比之前的国家安全事务助理都要优秀。终于，在讨论武器谈判时，华盛顿有了一丝达成某种一致的希望。[32]

1987 年 11 月 12 日，在参议院军事委员会，卡卢奇主动提议减少研发和生产项目的数量，以便让其中一些能够付诸实践。国防预算已经被冻结了两年。卡卢奇希望能够改善与国会的关系。他承认他还不确定战略防御计划能不能产生利润。卡卢奇与尖刻、不坦率的温伯格形成了鲜明对比，军事委员会主席和民主党人山姆·纳恩对卡卢奇感到满意。[33] 与此同时，卡卢奇希望总统能与那些在政府之外，但有与苏联高层谈判经验的人谈一谈（他是在悄悄地尝试削弱舒尔茨的影响力吗？斯坦福早餐共识不过如此）。里根不喜欢让他去咨询珀尔或者前国家安全事务助理布热津斯基的主意，可能是因为在他看来，反苏联主义在他们心中根深蒂固。他更喜欢见前总统尼克松，尽管他们过去和现在都存有分歧。"水门事件"的历史后遗症意味着尼克松必须被偷偷带进白宫，这样记者们就不知道发生了什么。一架载着尼克松的直升机停在了白宫南草坪上。[34]

/ 344

戈尔巴乔夫，当然，并不担心发生里根希望避免的那种公开宣传。然而，在苏联政府内部则是另外一回事儿了。军队是爆发不满情绪的核心——谢瓦尔德纳泽讽刺地说道，军备谈判的难点不在美国人那边，而是苏联这边的游说集团。[35] 戈尔巴乔夫对此一直很敏感。在准备 1987 年 9 月 28 日的政治局会议时，他对军队高层接受新的军事原则感到很欣慰，并且对与国防部部长亚佐夫的对话也感到很满意。他赞赏谢瓦尔德纳泽领导下的外交部的适应能力。他意识到克格勃内部正对"新思维改革"议论纷纷；但是戈尔巴乔夫认为克格勃里面还是有"聪明人"的：他相信它会继续提供帮助、尽忠职守。他称与克格勃主席切布里科夫的讨论非常愉快。[36]

《国有企业法》在 1988 年 1 月开始生效。它的主要内容是通过放松中央对工业和商业运营的管控来解放计划经济。工厂领导人有权为他们生产出来的产品定价。他们的工人获得了选举工厂领导人的权利——戈尔巴乔夫希望营造一种劳动民主的环境。他的目的在于让苏联工业重新焕发生机，正如他在 1987 年 1 月的中央委员会全体会议上宣布实施改革改变政治环境一样。他相信他正在解放马克思列宁主义社会秩序的巨大潜力。他和他的改革追随者集中精力改变苏联的环境，他们中的很多人都盼望着缩小苏联和西方之间的技术差距。到这时为止，苏联政府的重点放在了内部改革上，于是有关谷物购买协议、巴黎统筹委员会和工业间谍活动的外部复杂因素就都被忽视了。忽视的原因主要是政治上的：戈尔巴乔夫想要专注于迅速付诸实践的东西上。从长远来看，他知道自己能够依靠部长会议主席雷日科夫的支持来转变与西方资本主义国家的经济联系。雷日科夫告诉外国人，他的两大终极目标是减少苏联的国防预算和让苏联加入国际货币基金组织。[37] 这必然是一段漫漫长路。在可预见的未来，苏联必须独自前行。

戈尔巴乔夫仍然在向前推进他的外交政策，尽管华盛顿发出了一些干扰信号。1988 年 1 月，由国防部部长和国家安全事务助理任命的一个委员会发表了一份题目为《有选择的遏制政策》（Discriminate Deterrence）的报告。很明显，这是等里根一卸任便消除其意志的一次尝试。委员会的联合主席是弗雷德·伊克尔和阿尔伯特·沃尔斯泰特（Albert Wohlstetter）。他们的支持者包括其他对彻底无核化持怀疑态度的人，比如亨利·基辛格和兹比格涅夫·布热津斯基。报告建议为常规武器的现代化升级提供预算，以便深入打击敌国领土。它还呼吁对防御外太空攻击给予更多关注，提升美国进行"有选择的核打击"的能力。必须提高美国军事预算。以与莫斯科长期维持友好关系为基础的外交政策是没有任何保障的；而且北京、东京甚至新德里经济力量的崛起也给全球战略规划制造了不确定性。美国必须在战略选择上保持灵活性。华沙条约组织仍是一个严重的威胁，并可能发动突然袭击。苏联可能会在没有其盟友帮助的情况下发动突袭。[38]

历史学家保罗·肯尼迪（Paul Kennedy）从多个方面批判了有选择的遏制政策。作为一本关于"帝国过度扩张"（imperial overstretch）的畅销书作者，他担心报告低估了美国全球战略的危险性。在里根治下，美国已经变成一个巨大的债务国。有选择的遏制政策认为美国的科技优势将会弥补所有的困难。肯尼迪认为这是一种过度乐观主义。此外，他还对报告中数据的准确性提出了质疑，并对其忽视了整体教育的低质量表示遗憾。对肯尼迪而言，有选择的遏制政策不是一个能够在未来取得成功的综合性议程。[39]

他本可以补充说，报告完全否认了里根消除所有核武器的目标，这会在下一任总统上台时损害政策的连续性。即便如此，戈尔巴乔夫没有对其外交和安全政策做出任何改变。利加乔夫只是在抱怨国内的政治环境。他厌恶共产主义历史成就的日益"贬值"。当戈尔巴乔夫在 1988 年 3 月出访捷克斯洛伐克时，利加乔夫批准《苏维埃俄罗斯报》（Sovetskaya Rossiya）刊发了列宁格勒一位不出名的化学老师妮娜·安德烈耶娃（Nina Andreeva）写的一封信，信中反对了针对 20 世纪 30 年代成就的批判运动。她明显表现出了反犹太主义和亲斯大林主义。直到戈尔巴乔夫从国外回来，媒体才敢重新宣扬改革。利加乔夫撒谎否认自己参与谋划了这一事件。当戈尔巴乔夫进一步询问时，

《真理报》编辑伊万·弗罗洛夫（Ivan Frolov）给了关于利加乔夫的强烈暗示，但是戈尔巴乔夫没有要求弗罗洛夫明确指认。他琢磨着自己还不能与利加乔夫闹翻，[40] 要谨慎行事。葛罗米柯、索洛缅采夫、沃罗特尼科夫和利加乔夫的观点一样，认为安德烈耶娃写了一封不错的信；而且戈尔巴乔夫必须利用政治局，来确保此类事件不会再次发生。雅科夫列夫、雷日科夫和谢瓦尔德纳泽站在戈尔巴乔夫一边；甚至切布里科夫和亚佐夫也是如此。[41]

戈尔巴乔夫继续任命改革派来担任外交政策中的关键岗位。1988 年春天，他解除了苏共中央国际部多勃雷宁的职务，任命雅科夫列夫监管国际部。多勃雷宁没能把这一部门转变成充满活力的、解决全球问题的"智库"——他似乎总是全身心地关注美国，那个他曾被派驻为大使的地方。[42] 戈尔巴乔夫想要的是一个务实的激进派，雅科夫列夫正好符合这一要求。[43] 戈尔巴乔夫还从国际部挖走了切尔尼亚耶夫和沙赫纳扎罗夫作为他的顾问，依赖他们为外交政策出谋划策。[44] 切尔尼亚耶夫说他们提供给他的只是"半成品"：戈尔巴乔夫一个人负责实现最终的成品。[45]

至于削减核武器的技术问题，他仍继续向扎伊科夫和"五巨头"寻求建议，并在每一轮高级别对话中，严重依赖他们推荐的指导方针。[46] 他非常信任扎伊科夫，以至于在 1987 年 11 月他接替叶利钦成为莫斯科市委书记。扎伊科夫以"扑灭政治大火"而出名，戈尔巴乔夫要求他扑灭首都整个共产党系统的"政治大火"。戈尔巴乔夫低估了他放在扎伊科夫身上的这一额外任务的后果。[47] 管理莫斯科是一项巨大的工作，扎伊科夫已经因为自己在政治局和限制军备委员会中的职务而忙得不可开交。他与总参谋部之间总是存有分歧，而且很难达成妥协。扎伊科夫，从来就不是改革的最狂热支持者，而且每天都意识到改革者不能将自己的掌权地位视为理所应当。他指出苏联军工综合体在他的前进道路上设置了阻碍。他希望苏共高层和政府能够帮他解难——而且与此同时他还被指望监管苏联大都市的公共事务。[48]

戈尔巴乔夫任命瓦列里·博尔金（Valeri Boldin）为他的私人助理，掌管苏共中央办公厅，这让情况变得更糟糕了。博尔金在促进国际交流方面出奇的不作为。结果就是苏联代表团有时不得不在没有指导纲要的情况下开展谈判。[49]也许，博尔金是由于不喜欢苏联对美国人做出让步而故意无所作为。戈尔巴乔夫在改革苏共中央国防部上也是失败的。它的头儿奥列格·别利亚科夫（Oleg Belyakov）总是与扎伊科夫对着干。[50]别利亚科夫有个"保护伞"，就是中央书记处书记、负责军事工业的奥列格·巴克拉诺夫（Oleg Baklanov）。巴克拉诺夫彬彬有礼，说话带有轻微的乌克兰口音，对自己的部下体贴入微；他以讨厌聚会饮酒而出名。[51]他对待裁军计划非常严格。戈尔巴乔夫在1988年3月3日的政治局会议上指责他说："还有你，你挥霍的是什么钱？发射一枚火箭，花多少钱？你只需要向外太空吐口吐沫，就价值几十亿……"巴克拉诺夫没有让步。下属必须保持缄默的日子已经过去了。[52]

在1988年5月的中央委员会全体会议上，科尔尼延科敦促让外交政策目标重新回到实现战略平衡上来，其他人也对戈尔巴乔夫的外交政策抱怨纷纷。[53]很显然，他是在攻击戈尔巴乔夫所谓的应该以"自给自足"为目标的观点。作为苏共中央国际部的副部长，他表现出了前所未有的"凶猛"。谢瓦尔德纳泽对科尔尼延科的讲话非常愤怒，在雅科夫列夫的劝阻下，他才放弃了当场驳斥科尔尼延科。[54]这样做是明智的。没有人支持科尔尼延科，骚动平息了下来。谢瓦尔德纳泽试着加快改革步伐。在6月20

日的政治局会议上，他要求削减军事预算，以便开展致力于改善"民生福祉"的项目。戈尔巴乔夫这次尽管同意这一想法，却对谢瓦尔德纳泽没有理睬。[55] 谢瓦尔德纳泽自作主张。在外交部6月的一次公开讨论会上，他说共产主义和资本主义之间的对抗不再是全球政治的基准。利加乔夫对这番说法非常讨厌。马特洛克大使也出席了讨论会——这本身就是时代变革的迹象——并说自己感到很高兴，唯一一次停顿下来是为了弄清楚他是否正确理解了谢瓦尔德纳泽的意思，即美国和苏联应该成为伙伴，而不是敌人。[56]

9月30日，戈尔巴乔夫将葛罗米柯赶出了政治局。自"沮丧的葛罗米柯"发表了一篇抨击当前改革的文章以来，一年多的时间已经过去了；[57] 后来，当他试着在官方的论文中植入传统的口号标语时，戈尔巴乔夫只是反驳说"只有当我们需要让人民挨饿时，我们才会提到阶级斗争"。[58] 是时候撤掉这位79岁的老人了。在宣布让葛罗米柯退休时，戈尔巴乔夫代表党和国家热情洋溢地向他表达了感谢之情。葛罗米柯用明确自己的信仰作为回应——改革是苏联唯一正确的政策选择。[59]

戈尔巴乔夫改变了苏共最高层级的组织结构。他取消了中央部委，代之以一系列委员会。其中一个负责国际政治方面，由雅科夫列夫担任委员会主席。[60] 阿赫罗梅耶夫和克留奇科夫同样被任命加入雅科夫列夫的委员会，这对激进的改革事业而言并不完全是个好消息。[61] 他们两人都没有真正热心于探讨是否需要在对外政策上做出更多让步，但是戈尔巴乔夫认为他能够信任和控制他们。他喜欢给别人留下一种印象：即便他正坚定地迈向改革的终点站，他仍与坚守共产主义的传统主义者有着共鸣。他骨子里就有一种矛盾和模棱两可。他希望拉着那些怀疑论者一起前行，直到他们无法逆转他的改革政策为止。"鲁斯特事件"（Rust affair）让他得以将索科洛夫驱逐出国防部。现在，他还让克留奇科夫担任克格勃主席，替换掉了切布里科夫。切布里科夫则被打发为中央人权委员会（Central Committee Rights Commission）主席。尽管他不是戈尔巴乔夫所倡导的人权目标的支持者，但这一安排的好处在于他不再掌控克格勃，而且戈尔巴乔夫认为克留奇科夫更有可塑性。[62]

切布里科夫在 1987 年给出了一份令人感到不安的克格勃工作报告。报告称美国及其盟国正"明确地对反苏人士和其他敌对势力制定恐怖主义和极端主义目标施加影响"。外国伊斯兰组织正秘密地派间谍渗透进苏联。乌克兰民族主义者在国外也很活跃。阿富汗反革命分子在苏联的土地上也安插了他们的眼线。在格鲁吉亚则发现了一起严重的民族主义阴谋。暴力活动比较少见：在苏联全境一共发生了 5 起犯罪爆炸事件。克格勃更关注的是反苏斗争变得越来越公开。红场和中央委员会大楼外面都发生了示威集会。克格勃正与内政部（Ministry of Internal Affairs）合作镇压这些麻烦。[63]

克格勃在其年度报告里发出警告并不是什么不寻常的事情，戈尔巴乔夫对此反应平静。他对军队也同样保持冷静。谢瓦尔德纳泽对军事游说集团持续不断的批评声则没有那么自在。1988 年 11 月 9 日，他对戈尔巴乔夫说，军队最高指挥层并不把政治局及其政策放在眼里，他们正试图用情报行动和部署新武器来激怒北约。[64]

心脏问题促使阿赫罗梅耶夫于 1988 年 11 月从总参谋长的职位上退了下来。戈尔巴乔夫邀请他继续担任他的军事顾问。[65]他总是特意带着他去和美国人谈判[66]；而且在阿赫罗梅耶夫在场时，他会很明显地忽视国防部部长亚佐夫。[67] 阿赫罗梅耶夫从来就不是一个易于控制的人。事实上，谢瓦尔德纳泽把他视为一个可怕的反对派，他的报告可能会"让整个谈判瓦解"。[68] 阿赫罗梅耶夫坚持着自己早先的观点，即一场"有限的"、不会引起全球性毁灭后果的核战争是可行的。直到1987年，他仍在探索部署SS-20导弹的可能性。[69] 他的确接受了战略"自足"这一新的概念。或者说，至少他不认为反对它是明智的。此外，他承认改革对他个人而言是困难的，他不喜欢让自己再去重新思考这么多问题的答案。[70] 妮娜·安德烈耶娃的信让他感到很高兴。他拨通了《苏维埃俄罗斯报》编辑奇金（Chikin）的电话，向他表达了祝贺和支持。苏联武装力量总政治部（The Main Political Administration of the Soviet Army）也接到他的命令，在所有军事单位宣传这篇文章："好吧，终于有人说了真话！"[71]

戈尔巴乔夫认为如果想要打消苏联军队怕他出卖国家利益的看法，那么把阿赫罗梅耶夫留在身边是有好处的。阿赫罗梅耶夫这边也有理由接受戈尔巴乔夫的邀请。与总书记共事，他的目的是从戈尔巴乔夫那里获取妥协，并对决策施加一定程度的影响。[72] 他手下很多指挥官将他视为叛徒，认为他不会再揭露当前裁军提案中的危险性；在他们看来，他的行为完全不是他们所期待的能够代表军队之人应当做出的举动。[73] 戈尔巴乔夫似乎是在为所欲为。当他让亚佐夫接替索洛科夫的国防部部长一职时，并没有遭遇到像往常那样的阻碍。亚佐夫对国际局势的最新变化表示出心满意足的赞同；他明白世界政治正经历不可逆转的变化，并与戈尔巴乔夫和扎伊科夫通力合作。[74]

这并不意味着戈尔巴乔夫可以高枕无忧。阿赫罗梅耶夫的继任者米哈伊尔·莫伊谢耶夫（Mikhail Moiseev）很快就感受到了军方其他领导人的压力，要求他反对进一步的改革提议。[75] 最高指挥部里士气低落。总参谋部人员说，他们以前奉行的是一种压倒一切的摧毁战略，现在他们有的却是投降战略。[76] 与前几位总书记相比，最高指挥部认为戈尔巴乔夫在军事问题上"没有能力、敷衍了事"："在他抵达明斯克时，我们安排了一次演习，他发表了已经准备好的演讲，没看演习就走了。"[77] 他拒绝像勃列日涅夫曾做的那样视察军工厂，或者与投资者和工程师们交谈。[78] 他喜欢与军事指挥官们保持距离。根据海军总司令弗拉基米尔·切尔纳温（Vladimir Chernavin）的说法，他感觉不到他们对这个国家的重要性。[79] 政治领导权的争夺在苏联才刚刚开始。里根已经战胜了那些满腹牢骚的人。戈尔巴乔夫的领导地位能否同样安全，我们拭目以待。

/ 第三十一章　里根离任之际

1988 年 6 月 1 日，戈尔巴乔夫在伏务科沃机场与里根夫妇道别。在政治局接下来的会议上，他宣布：

> 我们的预想已经全部实现；这再一次证明以现实主义为基础，有原则、有建设性的政策才是唯一正确的政策。仅这一点就能带来成果。总统先生在这里展现出了自己是一名现实主义者。他努力实现了我们在政治层面上所发生的进程。在华盛顿时，他就宣布有必要研究苏联人民的文化。然而在那时，他是透过一种人为塑造的人权概念来看待我们的。在他访问苏联的日子里，美国人整天透过电视机屏幕来看我们的生活、看普通的苏联人民。[1]

他的同僚喜欢他们所听闻的一切。他本人一直声称希望苏联能够为实现自身必要的现代化获得一些喘息的空间。他的第一份重要条约的签署似乎验证了其改革的优势。

当月晚些时候，戈尔巴乔夫在一次特别的苏共会议上发表演讲，对他与里根所取得的成就深感自豪。然而，他的主要目的是进一步推动国内政治改革事业。他考虑打破一党制国家的桎梏，强迫苏共官员服从选举制。戈尔巴乔夫的另一大改革是提议改变整个苏联宪法。宪法的核心将是议会，也就是人民代表大会。叶利钦在会议上露面，请求重新回归政党。戈尔巴乔夫想要对他自己的共产主义保守派反对者形成制衡，于是批准了这一请求。改革计划在 1989 年 3 月举行选举，苏联人民代表大会——包括其内部机构苏联最高苏维埃——成为常设机构。这将是一次宪法革命，令人震惊，史无前例。戈尔巴乔夫心意已决，狂奔冲向改革的终点线。

7月15日，在向华约国家政治领导人发表讲话时，他胸有成竹，宣布世界政治将进入一个新阶段。他说，苏联承诺从阿富汗撤兵，将为其他地区性冲突提供解决之道。苏联与美国之间从未如此靠近。[2]他承认，美国政治右翼仍在为武器和技术禁运政策辩护。但在他看来，他们对苏联的谴责正是其改革效力的明证。右翼政治家和专栏作家担心"社会主义"可能会在东方成功地自我革新。根据戈尔巴乔夫的观点，他们可以看到，西方资本主义最终将面临严峻的竞争，即便这可能需要几十年的时间才能实现。无论如何，他都不相信美国政治右翼能够左右白宫的看法。他预测与美国改善关系的进程在里根离任之后也会持续下去。他说得直白而坦率，但并没有解释原因。他要求东欧领导人相信他的话，无论谁当选美国总统，都会希望与苏联保持友好关系。[3]

戈尔巴乔夫斩钉截铁地说，欧洲分裂成两个政治集团是必然的；但是与此同时，他强调需要对华约的运作方式进行改革。他告诉东欧领导人们，如果他们强化本国与欧洲共同体的联系，他不会对此感到担心。[4]戈尔巴乔夫对他们说，1985年以来，情况已经发生变化。对他而言，他们现在可以自由地像独立国家那样去谈判。他明确否认了西德是一种威胁的说法——事实上，他把科尔说成是在外交政策上与自己很相近的人。东欧共产党领导人已经习惯了说科尔威胁着整个欧洲大陆的稳定。自他在波恩就任总理以来，华约的新闻媒体就谴责他倡导德国重新统一、让东德背负债务，以及让华约成员国之间彼此对抗。戈尔巴乔夫结束了众人对科尔的指责。然而，他坚持的一点是，如果科尔想要改善西德的境况，就必须尊重"雅尔塔的遗产"。东欧的独立地位对他而言是神圣不可侵犯的。[5]

政治局想方设法保持与华盛顿交好的势头。1988 年 8 月 28日，苏联当局向美国政府官员演示了他们达成一致"销毁"中程核导弹的过程。[6]他们还安排了参观克拉斯诺亚尔斯克雷达站的行程。戈尔巴乔夫想利用此举来确保在里根离开白宫之前，与美国签订更多的条约。他写了一封信，让谢瓦尔德纳泽亲自转交给总统；在信中他对至今仍然没有达成一份关于如何削减 50% 核武器的协议感到惋惜，并认为"双方均负有责任"。[7]

9 月 23 日，谢瓦尔德纳泽在总统办公室见到了里根及其官员，并指责美国没有在苏联近期做出让步之后，做出同等的回应。他要求允许苏联专家监督位于图勒和菲林戴尔斯的美国雷达站。卡卢奇微笑着表示拒绝。舒尔茨见状称谢瓦尔德纳泽是自己的"朋友"，并将话题集中在有关核爆炸试验、地区性冲突和人权的预定协议上面，从而缓和了气氛。当谢瓦尔德纳泽仍继续反对美国的雷达站时，舒尔茨再次申明，克拉斯诺亚尔斯克雷达站不拆除，美国就永远不会签署战略核武器条约。[8]里根还要求推倒柏林墙，强调说他从来没有认可德意志民主共和国的合法性。但接下来他意识到这次对话正变得徒劳无果。这不是他想要的结果。于是，他突然话锋一转，提出奥林匹克运动会举办地应授予柏林。舒尔茨接下话茬，并回忆了希特勒在 1936 年柏林奥运会上拒绝与黑人运动员杰西·欧文斯（Jesse Owens）握手的场景。这促使里根说，他对两个超级大国在他的总统任期内所取得的成果感到非常高兴，同时表达了在白宫的日子即将结束的遗憾。[9]

奥运会的想法没有任何成果，新的务实举措也少之又少。乔治·布什现在是总统选举的共和党候选人，提出要见谢瓦尔德纳泽［民主党候选人迈克尔·杜卡基斯（Michael Dukakis）令人费解地没有提出这一要求］。布什给苏联领导人的建议是在当年年底之前，尽可能多地处理完手头上的业务。武器协议应尽快完成。尽管期待赢得选举，但布什表明自己在国会并没有里根那样的声望。舒尔茨听到这一消息后，认为与谢瓦尔德纳泽这样对话太"愚蠢"，表示对布什不抱有什么期待。[10] 一位拥有远见卓识的总统即将卸任。一个满腹疑虑的人即将入主白宫，在此之前它的主人思路清晰、对未来充满了希望。

舒尔茨努力确保里根在白宫的任期至少有一个顺利的结局。与克里姆林宫关系的紧张程度将被降到最低。中情局局长罗伯特·盖茨在 1988 年 10 月 14 日的演讲惹恼了舒尔茨，当然这不是盖茨第一次惹恼他。在对美国科学促进会（American Association for the Advancement of Science）讲话时，盖茨说他并不确定戈尔巴乔夫是否有能力实施基本的经济改革，并补充说，他的总书记之位可能不久之后也会变得岌岌可危。[11] 舒尔茨认为有必要宣布白宫的政策方向没有发生任何改变。他没有就此放过盖茨。三天后，他当面痛骂了他一顿，斥责他又一次试图去制定政策，而忘记自己的本职是去搜集和处理信息。的确，参与公共政治不是情报机构应该做的事情。盖茨没有为此次演讲申请审查许可，还声称戈尔巴乔夫在政治局只有三名支持者，舒尔茨对此大加指责。他提醒盖茨说，中情局是多么迟才认识到戈尔巴乔夫与前几位苏联领导人的不同。似乎并不确定自己的话有没有击中盖茨的要害，舒尔茨又总结了一句："所以，你知道，长期以来，你的客户对你非常不满意。"[12]

戈尔巴乔夫希望下一任美国总统，不管是布什还是杜卡基斯，都不可能改变当前外交政策的路线。10 月 31 日，针对即将到来的纽约之行，他召开了一次行动计划讨论会；他计划在纽约期间，到联合国全体大会上发表演讲。他想让自己的演讲带有一些"反富尔顿"色彩。[13] 1946 年，丘吉尔在美国密苏里州富尔顿描述了将欧洲分裂为两个部分的"铁幕"，然而戈尔巴乔夫想要宣布的是，要在没有任何此类障碍的情况下重建欧洲大陆。他梦想着引发一阵轰动，彻底征服美国政界。在向苏联国防委员会陈述这一想法之后，他来到了政治局，说："这是一个严肃的事情。美国人害怕我们本着雷克雅未克的精神做些事情……我们将向前推进我们的国内和国外政治——不给布什留任何回旋余地。"[14]他命令所有人对此严加保密："我们会开除任何泄露消息的人，剥夺他们的职位和特权。"他谋划着用宣布单方面裁军 50万人来惊艳联合国大会。他不会承认这些让步是出于寻求西方经济援助的考虑。那个炫彩夺目的时刻将将成为他宣誓自己对苏联未来之信心的机会。[15]

谢瓦尔德纳泽催促戈尔巴乔夫在完全从匈牙利撤军上面更大胆一些。这对戈尔巴乔夫而言有些过分了，他同意减少军事存在，但拒绝马上完全撤出。[16]谢瓦尔德纳泽还一直向他念叨着把人权问题提到政治局议程的首位："它是一项伟大的事业！"此外，他还想让苏联领导层认可联合国是一个"全球性组织"，拥有着似乎可以管理苏联和美国的权威。[17]戈尔巴乔夫对此提出了异议。他自己的想法已经是与苏联传统的大规模决裂；他认为他正在保证稳定的前提下，尽可能远地、快速地前进。尽管如此，他的确接受了谢瓦尔德纳泽所谓的苏联对政治犯和抗议者实施"零点方案"的提议。他赞同，苏联国土上不应该再出现任何这样的人。谢瓦尔德纳泽还倡导撤销离开或进入苏联国土的全部限制。戈尔巴乔夫一向其他高层官员提出此想法，马上就遭到了安全机构的强烈反对。他认为过度地惹恼克格勃是非常不明智的做法，于是调整了方案。虽然如此，他仍然主张任何公民只要不再持有国家机密，都有权利移居国外。[18]

他与陪同他前往纽约的苏联代表团讨论了草案。代表团人员混杂，包括谢瓦尔德纳泽、雅科夫列夫和外交政策系统内的其他官员。赖莎也是其中一员。苏联富于创造性的知识分子代表——电影导演钦吉兹·阿布拉泽（Tengiz Abuladze）和马克·扎哈罗夫（Mark Zakharov）也陪着戈尔巴乔夫一同出访。整体氛围是积极乐观的。杜比宁大使是其中最曲意逢迎的一个，他对戈尔巴乔夫说："您对世界有了一个全新的设想。"[19]

1988 年 12 月 7 日，谢瓦尔德纳泽和舒尔茨匆忙地赶到指定的座位，赖莎和奥比正愉快地坐在一起（谢瓦尔德纳泽的助理斯捷潘诺夫 - 马马拉泽记录下了"自视过高的"基辛格所引起的周围人的注意）。整个大厅熙熙攘攘，喧嚣嘈杂。人们满怀期待。[20]戈尔巴乔夫无论在外形上，还是在演讲内容上，都没有让大家失望。他承诺他本人及领导层将致力于"自由选择的原则"。他高度赞扬了 1789 年法国大革命和 1917 年俄国十月革命对人类进步所做的贡献，并称在全世界面临"饥饿、病痛、文盲和其他大规模疾病"问题之时，有必要"让国家间关系去意识形态化"。他宣称"全人类目标具有至高无上性"。谈到苏联时，他表达了自己对民主和法治的渴望。他宣布将不再进行无线电干扰。在裁军问题上，他说他将削减 50 万苏联军队，宣布将军工厂转变为生产民用物资的工厂。他发出削减 50% 战略核导弹的倡议。此外，戈尔巴乔夫对里根和舒尔茨表达了感谢，并热切期待与布什的合作。[21]

全场对戈尔巴乔夫回以热烈的掌声。当斯捷潘诺夫 - 马马拉泽站起来鼓掌时，阿尔巴托夫（Arbatov）把他拽了回来："你站起来不合惯例。"斯捷潘诺夫－马马拉泽回应说，如果美国人都站起来为他们的总统鼓掌，那么他也会站起来为总书记鼓掌。[22]

戈尔巴乔夫上午发表了这一演讲，期待着接下来的日程安排；但是在前往总督岛（Governors Island）与里根和布什会面时，他接到了雷日科夫打来的电话，听到一个糟糕的消息。亚美尼亚发生地震，2.5万人丧生。显然，他没有办法继续待在美国。在总督岛上，戈尔巴乔夫与里根和布什进行了简短的对话。气氛轻松而怀旧。当一位记者问到苏联国内是否有人反对戈尔巴乔夫的裁军计划时，里根开了一个玩笑。戈尔巴乔夫说没有，里根回答说戈尔巴乔夫的俄语"没有"听起来有点儿像英语的"有"。[23]他还重述了林登·约翰逊总统对新闻媒体的幽默抱怨——约翰逊曾说如果他走在波托马克河的河面上，新闻就会报道说他不会游泳。布什向戈尔巴乔夫保证，他将继承戈尔巴乔夫和里根已经取得的成就；另外，他还表示希望提拔詹姆斯·贝克（James Baker）和布伦特·斯考克罗夫特（Brent Scowcrof）在其政府内担任要职。会面快结束时，里根深情地回忆了日内瓦峰会时，他对戈尔巴乔夫说他们两人有能力开启一场新的世界大战，也有能力给全世界带来和平的前景。他很高兴他们都选择了和平。[24]

第二天早上，就在苏联代表团离开纽约回莫斯科之前，布什与戈尔巴乔夫通了电话。布什在表达期待与戈尔巴乔夫能够进行建设性合作的同时，也发出警告说自己会放慢节奏。[25]舒尔茨也对谢瓦尔德纳泽说过同样的话；他还警告他说，如果想要与美国进一步达成协议，苏联领导层必须在人权上做出更多的努力——谢瓦尔德纳泽还在期待舒尔茨的观点是错的。[26]

舒尔茨尽力结束了自己手头上与苏联相关的业务。苏联代表团突然启程回莫斯科让他无法就维也纳欧洲安全与合作谈判所取得的进展与苏联达成一致意见。如果戈尔巴乔夫合作，那么可能会在他和里根卸任前实现一份协议。他让马特洛克大使把这件事向谢瓦尔德纳泽解释清楚，谢瓦尔德纳泽对舒尔茨的建议表示欢迎。[27] 但仍有一些细节需要再详细说明。尽管戈尔巴乔夫在纽约演讲时做出了很多承诺，但人权问题仍然让双方产生分歧。谢瓦尔德纳泽把谈判任务委派给了阿纳托利·阿达米申，舒尔茨则任命理查德·斯奇福特（Richard Schifter）代表国务院谈判。两位官员都努力寻找双方的共同点，而且舒尔茨认为苏联已经足够接近满足美国的要求，他建议接受欧洲安全与合作会议的"最终文件"。1989年1月17日，他穿越大西洋亲眼见证了签署仪式。[28]签署这一协议的一个成果是，美国和苏联均承诺在接下来的七周之内，开始讨论欧洲的常规力量。目标是实现北约和华约国家对常规武器的大幅度削减。[29]

政治局在1988年12月27日开会回顾近期发生的事件，戈尔巴乔夫在议事安排上，把自己的纽约之行放到了亚美尼亚地震前面。他对纽约之行所制造的影响感到很自豪，称："我们想要并且提议建设一个新世界、一种新关系。"[30] 他否认渴望结束冷战就意味着偏离社会主义目标，而且他很明显没有再提及国际关系的去意识形态化或"普世"人类价值观的去意识形态化。戈尔巴乔夫声称美国的自由主义者对他的社会主义革新计划报以欢迎的态度，尽管美国传统基金会和其他政治右派组织仍然呼吁保持对苏联的直接施压。[31] 布什担任美国总统之后将会怎样，还有很大的不确定性，戈尔巴乔夫强调说布什以"生来谨慎"著称。而且，布什还将自己定义为"一名中间派"。因此不幸的是，这就意味着他可能不会像里根那样具有为美国右翼所信任的优势，进而无法按照自己的意愿自由行事。但是，戈尔巴乔夫对与布什达成协议持乐观态度；他指出谢瓦尔德纳泽应该尽快安排与美国新一任国务卿詹姆斯·贝克见面。[32]

苏联部长会议主席雷日科夫对全世界关于戈尔巴乔夫纽约演讲的报道很不满意。他要求媒体做出解释，即政治局没有放弃社会主义，而是抛弃了一种被扭曲了的社会主义；他还警告说，在融入世界经济的过程中，可能会遭遇陷阱和圈套。[33]戈尔巴乔夫话锋一转，向政治局说起了纽约人对他的热情欢迎，显然，他感觉到雷日科夫没有给予他应得的赞扬。[34]

谢瓦尔德纳泽在祝贺和赞扬戈尔巴乔夫上就慷慨多了。他预测说，美国民意将迫使布什政府延续里根与苏联和解的政策。他要求政治局批准关于战略核导弹、化学武器和人权的法案。他特别提到，他本人因未与国防部就苏联从东欧撤军的最新政策保持沟通而备受指责。谢瓦尔德纳泽否认了那些指责，称其毫无根据。他还对亚佐夫试图限制国防部实际计划的信息表示了反对；他说莫斯科必须向全世界表明，它真的是在将苏联军事态势转向单纯的防御要求。[35]他以同样强硬的语气，向政治局说明要深化苏联与美国的合作。他斥责列宁格勒州委书记尤里·索洛维耶夫（Yuri Solovëv）鼓动当地一家无线电台宣传"帝国主义间谍机构"的颠覆活动。他说这种行为正中基辛格那种人的下怀。如果政治局希望在与华盛顿的对话中取得进展，就要谨慎行事，避免造成不必要的冒犯。[36]

雅科夫列夫的观点与谢瓦尔德纳泽是一致的。尽管预计美国政治右翼会给布什制造麻烦，但他汇报说美国大使马特洛克认为这位即将上任的总统比其前任更专业、更有学识。雅科夫列夫要求政治局重视当前已经取得的进展。他认为美国不再能够主导议程。美国高层越来越担心苏联的外交政策可能会在欧洲和太平洋地区占据上风。雅科夫列夫高兴地说："（美国人）不想跳上已经开动的火车，更不想跳上一辆已经开出去很远的火车。他们习惯于当驾驶员。我们在其他地区实施的外交政策让他们很是担忧。"[37] 他肯定了戈尔巴乔夫为消除苏联在全世界的"敌人形象"所付出的那么多努力。他愤怒地指责媒体对苏联经济的"不准确"报道，对苏联贸易官员的不称职也是非常恼怒。雅科夫列夫坚信，唯一的前进道路就是深化改革。虽然已经做了很多努力，但还要更加努力。[38]

所有这些都让亚佐夫感到不太舒服。他汇报说军队对苏联安全所面临的潜在威胁感到不安。他承认自己拒绝向最高苏维埃提交从东欧撤军的计划，但是他承诺会将计划交给国防委员会。[39] 戈尔巴乔夫可以看出来，亚佐夫在试着做出妥协。为了缓和一下氛围，戈尔巴乔夫评论道，如果美国人能保守秘密，那么苏联人为什么不能呢？亚佐夫立马平静了下来，并宣称三个整师计划于1989 年离开东欧。[40] 戈尔巴乔夫对削减10 万名军官所带来的困难表示同情。谢瓦尔德纳泽、扎伊科夫、雅科夫列夫和国家对外经济委员会主席弗拉基米尔·卡缅采夫（Vladimir Kamentsev）被要求为政治局起草一份合适的政策草案。[41] 事实表明，利加乔夫比亚佐夫更加难以安抚。他坚称国际关系的"阶级特征"不应该被忽略。本质上，他是在警告不要偏离马克思列宁主义。[42] 的确，他赞赏苏联政府对削减军备的重视。但是，他还明确指出，苏共州区级的领导干部正在质疑当前的国内政策路线。他称合作社形式的新经济自由已经导致了贪婪的投机行为。利加乔夫尽管在发言结束时称赞了戈尔巴乔夫在纽约的表现，但也流露出了一定程度的不满——而且，作为戈尔巴乔夫在苏共中央书记处的代

/ 360

理人，他有机会让戈尔巴乔夫的处境变得艰难。[43]

　　戈尔巴乔夫，这位海外英雄，回到政治局时显然没有得到一致的支持。然而至少他没有受到谴责，而且抓住机会强调了撤军的经济好处。他说，军事开支在苏联国家财政中的比例近期已经翻了一番。这不是一个可以长时间维持下去的状态。削减军费开支势在必行。与此同时，他明确指出他的政策不会对国家的防御能力造成损害。[44]直到这时，他才将讨论话题转到了亚美尼亚地震上。雷日科夫汇报了他已经实施的救灾措施。[45]这些都是后来戈尔巴乔夫所要面临的政治动乱的早期预警。他试图在苏共内部熄灭政治动乱的苗头，因而拒绝了那些激进改革派的建议，即带领改革派成立一个独立的根本性改革组织。他坚持着自己最喜欢的策略：将所有公共机构都置于自己的庇护之下。让戈尔巴乔夫始终感到恐惧的是，可能出现一个反对其激进主义的联盟。不论他多么不喜欢共产主义的保守主义和温和的改良主义，他都认为自己必须与信奉它们的领导人和平共处，直到他让改革变得不可逆转之时。

第四部分

/ 第三十二章　第五人

1989 年 1 月 20 日，乔治·布什在国会大厦西侧宣誓就任美国总统。他上任后的第一项措施就包括任命布伦特·斯考克罗夫特为他的国家安全事务助理，詹姆斯·贝克为国务卿。斯考克罗夫特是布什的至交，为人谨慎谦逊。[1]《纽约时报》俏皮地形容他为"白宫里的格格不入者"。[2] 国务卿贝克对布什来说也同样重要，他是唯一被新总统从里根政府里精挑细选出来的杰出人物。深沉而严谨，贝克与斯考克罗夫特一样不喜欢站在聚光灯下。布什、贝克和斯考克罗夫特是多年挚友，而且在布什的整个任期内，他们在如何应对苏联的问题上，从来没有产生过严重的分歧。

新总统比人们记忆中的任何人都更有资格执掌美国的最高权力之位。1924 年出生于马萨诸塞州，之后取得进入耶鲁大学学习的资格，但 18 岁的布什却选择了到军队服役。他长得高高瘦瘦，喜欢体育运动。在军队中，他被训练成为一名飞行员，参加了菲律宾战役。1944 年布什被从空中击落，由于跳伞及时，最终被人从充气筏上救起。他的幽默和爱国主义情怀都被烙上了军旅印记，他一直很喜欢用讲笑话来活跃气氛——而且在没有女士在场的情况下，还经常讲一些黄段子。战争结束后，他娶了芭芭拉·皮尔斯（Barbara Pierce），组建了家庭，养育了 6 个孩子。他还重新拾起耶鲁大学的学业，并担任该校棒球队队长。毕业之后，他进入石油行业，主要是在得克萨斯州，并赚了一大笔钱。长期以来，他都想追随父亲——参议员普莱斯考特·布什（Senator Prescott Bush）的政治足迹，1966 年终于得偿所愿，当选国会议员。他是第一位代表休斯敦的共和党人。不久之后，就引起了尼克松总统的注意，后者说服他在1970年竞选参议院议员。虽然有尼克松的支持，但布什还是输掉了选举。尼克松欣赏他具有潜力，并作为安慰，在1971年任命他为美国驻联合国大使。

1973年，他成为共和党全国委员会主席。接下来平步青云。福特总统任命他为驻中华人民共和国联络处主任。他处理高层政治复杂问题的杰出能力促使福特在1976年将他召回美国，担任中情局局长一职。在1980年的总统大选中，他提名自己为共和党总统候选人，但最终成为里根的竞选伙伴。他之所以被里根选中，是因为他是共和党内众所周知的"中间派"，将会给共和党的竞选带来些平衡。出现在公众面前时，他常常不爱说话、面无表情。因此，对魅力四射的里根而言，他似乎是一个有用的竞选搭档。布什担任了两届副总统，也是国家安全委员会成员，经常与戈尔巴乔夫和谢瓦尔德纳泽对话。

布什承认，与其前任不同，他不会给美国民众带来"愿景"这个东西。他严谨而务实，曾写信给戈尔巴乔夫，明确表示他希望在新政府反思外交政策之时暂停谈判。[3] 他把信交给亨利·基辛格并请他转交；基辛格此时正与吉斯卡尔·德斯坦、中曾根康弘等人作为三边委员会（Trilateral Commission）的代表在莫斯科访问。三边委员会由商人兼慈善家大卫·洛克菲勒在1973年建立，是为已退休的公众人物探讨世界政治难题而打造的论坛。布什曾想向苏联领导人表达，他没有忘记他们，但是这不是一个聪明之举。新总统将在几天后向戈尔巴乔夫吐露，他会让斯考特罗夫特评估基辛格的报告，但不一定相信他所说的一切，"因为毕竟，那是亨利·基辛格"。[4] 即将离任的国务卿舒尔茨希望能有更多的行动。1月8日，他和他的妻子告别了谢瓦尔德纳泽夫妇。这两对夫妇关系很好，奥比尽管身体虚弱，但还是出来送行。[5] 舒尔茨坦率地说道，他个人支持用放松贸易限制来回馈苏联承诺从阿富汗撤军。[6]

布什缺乏明确的政治路线。一边用基辛格做特使，一边说自己对他并没有十足的信任，他向克里姆林宫发出了一个混合信号。与此同时，他又要求戈尔巴乔夫耐心等待，直到他弄清楚政策上的连续性是否真的符合国家利益。缜密周全的舒尔茨设计了一系列的简报，以使两届政府平稳过渡；但是布什甚至连一个电话都没有打给他。[7] 他还弱化了与撒切尔夫人之间的关系。法国人和西德人庆祝英国在与白宫关系上的特权待遇终于结束了。密特朗评论说，她对她的欧洲伙伴颐指气使，但在与里根说话时，却表现得像一个 8 岁的小姑娘（密特朗已经忘记了雷克雅未克峰会之后撒切尔夫人与里根的激烈对话）。布什不会迷恋于她的魅力。[8] 他一直都表现得善于分析。尽管里根已经学着忘却自己一生对苏联高层的怀疑，但是布什想要防止这种国家性遗忘的发生。他的目的是要百分百确认戈尔巴乔夫没有愚弄他的前任总统。

斯考克罗夫特公开表示，支持谨慎持有各种类型的核武器。他从未赞同过里根全面清除核武器的目标。[9] 他曾公开批评《中程导弹条约》草约——布什在担任副总统的时候，对此也是态度冷淡。他们现在可以自由地怀疑，延续里根和舒尔茨制定的路线是否明智。2 月 9 日，布什在国会联席会议上宣布："谨慎和常识要求我们努力去理解正在发生的变化的全部意义，重新审视我们的政策，然后谨慎地前行。但是我已经亲自向戈尔巴乔夫总书记保证，在评估结束后，我们将做好准备向前迈进。"[10]

在北约高层里，并不是所有人都对美国放缓步伐感到高兴。西欧国家政府从未对里根的外交政策感到满意，尤其是在雷克雅未克峰会之后；但至少，他们认可按照他的想法，他在努力做一件能够惠及整个世界的事情。布什似乎满足于漫无目的地在荒海上航行。他的表现让其他西方国家失望，因为它们想要的是一位站在白宫驾驶舱内的合格船长。

根舍非常敏锐地感觉到了这一点。这位西德外交部部长仍然难以抑制戈尔巴乔夫在联合国的演讲所带给他的兴奋，渴望华盛顿能够做出对等的举动。在华盛顿无动于衷之时，他自行与谢瓦尔德纳泽对话，并坚持认为苏联政府应该抓住主动权。戈尔巴乔夫已经做出承诺裁减苏联在欧洲的常规力量。在根舍看来，他还应该立即单方面削减战术核导弹数量。在布什政府眼中，根舍的介入和干预是对美国在政策制定上的主导权的挑战。撒切尔夫人站在了美国人一边；她在给科尔的信中鲁莽地写道，他应该管一管根舍了。她和布什至少都认为，北约必须团结一致地面对华约。布什提出了一个简单的前提条件：如果西欧想让美国继续保证它的安全，那么它就必须接受保留核导弹。当布什的这番话传到北约盟国各个首脑耳朵里时，密特朗表示："新（美国）政府会比前届政府更加残暴。"[11]

1月10日，戈尔巴乔夫竭力在苏共中央委员会全体大会上保证，里根的离开不会对世界政治产生任何影响。他宣称冷战就要结束了。他期待着努力就战略进攻性武器和化学武器达成协议。[12]按照惯例，"五巨头"将就此进行准备工作。1月16日，他们讨论了计算不同武器类别中的军事平衡的技术性细节。按照谢瓦尔德纳泽的说法，苏联拥有更多的陆基核武器，但海基导弹较少。他希望美国像苏联一样，放弃它的升级战术核武器计划。[13]

他在自己的日程安排中抽出时间与基辛格会谈；基辛格呼

吁两个超级大国专注于世界政治中的根本问题，不要过分关注裁军细节。他向戈尔巴乔夫保证，布什不像里根那样强烈热衷于战略防御计划。[14] 他接下来的话很直白，甚至可以说是粗鲁的。他问戈尔巴乔夫为什么把"理想主义"作为自己的指引，为何要将自己的政策构建于善与恶的理念之上。[15] 他仍然用以前的思维在思考。他暗示说，苏联人和美国人应该一致同意在欧洲实行"共治"，这样就会确保"欧洲人不会制造麻烦"。[16] 吉斯卡尔要更得体一些，但同样令人不安。他询问如果东欧人申请加入欧洲共同体，苏联将会如何反应。[17] 基辛格对雅科夫列夫讲了自己对任何苏联从东欧撤军之类的想法的担忧；他对"欧洲人自己的冒险主义"发出了警告，并说"相比于苏联，让（我们的军队）重返那里必然会在政治上遇到更多困难"。[18] 戈尔巴乔夫拒绝卷入任何这样的讨论。他想要维护东欧国家的"社会主义基础"，但并不是以基辛格暗示的那种占据主导地位的方式。[19]

可能基辛格只是在试图引诱戈尔巴乔夫摊牌。也许是这样。然而，后来他声称自己说的都是真心话——而且还补充说他只是想要帮助戈尔巴乔夫。[20] 他不懂苏联的改革是源自对全球政治的全新理解。[21] 戈尔巴乔夫对他的官员们说："基辛格无法摆脱自己的保守思想。他沉湎于过去。"[22]

正如他在 1 月 24 日向政治局解释的那样，他不想浪费已经在西欧国家积累起来的政治信用。[23] 苏联外交政策必须清楚地表明不具有任何威胁。东欧依然问题重重。他要求中央委员会新成立的应对这一地区问题的下属委员会以维护"社会主义基础"为指导来制定政策。他与基辛格的对话凸显了必须为出现"如果匈牙利人民共和国倒戈欧盟，我们应如何应对"这样的情况做计划。[24] 这是一个令人惊讶的新辩论战场。戈尔巴乔夫直面"我们的朋友"希望加入欧洲共同体的现实。在匈牙利，内梅特·米克洛什（Miklós Németh）领导的共产主义激进派正在强势崛起，年迈的卡达尔日渐式微。戈尔巴乔夫有些夸张地把他们形容为"一个反对派政党"，并想要给他们加油鼓劲。[25] 考虑到苏联曾在1956年侵犯匈牙利，这种想法实在是非同寻常。戈尔巴乔夫明白要做出艰难的决定："同志们，我们面对着一些非常严峻的事情。我们只是无法再给予他们比现在更多的东西。而且他们需要新技术。如果我们不解决这个问题，就会出现分裂，他们就会逃离苏联。"戈尔巴乔夫否决了减少对东欧的能源供应的提议："这将是一种背叛。"[26]

苏联经济仍等待着改革，而且戈尔巴乔夫敦促国防部着手将军事技术应用到民用领域。他想让亚佐夫在两个月内完成一份全面的计划。[27] 他承认这种做法可能会扰乱生产，引起"社会紧张"。在计划阶段的初期，在可能的1700家工厂里只有3家将实施去军事化。[28] 预算被重新制定，以支付预计的改革费用。[29] 1989年是自20世纪20年代以来，第一次用于军事力量的财政支出没有增加。[30]

军事工业的领导们，比如奥列格·巴克兰诺夫，一般情况下都会阻挠改革，但是这次却赞成改革。巴克兰诺夫和伊万·贝洛索夫（Ivan Belousov）利用克格勃和国际劳工组织的数据，分析了结束军备竞赛可能带来的益处。他们预测说，《中程导弹条约》可以为美国财政节省80亿美元，即便要花掉25亿美元来销毁库存和对核设施进行监查。他们预计苏联如果采取同样的措施的话，将会获得82亿卢布的净收益，而且这些甚至没有包括削减战略进攻性武器所产生的节余。[31] 他们认为，西方的大公司将会因政府削减军事研究和生产合同而蒙受损失。此外，还有可能出现大规模失业的情况。在他们的预想中，苏联将规避这一不良影响，基本原因在于它的经济，正如他们委婉说的那样，并不存在消费品市场的过度饱和。这一马克思主义术语已经困扰了苏联领导人数十年。民用物资产量的不足是一个长期存在的问题。巴克兰诺夫和贝洛索夫则为苏联的工业产能预言了一个光明的未来。[32]

越早达成一份全面的武器协议，苏联就越容易将其给苏联人民的好处变为现实。反过来，这也将提高改革的吸引力。戈尔巴乔夫迫切需要布什明确表示，他将坚持里根制定的路线。在苏联看来，一个乐观的势头是总统不愿意优先发展战略防御计划。亚伯拉罕森中将看出形势不妙，便辞去了职务。1989 年 2 月 9 日，他递交了"旅程结束"报告，一如既往地相信一些基础性研究——他在报告中以所谓的"智能卵石"（Brilliant Pebbles）计划为例——到1994 年时会完成并做好部署准备。[33] 但是，现实是美国国会想要削减战略防御计划的资金支持。布什对这一愿望仍持支持的态度，尽管他把它交给了人民，由他们去决定它的去留——他不敢做出任何批评其广受欢迎的前任的暗示。

华盛顿释放出的其他信号不断地让戈尔巴乔夫的希望破灭。最糟糕的一天是 3 月 3 日，这一天布什命令中情局对美国对苏政策进行一次全面的评估审查。他阅读了每一份送到里根办公桌上的重要文件。现在，他犹豫了。他没有肯定也没有否定其前任的外交政策——唯一的区别在于他把战略防御计划排除到了审查范围之外。[34] 布什指示中情局弗里茨·厄尔马斯手下的官员调查以下问题："我们如何能让（洲际弹道导弹）幸存下来？"[35] 这不是一个能鼓励戈尔巴乔夫和谢瓦尔德纳泽采取建设性态度的问题，而且厄尔马斯一直都在怀疑克里姆林宫的意图。当布什说审查要

/ 369

尽可能全面时，他不仅仅是在表明不希望草率了事。他似乎还对改变美国外交政策的整体方向持开放的态度。

　　谢瓦尔德纳泽于 3 月 7 日在维也纳举行的欧洲常规力量会谈上，与贝克会面时亲身体会到了美国政府的新态度。贝克要求欧洲各国人民享有自由，呼吁苏联领导人明确对勃列日涅夫主义说不。他严厉批评苏联不尊重人权，抨击其对尼加拉瓜的军事支持。他反对谢瓦尔德纳泽试图通过拜访阿亚图拉·霍梅尼亲近伊朗伊斯兰当局的举动。谢瓦尔德纳泽回复说，美国和苏联的首要任务应该是恢复在削减核武器上的合作。贝克的敌意仍无法缓解，他解释说美国人已经开始审查他们的政策，而且说不准会花费多长时间。谢瓦尔德纳泽警告说："如果你们开始对你们的战术导弹进行现代化升级，那么我们将不得不做出反击。"同年 4月，贝克按计划访问莫斯科之后，谢瓦尔德纳泽推动重启武器谈判。这只是让贝克更加恼火。他坚称，布什政府只会在它认为准备充分的时候重回谈判桌。[36] 在谢瓦尔德纳泽看来，让局面变得更糟糕的是，西欧人在维也纳会议上也不再那么让人振奋。他们的国家元首也越来越猜疑"苏联正在发生什么事情"。甚至还有人对戈尔巴乔夫的改革能否延续下去提出了质疑。[37]

　　在从奥地利回国的途中，谢瓦尔德纳泽分析了局势。贝克一度承诺要在舒尔茨打下的基础上前行，又重申整个美国政府都希望苏联改革能够取得成果。但是这次出访维也纳实在是令人沮丧："贝克更难对付。"[38] 早些时候，谢瓦尔德纳泽无意之间听到豪说："谢瓦尔德纳泽不是葛罗米柯。"他插了一句说："好吧，那么贝克也不是舒尔茨。"[39] 在面对记者时，他没有透露自己的想法。任何提及美苏之间关系冷淡的话都可能会产生难以接受的后果。[40] 无论如何，在美国的"中断"结束之前，他和戈尔巴乔夫都对局面无能为力。美国国会议员乔治·布朗建议说，他们最好的选择是邀请国会主要议员去莫斯科看看。他表明一些重要的变化正在美国悄悄发生。除此之外，布朗一直反对的战略防御计划也正在削减规模。他敦促苏联当局扩大交流范围，与华盛顿里那些有同情心的政界人士接触。[41]

在布什调查莫斯科可信度这一老旧问题的同时，苏联领导人对自己提出了一个新问题：苏联能解决它日益严重的经济危机、结束政治动荡吗？

在一些常常发生骚动的竞选活动之后，人们期待已久的人民代表大会选举终于在 1989 年 3 月拉开帷幕。尽管反对党不被允许参选，但是仍有很多持不同政见者设法上了投票名单，并获得了席位。共产主义政治制度遭受了一次重大的羞辱。尽管如此，代表大会中仍有很多对改革进程不满的代表。他们中的88% 是共产党员，而且其中相当一部分人希望彻底改变政府政策。[42] 一个自称"联盟"的派系团结在包括尼古拉·彼得鲁申科（Nikolai Petrushenko）在内的军事将领周围，要求在国际关系中采用比戈尔巴乔夫和谢瓦尔德纳泽所推行的路线更强硬的路线。与此同时，在政治光谱的另一端，有些代表则要求加快改革步伐。代表大会内部将组建所谓的地区间组织（Inter-Regional Group）——在莫斯科选区获得压倒性胜利的叶利钦与该组织建立了联系。戈尔巴乔夫让一个嘈杂、分裂的议会得以组建起来。在他让自己成为苏联代表大会的最高苏维埃主席之时，政治将不再是从前的样子。

随着莫斯科权威萎缩，政治动荡在整个苏联蔓延开来。民族自信日益高涨，示威游行对朱姆别尔·帕季阿什维利（Dzhumber Patiashvili）领导下的格鲁吉亚提出了挑战。帕季阿什维利还是用老法子，他召来了军队。军队指挥官命令他们用武力驱散 1989 年 4 月 9 日发生在第比利斯的抗议示威。20 名示威者死亡，数百人受伤。这样做虽然清理了街道，却导致格鲁吉亚全境发生暴乱。苏维埃共和国正变得难以控制。谢瓦尔德纳泽是唯一有平息暴动局势的知识和经验的政治局委员。暴乱发展到顶峰时，他碰巧在去往柏林的途中；正如他向一位助理承认的那样，一段时间以来，他一直在努力避免那些不受格鲁吉亚人民欢迎的决定。[43] 第比利斯大屠杀是一个极大的打击。他立即改变计划，赶往格鲁吉亚；到格鲁吉亚之后，他把军队撤出第比利斯，格鲁吉亚在一定程度上恢复了平静。[44] 他的结论是，自从到莫斯科的外交部工作以来，他不应该一直回避"民族问题"。[45]

苏联领导人意识到必须在与外国政府首脑对话时，更坦诚地说明他们所面临的问题。戈尔巴乔夫和谢瓦尔德纳泽以公开坦率的谈判风格而闻名。现在，其他政治局委员也开始在对话中表现出一定的坦诚。克里姆林宫政客留给人们的不露口风的传统印象正逐渐被打破。

4 月 18 日，部长会议主席雷日科夫在卢森堡会见了其他欧洲国家政府首脑。[46] 撒切尔夫人称赞了戈尔巴乔夫的改革，但也敦促雷日科夫要把注意力集中在消费者的需求上面。[47] 雷日科夫本人想要增加经济互助委员会和欧共体之间的贸易往来。他承认在苏联军队继续过度占用资源之时，苏联的肉类和粮食出现了不足。国家预算是不可持续的。雷日科夫说，他正致力于实施一项基本的"价格改革"，即便人们会对国有商店里所有商品的价格上涨感到强烈不满。[48] 科尔问他粮食改革的前景如何。雷日科夫坦白讲了农村地区的困境，并提议与西德进行经济合作来解决当前的难题。[49] 在汇报亚美尼亚地震情况时，他将地震的威力比作四五枚核炸弹投向如卢森堡一样大小的区域。[50] 在讨论奥地利渴望加入欧共体时，雷日科夫表现出来的只有镇定。苏联，1945年的"三巨头"之一，仍有可能在奥地利的发展道路上设置障碍。然而，雷日科夫说只要奥地利不加入北约，苏联领导层就不会反对。反过来，他唯一对西欧领导人提出的要求是推动美国人重启武器谈判。[51]

华盛顿的政策审查仍在继续。其实真的没必要重新调查那些多年来让厄尔马斯及其中情局同事劳心费神的事情。事实上，他们在 3 月中旬就已经完成了第一份草案。他们的主要结论——意料之中——是"我们的战略成功是有欠缺的、非决定性的和可逆转的"。他们认可苏联领导人正在着手削减军事支出；他们还认为戈尔巴乔夫将在接下来的 5 年里继续执政。但他们也警告说不要将他理想化，并指出苏联仍致力于使其战略武器库现代化。[52]在 1989 年 4 月重新起草时，他们扪心自问，美国现在的首要任务是降低风险还是节约资金。厄尔马斯的团队形成两种意见。[53]一些人把自己的重任放在了美国核武器的现代化上；另一些人认为削减军事预算才是安全的。对让戈尔巴乔夫的日子好过一些是否符合美国的国家利益这一问题，人们也没有达成共识。[54]让专家们来承担分析工作，布什不过是把争议从白宫转移到了中情局；而且很显然，他永远不会收到一系列清晰明确的建议。

在国防部部长迪克·切尼公开谈论将美国的战略决策与"戈尔巴乔夫先生的任期"相挂钩的危险性时，争论开始浮出水面。[55]总统的新闻发言人马林·菲茨沃特（Marlin Fitzwate）对切尼的言论不予理会，认为它纯属"个人评论"，不能代表白宫的观点。[56] 布什和其政府内其他官员一样，私下里对苏联改革的持久性心怀顾虑。但是，他希望人们能对这一想法保持缄默。切尼的坦白迫使他不得不公开表示支持戈尔巴乔夫，与国防部部长的言论撇清关系。[57]

不只有美国对如何应付苏联发愁。1989 年 4 月 25 日，布雷思韦特大使在外交部会见了维克托·卡尔波夫（Viktor Karpov），并解释说英国人不相信苏联仅有 5 万吨有毒气体的官方声明。[58] 大英帝国就一份关于非法生物武器计划的情报发出了警告，该情报是从在一处秘密设施中工作、后来叛逃英国的弗拉基米尔·帕谢奇尼克（Vladimir Pasechnik）那里得到的。[59] 在戈尔巴乔夫将主要精力放在让布什重回谈判桌的时候，这一情报的确让他感到难堪。政治局审议了专家们准备的一份关于斯维尔德洛夫斯克细菌战设施的备忘录。据称，苏联的科学家们将他们的研究限制在防御性目的之内。[60] 事情永远不可能就这么结束，因为英国人从帕谢奇尼克那里知道了他们需要知道的一切。"五巨头"在 1989 年 7 月 27 日碰面，为政治局使用化学工业部提供的数据起草了一项政策。真相显而易见。苏联被发现违背了自己的义务，在国际上陷入难堪境地的可能性极大。由于事情的敏感性，"五巨头"建议政治局召开"闭门会议"来解决危机。[61]

戈尔巴乔夫倾向于坚持保留生物武器，但想办法把它们转用于防御目的。1989 年 10 月 2 日，中央委员会签署了一项法令。苏联当局在三年前就已经决定"清除"各设施中的生物武器库存量——1986 年 11 月 19 日苏共制定法令开始了"清除"行动，11 个月之后，另一项相似的法令通过要求做好准备迎接对生产生物武器的设备的国际检查，确认了这一行动。[62] 近期英国人和美国人的干预改变了这一进程。戈尔巴乔夫必须明确他在这一问题上的立场。

贝克在 1989 年 5 月 11 日来到莫斯科，与戈尔巴乔夫和其他官员会面。他先谴责苏联在中美洲问题上缺乏合作，然后强调说美国政府希望苏联改革顺利进行。他承认，不是所有美国官员都对此持乐观态度。贝克呼吁美苏之间建立一种建设性的关系。此外，他还试图让戈尔巴乔夫加紧改革零售价格，说在仍可将经济困境归咎于 1985 年之前的苏联领导人之时，这样做是明智的。双方还就削减核武器进程零零散散地交换了意见。美苏官员加入了讨论，阿赫罗梅耶夫要求尊重互惠原则。谢瓦尔德纳泽在得到戈尔巴乔夫的首肯之后，强调说当前苏联领导层因在 SS-23 导弹问题上对美国让步而备受军事将领们批评，陷入困境。贝克感觉到有必要就美国意图发布一份总体声明，因而宣布："对于我们确保维护欧洲和平的灵活反应战略而言，保有最低数量的核武器是绝对必要的。"他明确宣布了兰斯核导弹现代化的计划。[63]

美国政府认为，兰斯导弹是为《中程导弹条约》所允许的。他的观点没有让戈尔巴乔夫感到振奋；因为为了与里根达成协议，戈尔巴乔夫已经表现出善意，放弃了苏联 SS-23 导弹。布什和贝克正在与妥协精神决裂。戈尔巴乔夫沮丧地说，互谅互让才能合作。[64]

在这样的氛围下，审查美国外交政策的最终报告在 5 月 13 日被放到了布什的桌子上。对未来苏联"战略行为"的分歧依然存在。唯一的共识是苏联仍是"美国及其盟友在整个 20 世纪 90 年代的主要对手"，要谨慎对待。然而，如果苏联真诚地坚持走非军事化道路，美国将寻找机会改变它的政策。美国政府要灵活，但要保持警惕。厄尔马斯已经不再提供单向的建议。审查报告明确指出，选项就摆在总统面前，而且他一个人就能实现它。他要么降低世界政治的不安全度，要么降低国家预算中的军事部分。第一个选择是延长与苏联的竞争；第二个选择是听信戈尔巴乔夫的表面说法，削减军事开支。厄尔马斯把这些论点写得恰到好处。[65] 报告建议推进美国进攻性武器的现代化；但是它也建议减少国家的"防御努力"，并强调了苏联在军事科技上有"巨大劣势"的事实。[66]

最终，布什接受了他必须自己做出决定的事实。除了总统本人，没有人可以代替他。四个月里，他一直在犹豫不决。5月29日，他结束了自己的"停顿"（pause），给戈尔巴乔夫送了一封关于削减军备的信。他提出削减欧洲常规力量的计划，并提到将在当天向北约理事会解释自己的想法。[67]

这还算不上是对整件事进行严肃谈判的承诺。6月13日，里根在访问伦敦时，打破了沉默，鼓励恢复谈判势头："我相信米哈伊尔·戈尔巴乔夫是苏联扭转局面的最大希望。在苏联发生转变的情况下，西方确实可以按兵不动。我们不是必须做出改变的那一方。我们的人民也没有被隔离于可以让他们具有创造力和生产力的信息之外。但恰恰是在实力强大、处境舒适之时，你才应该冒险。"[68] 戈尔巴乔夫在访问巴黎时，对密特朗遗憾地说道，美国总统缺乏任何"创新思维"，贝克则缺乏想象力。[69] 事实上，布什逐渐意识到采取行动的必要性。7月，他再次写信给戈尔巴乔夫，提议他们应该举行第一次首脑会晤。他提议地点定在戴维营，时间可以定在9月。他认为，戈尔巴乔夫可以利用此次出访在联合国全体大会上再次发表重要讲话。布什建议，他们应该以非正式的形式见面并对话，"不扎领带"，不要带大量手下官员。[70]

戈尔巴乔夫对布什的提议表示欢迎，但提出要更换会面地点。他拒绝在戴维营或美国的其他地方。[71] 没费多少事，双方就一致同意定在马耳他。或者更确切地说，他们同意在马耳他海岸外的地中海停泊两艘船，一艘是苏联的，另一艘是美国的。它将是两个超级大国之间的第一次海上峰会。

戈尔巴乔夫面临的一个问题是美国的"停顿"助长了莫斯科不满人群的士气。他对这一危险保持着警惕。1989 年 5 月 28 日，他在中央委员会全体会议上，指责卡尔波夫诋毁了最高统帅部。他对自己成功让总参谋部接受大幅度削减将军数量深感自豪，而且政客对军队力量施加压力时，老练和智慧是必不可少的。[72] 军工游说集团变得越来越难以安抚。6 月 6 日，别利亚科夫写信给巴克兰诺夫说，布什正希望把苏联政府逼到死角。别利亚科夫问道，苏联怎么可能会同意在接下来的两年里摧毁 40000 辆坦克？他担心政治局会因害怕出现不利的国际宣传而让步。他对布什大幅度削减军用飞机数量的提议也有着同样的预感。别利亚科夫并不是强硬的不妥协派。他愿意把苏联在东欧的兵力降低到 27.5 万人。[73] 但是他想让戈尔巴乔夫更坚定地坚持自己的立场。四年的为所欲为即将结束。戈尔巴乔夫开始面对对其外交和安全政策的根本性反对，他有理由感到不安。

贝克想让气氛变得积极一些，于是 7 月时邀请谢瓦尔德纳泽到访怀俄明州，他近期在那里买了一个大牧场，为一对一对话营造了一个轻松的环境。开始谈正事时，谢瓦尔德纳泽抱怨了阿富汗当前的局势。和往常一样，贝克表示局势的发展将取决于纳吉布拉能否离开阿富汗；他否认美国想要看到一个激进主义政府在喀布尔掌权。[74] 与此同时，他坚持说："我想要重申，我们坚定地致力于苏联改革的成功，认识到这在很大程度上取决于你做什么，以及你怎样回应你所面对的挑战。"[75]

9 月 21 日，谢瓦尔德纳泽飞往华盛顿与布什和贝克探索达成新协议的可能性。布什坚称，华盛顿里没有人希望"你们的改革"失败；他否认试图在苏联制造麻烦。[76] 他补充说："我们对扶植一个对苏联怀有敌意的喀布尔政权毫无兴趣。"[77] 他对苏联拒绝插足东欧表示高兴，并又说道："我们认为苏联政府对波兰局势的处理是令人敬佩的。"[78] 他声称居住在芝加哥的波兰人远多于在波兰的波兰人，但这一说法并不准确；他评论道，他们和他一样对波兰近期的政治和解感到高兴。在拉丁美洲问题上，贝克认识到克里姆林宫不再为尼加拉瓜提供武器。这一次，双方跳过了古巴问题。[79] 贝克和谢瓦尔德纳泽在第二天见面时，开始为下一次首脑会晤准备议程。他们计划着如何解决核武器、化学武器和常规武器问题，以及热点地区问题，比如柬埔寨、越南和以色列问题。在友好的氛围下，谢瓦尔德纳泽建议派一个美苏联合代表团到喀布尔解决当前的问题。贝克则把他拉回现实，把一份仍被拒绝离开苏联的人员名单交给了他。谢瓦尔德纳泽也带来了一份被关在美国监狱中所谓政治犯的名单。[80]

他和贝克都知道，他手里没有什么好牌。他带了苏联著名的经济学家尼古拉·什梅廖夫（Nikolai Shmelëv）一同来到美国；而什梅廖夫却不顾礼节，预测苏联将遭遇一场经济灾难。贝克回复说，中情局的预测远没有这么悲观。[81] 但是他的确知道苏联比美国更迫切地需要达成协议。他清楚地说明了美国的条件。谢瓦尔德纳泽必须明白的是，能否废除限制与苏贸易的《杰克逊－瓦尼克修正案》最终取决于克里姆林宫如何处理侵犯人权的问题。[82]

贝克与他一起飞往了怀俄明州，在宁静的乡村中，他们开始了非正式对话。谢瓦尔德纳泽承认苏联政府严重低估了改革初期"国内问题"的危险性。贝克被他的坦率和真诚感染，也以同样坦诚的态度回应。贝克重申美国对苏联波罗的海地区独立运动的支持是真诚而永久的——他希望谢瓦尔德纳泽能够意识到公众对布什所提出的要求："我提这个并不是为了给你施压或者威吓你。"谢瓦尔德纳泽回答说，苏联领导层反对使用武力。他呼吁解散北约和华约："让我们解散你们的盟友和我们的盟友。北约存在，华约就会存在。"贝克建议说，是时候让东德进行自己的改革了。谢瓦尔德纳泽坚定地认为，这是东德人民自己的事情；但接着，他又坦率地说："如果我处于东德的位置上，我会让所有人离开。当然，100 万人的离开对东欧而言会是一个严峻的问题，但是我会让他们走。"[83] 美国国务卿和苏联外交部部长之间从未有过这样的交流。从这一刻开始，贝克确信谢瓦尔德纳泽是一个他应付得来的人。

尽管总统和国务卿已经决定支持戈尔巴乔夫，但是政府里的其他人依然有所顾虑。助理国务卿劳伦斯·伊格尔伯格（Lawrence Eagleburger）在 10 月谈到苏联政策可能造成欧洲的动荡，引发了人们的不安。民主党领导层对此解读为国务院倾向于持续与苏对抗，因而表现出了恐惧和不安。贝克巧妙地介入进来，重申了官方路线，并说，不管戈尔巴乔夫能否实现他的目标，苏联改革都履行了有助于美国利益的承诺。他坚持认为，首要任务应该是用削减军备和其他问题的条约束缚住苏联。与此同时，贝克阻止了国家安全事务副助理罗伯特·盖茨在国家安全学院（National Collegiate Security College）发表关于戈尔巴乔夫当前处境困难的演讲。在旧金山的演讲中，他呼吁保持乐观："如果苏联人已经摧毁了武器，那么对以后任何一位克里姆林宫新领导人而言，扭转进程和追求军事优先都将是困难的、昂贵的和耗时的。"[84] 从"停顿"到向前迈出一大步，布什和贝克发现他们走上了里根和舒尔茨已经规划好的路线。

/ 第三十三章　另一片大陆：亚洲

　　苏联对国际事务的关注点仍然停留在对美国和西欧的政策上，与美国总统对话胜过一切。直到 1988~1989 年的冬天，戈尔巴乔夫和谢瓦尔德纳泽才把他们对亚洲的关注扩展到了阿富汗以外的地方。戈尔巴乔夫曾于 1986 年 7 月在符拉迪沃斯托克（海参崴）发表了关于太平洋地区的重要演讲，他还于当年 12 月对政治局说："在 21 世纪，文明将移向东方。"[1] 他想要与亚洲国家维持友好的关系，虽然在过去它们曾是莫斯科的敌人。对抗仅仅是糟蹋了资源，无论如何和平都是他的首要之事。戈尔巴乔夫想要恢复苏联作为欧亚强国的地位。谢瓦尔德纳泽基本赞成，但他觉得进展太少太慢，并且他尝试迫使戈尔巴乔夫去做更多的事，不要止步于发表正式的意向声明。1987 年 7 月，他敦促有必要将 100 枚核导弹撤离苏联的亚洲部分。[2] 在他看来，苏联领导人必须向中国和日本证明，他们的裁军计划并不仅仅针对美国和欧洲。单方面采取主动可能有助于实现这一目标。

　　戈尔巴乔夫不想仓促行事，因为中国问题困境重重。邓小平毫不掩饰自己对苏联改革的怀疑；而且在任何情况下，戈尔巴乔夫都警惕着不要因为与北京过于友好，而危及与华盛顿的关系。[3] 他还担心苏联的安全。在同意从欧洲撤出全部中程核导弹的同时，他在亚洲部分依然保留了数百枚核导弹。在苏联和中国开始合作之前，他和政治局都希望在两国绵延的、有争议的边界线附近，部署一支核威慑力量。[4] 1988 年 12 月初，谢瓦尔德纳泽欢迎中国外交部部长钱其琛到访莫斯科，并向他保证戈尔巴乔夫希望两国和解。钱接着向他保证，北京希望改善两国关系。在中方重申要求获得平等待遇的同时，谢瓦尔德纳泽提出越南军队会撤出柬埔寨，钱对此表示赞赏。[5] 长期以来，戈尔巴乔夫一直对越南及其经济持悲观态度，他称越南有 1000 万人失业。[6] 他并不在意弱化苏联与越南之间的关系。与中国和解的可能性越来越大。

他和谢瓦尔德纳泽想要向亚洲其他国家政府保证，莫斯科对它们同样没有好战意图。谢瓦尔德纳泽制定了一条热点地区的出访线路，于 1988 年 12 月底从日本开始。他在三年前访问过东京，对日本人的领土不满情绪和经济实力有了了解。日本人从 1945 年开始与莫斯科陷入领土纷争，当时苏联占领了他们的北方四岛，俄语中称之为南千岛群岛，战败的日本因而一直拒绝与苏联签署一份和平条约。谢瓦尔德纳泽对此反应强烈。但是，当 1986 年秋东京政府批准日本公司参与战略防御计划时，他才停止了外交上的示好。[7] 之后，他访问了朝鲜和蒙古。尽管他了解到了很多东西，却收获无几。于是，他和戈尔巴乔夫把注意力转向了世界其他地区。

戈尔巴乔夫在 1988 年 5 月与苏联新闻和艺术界人士的一次见面会上，再次提到了日本问题："看，赫鲁晓夫承诺把苏联领土（比如南千岛群岛）还给日本人。然而，我们直到今天仍在为那里的石头和贫瘠的岩石而战。我们自己的国家有多少土地——真正肥沃的土地——被疏于照顾，被大家忽视。"[8]

1988 年 12 月，谢瓦尔德纳泽会见日本外务大臣宇野宗佑（Sōsuke Uno）时，被占领岛屿这一老旧难题仍然阻碍着两国改善关系。谢瓦尔德纳泽呼吁加强贸易联系。宇野不为所动；在卢布仍然是不可兑换货币的情况下，他看不到任何取得进展的机会。[9] 首相竹下登强调北方四岛对日本具有永久的重要性。[10] 1989 年 1 月 8 日，在美国与谢瓦尔德纳泽进一步的对话中，宇野拒绝在莫斯科解决"领土问题"之前，在日本接待戈尔巴乔夫。他表明只要苏联满足这一条件，日本人就会积极回应苏联关于经济援助的提议。对谢瓦尔德纳泽来说，这听起来太像最后通牒了。但是他没有低估放弃南千岛群岛的可能性，并对苏联领导人可以再一次与日本人对话感到满意。[11]

正如戈尔巴乔夫猜测的那样，美国人对苏联在亚洲的举动感到了一些担忧，而且布什迅速组织了对中国的访问。这与他在苏联问题上旷日持久的犹豫形成了鲜明对比。布什对中国问题有自己的想法，决心抢在戈尔巴乔夫之前对北京示好。他为期三天的访问从 2 月 23 日开始。[12]

如果苏联领导人想要与中国和解，那么他们就必须考虑中国的关切。戈尔巴乔夫决心与中国建立友好关系，虽然没有给人留下不惜一切代价想要实现它的印象。[13] 与中国交好，苏联就要做出让步。戈尔巴乔夫在 1987 年 5 月 8 日对政治局报告了他所认为的困难。他强调说，除非中国高层觉得一切准备就绪，否则什么都实现不了。莫斯科方面实施了第一个和解方法：等待北京的回应。与此同时，他也打算避免做任何会"吓到"美国的事情。[14]

克里姆林宫不断表示善意，终于让谢瓦尔德纳泽获得了访问北京和上海的邀请。1989 年 2 月 3 日，谢瓦尔德纳泽在中国首都会见了李鹏总理，并努力和北京冰释前嫌。

谢瓦尔德纳泽乘坐中国的一架波音 737 飞机向南飞往上海，在宾馆与邓小平举行了会谈。邓小平虽然年老消瘦，但他强有力地握了握谢瓦尔德纳泽的手，让人毫不怀疑他的精神活力。他直入主题，不多说一句废话。邓泛泛地呼吁让中苏关系有一个新的

开始。谢瓦尔德纳泽对此感到很高兴。关于阿富汗问题，他强调说苏联的军事干预的确结束了。他又说到阿富汗人正在进行他们自己的国内战争，而且苏联军队没有穿假军装混于其中。[15] 邓指

出尼克松总统 1972 年的北京之行使美国认识到台湾对中国的重要性，又提到中国和日本在 1978 年已经解决了一些有争议的问题。另外，他还郑重其事地说，收回香港——对英国的租约将在1997 年到期——是他的头等大事。[16]

邓在讨论苏联时，话锋变得犀利起来。他说除非越南人撤回到自己的国家，否则柬埔寨不会有安宁。[17] 谢瓦尔德纳泽说愿意尽己所能做些事情，并表示苏联对越南人施以"国际援助"的口号已经不再流行：克里姆林宫对在东南亚冲突中结束对越南的支持持开放态度。[18]

还没有哪位外国领导人如此凶猛地与苏联政治家交谈。邓用强硬的态度表明，与中国未来的友好关系不是自动来的，更不是廉价的。谢瓦尔德纳泽能够亲眼看到中国领导层如此自信的原因所在。自 20 世纪 70 年代末以来，邓推行的经济改革释放了中国沿海地区的创业活力，吸引了大量的直接外国投资。中国与苏联形成了鲜明的对比。上海的"摩登文化"和"商业关系"给来自莫斯科的访问者们留下了深刻的印象。摩天大楼和商店橱窗宣示着中国经济特区所取得的经济发展。[19] 在谢瓦尔德纳泽准备飞回莫斯科时，中国依然没有同意发布共同声明——事实上，在收到北京发来的草案之前，他已经到达了其亚洲之行的下一站——巴基斯坦。[20]

苏联的亚洲宿敌还在质疑戈尔巴乔夫新外交的诚意，而其亚洲附庸国则对它与美国修好的后果深感不安。谢瓦尔德纳泽亚洲之行的任务之一就是说服老朋友相信，莫斯科仍将与它们站在一起。这也许就是他没有访问越南的原因所在：苏联领导层已经选择了与中国人改善关系。

但是政治局并不希望失去在中东的合作者，在伊斯兰堡短暂停留之后，谢瓦尔德纳泽飞往了叙利亚，与总统哈菲兹·阿萨德

（Hafez al-Assad）举行会谈。两年前，戈尔巴乔夫曾向其保证，苏联将继续支持那些站起来反抗"美帝国主义"的国家。[21] 在正式问候之后，阿萨德表达了对苏联政府能否兑现其承诺的怀疑。谢瓦尔德纳泽面对的是一位毫不妥协的谈判者。尽管面容衰老、嗓音刺耳，但是阿萨德知道如何把自己的意志强加在周围每一个人的身上。他营造了一种禁欲主义的氛围。他的官邸墙上没有一幅他的肖像，只有一张萨拉丁与十字军战斗的图片。他让切尔克斯人做他的保镖（对于像谢瓦尔德纳泽这样一个来自南高加索多民族地区的人而言，这简直是太有趣了）。阿萨德对自己的担忧直言不讳。他回忆了自己在 20 世纪 50 年代到苏联留学的经历，称人们都在说苏联秩序正处于崩溃边缘，不能再支持叙利亚这样的朋友了。阿萨德猛烈抨击以色列企图充当中东的和平力量。他指责克里姆林宫近期的政策转变，不再支持阿拉伯人的事业，并抱怨苏联抛弃在阿富汗、古巴、朝鲜、越南甚至东欧的盟友，将他们置于悲惨的命运之中。阿萨德是个充满怒气的人，毫不掩饰自己对苏联外交政策转向的感受。[22]

谢瓦尔德纳泽之后去往巴格达，在那里他的目的是提醒萨达姆·侯赛因，克里姆林宫想要和德黑兰修复关系。在此之前，苏联政策一直偏向伊拉克，而不是伊朗。现在，苏联想要与每个亚洲国家建立友好关系。萨达姆泰然自若地接受了这一消息。他说他理解为什么戈尔巴乔夫即便憎恨阿亚图拉·霍梅尼的立场，却仍然想要解决他与伊朗政府的分歧。这位伊拉克统治者开了个玩笑："愿真主保佑你。但愿是我们的真主，而不是伊朗那个！"[23]

在伊朗，谢瓦尔德纳泽想要修补关系，但霍梅尼则特立独行，难以相处。霍梅尼拒绝在德黑兰见他。谢瓦尔德纳泽不得不南下飞往库姆。在那里，霍梅尼在自己简朴的小房子里与他见了面：权力没有让他变得物欲横流。这算是外交会面中最奇怪的一个，因为霍梅尼老人被证明只对精神信仰和实践问题感兴趣。他不愿谈别的话题。在谢瓦尔德纳泽看来，他是一位贫穷的鳏夫。霍梅尼回绝了谢瓦尔德纳泽任何一次谈及外交政策的尝试，尽管他知道这是对方此行唯一的目的。两人没有任何关于实践选择的交流，甚至霍梅尼没有任何想与莫斯科建立更友好关系的表示。[24] 苏联离双方关系修好仍然很远。这是一次徒劳的访问，除了让政治局对其南部边境的人物有了更深的了解；再就是，让美国人认识到，苏联政府仍有能力试着不受他们的影响与别国建立关系。事实上，当戈尔巴乔夫听完谢瓦尔德纳泽的报告时，他思考的是苏联怎样把武器卖给德黑兰。[25]

谢瓦尔德纳泽的亚洲之旅为戈尔巴乔夫亲自访问中国做了铺垫。他计划于 5 月 15 日到达。对此计划，美国人的神经紧绷，美国驻北京的大使馆建议国务院向全世界发出提醒："中美关系总体上继续在政治、军事和经济领域保持上升势头。"[26]

中国人同意接见戈尔巴乔夫。邓从个人角度并不看好苏联改革，并告诫过戈尔巴乔夫不要操之过急。[27] 戈尔巴乔夫对中国人的改革同样持有轻视的态度。1986 年 9 月 29 日，他向助理们吐露道：

> 他们取得了令人震惊的成功。但是，人们不应该兴奋异常，好像中国已经解决了一切问题。接下来会怎么样呢？他们没有肥料、技术和集约化的生产方法。我们拥有这一切。但是我们必须把这些东西与个人利益结合起来。这是我们的问题所在。这是我们能够确保大步前进的地方。伊里奇（列宁）苦恼于如何将个人利益与社会主义相结合，这才是我们必须去反复思考的问题。[28]

1988 年 8 月他对切尔尼亚耶夫说：

> 我不明白对中国为何这么大惊小怪。从那里回来的人说商店的货架上应有尽有。南斯拉夫也是如此。我很高兴中国在经济上崛起。这最终也是一种对我们的支持，正如对他们而言，我们也是一种支持一样。这没问题，但是人们为什么如此兴奋？我们必须去看清事物的本质：是的，商店的架子上什么都有，但没有人买。那是一个资本主义市场。而且资本主义市场运行的规律是：把价格抬高到所有商品都只能摆在货架上的程度，当商品快要过期时，他们用便宜的价格卖掉它们。[29]

这充其量是一种荒谬的夸大。不知为何，他确信没有人去购买中国城市商店里出售的商品。[30]

邓小平坚持与戈尔巴乔夫见面时只握手，他想要让讨论保持公务式风格。戈尔巴乔夫领会到了这一暗示，并决定出于他的年龄考虑，给予适当的照顾。[31] 即便如此，他们的对话在 1989 年 5 月 16 日开始时还是充满了摩擦。[32]

在与李鹏的会谈中，戈尔巴乔夫评论道，缺少资本投资是苏联的根本问题之一。这并没有转移李的注意力，他仍坚持认为中国和苏联应该优先在中苏边境划界问题上达成一致。戈尔巴乔夫最终失去了耐心，抱怨说中国人忽视了他关于在能源、运输和冶金领域进行合作的提议。离开中国之前，他迫切地需要一些取得进展的迹象。他对李鹏说，莫斯科非常愿意实现两国边境地区的非军事化。[33]

5 月 17 日，戈尔巴乔夫在人民大会堂发表演讲。在承认了那些造成苏联和中华人民共和国对立的历史问题的同时，他认为解决这些问题符合两国的利益。戈尔巴乔夫强调说，他与美国人已经达成共识，即清除苏联东部领土上的 436 枚中短程导弹。他认为，苏联的铁路网可以成为一条新"丝绸之路"，让中国人能够把他们的货物运到欧洲。在阐释他的经济改革理念时，他强调说工人需要对整个改革过程施加影响。他承认改革已经引发了一些不可预见的复杂情况，也借此嘲讽了那些希望中国和苏联的改革会带来资本主义复辟的西方评论者。除此之外，他还解释了自己关于结束亚洲动荡地区冲突的看法。[34]

/ 387

中国之行与戈尔巴乔夫此前的任何一次出访都截然不同。苏联访问团参观上海工厂，在观看生产出来的耐克运动鞋、一些特氟龙（Teflon）厨具以及各种各样的最新玩具和药品时，戈尔巴乔夫感受颇深。[35]

/ 388

然而，此次访问的所见所闻并没有改变戈尔巴乔夫对中国经济成就的视而不见。从内部看到那些欣欣向荣的工业企业时，他表现得仿佛它们是为容易上当的外国人设下的工业骗局。在任期内，他从来没有改变自己的看法。1989 年 5 月与詹姆斯·贝克交谈时，他向贝克保证说，中国人的科学技术能力正在遭受重创。[36] 这种粗鲁的误判有多重根源。

/ 389

1989 年 6 月，贝克告诫布什说，戈尔巴乔夫可能会试图强化与中国的关系。贝克试图阻止莫斯科利用华盛顿与北京之间的任何裂痕。[37] 虽然如此，政府内的主流意见仍是美国人必须释放出一些不满的信号。

戈尔巴乔夫看到了与中国人取得一点进展的机会。中苏双方在 1989 年和 1990 年相继举行会谈。[38] 关系正常化变成了国家层面上的一个事实。尽管与北京达成了外交协议，但戈尔巴乔夫仍然在低估中国的成就，而且夸大了在其偏向的政策下莫斯科的工业和农业潜力。

在修复与中华人民共和国关系的同时，苏联领导层还在考虑那些长期与莫斯科休戚与共的共产主义国家。苏联外交政策的转变显然正让盟国和友邦感到忧虑。在戈尔巴乔夫采取措施放弃阿富汗时，它们考虑的是能否相信苏联任何施予援助的承诺。[1]因此，对克里姆林宫而言，把这些国家召集在一起，解释其政策的原因，是明智的做法。1988 年 3 月 16~17 日，一次"兄弟党"的会议在蒙古召开。雅科夫列夫代表苏联政治局出席会议。不只是东欧人、越南人、老挝人、古巴人和蒙古人也参加了会议。大多数出席会议的人对戈尔巴乔夫实施的苏联国内改革和外交政策转变表示了赞扬。甚至连罗马尼亚人也表现得非常合作，只不过他们是为了为当前与匈牙利人的争端寻求支持。但分歧和对立还是出现了，东德人并不认为有任何"复兴"社会主义的必要性——这可不是苏联改革者想要听到的悦耳之音。随后，古巴人拒绝了任何关于向外输出改革的理念；他们还与越南人一同对苏联与美国缓和关系表达了担忧。[2]

雅科夫列夫从来没有对会议抱有很高的希望，对各种含蓄的批评默默忍受，也不会感到丝毫尴尬。他知道"世界共产主义运动"在理论和实践中都遭受了不可逆转的破坏。他和戈尔巴乔夫都得出了相似的结论。他们两人都不认为制定出一条其他政党都必须遵守的路线有任何意义和必要性。戈尔巴乔夫不想像勃列日涅夫于 1969 年 6 月所做的那样在莫斯科召开一次全球会议。那段经历让勃列日涅夫和他的政治局都深受打击。中国人、阿尔巴尼亚人、泰国人和缅甸人均公开表示拒绝出席——而且朝鲜人甚至越南人也在私下里拒绝了莫斯科的邀请。会议充斥着分歧与争论。意大利人反对苏联国内的政治压迫，并谴责其入侵捷克斯洛伐克。一些西欧国家政党也赞同意大利共产主义政党的观点。讨论快要结束时，其他国家仍然无法签署一份共同声明。最终，关于"反帝国主义斗争任务"的声明也遭到了多个国家的弃权。[3] 戈尔巴乔夫并不打算让自己卷入此类荒谬的举动之中。在谈论共产主义时，他会采取预防措施，把自己限制在苏联国内改革的主题之下。

这并不意味着苏联领导层对外国共产主义和左翼政党的命运弃之不管。政治局仍感到自己有责任帮助那些为了权力而斗争的组织。这是苏联政治精英的传统观点。它也是一种在全球强化特权和影响力，向美国人展示他们并不是唯一超级强国的有效途径。[4] 关于金钱、设备和训练的诉求纷至沓来。为纳米比亚从南非独立出来而战斗的西南非洲人民组织（SWAPO）武装力量请求武器支援，并要求不付款就交货。[5] 苏共中央书记处于 1987 年 5 月批准了资助英国共产党报纸《晨星报》（*Morning Star*）的请求。莫斯科官员喜欢这份报纸的反欧洲共产主义立场[6]（戈尔巴乔夫在那时还没有公开将苏联信条转向意大利共产党的理念）。苏联能提供给兄弟党的东西不只有金钱。1988 年 1 月 18 日，中央书记处为智利共产党提供了 14 个"阴谋工作"的培训名额。[7] 智利同志们将学习通信、破坏和颠覆的技能，用来反对皮诺切特将军的独裁统治。

莫斯科几十年来一直在提供这类培训。苏联高层现在担心，他们可能越过了美国及其他北约国家可以容忍的边界。1989 年 1 月，在爱尔兰工人党党魁肖恩·加兰（Sean Garland）发来训练其 5 名活动分子的请求时，苏共中央国际部的卡伦·布鲁坚茨（Karen Brutents）就建议回绝。这对他而言，并不是一个原则问题。他想的只是消息泄露的危险太大，会破坏英苏谈判。[8]

1989 年 12 月 11 日，政治局批准了 2200 万美元的预算，以便对接左翼工人组织的国际援助基金（International Fund of Assistance）开展来年工作。国家银行将把这笔钱转给国际部的瓦连京·法林。东欧剧变的发生意味着整个东欧大陆上的共产主义政党不再向该基金捐款（到那时，毫无疑问，他们是需要从莫斯科获得金钱支援的人）。法林报告说，全世界有 73 个"共产主义的、工人的"和革命 - 民主的政党与组织还在接受苏联的善款。[9] 资助全世界共产主义政党的途径不仅仅是直接拨款。苏联同意大量购买他们的报纸：42 个国家从这种资助中受益。然而，问题在于苏联政府再也负担不起每年 450 万卢布的常规外汇支出。苏共中央书记处指出，现在《真理报》更便宜、信息量更大，而且在出版之日就可以买到，因此改革时期的读者不需要其他的报纸。这一做法预计会受到那些依赖莫斯科资助的共产党的指责。但是，必须要节省开支。[10]

每当出现地缘政治困境时，党的官员都会将问题交由权力最高层做决定。里根和舒尔茨常常表示，他们对苏联对非洲南部、古巴、埃塞俄比亚、尼加拉瓜和利比亚的政治和经济干预感到担忧。自 20 世纪 70 年代以来，苏联就在为它们提供贷款、武器和顾问。美国政府将此视为克里姆林宫为扩大全球影响力所做的不可容忍的举动。苏联的经济困难因其对外承诺而日益加重。有些东西必须要放弃。

外交部率先修正了官方思维。阿达米申一直相信必须改变对非洲南部的政策。他是公认的非洲事务专家，谢瓦尔德纳泽所营造出的思想自由氛围让他敢于说出自己的想法。在漫长的勃列日涅夫当政时期，苏联外交政策的一项原则是，苏联有责任向反抗南非种族隔离制度的武装斗争提供经济支援，向反抗受比勒陀利亚支持的政府的武力斗争提供援助。阿达米申认为这不仅代价高昂，而且不利于与美国修复关系。事实上，卡斯特罗用莫斯科的资助将数千人的古巴军队部署在安哥拉，也让局势变得更加复杂。戈尔巴乔夫赞成阿达米申的看法，认为其与自己对全球事务的看法不谋而合。1987年11月27日，他与赞比亚的肯尼斯·卡翁达（Kenneth Kaunda）讨论了这些想法。他指出，苏联领导层仍会继续致力于这一地区人民的解放，但是他的重点将从军事冲突转向经济援助。1988年2月21日，阿达米申向谢瓦尔德纳泽递交了这一政策的最终稿，后者又将之交给亚佐夫、切布里科夫和多勃雷宁考虑，3月14日，它成为一项正式的政策。[11]

谢瓦尔德纳泽鼓励阿达米申将此政策应用于撒哈拉以南非洲的其他地区。当阿达米申解释说，埃塞俄比亚的门格斯图（Mengistu）所面临的局势有多么糟糕时，这位外交部部长告诉他，坦诚地向政治局埃塞俄比亚委员会汇报，不要担心冒犯任何人。4月15日，在由雅科夫列夫主持的埃塞俄比亚委员会会议上，阿达米申认为埃塞俄比亚革命是一次失败的尝试，不仅损失了数百万卢布，而且没有任何正当性。在科尔尼延科的支持下，军队指挥官们驳斥了他的判断。然而，他们未能撤销他的提案，而且雅科夫列夫后来还打电话称赞他的勇气和新颖的分析。[12]谢瓦尔德纳泽和雅科夫列夫都认识到了非洲问题在同美国和解上的重要性。舒尔茨在5月10日与谢瓦尔德纳泽会面时抗议了古巴的军事干预，并强调说它给美国人造成了非常大的烦恼。假如葛罗米柯仍是外交部部长，他的回复将是这不关美国的事。相反，谢瓦尔德纳泽却没有尝试做出反驳。[13]他认可必须改变对非政策。在即将签署《中程导弹条约》的当口，他最不想看到的就是与舒尔茨闹翻。

让人感到奇怪的是，戈尔巴乔夫突然不再愿意谈及任何关于非洲的事情；阿达米申的猜测是总书记担心自己会被指控背叛了门格斯图的革命。戈尔巴乔夫并不需要承担额外的责任。[14] 谢瓦尔德纳泽个人倾向于继续支持左翼国家和组织。出于这一考虑，他和克格勃主席克留奇科夫主张，苏联要帮助全球范围内经济上处于发展中阶段的"社会主义取向"的国家。阿达米申不同意，认为苏联要更彻底地与传统决裂。[15]

切尔尼亚耶夫赞同阿达米申的观点，对戈尔巴乔夫说，现在正是改变方向的时候。戈尔巴乔夫拒绝了他的主张；但借助雅科夫列夫，1989年10月10日，他将这一问题提上了政治局的议程。切尔尼亚耶夫认识到，埃塞俄比亚人民陷入了极度的贫困之中；他的解决方法是苏联政府与美国政府共同努力，实现对"埃塞俄比亚地区问题的监管"。[16] 戈尔巴乔夫第一个反对改变政策——很可能是因为他不想招致共产党保守派的批评，说他又一次在外交政策上向美国人屈服而不再坚持自己的传统立场。然而，切尔尼亚耶夫逐渐说服了戈尔巴乔夫。苏联正在花钱支持一个残暴的政权，让自己在全球政治中丧失信誉。1989年9月19日，政治局批准国防部副部长瓦连尼科夫将军在从阿富汗返回之后，亲自带着一封信去找门格斯图。苏联领导层支持厄立特里亚解放人民阵线（Popular Front for the Liberation of Eritrea）的和平倡议；他们要求门格斯图同意与其对手谈判。[17] 到12月20日，政治局不再有在苏联边界之外的任何地方进行军事干预的兴趣。古巴武装力量最终从埃塞俄比亚撤回，并且在雷日科夫的建议下，不再允许接收苏联的物资援助。[18]

切尔尼亚耶夫及其助手沙赫纳扎罗夫呼吁对新政策进行系统

性的阐述。他们想让苏联在与第三世界打交道时放弃"意识形态原则"，并且直接将这一想法汇报给了戈尔巴乔夫。他们说苏联因为援助"M.卡扎菲的极权政权"、纵容"H.门格斯图的军事冒险主义"，以及在"南也门领导人无休止的部落冲突"中选边站，招致了全球的责骂。他们要求谢瓦尔德纳泽和雅科夫列夫起草新的指导方针，并提交给政治局——戈尔巴乔夫把这些话转达给了他们。[19]

重新审视与利比亚的关系已经进行了一年多时间。1988 年 2 月 8 日，一项禁止向卡扎菲政府出售武器的法令得以通过。这样做不仅是为了改善与美国的关系，还是为了节省财政开支。苏联领导层也决定不再向利比亚提供其军队中没人会操作的武器和设备。[20]谢瓦尔德纳泽在 1989 年 1 月 8 日与舒尔茨的最后几次讨论中，发出了进一步改革的信号。他们当时正在谈论卡扎菲。美国方面称利比亚人正在一处秘密的化学工厂里研制化学武器。谢瓦尔德纳泽问华盛顿会如何反应；他还说苏联曾向利比亚提供很多专家顾问，他们不曾说过利比亚正在生产任何非法物品。从根本上讲，他希望在采取激进措施之前，进行一些适当的调查。但是他几乎没有向舒尔茨表达出任何不同看法。[21]事实上，对苏联领导人而言，卡扎菲已经变成了一个令人为难的人物，他们不愿意再耗费自己的政治资本来挽救他的性命。

他们发现相比于抛弃卡扎菲，放手古巴更加困难。1962 年，在时任第一书记赫鲁晓夫试图在那里建设导弹基地时，这座岛屿差点儿把整个世界拽入两个超级大国之间的灾难性战争之中。他的屈服维护了和平，但代价是让苏联蒙羞。美国同意秘密移除在土耳其的导弹设施，还私下保证不会入侵古巴。莫斯科则在接下来的几年里用经济资助和政治支持扶持着古巴革命。

古巴是一个尴尬又昂贵的盟友，而且苏联领导层总是觉得卡斯特罗难以对付。他的战斗记录和人格魅力令人印象深刻；在美国施压之下也不妥协更是为他的名誉增光添彩。克里姆林宫的领导人对他肃然起敬。谢瓦尔德纳泽在 1985 年 10 月访问哈瓦那时，要来了他的亲笔签名，并对人群说："你们生活在一个社会主义国家，有像菲德尔同志这样的领导人，是多么幸运！"[22] 卡斯特罗在外交政策问题上直言不讳，他对谢瓦尔德纳泽说，勃列日涅夫领导下的政治局没有考虑到入侵阿富汗会有什么后果。[23] 在 1987 年第二次访问该岛时，谢瓦尔德纳泽发现卡斯特罗对戈尔巴乔夫领导的苏联改革很不满意，批评他们改写了苏联历史。谢瓦尔德纳泽回复说，戈尔巴乔夫即将出版的关于改革的书是对过去错误的必要修正。斯大林的受害者，包括尼古拉·布哈林（Nikolai Bukharin），必须得到政治平反。他认为这种类型的批判是一种健康现象。这未能说服卡斯特罗，他承认如果他实施同样的政策，将会让他本人和古巴的其他共产主义老兵遭到批判。[24] 他无意效仿戈尔巴乔夫。卡斯特罗希望自己不会忘记苏联在过去所取得的重大成就。[25]

外交部副部长阿达米申在 1988 年 3 月 30 日拜访了卡斯特罗。在长达 5 个小时的谈话中，他几乎一句话也没说。阿达米申了解到，对安哥拉的军事干预、反抗撒哈拉以南地区非洲的种族隔离制度及其影响都是卡斯特罗生命中至高无上的事业。卡斯特罗对安哥拉战争的细节了如指掌；他监督当前的行动，每天举行战略讨论会。他对那些不知道南非的武装部队正陷入困境的苏联和古巴学者嗤之以鼻。他本人甘愿为了胜利冒一切风险。他猛地做了个手势，从椅子上跳起来，在房间里来回踱步。但是当阿达米申站起来时，这位古巴领袖却告诉他坐回去：这间屋子只能容纳一位容易激动的人。卡斯特罗太激动了，以至于忘记给他的客人倒杯咖啡。当然，他在半辈子时间里都在用自己的革命活力让苏联领导人眼花缭乱，此外，阿达米申在卡斯特罗要求莫斯科继续为安哥拉战争提供援助时，感受到了他的狡诈。卡斯特罗对阿达米申描述的安哥拉日益增多的困难置之不理：他已经给出了明确的分析，希望他的客人去接受它。[26]

尽管卡斯特罗对他的改革颇有微词，但戈尔巴乔夫仍想保持与古巴的盟友关系。在亚美尼亚地震中断他的出访之前，他本打算访问纽约之后前往古巴。[27] 出访后来被重新安排在了 4 月。在政治局的讨论会上，戈尔巴乔夫注意到了古巴要求苏联提供经济援助。卡斯特罗在苏联政府买不起其需要的大量外国商品之时，每年仍收到价值 200 亿卢布的石油援助，并且可以不用硬通货支付。[28]

在古巴，戈尔巴乔夫亲眼看到在配给制度下，商店里几乎买不到什么东西。古巴人民似乎达到了忍耐的极限。他意识到卡斯特罗是一个对世界事务拥有巨大智慧和知识的人，但他们的第一次谈话弥漫着一种明显的冷淡。戈尔巴乔夫看穿了卡斯特罗是如何利用自己的魅力的。他认为美国人数十年来的封锁培育了他一种"宗派主义"思维方式。尽管如此，慢慢地，氛围还是变得轻松了一些，他们开始有效地交谈起来。与对待其他共产主义国家领导人一样，戈尔巴乔夫不会直接给卡斯特罗施加压力——他后来对政治局说："我们必须接受古巴的现状。"无论如何，他与卡斯特罗在一点上是一致的，即要防止西方干涉古巴岛的事务。他承诺会继续为哈瓦那提供军事庇护；他还保证苏联视古巴革命为自己的事情。卡斯特罗本人同意召回在尼加拉瓜的古巴军事顾问。这对戈尔巴乔夫寻求改善与美关系而言是一个重要的举措。[29]

尼加拉瓜问题仍在让华盛顿感到苦恼。对这个饱受战争蹂躏的中美洲国家即将揭晓的选举结果，苏联领导人正在思考如何应对。1990 年 2 月 13 日，在美国国务卿贝克访问莫斯科期间，谢瓦尔德纳泽和雅科夫列夫就此事给政治局准备了一份报告。他们敦促政治局，要告诉桑地诺解放阵线不要做出给美国拒绝承认新政府之口实的事情来；他们建议，如果丹尼尔·奥尔特加（Daniel Ortega）获得了预期的胜利，他应该本着民族和解之精神进行统治。苏联应对奥尔特加及其未来的部长们采取一种"务实、去意识形态化的"政策，并延长中止武器供应时间。谢瓦尔德纳泽和雅科夫列夫认为应该巧妙而坚决地告诉卡斯特罗，把首要任务放在缓和该地区的紧张局势上。政治局采纳了他们的意见。[30] 这相当于承认苏联必须接受自己在全球事务中被削弱的角色。除了德国统一问题，苏联内部的政治和经济困难占据了领导层的所有时间。是时候放弃对中美洲的承诺了——或者，的确，对全世界其他地区解放运动的承诺。

苏联停止了对安哥拉、莫桑比克和埃塞俄比亚的军事援助。它还终止了对伊拉克、利比亚和南斯拉夫的货物运输，尽管一年可能会损失 70 亿美元。那些没能支付武器费用的共产主义国家得到了相同的对待——越南、柬埔寨、朝鲜、古巴和蒙古都属于这一类别。苏联还终止了对其他国家的金融贷款。[31] 1990 年 3 月 15 日，在纳吉布拉恳求苏联继续提供援助时，扎伊科夫将这一请求转达给了国防部；国防部的回复是会继续提供价值 18 亿卢布的物品，其中包括 23 架米格战斗机。国防部还承诺派出 6 名高素质的军事专家，帮助其进行必要的训练。但第一副部长米哈伊尔·莫伊谢耶夫指出，1990 年的军事支出已经被削减了。如果政治领导层需要国防部支援阿富汗政府，就需要划拨额外的资金。[32]戈尔巴乔夫试着说服纳吉布拉，说美国人开始意识到宗教激进主义蔓延的危险性；纳吉布拉信心十足地表示，会在两三年内实现"正常化"，尽管邻近伊斯兰国家的干涉正日益增多。[33]他们的联盟正在瓦解。阿富汗共产主义政府站在了悬崖边上。

但是，苏联领导层仍坚守着既定的地缘政治路线。1990年4月13日，政治局通过了谢瓦尔德纳泽、雅科夫列夫和克留奇科夫递交的备忘录，对近期桑地诺解放阵线在政策上的缓和表示欢迎，并建议有必要向卡斯特罗施加压力，让他能够更具"建设性"地解决中美洲冲突。[34]6月，苏联领导层告诉美国人，他们愿意放弃支持古巴。苏联表示，如果华盛顿方面拆除关塔那摩湾（Guantanamo Bay）基地，并保证永不入侵，那么莫斯科方面将从哈瓦那撤出其军事力量。[35]布什和贝克都无意让步。他们要求结束苏联对该地区的影响。

戈尔巴乔夫不愿意双手空空地让步。在其改革遭受苏联批评家的攻击之下，他无法再装出妥协的样子。目前，他最好还是悄悄地后撤。几乎没有人注意到苏联在所谓的"世界共产主义运动"中放弃了自己的霸权野心。在意大利共产党重组为左翼民主党时，一个激进的左翼派别则组建了重建共产党（Communist Refoundation Party）。苏联政治局不得不决定要如何应对。它不再优先考虑与各共产党派的联系，也不再主动与世界的保守主义、自由主义和社会主义政党接触。虽然如此，苏共中央国际部仍选择与重建共产党保持联系。[36]

戈尔巴乔夫被其他事务分心，以至于无法明确针对共产主义友邦的外交政策。可能，他的确看到了允许存在一定程度的不确定性的好处，即让反对他的人很难说他就是那个给国际共产主义团结致命一击的人。他像往常那样邀请社会主义友邦领导人到苏联度暑假，也许是出于相同的动机。到 1990 年 5 月，这样的友邦几乎不存在了。相反，戈尔巴乔夫邀请了东欧的一批共产党领袖，一群当时处境糟糕的人。罗马尼亚的扬·伊利埃斯库（Ion Iliescu）是其中唯一执掌权力的人——但他已不再称自己为一名共产党人。卡斯特罗、韩桑林（Heng Samrin）和金日成（Kim Il-sung）等老朋友都像往常一样收到了邀请；但是让他们三人接受邀请，去与那个一步一步把十月革命的遗产抛弃掉的人休闲地待上几天，几乎是不可能的。或许，戈尔巴乔夫对朝鲜领导人不可能离开朝鲜半岛感到很高兴。他有一堆紧迫的国际难题要去解决。

/ 第三十五章　东欧剧变

东欧一直困扰着苏联领导层，而且波兰也是一个长期存在的麻烦。1989年2月6日，波兰统一工人党领导人和团结工会开了一次"圆桌会议"。雅鲁泽尔斯基这样做虽然是出于自愿，但也得到了莫斯科的鼓励。他想要在经济困难时期确保工业的平稳发展，而且希望吸纳莱赫·瓦文萨进入政府圈子。经过监狱生活的锤炼，受天主教信仰的支撑，瓦文萨并不打算做出不适当的让步。因而，雅鲁泽尔斯基除非在政治上做出足够多的妥协，否则不会取得进展。长达数周的艰苦谈判开始了。

苏共中央国际部的一份悲观的备忘录被送到了雅科夫列夫的桌上，它读上去就像是对苏联忽视该地区的一种警告。情况越来越糟糕，而且一种"新型"关系还没有与苏联建立起来。波兰、匈牙利和捷克斯洛伐克都在遭受内部动乱，它们的政府均没能控制局面。德意志民主共和国已经秘密地欠下了巨额外债。为了偿还西方银行的贷款，罗马尼亚正在严格实施紧缩政策——不久之后，这一政策就将以民众不满情绪的爆发而告终。在苏联看来，当前局势中唯一有建设性的方面是，莫斯科的经济终于在与东欧的贸易中出现了盈余。深化与东欧国家的工业和商业融合的前景渺茫，东欧国家只是在谋求与西欧建立联系。国际部认为，苏联别无他法，只能鼓励这一趋势，并寄希望于从东欧人取得的成果中谋得利益。[1]

随着东欧的共产主义前景越来越暗淡，利加乔夫开始质疑戈尔巴乔夫的外交政策根基。1989年3月12日，在从布拉格访问返回之后，他对政治局说，"捷克人"对苏联的出版物中暗示希望走"资本主义道路"感到很愤怒。戈尔巴乔夫不屑于这样的看法："简直是胡说八道。这只有在谈到私营农场主问题时才说得通。但是，那是不可实现的，也是灾难性的。"[2] 虽然他不喜欢在经济上采取最激进的措施，但在政治上，他的想法往往更大胆。在 4 月初，戈尔巴乔夫会见匈牙利社会主义工人党总书记格罗斯·卡罗伊（Károly Grósz）时，双方进行了一次在仅仅几个月前还令人难以置信的对话。格罗斯表示，他想要解散匈牙利社会主义工人党政治局，并允许工人党选举出符合国家利益的领导层。沙赫纳扎罗夫开玩笑说，这种做法也值得在苏联一试。戈尔巴乔夫则打趣说，他自己的中央委员会永远赶不上那个必要的政治局。[3] 就在当月，波兰的雅鲁泽尔斯基做出了一项重大妥协，给予团结工会合法地位。苏联高层立即表示同意。[4] 不管戈尔巴乔夫在格罗斯面前如何评价中央委员会，他仍可以依靠他的政治局。

1989 年 5 月 20 日，谢瓦尔德纳泽和昂纳克讨论了经济问题。昂纳克热情洋溢地感谢苏联与中华人民共和国实现了关系正常化，但是东欧让他感到忧心忡忡。匈牙利当局正跟跟跄跄地走入危险的未知境地，而且昂纳克敦促说，"波兰一定不能丢了"。[5] 在铁幕的另一侧，也有一些不同寻常的对话。曾经乌托邦式的想法正悄悄地被人们提起。密特朗在 1989 年 5 月告诉布什，他不反对两德统一：如果真的合并的话，他只希望在 10 年内完成。[6]

6 月 4 日波兰大选，结果团结工会取得了重大胜利。波兰全境既洋溢着喜悦，也被震惊所笼罩。结果完全揭晓时，团结工会在参议院 100 个席位中只丢失了 1 个。在众议院，即国会色姆，它占据了 460 个席位中的 173 个；这同样是一个非凡的成绩，因为雅鲁泽尔斯基曾制定一项选举法，阻止团结工会占据色姆全部席位的 65%。即便是团结工会的领导层，也不曾预料到会取得如此规模的成功。雅鲁泽尔斯基凭借在色姆中得到多数选票——尽管只以一票优势——获得连任；他决定厚着脸皮干下去。随后，他提名内务部部长切斯瓦夫·基斯恰克（Czesław Kiszczak）将军为总理。基斯恰克因参与镇压而在波兰人中臭名昭著，他和雅鲁泽尔斯基的目的是通过向团结工会做出微小的让步来换取共产主义统治秩序的延续，进而走出当前的政治危机。但这并不是团结工会愿意接受的结果。[7]

苏联领导人意识到，他们已经忽视东欧太久了。戈尔巴乔夫已经在国内和外交政策上忙得焦头烂额，谢瓦尔德纳泽也是奔波于世界各地，处理部长级事务。根据助理们的记录，在那些漫长而炎热的月份里，他们都没有预料到波兰会发生反共产主义危机。[8]波兰的选举结果完全出乎克里姆林宫苏共高层的意料——而且对克格勃和外交部而言也是如此。但是，戈尔巴乔夫拒绝介入；他明确表示，不会准许国外的军事干预。波兰统一工人党人已经失败了，不得不应对一切后果。[9]

谢瓦尔德纳泽在 1989 年 6 月 9 日会见昂纳克时，将谈话重点放在了苏联的"危机"上，而不是波兰的特殊局势。他强调了实施改革的必要性。无论苏联改革进行得多么艰难，他想让东德领导人明白，政治局都只能完成改革任务，别无选择。他告诉昂纳克，数百万的人民包括领退休金的人，是如何生活在贫困线以下的。他谈到了住房供应的严峻形势，并补充说，老一辈苏共领导人犯下了一个低级错误，那就是宣布国家问题已经被彻底解决了。他承认"具有煽动性的"批判甚嚣尘上，然而他仍坚信苏共有能力控制局面。昂纳克和往常一样，没有批判戈尔巴乔夫的政策，而是更喜欢吹嘘东德所取得的工业成就。他关心的是整个东欧的事态发展。他说，如果实话实说，事实上波兰统一工人党已经败在了团结工会的手下。在匈牙利，事态也朝着相同的方向发展。昂纳克坚持认为，不应该"失去"波兰；他还敦促苏联要防止匈牙利社会主义工人党走向分裂。[10]

7月7日，戈尔巴乔夫在布加勒斯特的华约政治协商委员会会议上强调了这一观点。那是一个令人震惊的时刻。罗马尼亚首都成了一座共产主义反动派的堡垒。其政府高层被限于只对改革先锋戈尔巴乔夫表示出有礼貌的欢迎。齐奥塞斯库想到自己不用去应对雅鲁泽尔斯基所面临的局面，他愤怒的情绪就能稍稍缓和。波兰领导人是自20世纪40年代以来第一位经受选举失败的耻辱的共产党领袖。雅鲁泽尔斯基开创了一个先例。

毫无疑问，正如戈尔巴乔夫所见，华约不得不宣布接受波兰的民意裁决。布什和撒切尔夫人近期做出声明，大意是宣告冷战已经结束；戈尔巴乔夫对此感到很高兴。一种新的国际秩序正在形成，戈尔巴乔夫希望华约能强化这一进程。[11]他指出，西方领导人认为他们已经战胜了社会主义，因为他们注意到我们与西方日益扩大的技术差距和东欧国家不断增长的债务。戈尔巴乔夫想要保持镇定，却对自己所表现出的资产阶级的自我满足视而不见。他否认社会主义的未来是值得担忧的，并宣称最好用他们的行动来证明这一点，而不是虚张声势。[12]他把苏联的计划告知各位国家领导人，即按照削减全欧洲常规力量的协议，将大量苏联部队撤离东欧。[13]他热情洋溢地讲到了有机会与法国开展科学技术合作。他和密特朗已就此达成共识，而且戈尔巴乔夫不再用轻蔑的口气谈论法国的尤里卡研究计划[14]（事实上，他现在正告诉密特朗，苏联希望加入该计划）。[15]在人权问题上，他坚称苏联的改革不是对西方的妥协，而是一种与改革进程有着整体联系的"深刻的内在需要"。[16]

作为波兰总统兼武装部队最高统帅的雅鲁泽尔斯基，强调说在两个超级大国缓和关系的同时，西德需要去承认波兰的西部边界。波兰人害怕一个"大德意志"理念的重生，以及科尔可能会对波兰在 1945 年获得的土地提出主权要求。[17]

美国政府几乎不能相信，东欧的一个共产党政权居然和平地接受了在一次自由全国选举中的失败。全世界范围内每一种关于共产主义的陈词滥调都正在被驱散。美国人急切地让自己适应事态的发展，布什亲自飞往波兰并在 7 月 10 日与雅鲁泽尔斯基举行了会谈。他们一致同意要为德国的统一做准备——尽管他们俩都不喜欢这个想法，而且布什强调说他希望防止任何可能会危及与苏联达成谅解的事情发生。雅鲁泽尔斯基对布什不干涉波兰事务的承诺表示欢迎，还补充说他希望能够任命一名共产党人担任联合政府的下一任总理。[18] 布什重点谈到美国在国际收支方面存在困难，无法填补波兰的预算漏洞。在与现任总理米奇斯瓦夫·拉科夫斯基（Mieczysław Rakowski）对话时，他则表示美国的任何帮助都将与波兰进一步走向民主和市场经济相挂钩。[19] 在匈牙利访问时，布什与总理内梅特·米克洛什（Miklós Németh）——一位想要组建联合政府并引入经济私有化计划的共产党人——举行了会谈。[20] 在布达佩斯期间，布什着重对匈牙利政府致力于稳定、和平的改革表示了赞同；他还补充说他的愿望就是不要做出任何可能会危及戈尔巴乔夫在莫斯科的地位的事情。[21]

布什正做着两手准备。在数月的犹豫不决之后，他渴望美国与苏联高层的交易能够取得进展；与此同时，他也希望鼓励东欧国家的共产主义改革者们继续走他们已经选择的道路。表面上看，美国人希望对戈尔巴乔夫的执政持久性表现出信心——7 月12 日在莫斯科举行的大使会议上，马特洛克否认戈尔巴乔夫面临任何危险。他也看不出克留奇科夫有什么危险（英国大使布雷思韦特则对此持怀疑态度，认为"我们不可能提前收到反戈尔巴乔夫举动的警告"）。[22] 马特洛克在 7 月 20 日会见雅科夫列夫时，他向后者保证说，美国无意利用形势使苏联处于不利地位。布什及其政府认为苏联改革的延续符合美国人的利益。虽然如此，雅科夫列夫还是指责总统关于波罗的海区域的言论制造了不和。谈话转向军备谈判时，马特洛克说道，布什反对里根彻底销毁核武器的梦想，但仍希望将库存量降到最低值。[23]

戈尔巴乔夫的外交政策顾问瓦季姆·扎格拉金（Vadim Zagladin）承诺说，苏联将与华沙出现的任何类型的政府合作："这纯粹是波兰的内部事务。"雅科夫列夫想要得到波兰留在华约的保证。一得到保证，他就宣布选择什么样的新政府完全取决于波兰人自己。[24] 党中央总书记拉科夫斯基尽最后一次努力来阻止团结工会的塔德乌什·马佐维耶茨基（Tadeusz Mazowiecki）成为总理。戈尔巴乔夫不认为一定要这样，于是在 1989 年 8 月底致电拉科夫斯基，要求他采取更温和的态度。[25] 克里姆林宫期望波兰同志们接受失败。在加格拉（Gagra）之外、阿布哈兹海岸附近的山上度假时，谢瓦尔德纳泽吐露道："有一点可以肯定：我们不会卷入波兰事务。"[26] 波兰人要自己解决危机。苏联政府自身也有很多困难有待解决。

齐奥塞斯库在布加勒斯特呼吁华约政治协商委员会召开会议。这位华约"最后的斯大林主义者"——谢瓦尔德纳泽这样称呼他——认为，波兰的先例可能在东欧蔓延开来。齐奥塞斯库曾反对 1968 年入侵捷克斯洛伐克。现在，他担心的是自身政权的安危，他告诉苏联高层，需要采取极端行动来保证波兰的共产主义统治。[27] 1989 年 8 月 19 日，他写信给所有的华约国家，明确号召采取军事行动，阻止团结工会组建政府。终于，他将勃列日涅夫主义作为自己的信条，声称波兰政治不可能单纯是波兰人自己的事情。[28] 即便是昂纳克也明白，齐奥塞斯库的提议一旦付诸实践，就有可能正中团结工会的下怀。[29] 实际上，齐奥塞斯库很不明智地把通信内容抄送给了波兰统一工人党总书记拉科夫斯基。他的这一同志般的好意却反过来害了他。拉科夫斯基那时已经下定决心必须与团结工会达成和解，便将齐奥塞斯库的通信内容透露给了媒体。[30] 苏联领导层痛斥了这位罗马尼亚领导人；[31] 克格勃主席克留奇科夫飞往华沙，对新的波兰政府致以祝贺。[32]

团结工会越来越有信心，它得到了那些与共产党结盟、突然发现自己在色姆中变成少数派的小党派的支持。8 月 24 日，在基什恰克辞去总理职位之后，雅鲁泽尔斯基感到必须把这一位置交给团结工会的塔德乌什·马佐维耶茨基。[33] 团结工会玩了一个巧妙的游戏，它同意基什恰克再次被任命为内务部部长，以及波兰军队留在华约框架之内。这显然是一种不稳定的共生关系，而且马佐维耶茨基毫不留情地破坏了这个共产主义国家的堡垒。

/ 406

波兰战后国家秩序的根基被瓦解了，在东欧其他地方也能听到改革的隆隆声。克格勃的列夫·舍巴尔申（Lev Shebarshin）从东德返回之后，沮丧地描述了他的经历。[34] 他后来写道，戈尔巴乔夫忽视了他本人和其他情报机构负责人的报告。舍巴尔申称每当苏联领导人对克格勃的工作感兴趣时，他们只想知道叶利钦在搞什么鬼。[35] 夏天时游历了这个国家的政治局委员瓦季姆·梅德韦杰夫，是另一个对正在酝酿的不满情绪提出警告的人。[36] 与波兰相比，德国更是美苏在欧洲的一个竞技场。在铁幕的东西两侧，人们担心一旦东西德合并，邻国的安全就会受到威胁。1945 年之后德国的分裂符合很多政府的意愿。但是，如果东德像波兰那样崩溃，就会全盘皆输，于是戈尔巴乔夫开始思考危机是否会蔓延开来。玛格丽特·撒切尔对他身处困境深感同情。9月13日，在与英国大使布雷思韦特谈话时，她脱口而出："那个可怜的人有麻烦了！"[37]

9月19日，国防部部长德米特里·亚佐夫向中央委员会恳求道："我们无权忘记1941年。"他清了清嗓子，之后便间接地批评了官方政策。尽管戈尔巴乔夫只探讨"足够的"国防能力，但亚佐夫还是坚持认为，苏联必须确保"绝对可靠的防御力量"。很显然，国防部并不相信，如果按照戈尔巴乔夫的要求把武装力量削减至最少，这个国家仍然可以抵御外敌。[38]亚佐夫强调说美国政府在要求双边削减武器的同时，仍在继续"其战略进攻性武器的现代化和将战略防御计划变为现实"。连戈尔巴乔夫也承认，美国想要保留其核武器的威慑能力——布什于9月7日在巴尔的摩发表的演讲中已经清楚表明了这一点。[39]

美国总统及其政府对团结工会的上台感到又惊又喜，而且事实证明，苏联政府高层对波兰的担忧并不及外界预测的那样严重。谢瓦尔德纳泽、雅科夫列夫、亚佐夫和克留奇科夫组成的工作组制定了一项切实可行的政策。他们在9月20日达成的共识是前所未有的——因此，让国防部部长和克格勃主席参与工作组讨论是非常重要的。他们指出，马佐维耶茨基正发出信号，波兰新政府希望与苏联保持友好的关系。工作组欢迎这一示好，并认为有必要与梵蒂冈进行直接对话。他们敦促戈尔巴乔夫在其预定的与教宗约翰·保罗二世的会面中提出波兰问题。他们说，如果苏联外交处理得当，华约就可能继续以地区安全协作的工具而存在——这合乎苏联的利益。在工作组看来，政治协商委员会，甚至是经济互助委员会，都具有持久的用处。[40]9月28日，政治局通过了工作组的文件，并将其作为官方政策指导方针。[41]

政治上的不满情绪在东德日益明显。两个超级大国和它们的盟友们都在思考和衡量不断加剧的动荡局面。持不同政见者变得越来越大胆。教会活动分子、反叛青年和异见分子联合起来，印制反共产主义宣传单和请愿变革。昂纳克的直觉是要依靠其安全部队；他知道他不能指望苏联军队的援助。越来越多的人猜测，政治危机可能会导致德国在科尔的领导下实现统一。

撒切尔夫人坚决反对这一结果。她不信任西德领导层和他们的虚伪做作，她对密特朗说："科尔一直都在撒谎。"让局面雪上加霜的是她的朋友戈尔巴乔夫的"软弱"。密特朗安抚着她的情绪，说戈尔巴乔夫绝不会接受一个归属于北约的新德国；还补充说法国和英国可以依靠苏联和美国去对抗科尔。[42] 密特朗的助理雅克·阿塔利（Jacques Attali）在与戈尔巴乔夫的顾问瓦季姆·扎格拉金交谈时，提出了法国—苏联联盟的想法，其中甚至包括军事"融合"：[43] 这个非同寻常的想法最终不了了之——但重要的是，它代表了法国统治阶级对西欧的巴黎—波恩轴心崩溃的不安和焦虑。撒切尔夫人也同样预见到东德当局很快就会垮台。9月22日，她对戈尔巴乔夫直言不讳：

> 英国和其他西欧国家并不希望德国统一。北约公报上的话可能听起来会有所不同，但是不要理会它。我们不想让东西德合并。这样做将导致战后边界的改变，我们不能允许它发生，因为这一事态发展将会破坏整个国际形势的稳定，给我们的安全带来威胁。[44]

/ 408

撒切尔夫人反对"东欧失稳或者华约解散"，并声称布什也有相同的看法。[45] 几天之后，当她再次与苏联领导人对话时，她怒斥了"大德国"的想法。切尔尼亚耶夫记录道:"撒切尔夫人,当她要求与戈尔巴乔夫的对话'不要被记录下来'时,她是坚决反对'德国统一'的。"她想对他说一些无法在公开场合说的话。[46]

10月初,戈尔巴乔夫飞往东柏林,庆祝德意志民主共和国成立40周年。尽管他不愿意与昂纳克一同出现,但他也承受不起因为自己缺席而惹祸上身。欢乐的人群向他致敬。标语牌上用俄语写着:"戈尔巴乔夫,你是我们的希望。"几乎没有人挥舞支持昂纳克的标语牌。[47]戈尔巴乔夫扮演着忠诚的同志角色。昂纳克不承认东德有任何根本性问题,当他嘲笑苏联商店里的货架空空如也时,戈尔巴乔夫则不得不沉默不语。[48]出席东德政治局会议时,戈尔巴乔夫继续做戏,讲话时就好像昂纳克很欣赏他的信任似的。[49]与此同时,街上发生了骚动。示威者在德累斯顿被组织起来。有传言说,人们可以利用戈尔巴乔夫访问的时机推倒柏林墙。这些消息都通过西德的电视新闻节目传到东德人的耳朵里。[50]昂纳克在没有戈尔巴乔夫准许的情况下,无力采取镇压行动。他只能警告戈尔巴乔夫,社会主义阵营很快就会因为科尔贿赂匈牙利人开放其与奥地利的边境,而失去匈牙利。[51]戈尔巴乔夫在10月7日返回了莫斯科。[52]让昂纳克自生自灭吧,他对沙赫纳扎罗夫和切尔尼亚耶夫说,东德领导人是"一个混蛋"。[53]

东德统一社会党领导层陷入疯狂之中。必须对昂纳克采取行动,而且要快。政治局委员埃贡·克伦茨(Egon Krenz)、君特·沙博夫斯基(Günther Schabowski)和哈里·蒂施(Harry Tisch)秘密安排,由蒂施去与戈尔巴乔夫协商如何让昂纳克下台。蒂施关于公共舆论的报告没有披露任何秘密。戈尔巴乔夫克制地回复说:"那里面对我而言没有什么新东西。参加德意志民主共和国成立 40 周年的活动让我感到很难堪。我仅仅是因为责任感和帮助才去的。"他对昂纳克的手下官员暗地里的想法表示了支持。[54] 10 月 18 日，东德政治局果断采取行动，罢免了昂纳克，克伦茨成为总书记，改革之路终于被打扫干净。

戈尔巴乔夫意识到，苏联武装力量的出现加剧了东欧的动荡，但他也明白惹恼苏联最高指挥部的危险。10 月 18 日，苏联总军事委员会（Main Military Council）开会审议局势。这是一个集合了总参谋部、国防部、克格勃和内务部领导层人物的组织。在这次研讨会上，军事指挥官们解释了苏联军队撤出东欧国家所面临的困难，言语中充满了怒气。撤军要付出高昂的代价，也将打乱他们的年度预算。[55] 谢瓦尔德纳泽决定将一切逆转官方政策的企图扼杀在萌芽之中。他在最高苏维埃发表了一生中最重要的一次演讲。他强调说，苏联本应更迅速地决定要如何应对东欧地区旋风般的变化。他想要看到在削减军备方面取得进展；他谴责了自 1979 年以后整个阿富汗的崩溃。他强调政策必须以道德原则为基础，并要求最高苏维埃协助通过有关人权的法律。如果被迫去追求有悖于他对政治和道德的理解的目标，那么他将辞去职务。[56] 戈尔巴乔夫和谢瓦尔德纳泽坚持着他们在夏天确立的路线。克里姆林宫的政治机器曾威吓和控制着整个地区。现在，它的官员们却像苏联其他人一样，只是坐在电视机前看着华沙、东柏林和布拉格发生的变革——而且政治局也并不比其他任何人知道得更多。[57]

戈尔巴乔夫尖刻地谈论东欧领导人们。在 10 月中旬与波兰前总理拉科夫斯基见面时，他斥责了后者和波兰统一工人党高层的其他人对团结工会无能为力。拉科夫斯基仍视戈尔巴乔夫为他的政治保护人。他认为团结工会领导的政府很快就会陷入麻烦，因为波兰人的盘子里没有面包。他警告说，一位效仿波兰战前领袖约瑟夫·毕苏斯基（Józef Piłsudski）的独裁者可能会上台。[58]拉科夫斯基的思维还没有适应那个莫斯科不再愿意去帮助其波兰同志的欧洲。或者，可能他只是受到了惊吓。东欧其他政府首脑的处境也好不到哪里去。在匈牙利，格罗斯因布达佩斯愈演愈烈的民众抗议而陷入困境。甚至连齐奥塞斯库也面对着骚乱。这些骚乱在罗马尼亚北部秘密警察的严密监视下进行，起因主要是那里的匈牙利少数民族对民族和宗教政策不满。

旧问题再次出现，苏联领导层认为他们可以发挥调停者的作用。雅鲁泽尔斯基寻求对战后波兰西部边界的保证，这使波兰人与东德人之间出现了纷争。罗马尼亚在 1919 年从匈牙利获得了土地，这也引发了布达佩斯和布加勒斯特之间的紧张关系。此外，东欧的几个国家还禁止人们旅行时穿越它们的边境。这一地区的经济联系正日益减少。[59]10 月 26 日，谢瓦尔德纳泽在波兰首都对华约各国外交部部长发表讲话。他只字未提这一地区愈演愈烈的反共产主义抵抗。按照他的判断，华约的首要任务应是加强国际安全，而且他汇报说美国人理解苏联政府的想法。他带着这样的想法来到华沙；他讲述了近期自己与总理塔德乌什·马佐维耶茨基和外交部部长克日什托夫·斯库比谢夫斯基（Krzysztof Skubiszewski）的谈话，就仿佛一位苏联领导人与夺了波兰统一工人党政权的波兰天主教自由派和保守派谈判，是世界上最正常不过的事情。[60]

西方公众人物在德意志民主共和国问题上释放出了让人安心的信号。前总理维利·勃兰特（Willi Brandt）告诉戈尔巴乔夫，德国统一的问题并不是他的首要议题。[61]兹比格涅夫·布热津斯基从美国飞来，与雅科夫列夫举行会谈。作为波兰裔人，布热津斯基害怕一个统一的德国所能带来的后果。他担心德国复仇主义，并且出于这一考虑，他劝告苏联领导层保持华沙条约组织团结一致——作为一个政治联盟，而不是军事联盟。[62]

11月1日，戈尔巴乔夫和克伦茨通电话，讨论了当前的困境。两人都试图以勇敢的姿态应对正在失控的局面。东德城市发生了街头示威抗议。异见者认为他们已经让政府疲于奔命，但戈尔巴乔夫让克伦茨相信：

> 你必须知道所有重要的政治家——撒切尔夫人、密特朗、安德烈奥蒂，更不用说雅鲁泽尔斯基和美国人——现在他们可能在立场上表现出了细微不同，但是他们均对德国统一的想法持谨慎和保留的态度……所有这些政治家的出发点都是维护战后现实，包括两个德国的存在。[63]

他坚持认为他们都希望保留北约和华约各自独立的联盟。[64] 但是，东德呢？戈尔巴乔夫说要鼓励东德、西德和苏联之间进行合作。他对东欧则非常刻薄。波兰和匈牙利已经破产，它们别无选择，只能向西方寻求援助。苏联不可能帮助它们摆脱巨额债务。[65]

/ 411

11月3日，政治局处理了一些极其复杂的问题。一个议题是需要用灵活的策略在国外市场购买粮食（苏联领导人被提醒说，苏联的农业生产力远远低于美国的正常水平）。另一个议题是苏联境内的种族冲突。政治局随后讨论了如何应对与罗马教宗大使安杰洛（Papal Nuncio Angelo）的会晤。随着戈尔巴乔夫与教宗会面的日子日益临近，为对话做好准备就变得至关重要。直到这时，政治局才开始思考发生在欧洲心脏地带的重大事件——克伦茨试图强化自己的权威，这正是莫斯科对局势的影响力逐渐消失的标志。克留奇科夫报告说，克格勃掌握的情报表明，明天可能会有 50 万民众走上东柏林和德国其他城市的街头。戈尔巴乔夫只是简单地问了问克伦茨是否有可能保住位置。曾主张支持阿富汗共产主义领导人的谢瓦尔德纳泽对德意志民主共和国却持有不同的态度："最好是我们自己拆掉那堵'墙'。"克留奇科夫嘟囔了几句："如果拆掉墙，东德人的处境就艰难了。"[66] 但是，即便是克格勃领导层，也没有建议实施镇压措施。整个政治局都深切地感受到自己的无能为力。

戈尔巴乔夫又一次强调了"西方"对东西德合并不感兴趣；他说外国领导人正试图煽动他阻止合并，但他拒绝为他们干脏活。他本人更倾向于东西德人民进行公开谈判，并认为这一方式符合苏联的基本利益。[67] 谢瓦尔德纳泽则在哀叹莫斯科收到的关于波兰和东德的情报质量竟是如此低劣。[68] 然而，政治局最主要的任务是处理已经知道的情报。东德人正走上城市街头。如果墙倒了，那么 1945 年以来欧洲的整个军事和政治版图将遭到破坏。戈尔巴乔夫必须做决定了。他向政治局做出指示，克伦茨不值得救。他也不打算救那堵墙。他想做的是悄悄地处理东德危机。

当 11 月 9 日得到消息说东德人可能会试图推倒那堵墙时，克伦茨的政治局开始感到焦虑不安。科尔和瓦文萨当天讨论了东柏林的危机，然而瓦文萨此时主要担心的是如何才能让波兰始终引起全世界的关注。[69] 这也是谢瓦尔德纳泽在外交部内部讨论会上的关键议题。[70] 克伦茨给莫斯科发电报请求其为局势发展提供指导。他手下的官员们进退维谷，其中一位在一场电视采访中暗示政府会接受在柏林两部分之间自由通行。克伦茨并没有做出这样的决定，但是也没有采取任何切实可行的预警措施。成千上万的东柏林人将此视为允许他们自己解决问题。傍晚时分，他们已经在墙边集合，开始凿开水泥。卫兵们没有接到阻止他们的命令，没过多久，人群就凿开了缺口，开始向西进发。群众行动开始重新联合，这个城市的两侧都在欢快地庆祝。

科尔高兴得不得了，第二天致电布什说："我刚从柏林回来。就像是看到了一个规模宏大的市集，充满了嘉年华的气氛。"[71] 戈尔巴乔夫想让所有人都明白苏联的政策。他立即写信给布什、科尔、撒切尔夫人和密特朗，强调他致力于让两个德国都存在下去。11 月 11 日，他给科尔打电话，呼吁苏联、西德和东德保持联系。[72]三天后，他又致电密特朗，说科尔已经表明自己反对西德那些号召统一的人。[73]

尽管苏联领导人被那些他们没有预料到的革命所震惊，但他们仍旧找寻着让自己充满信心的理由。批评者们痛斥戈尔巴乔夫在削减军备谈判中的策略。对他而言，当前的危险在于他们会提出更多的反对意见，说他毫无必要地就失去了东欧——或者至少正在失去东欧。11 月 18 日，谢瓦尔德纳泽与助理们就德国问题展开了一场迟来的讨论。他争辩说，如果东德继续离开，那么整个"联盟"（他指的是华约组织）就能够延续下去。在他看来，德国的统一将加强作为一个整体的欧洲的经济融合；因此，他不明白美国人怎么会认为这符合他们的利益。他认为，克里姆林宫缺少关于波兰、匈牙利和东德的准确情报。德国的民族主义被低估了。他指出，法国人也有相同的看法。苏联需要提高自身的分析能力。根据谢瓦尔德纳泽的建议，苏联领导层建立了一个内部工作组，任务是密切监视东欧，并提出政策建议。[74]

苏共中央国际部的法林感到戈尔巴乔夫和谢瓦尔德纳泽对西方势力太过被动。[75] 他认为有必要与波恩开通一条沟通渠道。切尔尼亚耶夫表示赞同，并且他和法林向西德派了一位密使，与科尔的私人助理霍斯特·特尔切克（Horst Teltschik）会面。法林聪明、诡诈而又顽固。他采取了主动，指示密使提出成立一个德意志邦联，这在早前的苏联时代是想都不敢想的举动。他的想法是保护东德不被西德吞并。[76] 然而，这一举动产生了意想不到的效果，促使科尔和特尔切克制订了统一计划。科尔害怕如果不出面干预，将会有大事突然发生。[77]

11 月 28 日，科尔在西德联邦议会上说，他的解决方案是德国统一的"十点计划"，其中涉及东德民主化和与西德成立邦联。这一方案是建立在他关于一场不可逆转的政治和经济变革已经开始的坚定认识基础之上。共产党人必须放弃他们的一党制统治，与反对派政党和团体谈判，并为快速而公正地举行选举做好准备。他坚决指出，他并不是在设定前提条件，也不打算进行监督指导；然而，很难对他的话做出另一番解读。科尔表示，匈牙利和波兰已经按照波恩的要求接受了援助。在他看来，东德没有理由拒绝这一模式。但是，他忘记了匈牙利人和波兰人保持了他们的国家独立，而他并不想给东德人同样的独立。与汉斯·莫德罗（Hans Modrow）——几天前刚刚成为东德总理的共产主义改革者——谈完之后，他愿意向东德提供援助，但前提是东德政府实施科尔所要求的激进变革。科尔把这一切与全欧洲的安全关联到一起。[78]

科尔没有提前放出关于"十点计划"的消息引起了苏联和西方其他国家的恐慌，它们认为西德在没有征求世界其他国家意见的情况下，要推翻战后欧洲的架构。只有布什一人对此持温和的态度，他对科尔说："我欣赏你的'十点计划'和对于未来德国的阐述。"[79] 北约盟友则动了怒气。撒切尔夫人的噩梦正在成真；

一直很享受与科尔合作的密特朗在从新闻上获知"十点计划"时，则感觉自己遭到了背叛。巴黎和波恩之间的信任崩塌了。对法国领导层而言，唯一能起到安慰作用的是他们认为莫斯科肯定会浇灭科尔的野心。更何况，东德人乃是之前的普鲁士人，甘心落入西德人的控制之下吗？[80] 密特朗和撒切尔夫人得知布什赞同德国邦联的想法之后，感到非常失望，尽管布什也和他们一样对科尔没有顾及政治礼仪而不满。对法国和英国政府而言，仅剩的希望就是戈尔巴乔夫会否决科尔的计划。戈尔巴乔夫无疑想让科尔知道自己有多么气愤。那个用行动刺激科尔制订出"十点计划"的人——法林，则在敦促戈尔巴乔夫向波恩索要最高额的经济补偿，让他知道未来应该如何办事。[81]

尽管苏联领导人仍然对科尔很恼火，但他们都认为不能破坏他的计划。他们曾让波兰人自己解决波兰问题。现在，他们阻止单方面插手东德。对东欧其他国家，苏联也是同样的做法。共产主义改革派试图获得在民众中的合法性，于是计划举行多党选举。11月10日，保加利亚政治局撤了日夫科夫的职位，代之以共产主义改革者佩特尔·姆拉德诺夫（Petar Mladenov）。捷克斯洛伐克国内遍布反共产主义的示威游行。11月28日，布拉格的共产党领导层承诺取消一党制。戈尔巴乔夫听闻这些消息时忧虑不已，但仍然坚持自决的原则。他无力扭转国家革命的浪潮，更无力承受和美国人闹翻的后果。无论如何，他都相信人民应该有选择的自由。让他感到安慰的是，苏联政治精英内部还没有对其不干涉政策产生严重的反对意见。虽然波兰人还只是接近于完成他们的政权更迭，但是其他国家仍然追随着他们的步伐。共产主义秩序正在整个东欧地区瓦解，但苏联连一颗子弹也没有愤怒地射出。几个月前，没有人能预料到会是这样的结果。

布什抵住了去东欧庆祝革命热潮的诱惑。参议员乔治·米切尔（George Mitchell）——民主党在外交政策上的保守声音——认为这是令人惋惜的。[1] 然而，布什并不觉得美国总统在柏林墙的废墟上"跳舞"会给国家利益带来任何好处。他说的有道理。戈尔巴乔夫拒绝苏联进行军事干预，布什想要保持这种局面。布什仍需要在减少欧洲的武器和军队、统一整个大陆方面与戈尔巴乔夫合作。12月初，美苏首脑峰会将在马耳他沿岸举行，此时对苏联的挫败做出幸灾乐祸的举动，没有什么好处。

在苏联和东欧发生变化之后，美国人必须评估戈尔巴乔夫继续执政的可能性有多大。美国政府里的所有人都意识到，发生在华沙和其他首都的反共产主义革命会毁掉克里姆林宫里改革派的事业。盖茨及其中情局的专家们指出，苏联改革尚未给苏联市民带来任何物质上的改善。发生民众骚乱的可能性越来越大。苏联当局可能会使用武力镇压，波罗的海的抗议运动可能会成为目标物。政治示威正在扰乱政府的工作、阻塞经济改革的道路。尽管如此，中央情报局仍对未来产生不同的看法。另一种内部观点认为，戈尔巴乔夫将继续朝着一种多元化的制度迈进，但是后果将是中央政府的控制力越来越小。[2] 尽管有分歧，但两种观点都认为，戈尔巴乔夫的麻烦就要来了。削减军备顾问艾德·罗尼（Ed Rowny）总结说，在这种情况下启动削减战略核武器谈判存在"潜在的风险，收效甚微"。[3] 罗尼希望能把布什拉回到他早先对戈尔巴乔夫和与苏联达成军备协议充满怀疑的状态；他提出，对美国政府而言，不作为才是最佳选择。

政府里的其他人否决了这一提议，认为它是一种过于被动的处理问题的方法。斯考克罗夫特建议总统在国家安全委员会发起一场废除《杰克逊－瓦尼克修正案》的运动。在接下来的峰会上，除此之外，他试图阻止美国做出其他任何让步，并强调说还不到让苏联加入关贸总协定、国际货币基金组织或者世界银行的时候。[4]马特洛克从驻莫斯科大使馆发回电报，建议总统至少要表现出是支持苏联改革的。但是，他反对提供任何经济援助。在他看来，克里姆林宫需要学习经济生活常识，而新的马歇尔计划只会减慢这一学习过程。如果苏联领导人想要吸引美国的私人公司，那么他们就必须改变苏联的整个商业和法律环境——戈尔巴乔夫需要被告知这个先决条件。[5]

布什有一个完全不同的看法。他当然知道克里姆林宫的谈判力正在急剧下降。他对科尔说：

> 我们承认苏联作为一个主权国家有着巨大的自豪感。谢瓦尔德纳泽最近说，他不想让美国"挽救我们"。我会敏感一些，但仍想看看我能帮些什么。我们希望他成功。根据我手上的简报，苏联经济显然比我仔细研究之前所认为的更加糟糕。我会施以援手，但会以一种敏感的方式进行。[6]

他所谓的敏感到底指什么，我们并不清楚。可以肯定的是，他无意掏空自己的国库。

在一年的谨慎小心之后，他的主要梦想是保持他个人在峰会上即兴发挥的自由。某种东西告诉他，在世界政治动荡不安的时候，从谈判中获取最佳结果是最明智的方法。他要求戈尔巴乔夫同意公开峰会议程；他本人则承诺不会做出任何出乎他意料的举动。[7]当贝克听闻此事，他警告布什说，戈尔巴乔夫可能会做一件让人不安的事情。比如，他可能会提议解散华约和北约。他无疑会要求解除对苏联融入世界经济的种种限制。他将反对东西德合并。贝克劝告说，在戈尔巴乔夫引入移民自由法案之前，我们不要做出任何经济上的让步。对贝克来说，美国的利益就在于革命浪潮结束后，能够实现一个稳定、安全和民主的东欧。贝克建议布什向戈尔巴乔夫保证，他将不会做任何有损其在爱沙尼亚、拉脱维亚和立陶宛权威的事情；但与此同时，总统应该重申美国不会承认那些苏维埃波罗的海共和国。布什还应注意到戈尔巴乔夫华丽的辞藻与克里姆林宫在第三世界的颠覆性行为之间的差异。[8]

　　美国政府里的大多数重要官员也在朝相同的方向努力：峰会不应该成为做出不适当让步的场合。切尔尼亚耶夫听说中央情报局又给了戈尔巴乔夫 6 个月的时间。[9]他指出，绝大多数的西方评论家都积极评价了苏联改革在变革经济方面的潜力——最突出的例外是理查德·派普斯（Richard Pipes）和兹比格涅夫·布热津斯基。根据切尔尼亚耶夫的观点，最令人印象深刻的文章认为，改革后的苏联不会转变成"一个西方社会"或者创造出"一个苏联经济奇迹"。他表示，他们常常建议戈尔巴乔夫需要在政策方面取得进一步的突破。切尔尼亚耶夫认为，他们低估了改革派所面临的困难。直接的抵抗力量阻碍了进步，更阻滞了苏联社会为其自身改革所提供的微弱动力。戈尔巴乔夫不可能一个人完成一切。[10]

　　在他前往美国之前，常规的顾问团队会为他准备好军备谈判战略的指导方针。"五巨头"提出了一系列严格的要求。扎伊科夫呼吁要达成协议，停止"用新的物理原则制造武器"——但他并没有明确说明这是不是破坏战略防御计划的又一次尝试。他还主张就两个超级大国如何完成工业的非军事化达成共识；但对此，他仍然用词模糊，意思不明。巴克拉诺夫补充了一个要求，即要禁止反卫星武器。他想让戈尔巴乔夫警告美国人，政治局正着手拆除克拉斯诺亚尔斯克雷达站，但美国在图林和菲林戴尔斯的军事设施会威胁这一进展。[11] 在"五巨头"里，扎伊科夫可以不太费劲地应付巴克拉诺夫。但费劲的是巴克拉诺夫所说的是众所周知的事情，反映了在军工产业中广泛存在的情绪。自1985年以来，戈尔巴乔夫和扎伊科夫曾平息了批评声音，但他们都知道，局面可能会失控。有时，接受一些比戈尔巴乔夫能够在谈判中施加于美国人身上的更严格的指导方针是明智的。

随着国内和国外困难日益增多，苏联领导层开始焦虑不安。戈尔巴乔夫把精力放在经济危机上。几周来，他和雷日科夫一直在试着加快工业向满足消费者需求的方向转变。雷日科夫打算到2005年将国防预算削减2500亿卢布。戈尔巴乔夫强烈地支持他。当着来自军工产业的人的面，他强调说："你们要明白，我们改变你们，是为了你们能直面人民的需求。而且不让国家安全遭受半点损失。"[12] 然而，问题在于仅仅是资金再分配并不能延缓最终的崩溃。经济形势每况愈下。11月29日抵达罗马之后，戈尔巴乔夫与其助理们和社会科学界的重要人士举行了会谈。会上，有人说除非他把集体农庄出租出去，否则不会有什么转机。他拒绝了这一提议："我不想出现另一种形式的集体化。什么？我们应该再一次重整社会？如果这个社会还不成熟，如果人们的主动性不能被唤醒，我们就什么都实现不了。"他的感情发自肺腑，充满了悲痛。他承认自己学历不够，也遗憾在场所有杰出的学者都无法告诉他要如何挽救苏联。[13]

他不赞成更快、更深入地引入市场经济。如果说马特洛克大使曾参与了这场辩论，那么他会觉得自己是无辜的。与此同时，戈尔巴乔夫似乎想要改变，又不想改变。他还烦恼着其他的事情，而意大利之行则给了他一个机会，看看自己能做些什么。

12月1日，他在梵蒂冈见到了教宗约翰·保罗二世。夏天在莫斯科时他就已经和枢机主教卡萨罗利举行了会谈，为此次见面打下了基础。两人都强调世界和平的愿望，戈尔巴乔夫也向梵蒂冈保证，苏联政府将一直对天主教会持包容的态度。[14] 教宗身穿白色的法衣，给了戈尔巴乔夫1小时20分钟的会面时间，而且并不介意说俄语。卡萨罗利，这位东欧政策的监督者，坐在教宗身边。这是一次热情洋溢的谈话，不禁让戈尔巴乔夫觉得他们之间的很多观点是不谋而合的。教宗重点讲了维护世界和平，并对戈尔巴乔夫近期所做出的努力表示感谢；此外，教宗还感谢他起草了在苏联信仰自由的法律。戈尔巴乔夫说，他希望他的国家和波兰能够继续成为朋友。教宗"以祖国母亲的名义"对他表示感谢，还承诺不会做出任何有损苏联改革之稳定的事情。这对戈尔巴乔夫而言是至关重要的。如果罗马天主教廷加入反对克里姆林宫的队伍中来，那么立陶宛肯定会燃起反抗之火。戈尔巴乔夫大胆地尝试用波兰语感谢了教宗的热情招待和良好祝愿。对于这位爱国的波兰人而言，接受俄罗斯人的好意仍然是不可能的事情，教宗用纠正戈尔巴乔夫的错误来回应。在再次求助于译员之前，他们仍设法交流了10分钟。戈尔巴乔夫邀请约翰·保罗二世访问莫斯科——这座教宗还没有踏足过的城市，之后会面便在愉快的氛围中结束了。[15]

规划人员没有去征求气象学家的意见。数十年来的记录表明，马耳他周边的海域在隆冬时节可能会波涛汹涌。就在苏联和美国的军舰在瓦莱塔附近停靠时，最坏的情况出现了。暴风雨来了，而且会持续好几天。

戈尔巴乔夫和布什，以及他们各自大量的随行官员，飞到了瓦莱塔。苏联团队成员有爱德华·谢瓦尔德纳泽、亚历山大·雅科夫列夫、谢尔盖·阿赫罗梅耶夫、亚历山大·别斯梅尔特内赫、阿纳托利·多勃雷宁和阿纳托利·切尔尼亚耶夫。布什则带了詹姆斯·贝克、布伦特·斯考克罗夫特、约翰·苏努努、丹尼斯·罗斯、罗伯特·布莱克维尔和杰克·马特洛克。第一场谈判定于 1989 年 12 月 2 日在苏联客轮"马克西姆·高尔基号"上举行。布什认为，他和戈尔巴乔夫见面时应该只让各自的翻译和助理在场——美国人希望能够在有争议的问题上达成共识。戈尔巴乔夫在之前的峰会上就是这样做的。现在是布什在推动事情向前发展。戈尔巴乔夫并不介意：他想更了解布什，并且有了当初与里根相处时的自信。他同意与布什在隔壁屋子坐下来做一些初步讨论。[16]戈尔巴乔夫一开口就提到了苏联对美国在菲律宾、巴拿马和哥伦比亚的武装行动越来越感到不安。当布什试着转移话题时，戈尔巴乔夫插话道，人们都在谈论用布什主义替换勃列日涅夫主义；他表示希望和平地解决困难。他提到，很多苏联人都感觉政治局已经放弃了"输出革命"的想法，只是在体验"美国价值观的输出"。[17]

当他们回到正式谈判的屋子时，戈尔巴乔夫赞扬了布什总统。总统热情地回应道，在飞往瓦莱塔的飞机上，他就在回忆自己是如何在对苏立场上来了个 180 度大转弯的。他的政府和美国国会，他说道，相信苏联改革的成功将为世界和平带来益处。他的政府将尽其所能地让《杰克逊－瓦尼克修正案》废止。这样苏联就能够获得贷款，进而使苏联经济能够进口实现现代化所需要的外国技术。[18]与此同时，他呼吁苏联政府提高对人权的尊重。

他还要求阻止卡斯特罗向外输出革命。戈尔巴乔夫回答说，哈瓦那和华盛顿之间应该寻求关系的正常化。布什发出警告说，苏联对卡斯特罗的放纵将破坏结束国际紧张局势的更广泛进程。无论如何，对苏联而言，停止把钱浪费在古巴身上都是不错的选择。戈尔巴乔夫要求布什承认，古巴和尼加拉瓜都是独立自主的国家；他重申苏联反对美国在巴拿马以逮捕诺列加（Noriega）总统而告终的军事行动。[19]

戈尔巴乔夫反对科尔利用德国统一这一主题。他呼吁在决定新德国是否加入北约之前，中止统一进程。布什否认试图在东欧让苏联难堪。戈尔巴乔夫突然打断说："我们看到了，也很欣赏这一点。"布什说道，一些北约国家一方面支持德国统一，另一方面又对德国的实际潜力感到担忧；他本人则承诺会谨慎行事。[20] 两位领导人就削减几个类别武器的计划和时间表达成一致：核导弹、化学武器和地下核爆炸试验。他们承诺关注全球生态问题，同意加强苏联和美国之间的文化交流，包括提供学生奖学金。戈尔巴乔夫说："美国和苏联注定要对话、互动和合作。没别的路。但是为了实现这一点，我们必须停止把对方视为敌人。"这时，没有提前安排，布什把手伸向了桌子另一侧的戈尔巴乔夫。这一个肢体动作，一位经常说话含糊不清的美国总统做出的举动，感动了在场的所有人。[21]

12月2日午餐时，戈尔巴乔夫提出了金融贷款问题。作为里根政府的财政部部长，贝克认为苏联领导人在价格改革方面的迟缓给苏联改革带来了危险。戈尔巴乔夫为什么不用苏联的黄金储备？这触动了苏联人的神经。对戈尔巴乔夫及其团队而言，美国人似乎想做他们的老师。戈尔巴乔夫克制地说，首要工作是减少一半的财政赤字。他吹嘘说，政府打算在不久的将来把中小型企业出租出去。[22]

第二天即 12 月 3 日的谈判，本计划在"贝尔纳普号"上举行，但由于戈尔巴乔夫对暴风雨天气紧张不安而转移到了"马克西姆·高尔基号"上。戈尔巴乔夫开玩笑说，不管怎样，他现在是布什的客人；布什则回应说他喜欢他的这艘新船。[23] 逗趣过后，戈尔巴乔夫说："首先，新美国总统必须知道，苏联在任何情况下都不会发动战争。这至关重要，所以我想亲自向你重申这一点。另外，苏联不再将美国视为敌人，并准备好公开宣布这一点。"[24] 他再一次讲道，就在苏联政府放弃对外输出革命理念之际，美国人却在努力将"西方价值观"强加到东欧大地上。[25] 他暗示，他对波兰和东德事务的处理证明了他的信誉。戈尔巴乔夫说，他捍卫"选择的自由"，而且他和雅科夫列夫坚持认为，他们的思维里没有什么是特别"西方的"。谢瓦尔德纳泽否认了苏联改革是西方国家强势政治的产物这一观点。[26]

戈尔巴乔夫得到了布什的保证，即美国不再无条件地支持以色列在中东地区的行动——他想让贝克和谢瓦尔德纳泽商讨一下如何与阿拉伯人和平相处。谢瓦尔德纳泽指责美国人和巴基斯坦人为阿富汗"圣战者"提供支援。[27]

布什在为他所谓的"公开化"（glasnost）原则辩护之前，犹豫了一会儿。他拥护多元主义、开放性和热烈的讨论。他为自由市场呐喊。[28] 他拒绝将这些特别地描述为西方价值观。戈尔巴乔夫的回应是，每一个国家都有权利选择自己的生活方式。这时，布什总结说："我不认为我们对此有任何分歧。"戈尔巴乔夫补充说："我支持建设性的合作。"他声称，"世界文明"正是依赖于此。布什表示对他们之间对话的内容和结果感到很满意。[29] 在 12 月 3 日最后一场一对一谈判中，布什暗示了自己对波罗的海地区日益紧张的局势的担忧。[30] 但是，他和戈尔巴乔夫都希望他们的峰会能被视为是具有历史性意义的。他们正在完成一项历史性进程，这一进程在里根和戈尔巴乔夫开始谈世界和平时就开始了。冷战结束了，彻底结束了。随着暴风雨天气在北地中海上空逐渐平息，两国代表团满怀信心地飞离瓦莱塔，他们的国家终于不会再将对方视为敌对国家了。谢瓦尔德纳泽对助理们说："这是一次比雷克雅未克更重大的突破。雷克雅未克峰会太臃肿了，而这次全部的内容都与会议的规模相称。"[31]

下一步是要通知各盟国——在东欧风起云涌之时，这是一项至关重要的工作。布什派斯考克罗夫特和副国务卿伊格尔伯格去东京和北京传达峰会信息。[32] 他本人则在12月3日会见了科尔，告诉他戈尔巴乔夫认为他太心急了。科尔回复说，在东德，一切都发生得太快了；他不想让局势失控，并说他已经准备好就此向戈尔巴乔夫做出保证。他承认，安德烈奥蒂和其他西欧领导人对他的"十点计划"有些担心。他并不认为自己在鲁莽行事。他说，当像基辛格这样的人物呼吁把德国统一进程推迟两年时，他们丝毫不了解东德的经济危机有多严重。推迟合并，科尔说，将带来灾难。他断言，如果没有西德和美国正在施以的援助，波兰和匈牙利早就崩溃了。他看不惯撒切尔夫人的态度，说："她认为历史是不公平的。德国很富有，而大英帝国却在挣扎。他们赢了一场战争，却输掉了一个帝国和他们的经济。她错了。她应该试着让德国人融入欧洲共同体。"[33]

回到华盛顿，布什在12月5日向国家安全委员会介绍了马耳他峰会上的讨论内容。斯考克罗夫特建议他重点强调要加紧准备与苏联领导人在下一次峰会上会用到的削减军备计划。[34] 美国人对马耳他峰会的成果感到很满意。主要是戈尔巴乔夫没有提出任何困难的要求。实现一个稳定的、脱离苏联军事控制的东欧是完全有可能的，戈尔巴乔夫和布什开始为里根的遗产——削减军备——增添新的内容。

12 月 4 日，戈尔巴乔夫在莫斯科向华约国家领导人做汇报。他讲话时的国际环境是在场的所有人在几个月前无法想象的。波兰的位置上坐的是统一工人党总统雅鲁泽尔斯基和信奉自由主义和天主教的总理马佐耶维茨基。昂纳克没有出席。德意志民主共和国的代表埃贡·克伦茨和汉斯·莫德罗坐在了他的位置上，但是没有人认为这种状态会持续多长时间。齐奥塞斯库，既愤怒又紧张，是唯一仍然权力在握的共产主义老战士。[35] 戈尔巴乔夫决定表现得仿佛是为了庆祝一个非凡的大事件——冷战结束——而举行的一次完美又正常的聚会。[36] 他歪曲地讲述了他对美国人的对话。按照他的说法，布什已经同意华约和北约应该为欧洲的稳定和安全提供基础。变化将会出现，但是会比较缓慢。[37] 他称，布什已经承认："我们对纳吉布拉政府的看法是错误的。"美国总统甚至批评了以色列。戈尔巴乔夫说当布什提到波罗的海和南高加索共和国时，他明确指出莫斯科并没有破坏美国宪法或者支持魁北克和阿尔斯特的分裂活动。[38] 关于德国问题，他称布什承认西欧领导人的立场现在更靠近苏联，而不是美国。[39]

戈尔巴乔夫表达了自己对世界事务问题都得到解决的想象："现在，在我们国家变化如此之大时，我们必须清楚地说出来。我们的目的是消除障碍，但是西方国家要求我们做出更大的变革。"[40] 茶歇时间到了，戈尔巴乔夫一边和大家聊天，一边重复着他的话。他让所有人都感受到了他的魅力，但除了齐奥塞斯库，他死板而冷漠地待在一旁，等待着有人来找他聊天。但是没人这样做。[41]

茶歇结束后，保加利亚的佩特尔·姆拉德诺夫（Petar Mladenov）感谢戈尔巴乔夫所做的汇报——永远是苏联老大哥的保加利亚小兄弟。匈牙利的涅尔什·雷热（Resző Nyers）就没有这么顺从，他敦促戈尔巴乔夫认识到经济互助委员会的时代结束了。东德的汉斯·莫德罗揭露了他所知道的科尔在两德统一方面的最新举动。雅鲁泽尔斯基赞扬了戈尔巴乔夫与教宗约翰·保罗二世的会面（奇怪的是，他还呼吁加强经互会的作用）。让雅鲁泽尔斯基感到不安的是近期关于新德意志邦联的讨论。齐奥塞斯库终于克制不住了。他喊道，布什正在大谈特谈马耳他峰会对于北约而言，是一次道德和政治胜利；与戈尔巴乔夫的观点截然不同的是，他认为，世界政治变得比冷战时期的任何时候都要危险。他的解决方法是，加强东欧的经济联系，并举办一次共产主义政党的国际会议。他的手掌拍击着桌面，在一阵突然的停顿之后，他说，"我们简直不能理解为什么要去败坏兄弟政党和国家一些前任领导人的名声"。[42]

在戈尔巴乔夫提议大家一同谴责 1968 年侵占捷克斯洛伐克时，齐奥塞斯库打断说，他在那时就是这样做的；现在，他敦促戈尔巴乔夫从捷克斯洛伐克领土上撤出苏联军队。传阅联合公报草案时，爆发了激烈的争论——马佐耶维茨基与雷日科夫，莫德罗与马佐耶维茨基，克伦茨与齐奥塞斯库，还有雅鲁泽尔斯基与戈尔巴乔夫之间都争论不断。匈牙利人不反对苏联从整个地区撤军，但是对只挑出一个国家来撤军——如捷克斯洛伐克——持谨慎态度。齐奥塞斯库反对在当下这个时间点做这些事情。戈尔巴乔夫立即说道："多元主义，齐奥塞斯库同志！对我们而言，它早已经是常态了！"[43]会议结束时，戈尔巴乔夫没有获得往常那样响亮的掌声。这并不奇怪。除了姆拉德诺夫，没有人想充当莫斯科的配角。而且，所有人都明白，不能完全相信戈尔巴乔夫的乐观主义。政治局势动荡不安。潜伏在东欧人内心的感觉是，这一地区的未来将由一个更大的德国主宰。冷战行将终结。新恐惧逐渐替代了旧恐惧。

戈尔巴乔夫在 12 月 9 日向中央委员会汇报时，面临更棘手的难题。他再次表现出了乐观态度：布什已经做了很多让步，也承诺尝试废止《杰克逊－瓦尼克修正案》，以便允许苏联不受限制地购买美国技术。美国，戈尔巴乔夫称，很可能会提供金融贷款，大规模投资苏联经济——即便不是假话，也肯定是夸大之词。[44]克麦罗沃州委第一书记亚历山大·梅尔尼科夫（Alexander Melnikov）批评了戈尔巴乔夫的外交政策。他控诉说，即便是整个政治局也没有做出任何重大的决定。他希望中央委员会拥有更大的影响力。他说，"整个资产阶级世界"加上教宗以及所有过去的和现在的反对派都发声支持苏联高层的改革路线。梅尔尼科夫认为，这起码值得我们停下来反思一下——而且越快越好。[45]戈尔巴乔夫失去了耐心，以前从未如此。他主动提出辞职，让中央委员会选出一个新政治局。他充满了挑衅意味，说道："我正在做的事情——我确信——对这个国家而言是必不可少的！"主持会议的利加乔夫否认了梅尔尼科夫想要除掉戈尔巴乔夫的说法，让这场暴风雨平息了下来。事实上，梅尔尼科夫想要的正是那种结果，然而尘埃落定，戈尔巴乔夫赢了。[46]

戈尔巴乔夫变得小心翼翼，拒绝了其他官员关于将"当前政治形势"列入议程的要求。[47]他甚至拒绝了关于马耳他峰会的话题。没有夸耀自己在马耳他海岸的表现，相反他对整个过程只字未提。苏联驻英国大使列奥尼德·扎米亚京（Leonid Zamyatin）替戈尔巴乔夫站了出来。尽管扎米亚京担心东欧的街头示威可能会蔓延到莫斯科，但他仍称赞了自1985年以来戈尔巴乔夫的外交政策，并称保持谨慎的乐观是完全有理由的。他特别提到了英国人、法国人和意大利人对科尔的"十点计划"充满了敌意。因为必要的稳定是由华约和北约共同决定的，这就给了苏联一个真正去施加影响的机会。[48]戈尔巴乔夫一定希望扎米亚京不是唯一能讲出这种话的中央委员。在峰会上，布什让他感觉自己是一个英雄。西方媒体也赞美连篇。然而苏共高层拒绝给予他认可，他知道危险正在逼近。

马耳他峰会结束后的几周里，东欧政治经历了自20世纪40年代以来中最快速、最不可预知的突变。美国和苏联一致认为必须避免暴力、确保稳定。它们一直认为冷战就要结束了。然而，随着欧洲大陆东半部分新的自由国家开始思考1945年确立的边界，问题又出现了。里根和戈尔巴乔夫开启了恢复关系的进程，聚焦于削减核武器问题；布什延续了这一进程。成功的机会突然之间取决于欧洲地图的变化——而且没有哪个地方比东德更加敏感了。

12月5日，戈尔巴乔夫和谢瓦尔德纳泽在莫斯科与根舍举行了会谈。他们坚持认为，德意志民主共和国仍旧是苏联的"伙伴和盟友"。根舍说，布什曾对科尔说，他更倾向于在德国领土上建立新一个新邦联的想法。这激怒了戈尔巴乔夫，他认为北约国家正在瞒着他搞小动作。他谴责科尔试图对东德人民称王。[1]科尔一方面承诺不会做任何有损东德稳定的事情，一方面继续宣布他的"十点计划"。戈尔巴乔夫称这是至关重要的错误；他说如果西德看重与苏联的合作，那么这样的行事方式必须停止。[2]第二天在与密特朗通话时，他表现得更加冷静，密特朗对科尔不认可波兰的西部边界感到震惊。戈尔巴乔夫重申了对建立邦联的担忧，邦联通常拥有单一的外交和安全政策；这样的结果，他说，将会破坏华约。[3]虽然密特朗不希望看到德国重新统一，但他看不到任何能终止这一进程的方法；而且在听到戈尔巴乔夫说自己不打算与科尔对抗之后，他就更不想介入了。[4]

一连串的会谈持续到12月8日，撒切尔夫人飞到巴黎与密特朗进行磋商。她带着两张欧洲大陆地图。她从手提包里拿出地

/ **428**

图，谴责科尔想要攫取东普鲁士和捷克斯洛伐克。她控诉他让本就难以控制的情况变得更加棘手。[5]

密特朗和她有着同样的担忧，但特别提到无论是布什还是戈尔巴乔夫，都不愿意用武力阻止科尔。他认同东欧正处于危险的、不可预测的环境之中，而且如果苏联发生政变，受黩武的民族主义者控制，局面会怎么样；一想到这里，他就不寒而栗。他唯一的提议就是法国和英国应该团结一致。[6]这并不能安抚撒切尔夫人，她呼吁用行动对抗科尔。然而，麻烦在于她本人不想让英国去阻止德国统一之势。那天晚上，当科尔拒绝在确认欧洲既定边界的联合公报上签字时，她当着科尔的面发了火。密特朗认为科尔正在玩火。但密特朗无所作为，撒切尔夫人对此非常失望。[7]一回到伦敦，她就给苏联大使馆的扎米亚京大使打了电话，敦促戈尔巴乔夫为了全欧洲的利益而采取行动。[8]扎米亚京汇报时说的是，她对"'我们'欧洲的'大事件'"惊慌失措；他推测，她在绝望地宣示着她对当前局势仅剩的影响力。[9]英国对欧洲事务的控制力越来越弱。11月4日，罗德里克·布雷思韦特在日记里评论了国际政治："显然，除了和撒切尔夫人的私人关系外，英国几乎没有什么价值了。"[10]

去共产化的东欧，除了在罗马尼亚和阿尔巴尼亚，在任何其他地方都变成了一个事实；而且戈尔巴乔夫和布什在马耳他峰会上已同意努力和平解决欧洲安全问题。苏联领导人意识到波兰人、捷克斯洛伐克人和其他人都对科尔可能提出的领土主张感到不安。在东欧的共产主义废墟之上，他们挺身而出，做东欧边界的担保人。谢瓦尔德纳泽于12月17日访问位于布鲁塞尔的北约总部时，向北约秘书长曼弗雷德·韦尔纳（Manfred Wörner）陈述了苏联官方的诉求。然而事与愿违。韦尔纳极力主张北约和华约都应该把精力放在完成维也纳军控谈判上。[11]

苏联领导人一直认为，罗马尼亚处于政治崩溃的边缘。齐奥塞斯库的反对者尼古拉·米利塔卢（Nicolae Militaru）在布加勒斯特找到了苏联大使，把一封建议推翻齐奥塞斯库的信交给了他。莫斯科的一贯政策是鼓励东欧改革派通过他们自己的努力实施必要的改革。戈尔巴乔夫赞同大使馆的处理方法："正确，不做回应。我们不会干涉他们的事务。"[12] 戈尔巴乔夫在 1989 年 12 月 4 日的政治协商委员会会议上亲眼看到，罗马尼亚总统对自己可能面临与昂纳克和日夫科夫相同的命运而感到担忧。[13] 蒂米什瓦拉的动乱愈演愈烈，谢瓦尔德纳泽害怕出现最坏的结果。他对欧洲议会主席兼西班牙社会工人党党魁恩里克·巴隆·克雷斯波（Enrique Barón Crespo）说，如果齐奥塞斯库选择"反对他的人民"，那么将会出现一场如早些年第比利斯大屠杀一般的悲剧。[14]

事实几乎证明了这一点。但是在 12 月 21 日，当齐奥塞斯库出现在布加勒斯特中央委员会大楼的阳台上时，人群忘记了对安全机构塞库利塔德（securitate）的恐惧。他们没有鼓掌喝彩，反而发出轻蔑的嘘声。齐奥塞斯库感到了致命的危险，乘坐直升机走了。罗马尼亚政府瓦解，党和军队领导人倒戈造反。罗马尼亚所有城市的街头都挤满了示威人群。齐奥塞斯库和妻子被逮捕。12 月 25 日即决审判之后，他们便被带出去执行枪决。

莫斯科政治局在两天前就承认了救国阵线（National Salvation Front）。它希望罗马尼亚人解决他们自己的革命问题。它批准了那些旨在防止讲罗马尼亚语的摩尔多瓦人穿越苏联边境加入反抗力量的措施。工作重点则被放在维持苏联稳定上面。[15] 然而，如果华约要在未来延续下去，那么克里姆林宫就必须在东欧找到愿意合作的伙伴。1990 年 1 月 3 日，在罗马尼亚共产党政府倒台之后不到两周，谢瓦尔德纳泽访问了布加勒斯特。随行团队中的一些人质疑这样做是否有意义。谢瓦尔德纳泽打断了他们的话，坚持认为只有他亲自来到罗马尼亚，才能找到恢复苏联影响力的方法。[16] 在他看来，这是一次振奋人心的经历。总统扬·伊利埃斯库（Ion Iliescu）似乎赞成他关于避免战略不稳定的观点。[17] 不知为何，谢瓦尔德纳泽在返回莫斯科的途中自言自语道，华约会幸存下来的。不论环境多么无常，苏联仍会成功在一个不再分裂为东方和西方的欧洲，找到一条自我"救赎"之路。[18]

德国问题比任何对华约前景的猜想都重要得多。东德处于动荡之中，科尔抛出了邦联的想法，并呼吁迅速合并，以防止出现经济灾难。[19] 1 月 26 日，戈尔巴乔夫在老广场（Old Square）举行了一次非正式会议，他讲道："现在已经很明显，统一是不可避免的，而且我们不具备道德权利去反对它。"[20] 克留奇科夫表示赞同："莫德罗是过渡性的人物；（他）的行为都是以让步为基础，但是很快就没有什么可以妥协的了。"按照克留奇科夫的观点，最重要的事情是苏联媒体要为即将发生的事情做好舆论导向准备。[21] 戈尔巴乔夫宣布："在这样的环境下，我们必须最大限度地捍卫我们国家的利益，确保承认既有边境，达成和平条约及让德意志联邦共和国离开北约——或者至少让外国军队撤离，实现全德国的非军事化。"[22]

1 月 29 日，华约就维持和平与稳定需要保留多大规模的常规力量问题举行了讨论会。[23] 撤离苏联军队需要克里姆林宫的配合。另外，保证在驻军附近不发生任何可能会制造麻烦的事情也很重要。苏联官方向捷克斯洛伐克总统哈维尔解释说，苏联国内还不具备足够的营房来安置返回的部队。对他们而言，这不是一件小事。哈维尔反驳说，苏联政府有很多时间来做这些准备工作。而且可以肯定的是，他说，长期以来，苏联的情报机构一直在告诉他们东欧人民在想什么。[24] 但是，他很快冷静下来。和其他新统治者一样，在这样一个没有人明确知道新德国是否会承认欧洲的战后边界的时期，哈维尔也谨防去惹恼苏联。他避免给苏联高层制造政治麻烦。假如戈尔巴乔夫在莫斯科下台，没人知道会出现什么样的政府。反共产主义革命的领导人支持苏联的分离主义运动；然而，除了波兰政客对基辅和维尔纽斯的几次正式访问之外，值得注意的是，他们并没有为苏联各加盟共和国的人民阵线提供积极的支援。

总参谋长莫伊谢耶夫反对哈维尔所说的："我们不是某些二流国家，能让其他人这样和我们说话。"这一次谢瓦尔德纳泽发了火："四年前就把匈牙利、捷克斯洛伐克、波兰的民意告诉你了，怎么，情报人员真的没有通知你吗？而且你真的不明白我们迟早都要离开吗？所以你为什么不去做撤离的准备？"[25] 戈尔巴乔夫感觉到了危险，采取预防措施，让领导层的其他人也参与到撤军过程中来。每一位政治局委员的投票都被记录下来。[26] 1990年1月，苏联政府同意在1991年7月之前将苏联军队撤出匈牙利和捷克斯洛伐克。[27]

/ 431

2月5日，中央委员会全体会议上出现了密集的批评声音。阿赫罗梅耶夫愤怒地做了演讲。[28] 其他抱怨官方政策的主要人物——巴克拉诺夫、扎伊科夫和莫伊谢耶夫——则不被准许发言。巴克拉诺夫本打算谴责苏联对美国军事干预巴拿马一声不吭。他对昂纳克的遭遇表示遗憾，后者似乎要被传唤到新德国的法庭之上。[29] 扎伊科夫本希望告诉中央委员会："我们的神圣职责是加强武装力量，关怀陆军和海军战士，以及那些为保卫祖国奉献出生命的人。"他想把那些让积极服役的战士名誉扫地的行为称为一种犯罪。[30] 莫伊谢耶夫本打算严厉批评对军队的疏忽。[31] 军工产业的人首先站出来攻击戈尔巴乔夫并不是什么出人意料的事。苏联军队正在他们曾驻守国家的谩骂声中疾走回家。受辱之感笼罩着整个苏联。很多政治和军事领导人都感同身受。他们曾追随着戈尔巴乔夫，现在开始对结果感到遗憾。到目前为止，他们仍缺少一位可以表达异见的领袖，但谁也不能保证他们将一直这样沉默不语、无所作为。[32]

布什和戈尔巴乔夫本打算在 1990 年举行另一场峰会，并且贝克给谢瓦尔德纳泽写了信，说有必要把马耳他峰会上达成的谅解落实下来。[33] 军备控制是美国最关心的问题。美国人很快就意识到了，东欧地区不断增加的不确定性必须被提升到他们政治议程的首要位置。德国问题压倒一切。贝克飞往莫斯科进行初步讨论。

2 月 9 日，他告诉谢瓦尔德纳泽为什么美国人不喜欢苏联人所提出的要求，即新德国要离开北约和华约，并采取中立立场。他强调说，必须阻止德国人制造出他们自己的核武器。[34] 他敦促就核武器和常规武器达成协议，并重申如果阿富汗要实现和平，纳吉布拉就应该下台。他承诺，只要进行公平公正的选举，华盛顿就会承认桑地诺民族解放阵线领导人丹尼尔·奥尔特加领导的尼加拉瓜政府，然而他也对苏联没有停止对古巴的援助表达了不满。[35] 谢瓦尔德纳泽回绝了美国对纳吉布拉的要求，并谴责了美国在巴拿马采取的行动。[36] 当贝克将这些要求讲给戈尔巴乔夫听的时候，他感觉到会取得一些进展，并认为戈尔巴乔夫比谢瓦尔德纳泽表现出了更大的灵活性。同样，科尔也感觉到苏联领导层开始妥协了。[37] 但是，上述这些讨论并不具有决定性。[38] 贝克曾竭力向戈尔巴乔夫"保证德国的统一不会导致北约军事组织东扩"。[39] 但他并没有说服后者。在这一关键问题上，双方莫衷一是。[40] 2月10日，贝克在苏联最高苏维埃外交关系委员会发表演讲。他首先对自己有幸站在"新苏联奠基人们"的面前演讲表达了感谢，之后便亲切、热情地提到"我的朋友，外交部部长谢瓦尔德纳泽"。他称他和总统"非常希望苏联改革能够取得成功"。按照贝克的观点，他们之所以如此期盼，是为了"苏联人民"的福祉，以及因为苏联的外交和国防政策"对美国人民的威胁从根本上已经比过去敌对的斯大林主义政策小得多了"。谈论冷战时，他用了过去时态。

他承诺帮助在阿富汗的苏联战俘获得释放，以及废止《杰克逊－瓦尼克修正案》。与此同时，他强调美国从没有承认苏联在第二次世界大战中对波罗的海国家的吞并。他称美国反对巴拿马总统诺列加（Noriega）的军事行动是具有法律依据的。另外，他还提出理由说新德国应加入北约。他认为苏联可以更好地利用资金，而不是把它们给古巴、安哥拉、尼加拉瓜和柬埔寨——他开玩笑说，如果说有一位政治家受到卡斯特罗的批评比布什受到的还多，那这个人就是戈尔巴乔夫。[41] 他坚称，布什政府希望戈尔巴乔夫的改革成功；但是作为财政部前部长，他相信苏联领导人必须在计划经济和市场经济之间进行选择："但是，你不可能两者兼得。"尽管他想助一臂之力，但很难与美国保守派达成共识，后者反对放松巴黎统筹委员会对与苏联贸易的限制。[42]

/ 433

听众们对"圣战者"、《杰克逊－瓦尼克修正案》和美国军事干预巴拿马的抱怨声不断；他们要求他解释美国对波罗的海三国的政策。阿赫罗梅耶夫逼迫他同意中止核爆炸试验。贝克没有妥协，而是承诺考虑采取措施减少巴黎统筹委员会的技术限制。

他拒绝承诺美国会允许苏联购买计算机许可证。他主张让新德国加入北约。[43]

戈尔巴乔夫当天在莫斯科接待了科尔。他们一直认为德国应以和平方式统一，此外，科尔说，在选举即将到来之际，东德领导层面临越来越多的问题。货币波动大。大批人口持续涌向西德。各政治派别猛烈地相互抨击。东德局势处于一种危险的狂躁状态。他强调说，尽管他想要承认与波兰和捷克斯洛伐克的既定边界，但是他仍需要保证自己获得德国民意的支持。他努力向苏联保证，不会发生任何有损于苏联安全利益的事情："我们认为北约一定不会扩大其势力范围。"他指出，他理解戈尔巴乔夫肩负着把这些向苏联人民解释清楚的重任。两人谈得很开心，戈尔巴乔夫为此向科尔表示了感谢。[44]

第二天，2月11日，贝克和谢瓦尔德纳泽从莫斯科飞往渥太华，参加将在那里举行的开放天空会议（Open Skies Conference）。会议议程包括取消东西方之间的旅行限制。谢瓦尔德纳泽还希望讨论德国问题，于是他和贝克在一天半的时间里举行了6场会谈。[45]当贝克谈论德国统一的时间问题时，谢瓦尔德纳泽说他要征求政治局的意见。[46]他告诉根舍，即便是两德统一，也远非一个固定的共同目标。根舍指出，戈尔巴乔夫和科尔已经在一份联合公报中承认了这一原则；但是谢瓦尔德纳泽及其团队坚称德国事务的进展非常缓慢，而且与贝克达成的声明连"统一"一词都没有提及。[47]谢瓦尔德纳泽对自己的表现很满意，称它为"渥太华美丽的丰收"。[48]返回莫斯科后，他与外交部同僚举行了讨论会。他的观点是德国的统一应该从长计议，要避免心血来潮；另外，他希望确保为整个欧洲建立一种稳定的安全机制。[49]

克留奇科夫对事情的发展态势感到不满。在给最高苏维埃主席戈尔巴乔夫的克格勃年度报告中,他称过去的工作重点是发现"敌人的军事战略计划"。尽管近期美苏外交升温,但克格勃的任务仍然是寻找"可能突然爆发核战争的迹象"。[50] 苏联内部的"民族主义、反社会主义、极端主义势力"仍需要继续监视;但克留奇科夫补充说,他的机构已经帮助 838630 名在 20 世纪三四十年代遭受迫害的苏联市民得到平反。[51] 克格勃的其他工作就更加传统一些。它继续为苏联的军事需要从事科学和工业间谍活动(很显然,克留奇科夫认为这一需要远比那些买不到商品的苏联消费者的需求重要得多)。针对在《中导条约》框架下苏联军队所受到的监视,克格勃断言,中情局早已利用这一机会,把 100 名特工派到了苏联境内。他对外国公司如何利用莫斯科涌现出的新合作性企业发出了警告;他还警告说,波罗的海共和国的宪法秩序正受到威胁。[52]

2 月 28 日,布什打电话给戈尔巴乔夫,说明了他与科尔会谈的情况。美国人和西德人一致认为,新德国应加入北约。当戈尔巴乔夫提出抗议时,布什试着用承诺东德将保持特殊的独立地位,来安抚苏联的担忧,并借此把他争取过来;他感觉到,苏联方面仍有继续谈判的意愿。[53] 然而除此之外,戈尔巴乔夫还有一个深深的顾虑。科尔迟迟没有宣布接受战后欧洲边界,而且除非波恩态度转变,否则戈尔巴乔夫看不到任何向前推进的可能性。[54]

3 月,随着民众对其政策的批评越来越激烈,戈尔巴乔夫通过让最高苏维埃把他的头衔由主席改为总统,来提升自己的地位。这一做法跳过了民选环节。最高苏维埃爽快地同意了他的要求,但是它的顺从仅仅掩饰了领导层的裂痕。与此同时,叶利钦继续在政治上披荆斩棘。在赢得了从斯维尔德洛夫斯克到俄罗斯人民代表大会的选举之后，他继续当选俄罗斯最高苏维埃主席，尽管戈尔巴乔夫竭力阻止代表们把票投给叶利钦。叶利钦表现出了一种能力，这种能力帮助他吸引对政治局不满的广泛人群的支持。他看到了机会，利用俄罗斯，这一最大的苏维埃共和国，作为颠覆戈尔巴乔夫的大本营。这一点将在 6 月 12 日时昭然若揭，当时俄罗斯议会通过了一项主权宣言。没有人能预测接下来会发生什么，但明确无疑的是，俄罗斯不久之后将开始遵循自己的国内政策，甚至以俄罗斯的身份参与国际事务。戈尔巴乔夫应该感到担忧了。

在一个又一个苏维埃共和国中，民族自信心与日俱增。常见的组织形式是"人民阵线"。这些人民阵线的共同特征是不再信任莫斯科政府。它们融合了各种派别的意见，甚至吸引了当地的共产党员。它们首先在立陶宛、拉脱维亚和爱沙尼亚兴起，很快就出现在除俄罗斯之外的几乎所有共和国中。戈尔巴乔夫的改革让它们得以形成。现在，他必须应对它们对其权威的挑战。

贝克和谢瓦尔德纳泽在 3 月出席纳米比亚独立庆祝活动时，再次举行了会谈。谢瓦尔德纳泽公开申明，苏联领导层认为德国在世界政治中采取中立地位将是危险的："那将是一个大问题。"他承认："我们不知道问题的答案是什么。你和我必须进一步讨论这一问题，而且我们的总统也必须讨论这个问题。"谢瓦尔德纳泽指出，克里姆林宫同意在苏联撤军之后，美国军队留在德国。然而，尽管对科尔有信心，他还是表现出了一种担忧，即未来的德国政府——也许是一个极右翼政权——可能会关闭美国军事基地。[55] 结束时，谢瓦尔德纳泽说了一句悲观的话："是的，我们会处理好经济，尽管并不容易——但民族问题就是另外一回事了。"[56] 贝克得以一窥苏联政治危机，并认为戈尔巴乔夫及其改革派还没有"触底"。[57] 几天之后，谢瓦尔德纳泽在南非与根舍交谈时，强调说苏联反对任何北约东扩的计划。前一年的革命已经终结了几十年以来的战略稳定，现在在莫斯科，批评抛弃共产主义传统的声音越来越多。谢瓦尔德纳泽警告说，改革很容易受到冲击。如果改革走到尽头，那么苏联很可能由一位独裁者掌权。根舍半开玩笑地回应道，谢瓦尔德纳泽像西方鹰派人物一样说话。[58]

3月18日，按照科尔的要求，东德举行了选举。共产党人以民主社会党的名义参选。尽管如此，民主社会党在竞选中仍只位列第三；那些想要放缓两德合并速度的持异议者团队遭遇惨败。由基督教民主党党魁洛塔·德梅齐艾（Lothar de Maizière）领导的政治联盟获得了压倒性胜利——德梅齐艾替代莫德罗成为总理。[59]

戈尔巴乔夫无法只专注于德国问题。莫斯科的政治局势比以往任何时候都要紧张。总参谋长莫伊谢耶夫和中央书记处书记巴克拉诺夫感觉苏联主动放弃了太多的战略核武器。为什么苏联应该比美国销毁更多的导弹？在3月10日的"五巨头"会议上，莫伊谢耶夫在谢瓦尔德纳泽没有出席的情况下攻击了他。[60] 巴克拉诺夫写信给戈尔巴乔夫，说把战略武器削减一半是不恰当的；对于政府不再将军事平衡作为官方目标，他也表示非常遗憾。戈尔巴乔夫把一切事务都交给了扎伊科夫的政治局委员会处理。一如既往，他想要集体来承担责任。扎伊科夫将巴克拉诺夫的动议视为对其近期工作的攻击。直到3月30日，气氛才平静下来，扎伊科夫再次召集"五巨头"开会，并在戈尔巴乔夫的指示下，记录了巴克拉诺夫的观点，但不做任何政策上的改变。

会议强调必须采用"建设性的方法"与美国谈判。[61] 莫伊谢耶夫和巴克拉诺夫一同批判了戈尔巴乔夫，攻击他竟然让国家的防御力量崩塌。他要求将自己的观点与其他成员的观点分开记录。[62]

作为对众多批判声音的让步，戈尔巴乔夫点名让阿赫罗梅耶夫率领团队，前往华盛顿与美国工作组谈判。阿赫罗梅耶夫近期曾表达出对改革影响的担忧，称："70 年来，美国人试图摧毁我们的联盟，他们终于得偿所愿。"外交部副部长别斯梅尔特内赫补充说："不是他们摧毁了联盟，而是我们自己。"[63]

尽管如此，政治局仍然批准了"五巨头"的建议；它还强调了新德国独立于北约之外的必要性。谢瓦尔德纳泽准备反对近期美国发布的声明，包括给在苏联投资的私人企业设定限制条件。[64] 戈尔巴乔夫写了封信交给谢瓦尔德纳泽，让其转交给布什，为达成削减 50% 核武器的双边条约做准备。[65] 政策总方针已经敲定，谢瓦尔德纳泽满意地启程了。但是，他感觉有必要向贝克解释清楚，苏联方面对任何仓促做决定的做法越来越不满意。双边对话不像前段时间那样友好了。[66] 贝克重申他反对苏联介入古巴，反对纳吉布拉继续在阿富汗掌权。谢瓦尔德纳泽回应说，外国势力无权让一个国家的统治者下台。这些是例行的意见交换。但是，当贝克提出有两三个华约成员国支持新德国加入北约时，谢瓦尔德纳泽开始变得激动起来，他认为苏联应是任何决策的重要参与者。[67]

很显然，他这句话表明了克里姆林宫的立场是不可改变的。[68] 苏联国内批评谢瓦尔德纳泽和戈尔巴乔夫的人担心，他们正处于做出不可接受的让步的边缘。苏联过去与东欧盟友的交易被揭露之后，局势进一步恶化。莫斯科曾向保加利亚、东德和捷克斯洛伐克出售 SS-20 导弹。谢瓦尔德纳泽请求美国坚定对他本人和戈尔巴乔夫的信心。在 4 月 6 日华盛顿的记者会上，他声称，他和戈尔巴乔夫均不知晓出售导弹一事；他还补充说，苏联严格遵守了《中导条约》的规定。[69] 阿赫罗梅耶夫对谢瓦尔德纳泽说的话非常生气。他打算说明戈尔巴乔夫和谢瓦尔德纳泽自始至终知道出售武器一事，并推断谢瓦尔德纳泽的即兴回答是一个赤裸裸的谎言，因为他没有修改他的部长级会议简报。一个月后，机会来了，阿赫罗梅耶夫在美国参议院军事委员会上澄清了事实，他的演讲为苏联军队的荣誉清除掉了这一污点。[70]

在返回莫斯科的飞机上，阿赫罗梅耶夫强调了自己对谈判走向的不安。谢瓦尔德纳泽在试图拉拢他失败之后，感到政治危险日益临近。阿赫罗梅耶夫一言不发地坐在飞机座位上。[71] 谢瓦尔德纳泽意识到，阿赫罗梅耶夫的看法是对的，即美国人正要求苏联毁弃远多于他们的战略导弹。[72] 阿赫罗梅耶夫是最具灵活性的高级军事官员；戈尔巴乔夫和谢瓦尔德纳泽担负着说服其他军事游说团体——他们可没那么灵活——的艰难任务，要让他们认同防御自足是一种更好的备战标准；他们发现在约翰·格伦（John Glenn）率领的美国参议院访问团面前提出这一观点，要比在他们自己的总参谋部面前容易得多。[73]

紧张局势中让人稍感宽慰的就是西德人对美国人说，他们将公开承认欧洲的既定边界。[74] 科尔终于答应了苏联的要求，于是切尔尼亚耶夫和沙赫纳扎罗夫建议戈尔巴乔夫让德国自主决定它的宪法和军事未来。法林的看法则完全相反。回想 1941 年，他警告说新的德国可能转而与苏联为敌。4 月 18 日，他给戈尔巴乔夫送了一份备忘录，认为必须强迫德国人远离北约。[75] 戈尔巴乔夫说，处理统一后德国的最安全方法就是强制赋予其北约和华约的双重身份。[76] 谢瓦尔德纳泽告诫根舍不要太过强硬，因为随着民众对戈尔巴乔夫的经济改革日益不满，最高苏维埃和媒体的政治批判也愈演愈烈，戈尔巴乔夫下台已不再是一件不可想象之事。他说，另一个不同的政府可不太可能去满足科尔总理的要求。[77] 贝克最终意识到里根建立起来的合作框架面临倾覆的风险。在认识到谢瓦尔德纳泽是一个必不可少的合作者之后，他请手下的官员们转达对这位外交部部长所做工作"深深的敬意"。[78] 谢瓦尔德纳泽本人则向贝克保证："我不想去争论我们中的哪一个做了更多的让步。"[79]

　　然而，国际形势依然紧张。美国和英国政府向外交部传达了令人不安的信息：苏联非法生产生物武器。政治局的专家们曾保证说，苏联的科学家们将他们的研究限制在防御目的之内。[80] 美国和英国并不接受这一保证。5月14日，马特洛克大使和布雷思韦特告诉外交部副部长别斯梅尔特内赫，莫斯科必须迅速关闭研究项目。布雷思韦特强调说，扎伊科夫对发生的一切都一清二楚。[81] 马特洛克补充道，贝克想要在下次见面时，与谢瓦尔德纳泽讨论此事。[82]

　　扎伊科夫报告说，一项研究计划的确在违背1972年《禁止生物武器公约》的情况下向前推进。他争辩说，苏联是在发现北约国家通过在第三国家部署设备来规避条约义务之后才这样做的。苏联的研究计划曾在1989年停止，那时科学家弗拉基米尔·帕谢奇尼克叛逃到英国，并将这一计划告知英国政府。扎伊科夫向戈尔巴乔夫和谢瓦尔德纳泽保证已采取措施在1990年开放研究实验室接受检查。[83] 在西方国家的压力之下，苏联政府决定终止研究。化学武器的生产也被停止，而且苏联政府和美国政府一致同意到2002年摧毁它们的储备武器。总参谋长莫伊谢耶夫告诫说，苏联缺少必要的设备。[84] "五巨头"的建议则是要提供必要的资金支持。[85]

谈判继续秘密进行，因为美国和英国想避免发生任何可能会颠覆戈尔巴乔夫政权的事情。然而并不是所有西方政治家都表现得很机智：美国国防部部长切尼（Cheney）捣了乱，他预言戈尔巴乔夫将会倒台，可能被一位敌视西方的人取代。[86] 苏联的军事威胁仍让他深感忧虑。[87] 他说的正是布什政府里许多人一直想说但不敢说的话。苏联领导层意识到了怀疑正日益加重，于是谢瓦尔德纳泽恳求根舍能够体谅戈尔巴乔夫所面临的严峻问题。1945年打败德意志第三帝国让苏联进入超级大国之列，因此如果现在的政府让国家失去这一地位，那么人民是绝不会原谅的。[88] 5月1日，谢瓦尔德纳泽会见贝克时，提醒他记住苏联人民为打败纳粹德国做出了多么大的牺牲。他强调说改革的反对派完全能够用德国问题羞辱戈尔巴乔夫。[89] 西方国家有两个选项：要么温柔地对待戈尔巴乔夫，要么冒险让他的助理们除掉他。戈尔巴乔夫的政权岌岌可危。

5月3日，贝克在布鲁塞尔的北约理事会上陈述了美国的目标。他强调说，计划削减军备并不意味着美国将从欧洲移除其所有的核武器储备和常规力量。他重点讲道，它们的存在对"欧洲的长期稳定"是至关重要的。此外，贝克还宣布本着和解精神，布什将取消美国战略军事现代化计划当中的几个预定部分。他提到，华盛顿越来越担心莫斯科紧张的政治局势。他对戈尔巴乔夫未能快速推进市场经济表达了遗憾。他不知道如何在不把戈尔巴乔夫逼到墙角的情况下，帮助爱沙尼亚、拉脱维亚和立陶宛。虽然莫斯科里的批评之声越来越多，但贝克还是乐观地认为戈尔巴乔夫有机会在政治上存活下来。他希望苏联领导层能接受新德国加入北约符合所有人的利益这一说法。[90] 美苏之间需要谈判的还有很多。双方已就德国东部边界达成一致，然而数月的争吵并没有换来美苏在欧洲军事安全方面达成任何协议。冷战能否结束仍未可知。

美国政府不知道应该如何打破僵局。戈尔巴乔夫也没有什么新想法，现在他手里应对下一轮谈判的牌是他所拿过的最弱的一张。他已经决定从东欧撤军，不可能冒着在全球失去政治信用的风险去撤回承诺。除此之外，他还要依靠美国的合作，借助削减军备节省开支。苏联正迅速走向经济崩溃。对外部援助的需求再也无法掩饰，于是戈尔巴乔夫向资本主义国家发出了诉求。在1990 年初夏，他派出手下官员去寻求紧急金融贷款。[1]

美国人想让他同意他们关于未来欧洲的政治和领土构想。他们发动了那些可能会让戈尔巴乔夫赞同他们在德国问题上的立场的外交机制。西德人由于没有承诺北约军队将永远不能在东德领土上行动而拖延了这一进程。贝克写信给根舍要求他就此做出明确声明，以平息苏联的反对声音。他公开承认，华盛顿和波恩必须协同一致，来缓和当前局势。[2]当贝克于 5 月 11 日在莫斯科与戈尔巴乔夫见面时，新德国问题被排在了议程首位。他们还讨论了如何削减常规力量。戈尔巴乔夫倾向于采取一系列渐进措施，整个过程可能会持续 9 年；他还认为可能需要 3 年时间才能达成协议。他希望北约和华约实现数字上的平等；他建议每一方应该保留不超过 13.5 万人的部队和 2 万辆坦克。[3]5 月 14 日，科尔助理特尔切克（Teltschik）飞往莫斯科参加秘密会谈。雷日科夫毫不掩饰日益显现的经济灾难。他提出了偿还时间为 15 年的金融贷款请求。特尔切克带来了几位重要的银行家。[4]德国统一问题和苏联经济安全开始交织在一起。

/ 442

只有当戈尔巴乔夫和科尔见了面，这一切要求才可能实现，特尔切克回忆说，这位苏联领导人曾提议在其家乡斯塔夫罗波尔附近会面，并提出他需要价值 50 亿德国马克的贷款。[5]科尔利用访问华盛顿的机会，在一对一谈话中，试探布什的意见。布什重申，在他看来，向苏联提供直接的经济援助是毫无意义的。这让科尔感到不安，他问道："我的问题是，我们要帮助他，还是看着其他人（在莫斯科掌权）。"布什含含糊糊地回复说："也许吧，但是我不好说谁会取代他，或者经济会走向何方。"[6]科尔开始想他要采取主动。特尔切克从斯考克罗夫特那里听说，贝克和谢瓦尔德纳泽两人在德国问题上毫无进展。[7]西德人希望打破僵局，于是科尔与银行家们加倍努力研究，并计划在 1990 年 7 月中旬与戈尔巴乔夫见面。[8]根舍再次会见谢瓦尔德纳泽时，浑身散发着魅力。有时，他表现过了头，说道："你是一个超级大国，而我们是一个小小的、分裂的国家！"谢瓦尔德纳泽面带讽刺的微笑，回应说："多么谦逊！"[9]然而，他和戈尔巴乔夫都注意到，西方国家在热情地谈论新德国的同时，却不愿意对老苏联的经济施以援手。

正是带着这样的看法，戈尔巴乔夫来到美国，与布什进行首脑会谈。他肯定会受到总统的热烈欢迎，后者曾向科尔吐露："媒体说我是戈尔巴乔夫的情人。可能的确如此。我见到的是戈尔巴乔夫。你见到的是亚佐夫。如果你去电影厂选一位典型的苏联将军形象的演员，他们会给你送去亚佐夫。"[10]1990 年 5 月 31 日，首脑会谈在白宫举行，之后便转移到戴维营。布什想让戈尔巴乔夫感觉自己是和朋友们在一起。在戴维营，他问戈尔巴乔夫想不想开一辆高尔夫球车。戈尔巴乔夫欣然接受了邀请："当然！我可是一个老农场机械师！"他重重地踩了一脚油门，差点儿撞到了树上。他开玩笑说："但愿我不会被指控为企图要美国总统的命。"戈尔巴乔夫还试了试健身跑步机。多年不运动健身，他发现跑步机太累人，于是换了健身脚踏车。不管怎样，布什达到了自己的目的，氛围自始至终都其乐融融。[11]

他们讨论了在马耳他峰会上困扰他们的很多问题：立陶宛、古巴、德国等问题。布什说他知道坦然对待东欧的局势变化对苏联人民而言有多么艰难，他们曾在反抗德意志第三帝国的战争中失去了无数生命。他请求戈尔巴乔夫理解他自己在立陶宛问题上的政治困难。当戈尔巴乔夫坚持说他想要在苏联实施经济改革时，布什指出"你必须坚持到底，否则不会有成效"。他还补充说，"改革就像怀孕——你不可能有点儿怀孕"。戈尔巴乔夫立马回应说："是的，你同样不可能在第一个月里就生下宝宝——怀胎十月，而且你还要小心不能流产。"这一观点让布什印象深刻。[12] 但是他仍不能给戈尔巴乔夫那份苏联领导层翘首以盼的贸易协议。正如他反复说的那样，《杰克逊－瓦尼克修正案》还没有被废止。戈尔巴乔夫对此变得"非常焦虑"，而且警告布什说除非有外部资金，否则苏联将会面临一场"灾难"。[13] 他第一次讲这样的话。在马耳他，他曾是东欧解放的促成者；现在变成了一个贫困的乞求者。

在向美国人解释为什么东德对苏联至关重要时，戈尔巴乔夫向法林寻求了帮助。他和谢瓦尔德纳泽之间出现了裂痕。法林后来称戈尔巴乔夫告诉他："我们没有听爱德华的话是正确的。当然，很难去判断会具体发生什么，但美国人的确有一些保留意见，或者对德国的北约成员国身份的不同意见。"[14] 戈尔巴乔夫和布什在没有助理在场的情况下见面，并就一项重要让步达成一致。他们同意，如果东西德人民同意新德国加入北约，那么苏联就接受这一决定，如果相反，美国也会尊重结果。[15] 戈尔巴乔夫立场的转变让布什大吃一惊，他可以想象阿赫罗梅耶夫和法林的反应。当他再次阐述他对已经达成的共识的理解时，戈尔巴乔夫再一次说明，如果新德国决定不加入北约，并采取中立国地位，他会尊重这一决定；布什确认自己同意这一决定。阿赫罗梅耶夫和法林开始嘟嘟囔囔地抱怨。谢瓦尔德纳泽用力拉扯了戈尔巴乔夫的衣袖，疯狂地比画着手势。戈尔巴乔夫突然感觉到自己越了界，于是收回了先前所说的话。苏联代表团在美国人眼皮底下瓦解：还从来没有过这样的峰会。[16]

戈尔巴乔夫试着把谈判的职责转移给谢瓦尔德纳泽和贝克。通常，谢瓦尔德纳泽都很配合，但是这次不一样。谢瓦尔德纳泽反驳说，应该由两位总统来阐明政策。直到看到戈尔巴乔夫变得心急如焚时，他才动了怜悯之心。谢瓦尔德纳泽和贝克达成了一份口头方案，模棱两可地回答了德国问题。[17] 没有明确的决定。布什再一次感觉到，戈尔巴乔夫愿意比之前几个月更加灵活，但是尚未达成任何纸面协议，而且有迹象表明，如果妥协，他可能会在莫斯科面对危险的批判。

6月7日，华约政治协商委员会在莫斯科的奥克特亚布斯卡亚酒店开会，戈尔巴乔夫在会上阐释了苏联的政策。捷克斯洛伐克的瓦茨拉夫·哈维尔惊呼道："这是我第一次在这里讲话，这里曾一直回响着对苏联领导人及其政治治理的颂歌。"戈尔巴乔夫，为苏联新的理念辩护，宣称："我们已经告别了那种带领我们的国家和人民走进死胡同的模式，在各加盟共和国自决的基础上，我们迈入了一条新的发展道路。"[18] 他对东欧革命表示欢迎："它们大多数是以民主和文明的方式进行，而且我们也不认为这些改变有损于苏联的根本利益。"[19] 他最担心的是德国问题。他提出，德国应该远离当前存在的军事集团——它最多成为华约和北约两个组织的准会员[20]（布什私下里称这是一个"荒诞的主意"）。[21]

戈尔巴乔夫承认美国军队是西欧的稳定因素。他想要让华约留存下来，主要是作为一个助益于维护欧洲安全的政治组织。[22] 最终的会议宣言强调要在"拥有平等权利的主权国家"之间培育共识。[23]

当月晚些时候，科尔获得波恩和东柏林两处德国议会的批准，承认了战后与波兰的边界。[24] 他用了几个月的时间才说服议会。他解除了东欧人民的担忧，在他们看来，新德国有着扩张主义的野心。他不经意间让他们不再那么急迫地需要戈尔巴乔夫的支持——华约存在的理由受到质疑。

此前，戈尔巴乔夫一往无前地推行其外交政策，很少有迂回曲折。现在，他却被谴责为绕着不断缩小的圈圈跑。6 月中旬，苏共中央书记处书记巴克拉诺夫忍无可忍，终于在媒体上讲出了自己对苏联在武器谈判中所做的让步的担忧。[25] 政府高层出现了裂痕。苏共中央国际部的法林曾恳求戈尔巴乔夫强硬地对待科尔，但只是徒劳，现在他不愿再保持沉默。7 月 19 日，他对布雷思韦特说，德国政客们可能会在科尔任期结束后，要求归还在1945 年丢失给波兰的领土。法林坐立难安。他推测德国人可能会牺牲白俄罗斯和乌克兰——到时候可能已经成为独立国家，归还波兰在战争结束时失去的东部领土，来补偿波兰人。[26] 这既表明法林已经失去了对现实情况的把握，也说明苏联的新政治让他能够和其他戈尔巴乔夫的批评者一样，说出自己的观点。苏联领导层亟须就新德国问题制定一份坚定而安全的解决方案，然后专注于解决自己的政治、经济和国内其他问题。

7 月 5 日，北约在伦敦召开了为期两天的峰会。美国的目的是只要盟友需要，就会一直把军队保留在欧洲大陆上，但是要缩小现役部队的规模。布什关于联盟要"大幅度地减少对核武器的依赖，尤其是那些最短程导弹"的提议得到了认可。相比于里根的目标，布什的裁军目标显然不够宏大。不过，最终发布的联合公报则强调北约不再需要考虑使用其核武库，"除非是作为最后的武器"。[27]

1990 年 7 月 10 日，G7 在得克萨斯州休斯敦市举行峰会时，戈尔巴乔夫的贷款请求仍是它们讨论的重要议题。科尔和布什在整个夏季都保持着联系。戈尔巴乔夫要求得到紧急援助；他希望能有多国一揽子经济援助，让他能够购买苏联消费者急需的物品——他向科尔寻求 50 亿德国马克的直接贷款，并暗示他会给予一些东西作为回报。[28] 科尔推测，苏联领导人是在暗示如果能提供马克援助，苏联可能会做出让步。他不想错过这样一个天赐良机。在峰会召开前夜，他在休斯敦的庄园别墅里与美国总统进行了最后一次初步会谈，并为就援助戈尔巴乔夫达成共识做工作。布什拒绝援助。他的看法是苏联还没有实施必要的经济改革，也没有停止支持菲德尔·卡斯特罗。但是，他明白为什么科尔想要改变立场，并决意提供贷款。他明确表示他不会妨碍科尔。谈到科尔准备单独与莫斯科达成协议时，他仅仅简单地说道："这是德国总理的事。"[29]

布什不准备用《杰克逊－瓦尼克修正案》作为借口，但其他一些国家首脑却不喜欢他这么愚钝。[30] 不过，撒切尔夫人赞成他的看法。她反对提供贷款，但表示倾向于提供有限的顾问和专家支援。密特朗想要采取某种行动帮助戈尔巴乔夫，却没有说出来。讨论的走向惹恼了科尔，他警告说世界将面临一场巨大的挑战，苏联理应得到紧急援助以开放经济。他谴责峰会对待戈尔巴乔夫的求助就像对待来自刚果的求助一样。科尔提醒大家注意戈尔巴乔夫在停止践踏人权方面的成就。马尔罗尼（Mulroney）补充说他想援助，但没有说怎样援助；日本的海部俊树（Toshiki Kaifu）也反对向苏联提供贷款。[31]

这置苏联政府于可悲的境地之中，戈尔巴乔夫不是唯一预见灾难即将来临的人。主管经济的雷日科夫警告说，除非有外部援助，否则苏联在接下来半年中肯定会破产。[32]虽然他不是全面转向市场经济的倡导者，但他支持任何可能会吸引外国贷款的措施。在部长会议对经济丧失信心的同时，总参谋部对国际安全也开始感到绝望。东欧剧变让苏联失去了真正的盟友。只是出于对新德国和莫斯科政治不稳定的恐惧，很多国家才没有退出华约。当北约秘书长沃尔纳（Wörner）夏季抵达莫斯科时，莫伊谢耶夫坦白了自己的判断：华约不再具有军事价值。[33]

戈尔巴乔夫知道，对于日益加重的军事和经济危机，他要承担大部分责任。他决定采取激进的措施。很显然，他对科尔的特殊立场已经大概了解，于是明确邀请他访问莫斯科和斯塔夫罗波尔地区，并在7月14日举行会谈。科尔的随行人员明白，大事情就要发生。[34]西德方面情绪越来越高涨——财政部部长魏格尔（Waigel）表示政府保证为苏联提供50亿德国马克的贷款。[35]但是，德国统一会怎么样呢？法林向戈尔巴乔夫提交了一份备忘录，敦促他立场要坚定，并重申德国的统一应建立在邦联制度之上，这样东德才能继续留在华约。[36]戈尔巴乔夫在7月9~10日深夜给他打电话。当法林暗示科尔的行为让人联想到希特勒在1938年对奥地利的行为时，戈尔巴乔夫变得严肃起来："我会尽我所能。只恐怕火车已经开走了。"[37]法林曾在戴维营目睹了他的混乱状态，因而相信科尔已经获得了戈尔巴乔夫过分的纵容（戈尔巴乔夫即便知道法林向科尔助理特尔切克愚钝示好的细节，也会忽视它们）。危险在于，法林可能成为在德国问题上发起反抗的旗手——这一后果的潜在影响让人深感不安。

7月14日，科尔抵达莫斯科。他与戈尔巴乔夫相处得很愉快，后者感谢他提供了50亿马克贷款。他称这是朝着正确方向走的"一步棋"。他们一致认为世界政治正在进入一个全新的阶段。不顾官方禁酒运动，戈尔巴乔夫给他的客人倒了一杯伏特加（他推荐说伏特加是一种生态无害产品）。奇怪的是，这居然促使雷日科夫提议建设一家德国－苏联联合酿造厂。[38]然而，戈尔巴乔夫仍然不同意德国一旦统一就加入北约。科尔说，除非戈尔巴乔夫同意德国加入北约，否则他不会和他一同向南去往阿尔赫兹；戈尔巴乔夫没有再明确拒绝，于是科尔视之为妥协的表现。[39]阿尔赫兹之行友好而富有成效。戈尔巴乔夫照搬了美国的做法，为非正式会谈营造了一种亲近的氛围，进而推动取得外交突破。随行人员包括谢瓦尔德纳泽和根舍，以及财政部部长特奥多尔·魏格尔和斯捷潘·西塔良（Stepan Sitaryan）。赖莎也在随行队伍中。科尔还带了特尔切克，但切尔尼亚耶夫决定留在莫斯科：他感觉压抑沮丧，正在考虑退休，尽管历史性时刻就要到来。[40]戈尔巴乔夫和科尔一同用餐，进行了气氛友好的会谈。这是他们第一次如此自得其乐，戈尔巴乔夫对这样的结果感到很满意。

两位领导人达成了一项重要协议。戈尔巴乔夫对科尔的德国统一计划做出让步，包括新德国有权加入北约。科尔很满意。反过来，他向戈尔巴乔夫保证，波兰无须担心其西部边界。总理希望很快能与波兰政府签署条约；他还承诺，北约军队将永远不会在即将停止存在的德意志民主共和国的领土上行动。西德人还主动帮助承担苏联军队回到苏联所需的花费，这更加强化了彼此的信心。除了已经答应的50亿马克，魏格尔又着手划拨20亿马克的撤军资金。[41] 波恩避免让自己的负担过于沉重，因此科尔同意苏联军队无须在接下来三四年的时间里完成撤军。德国将放弃制造核武器、化学或生物武器的权利，将军队规模削减到 37 万人。[42] 科尔的经济援助是协议的一个重要部分：戈尔巴乔夫明白雷日科夫的预言，即外部援助不到位的话，财政就会崩溃。[43] 休斯敦峰会让苏联领导层非常失望。戈尔巴乔夫需要做一些激进的事情，而在南俄罗斯达成的协议在他看来，就是可实现的最优选择。

赖莎感觉她的丈夫可能得不到他和苏联需要的正式保证。她把根舍拉到一边，忧郁地要他发誓，所有人都会恪守在阿尔赫兹做出的承诺。根舍握着她的手，说双方"已经吸取了历史的教训"；他向她保证，一切都会好的。[44]

戈尔巴乔夫只征求了谢瓦尔德纳泽一人的意见。这两人在 1979 年因被排除在政治局入侵阿富汗的决策之外而愤愤不平。[45] 然而，政治局从未像对待阿富汗问题那样，组建一个德国委员会（甚至还有一个南也门委员会）。[46] 戈尔巴乔夫从来没有对自己突然改变立场做出解释。谢瓦尔德纳泽那时和其助理说的话可能最接近真相。他和戈尔巴乔夫在科尔访问之前就已经在考虑改变政策。从沃尔纳那里得到的保证让他们增强了一些信心。谢瓦尔德纳泽谈到了苏联军队在德国土地上的"脆弱性"。一件小事就可能引发一场军事对抗。戈尔巴乔夫和谢瓦尔德纳泽无论如何都想要坚持与美国政府的和解路线；他们无法承担与布什闹翻的后果。谢瓦尔德纳泽对德国经济援助的重要性直言不讳。但是在一份说明苏联权威急剧下降的评论中，他还强调两个德国可以不顾苏联的意愿自行决定合并；除了战争，莫斯科无力采取其他任何措施阻止统一。科尔可以对他们说"见鬼去吧"——然后就没有机会获得经济援助。[47]

　　7月17日，布什打电话给科尔，询问在阿尔赫兹发生的事情。科尔被戈尔巴乔夫迷住了："他已经切断了自己身后所有的退路。"[48]他向布什保证，他已经告诫过戈尔巴乔夫，除非苏联深化经济改革，否则不会有更多的经济援助；他不想让自己看起来像是给了莫斯科一张空头支票。[49]同一天，布什致电戈尔巴乔夫，说休斯敦G7峰会一致同意援助苏联。[50]戈尔巴乔夫明白这句话毫无意义。他斥责了那些认为援助会让苏联放缓市场经济改革步伐的美国人。但是他保住了自己的尊严，没有乞求任何东西。[51]

　　戈尔巴乔夫很担心，他不知道苏联人民会对自己的决定做出什么样的反应。欧洲已经发生了巨大的变化，但与德国问题的解决方案比起来，这些都相形见绌。1945年之后一代又一代苏联人民都是接受着德意志第三帝国失败之后领土安排不可改变的教育而成长起来的。即便是改革派也对未来感到战栗；外交部的阿达米申写道，就好像"世界末日"一样。[52]阿达米申后来指责戈尔巴乔夫制造了"一个烂摊子"，如此轻易地放弃了德意志民主共和国。[53]50亿德国马克，对科尔来说，九牛一毛而已。雅科夫科夫认为即便是让苏联军队免受侮辱，也应该做更深入、更长远的谋划。[54]普里马科夫（Primakov）补充说，戈尔巴乔夫允许他和科尔的共识只停留在口头上，这就是一个根本性的错误。[55]如果戈尔巴乔夫能在外交上更专业一些，他就会坚持让所有事情都用文字明明白白地写到纸面上。莫斯科没有人认为阿尔赫兹会谈是戈尔巴乔夫的最明智之举。

　　阿尔赫兹共识里没有涉及新德国的东部邻国。这一年早些时候，戈尔巴乔夫认为贝克已经向他保证，北约不会东扩。贝克事实上的确谈到了美国在这一问题上的"考虑"。但是，没有白纸黑字，一切都是枉然。戈尔巴乔夫没有在阿尔赫兹说服科尔，后来也没有要求美国人在德国统一的条约上附加保证条款。即便是他的支持者，也在 20 世纪 90 年代对这一疏漏深感遗憾，那时一些华约前成员国加入了北约。[56]

阿尔赫兹会谈之后的几周里，戈尔巴乔夫仍然相信，他完成了一笔历史性的交易。他重新思考的只有细节。他把注意力更多地放在了美国，而不是德国。他决定，如果苏联军队离开德国，那么美国军队也要撤离。7 月 22 日，谢瓦尔德纳泽飞到西柏林，与贝克会面。他向国务卿谈到戈尔巴乔夫在莫斯科所面临的政治困境。谢瓦尔德纳泽恳求贝克拿出一些回馈。贝克意识到了苏联改革形势很紧张。他与谢瓦尔德纳泽关系友好，喜欢一起工作。但是，政治是一个彪悍严酷的情妇。贝克极力主张美国军队是在德国的同意下进入德国的：要由德国人自己——而不是外国人——来决定他们国家的事情。[57]戈尔巴乔夫与科尔达成交易，就必须承担一切后果。布什政府无意于在他们认为重要的事情上让步。如果说美国的军事存在是戈尔巴乔夫的重要分歧点，那么他本应在阿尔赫兹与西德总理握手相庆之前就提出来。

戈尔巴乔夫继续与科尔就苏联军队返回苏联一事保持电话联系。科尔提出如果能达成一份切实可行的协议，他愿意提供更多的资金来安置他们。[58]戈尔巴乔夫更大的野心是说服德国人介入挽救苏联经济。科尔的回应令人振奋。9 月 10 日，他提出他可能会在接下来的 5 年里凑齐无息贷款；他承诺，财政部部长魏格尔与副总理西塔良会证实这一安排。[59]到 11 月，戈尔巴乔夫请求总统里夏德·冯·魏茨泽克（Richard von Weizsäcker）提供 20 亿德国马克贷款。[60]魏格尔告知他，他已经批准了援助苏联的 24 亿德国马克。[61]

9 月 24 日，当东德将要退出华约的消息突然传开来时，莫斯科的人民代表大会上出现了骚动。外交部部长不得不解释为什么没有提前发出警告。科瓦廖夫咨询了戈尔巴乔夫政策的批评者法林的意见之后，代替缺席的谢瓦尔德纳泽站了出来。外交部已经提前知道了东德的决定，并将它告知戈尔巴乔夫的办公厅主任瓦列里·博尔金，但后者不知为何没有传达信息。如果科瓦廖夫毫不隐瞒地说出这一真相，就太不合时宜了。相反，他仅仅说道，没有人愿意为离婚做宣传。[62]与此同时，西德政府开始了制裁东德前几任领导人的法律程序。在法林的建议下，政治局已经在努力尝试保护昂纳克，让他及其妻子在一所苏联军队医院避难。[63]然而，科尔随后就将前总理莫德罗带到了法庭之上。莫德罗曾是将昂纳克赶下台的共产主义改革派的一员。戈尔巴乔夫视他为与自己志趣相投的同志，于是把自己的不安告诉了科尔。[64]科尔没有理睬。在两德统一之时，德国已经不再是克里姆林宫的乞讨者，而是它最后的债权人。

德国问题不是唯一让华盛顿和莫斯科之间关系变复杂的国际政治问题。1989 年夏天，布什在美国官方日历上新增了波罗的海自由日（Baltic Freedom Day），将 6 月 14 日设定为斯大林驱逐立陶宛、拉脱维亚和爱沙尼亚公民的年度纪念日。美国一直主张波罗的海三个苏维埃共和国有权独立。它们是 1939 年《苏德互不侵犯条约》——克里姆林宫一直否认这一秘密条约的存在——的牺牲品，希特勒和斯大林用这一条约界定了两国在东欧和中东欧的利益范围。波兰被苏联和德意志第三帝国瓜分，斯大林在 1940 年吞并了立陶宛、拉脱维亚和爱沙尼亚。希特勒在 1941 年年中入侵苏联时，波罗的海三国被德国占领，一直到红军在 1944 年重新进驻，强制它们成为苏维埃共和国。美国及其北约盟国战后一直抗议这一非法暴行。但是，它们没有将语言付诸实际制裁。两个超级大国数十年来更倾向于在与彼此打交道时不将波罗的海问题视为一个阻碍点。布什修改官方日历似乎是抛弃了之前被动的态度。在戈尔巴乔夫眼中，他正威胁苏联的领土完整。

戈尔巴乔夫告诉密特朗，白宫正在玩火；他指责布什及其官员越来越多地受到"意识形态，而不是现实主义政治"的驱动。密特朗试着安抚他的情绪，说布什只是在努力安抚他的保守主义批评者。他预测说，只要布什和戈尔巴乔夫建立起密切的个人联系，前进的障碍就会消失。[1]

几乎所有的苏联高级官员，包括戈尔巴乔夫在内，都狭隘地认为，唯一正确和恰当的选择是让拉脱维亚、爱沙尼亚和立陶宛继续作为苏联加盟共和国存在。他们不顾这三国在两次世界大战之前一直是独立国家的事实，反而更喜欢强调波罗的海的土地在1917年之前归属于俄罗斯帝国，尽管这在国际法上毫无意义。戈尔巴乔夫本人在1987年2月访问了爱沙尼亚和拉脱维亚，并详细阐述了归属于苏联的好处。他确信自己正在取得进展："政治环境和民众的情绪大体上没有很糟糕。"他对政治局说，他的确听到了抱怨，但主要是对计划机制和住房感到不满。戈尔巴乔夫想让爱沙尼亚的党委书记卡尔·瓦伊诺（Karl Vaino）和拉脱维亚的党委书记鲍里斯·普戈（Boris Pugo）留任。访问期间，对所见之人，他都会"激励他们坦率直言"。他称只有一个人是在谩骂——一位坐了三年牢的老兵。他承认，下级官员对民众的批评和不满抱有敌意；除非改变这一态度，否则改革是不会成功的。但是，他不知怎么就让自己相信，在大范围内没有"对立情绪"。[2]

因为一直致力于让苏联各加盟共和国之间能够和谐地理解彼此，所以在发现很少有爱沙尼亚和拉脱维亚的著作被翻译为俄语时，戈尔巴乔夫感觉非常羞愧。他谴责当前学校里实施的单语教学限制——小说家瓦西里·贝科夫（Vasil Bykaŭ）告诉他，这一问题在波罗的海地区的各民族中很常见，包括白俄罗斯人。但是，戈尔巴乔夫相信，改革会纠正这一错误："美国'碾磨'了多少民族国家？那是彻底的同化！但我们给了它们自治权。我们需要做的是用具体的方法对待不同的民族国家、不同的自治。只有香肠才能被切成等量的小块。"[3]

谢瓦尔德纳泽并不持这样乐观的看法。多年来，他一直对政府高层处理这一问题的方式感到不安，但没有明确地提出来。在1986年12月人们因苏联高层任命俄罗斯人根纳季·科尔宾（Gennadi Kolbin）领导哈萨克共产党发起暴动时，他惊呼道：

"什么，难道他们不知道哈萨克的民族特性吗？"[4] 尽管科尔宾是谢瓦尔德纳泽的政治好友，但他仍做了客观的判断；哈萨克人深深怨恨着 20 世纪 30 年代在共产主义统治下所遭受的苦难。戈尔巴乔夫偏爱科尔宾，实在是太没有政治敏锐性了。然而谢瓦尔德纳泽只是向其随从而不是政治局发表了自己的意见。他没有介入"民族问题"。他很敏感地认为，如果他站出来，人们就会利用他格鲁吉亚人的身份来反对他。因此，他选择保持缄默。甚至他的助理们也不知道，他究竟从什么时候开始梦想着他的家乡格鲁吉亚和其他苏维埃共和国能够获得广泛的自治权。[5] 1988 年 2 月，阿塞拜疆沿海城市苏姆盖特发生了阿塞拜疆人屠杀亚美尼亚人事件，这让他深受震动。[6] 但是，他再一次保持了沉默。戈尔巴乔夫仍在主导和控制国内政策，因此，民族仇恨愈演愈烈。

克格勃递交给他的报告让苏联领导层的自满更有理由，因为报告中省略了全国范围内的反共产主义舆论导向。[7] 情报机构宁愿去精确地找出具体的困难。不再受到干扰的自由欧洲电台号召立陶宛青年忽略掉征召他们入伍的文件。[8] 梵蒂冈一直是一个棘手的存在。尽管它没有要求允许教宗出席 1987 年立陶宛基督教的 600 周年纪念活动，但基督教神职人员并没有对让约翰·保罗二世到访放弃希望——莫斯科就收到了这样的请愿书。甚至连西德的主教辖区也提出了这一问题。立陶宛的教区神职人员鼓动人们在他们的菜园里放置木头十字架。信众们不再害怕反对苏联对问答教学法和向青年人传授圣经教义的法律限制。[9] 在这些"关闭"的城市开始对游客——和秘密间谍——开放之后，外国的情报部门有了制造麻烦的机会，他们渗透进共和国的大部分地方。克格勃预计美国的特别机构会组织"挑衅行为"。[10]

立陶宛人建立起人民阵线——萨尤季斯（Sajūdis）——来代

表国家利益；不久之后，爱沙尼亚人和拉脱维亚人也效仿。1988年8月，戈尔巴乔夫派雅科夫列夫到维尔纽斯考察。萨尤季斯派了包括维陶塔斯·兰茨贝吉斯（Vytautas Landsbergis）在内的一些活动分子参加公共辩论。兰茨贝吉斯对雅科夫列夫说，不要相信立陶宛的共产党领导人，他们真的想要回归到勃列日涅夫时代的政策上。雅科夫列夫冷静地回应，甚至连民族主义者都为他鼓掌，兰茨贝吉斯也表达了对苏联改革的支持。人们越来越强烈地呼吁结束指定俄罗斯人来担任立陶宛共产党第二号人物。立陶宛人不喜欢现任者尼古拉·米特金（Nikolai Mitkin）。雅科夫列夫说："如果我错了，那么请大家指正，但是我相信立陶宛人是拥有伟大文化的民族。我要问仅仅因为米特金是一名俄罗斯人，就批判他，这公平吗？如果我被任命为立陶宛的副书记，你们也会想除掉我吗？"一些观众高喊着，他们欢迎雅科夫列夫来任职。兰茨贝吉斯惊呼道："你的观点唯一的缺陷在于：你不会允许自己像一份圣诞礼物一样落入我们的囊中。"[11]

雅科夫列夫的表现引来了莫斯科政府高层的批评。克格勃的菲利普·博布科夫（Filipp Bobkov）后来声称，雅科夫列夫有一个习惯，那就是对克里姆林宫说一套，对亚美尼亚、阿塞拜疆和苏联其他共和国的反苏激进分子说另一套。[12]

雅科夫列夫声称正在代表政治局履行职责。[13] 他的记录凸显了对波罗的海知识分子被那些粗暴控诉苏联的领导人拉拢过去的担忧。但他还记录道，没有人在维尔纽斯会议上说反对苏联的话。在雅科夫列夫看来，批评主要是关于莫斯科当局垄断了工业决策，甚至告诉立陶宛的食品加工企业如何烹饪可可豆。俄罗斯人涌入劳动力市场也引发了不满。还有一个担忧是立陶宛的伊格纳利纳核电站，它的设计与爆炸的切尔诺贝利核电站的设计一模一样。雅科夫列夫不敢确定波罗的海三国是否意识到问题的严重程度；他说他们冷漠、僵化和偏狭。[14] 但是，他并不气馁。他强调说，萨尤季斯是一个多层次组织，汇集了各种各样的观点，而且立陶宛分裂分子尚未占据优势地位。他没有提出任何实际建议，除了建议立陶宛人和拉脱维亚人应该更自由地出国旅行。[15]

戈尔巴乔夫依然坚持认为，波罗的海地区是苏联的一部分，合理合法。他的助理切尔尼亚耶夫试着说服他，但只是徒劳。戈尔巴乔夫愿意做出任何形式的妥协，唯独脱离苏联不可以。立陶宛、拉脱维亚和爱沙尼亚的人民阵线得到了更多对它们独立诉求的支持。在它们看来，它们正在努力终止一场非法吞并，而不是寻求分裂；政治局的"胡萝卜加大棒"政策仅仅是激怒了波罗的海的民众。

立陶宛共产党领导人阿尔吉尔达斯·布拉藻斯卡斯（Algirdas Brazauskas）——比雅科夫列夫所形容的更具活力——支持民族独立的呼声。戈尔巴乔夫最终认识到了威胁的严重程度。1989 年 1 月 24 日，他告诉政治局他已经准备好进行一场"国民经济"的实验，准备好允许爱沙尼亚、拉脱维亚和立陶宛实施"民主"。他希望以一种不干扰苏联其他地区的经济的方式进行；而且他还提出了抚慰人心的观点，即"民族浪潮"没有对该地区的工人和农民产生影响。他禁止雅科夫列夫返回波罗的海地区。[16] 这样做与其说是给雅科夫列夫降职，不如说是为了保护他自己免受利加乔夫的指责。现在他需要的是一个可实施的行动计划。一组政治局委员，包括他的支持者雅科夫列夫、梅德韦杰夫和卢基扬诺夫（Lukyanov），草拟了一份行动计划。他们主张采用政治方法，避免武力。只有在劝导无济于事的时候，政治局才应该考虑使用经济制裁或者提出立陶宛边境问题（二战结束时，立陶宛成为苏维埃共和国，边界按照对立陶宛有利的方式划定）。[17]

美国政府呼吁克里姆林宫与立陶宛政府和平地解决分歧。美国与戈尔巴乔夫谈判的意愿将取决于他如何对待波罗的海人民。马特洛克大使建议就独立举行公投——美国将为公投的顺利进行提供帮助。这对雅科夫列夫而言难以接受，因为他知道任何公投的结果都会是支持独立。雅科夫列夫拒绝承认立陶宛在 1940 年和 1944 年被吞并。他补充说，苏维埃俄国在 1920 年之所以承认了立陶宛的独立地位，是因为当时国际环境"完全是不正常的"。他恳求马特洛克能明白，对戈尔巴乔夫而言，与兰茨贝吉斯对话是多么不容易；他要求将这一信息转达给白宫。他说苏联领导人曾努力缓和与美国的紧张关系，尽管他们反对美国在巴拿马和菲律宾的行动。他们希望美国在爱沙尼亚、拉脱维亚和立陶宛问题上能表现出一些克制。马特洛克重申道，如果对立陶宛人动用武力，美国人将拒绝"继续发展与苏联的关系"。[18]

谢瓦尔德纳泽试着让国务卿贝克相信，立陶宛的局势正变得没那么棘手；他很感谢美国没有做出任何可能激化局势的举动。[19]在会见布什时，这一话题再次被提出，布什提醒他注意波罗的海流散人群的反对意见。布什重申了他对苏联高层不诉诸武力镇压来解决危机的要求。[20]

1989 年 4 月，第比利斯流血事件证明苏联仍有能力实施无情残酷的暴行。调查委员会着手调查时，苏联高层弥漫着对各共和国一触即发的政治态势的恐惧。政治局在 5 月 11 日重新研究波罗的海问题。戈尔巴乔夫指出，经济问题正扩散到全国。他指责波罗的海共产党领袖们与劳动人民脱离开来："你们没有很好地利用机会。"[21]他承诺会把莫斯科的干预程度降到最低："联盟——苏共中央——的利益不是非常大：军队、国家机器、科学。其他的都是各个共和国自己的事情。"他想要让各个人民阵线相互合作。不论它们在哪里团结为一个民族国家，任务都应该是让共产党成为阵线的左翼。极端主义者应该接受法律的约束和制裁。[22]雷日科夫要求，波罗的海共产主义媒体应该继续刊发政治局委员的文章，并停止将他们描述为恶棍和无赖。[23]戈尔巴乔夫承认他此前低估了一些主要官员的担忧，并让梅德韦杰夫——不是雅科夫列夫——出访波罗的海三国。他本人也会亲自访问："必须采取行动。"他表达了对爱沙尼亚、拉脱维亚和立陶宛共产党领导人的支持："错误是在那里统治的、他们的前任领导人犯下的。让我们以一切都不会失去的前提为出发点吧。"他以一句乐观的话做总结："立陶宛不会离开我们，我向你们保证。"[24]

戈尔巴乔夫无视证据：他似乎真的像他所说的那样坚信着。7月14日，他带着关于"民族问题"的新政策草案来到政治局。这一次，谢瓦尔德纳泽用粗暴的批评震惊了所有人，他警告政治局说，如果领导层不去纠正处理民族问题的方式，苏联的改革就会受到损害。[25]

谈到戈尔巴乔夫改革苏联整个联邦架构的具体草案时，谢瓦尔德纳泽认为它们太过含糊。他要求明确地写出，要保护苏联继续存在。他问道，为什么没有像列宁曾经构想的那样讨论退出联盟的权利。他还认为草案中缺少了对民族主义的定义。在当前逐渐失控的局势下，他认为这些草案是陈腐且不完善的。[26]他从未说过如此激烈而犀利的话，即便是在处理阿富汗问题时，也未曾有过。戈尔巴乔夫无法接受他的朋友兼盟友对自己这样的指责。他问道，是否值得为这一问题召开一次中央委员会全体会议。乌克兰的谢尔比茨基（Shcherbitski）赞同谢瓦尔德纳泽的观点——而且所有人都知道谢尔比茨基是勃列日涅夫的一位老门

/ 458

徒。谢瓦尔德纳泽坚持自己的立场。梅德韦杰夫试着让大家冷静下来，提议就新联盟条约进行辩论。他担心俄罗斯可能会变成一个主权共和国。戈尔巴乔夫同意了。[27] 但是，雷日科夫反对梅德韦杰夫想要将权力下移给各共和国："我有一种感觉，你已经做好准备把一切都搞砸。这就是为什么不能让你踏入波罗的海地区。"切布里科夫又说道："这里的人都对波罗的海持悲观的态度。"[28] 政治局距离达成共识还有很长的一段路。然而，戈尔巴乔夫的草案是唯一可供考虑的内容，于是，在没有替代方案的情况下，政治局决定在 9 月将其提交给中央委员会全体会议。[29]

戈尔巴乔夫一直相信苏联联邦制具有优势。全体大会上，他提醒所有人注意，拉脱维亚 96% 的燃料来自苏联的其他地区。它自身只能供应一半的电力，生产 1/5 的化工材料。波罗的海地区对其他加盟共和国的依赖也是如此。但是，他称赞了立陶宛的电脑、电视机和录音设备。[30]

1989 年 11 月 9 日，在柏林墙倒塌前的几个小时里，他向政治局汇报了近期他与爱沙尼亚和拉脱维亚代表们的会面。他们想谈的只是脱离苏联的机制问题。[31] 政治局对如何应对局势感到不知所措。沃罗特尼科夫（Vorotnikov）打消了有些人支持实施经济封锁的想法。他认为，任何此类举动都将激起人们对整个联邦秩序的敌意。[32] 但是，苏联领导层要怎么做呢？东欧革命是亟待处理的复杂问题。11 月 18 日与助理们讨论时，谢瓦尔德纳泽说，东德的任何"不稳定"都会"成为波罗的海地区分离趋势的催化剂"，甚至对乌克兰而言，也是这样。[33] 他害怕人们会说："斯大林大叔创造了一个体系，而你却把它给毁了。"[34] 在 12 月 3 日的马耳他峰会上，布什表达出自己的担忧，害怕戈尔巴乔夫可能会对波罗的海地区施加压力。他重申，在美国的波罗的海移民正在对这一可能性拉响警报。戈尔巴乔夫回应说，他正在苏联扩大自由；他将立陶宛、拉脱维亚和爱沙尼亚的分离主义描述为对苏联改革的威胁。他要求布什考虑一下居住在非俄罗斯民族共和国里的数百万俄罗斯人的命运。美国的干涉可能会破坏与莫斯科的关系。布什评论道："我明白你的意思了，总统先生。"[35]

在立陶宛共产党明确提出国家独立之后，苏共中央委员会全体大会在当月月底专门讨论了立陶宛问题。戈尔巴乔夫发表了愤怒的讲话。克格勃的克留奇科夫称，他"赞同米哈伊尔·谢尔盖耶维奇讲话的每一个字和他（随后）所做的评论"。他控诉布拉藻斯卡斯因为允许竞争性政治党派的存在，而开启了反抗苏联的"又一道阵线"；他说，立陶宛可能会成为其他苏维埃共和国试图脱离苏联的先例。那可不是简单的领土和宪法解体。社会主义本身将遭受攻击，正如已经在匈牙利、波兰、东德和捷克斯洛伐克发生的那样。他感叹"我们"——苏联领导层——总是习惯于在无法获得胜利的时候开始战斗。[36]

1990年1月11日，戈尔巴乔夫出访维尔纽斯，不顾一切地努力拉回立陶宛的民意。布拉藻斯卡斯害怕自己看上去像一个莫斯科官员，于是表现出不太合作的样子——毕恭毕敬已经不再符合他的个人利益了。戈尔巴乔夫哀叹在西方国家改革经济时，勃列日涅夫却浪费了大把光阴。他指出了他本人所带来的政治和经济变化。[37]立陶宛公共事务就要达到沸点。布拉藻斯卡斯宣布了立陶宛共产党脱离苏联共产党的意愿。亚美尼亚和阿塞拜疆的局势也在朝着相同的方向发展。苏联正在所有人的眼皮底下解体，谢瓦尔德纳泽赞成雅科夫列夫关于"多米诺效应"前景的看法。[38]立陶宛即将宣布它的完全独立地位。[39]戈尔巴乔夫转变了自己的悲观主义情绪。只要他担任领导人，苏联共产党就将团结在一起，他也将拒绝波罗的海的任何分离主义要求。他对政治局说，爱沙尼亚在 1920 年之所以获得了独立，是因为内战削弱了俄国。[40]

在军事史上，这种说法是准确的，但是并不能回答爱沙尼亚人、拉脱维亚人和立陶宛人的问题，即为何现在他应该享有决定他们命运的权利。萨尤季斯在全国选举中表现得非常出色，并在 3 月 11 日以胜利者的姿态走进了立陶宛最高苏维埃。兰茨贝吉斯被选为国家领袖，卡济梅拉·普伦斯克涅（Kazimira Prunskienė）当选总理。他们很快就立法宣布国家独立。萨尤季斯领导层正在搅动苏联政治，也搅动着莫斯科与华盛顿之间的关系。

3 月 22 日，在政治局会议上，戈尔巴乔夫否决了瓦连尼科夫关于宣布实施总统统治的倡议。戈尔巴乔夫虽拒绝了这一想法，但他愿意利用经济制裁来打压兰茨贝吉斯和民族主义者。立陶宛政府切断了对驻立陶宛苏军的燃料运输，苏联必须采取严厉的措施。戈尔巴乔夫虽倾向于对话，但并不排除实施军事管制的可能性。[41] 一些政治局委员对此感到不满。利加乔夫主张迅速行动。雷日科夫建议强行建立一个由莫斯科选出的新的平行政府，就像斯大林在 1939~1940 年与芬兰的冬季战争期间，建立起一个芬兰政府一样。[42] 尽管戈尔巴乔夫希望避免此类极端的做法，但他对什么措施能替代它们发挥成效也不甚清晰。雅科夫列夫试着帮戈尔巴乔夫排忧解难，提议主动与西方国家政府联系，告知它们事情的最新进展，并"使它们的煽动性立场中立化"。除此之外，戈尔巴乔夫和雅科夫列夫都不知道应该如何应对波罗的海地区的政治危机。[43]

4 月 6 日，布什在白宫接待了谢瓦尔德纳泽，后者请求总统不要做任何会鼓动波罗的海三国发生骚乱的事情。[44] 布什则警告说不得对立陶宛使用武力。尽管表明支持苏联改革，但他也指出，美国政府高层正敏感地关注着莫斯科。[45] 谢瓦尔德纳泽在访问华盛顿期间，流露出对立陶宛问题的十足信心。贝克承认对他的沉着镇定感到非常吃惊。[46] 谢瓦尔德纳泽只是严格遵守了莫斯科给他的指示。他个人的看法则是，戈尔巴乔夫太听瓦连尼科夫的话了，置与美国人的军备谈判于崩溃的风险之中。谢瓦尔德纳泽害怕军备竞赛再次重启，而此时的苏联已经无力招架了。[47] 他对军事随员说，在国家开始分崩离析之时，他对苏联领导层中对政府政策路线不断增强的敌意感到非常不安。尽管戈尔巴乔夫施展手腕，对其批评者做出了巧妙的战术让步，但改革派已经不像以前那样安全了。[48]

戈尔巴乔夫决定教训一下立陶宛人。4月19日，他宣布封锁苏联其他地区对立陶宛的贸易和燃料供应。他要求外国领导人认可其维护宪法秩序的责任。他向英国外交大臣道格拉斯·赫德（Douglas Hurd）保证，尽管兰茨贝吉斯及其朋友们是在冒险，但他仍会对维尔纽斯保持克制。[49] 布什对此十分赞同。他完全可以想象到阿赫罗梅耶夫和其他人会说："给我适可而止！"[50] 4月29日，他按照这一思路秘密写信给戈尔巴乔夫，甚至还强调说，他理解苏联的官方立场，即波罗的海三国属于苏联。[51] 5月，贝克来到莫斯科时，戈尔巴乔夫称"立陶宛会一直与俄罗斯绑在一起"。他暗示可能会有麻烦；他还指出，斯大林明确了立陶宛的边界——而现在白俄罗斯人却想要回一些他们的领土。贝克很随和，回忆起自己曾对美国国会说，立陶宛的首都维尔纽斯在1940年以前甚至都不属于立陶宛，而是属于波兰。[52] 5月18日，英国大使布雷思韦特拒绝了立陶宛总理卡济梅拉·普伦斯克涅关于支持其政府的请求。布雷思韦特敦促进行对话和耐心等待。他断言，立陶宛政府是对戈尔巴乔夫改革取得成功感兴趣的。[53]

当月晚些时候，戈尔巴乔夫飞到华盛顿时，布什对他所面对的波罗的海困局表示了同情，但要求他明白他本人正因未站在立陶宛的立场上施加干预而遭受批评。他谈及自己之所以不喜欢兰茨吉贝斯，是因为他把他比作内维尔·张伯伦。[54] 布什主动向戈尔巴乔夫提了一个交换条件。如果莫斯科取消移民限制，结束对立陶宛的贸易封锁，那么美国总统将会减轻苏联的经济困难："所以，如果达成这一私下交易，我今天就会签署贸易协议，尽管我的反对者会把我痛骂一顿。"[55] 参议员鲍勃·多尔（Bob Dole）就没有那么绅士了。他大声斥责戈尔巴乔夫否认爱沙尼亚、拉脱维亚和立陶宛的独立。戈尔巴乔夫愤怒地回应说："如果你如此热爱自由，那你为什么会让你的政府干预巴拿马？……我们该怎么办，宣布立陶宛实行总统制吗？"[56] 理查德·珀尔在《纽约时报》上指责布什和贝克太热衷于取悦戈尔巴乔夫。他提醒读者，立陶宛人有正当的理由要求独立。[57]

6月29日，受华盛顿和莫斯科的双重压力，立陶宛政府暂停宣布独立。美国人继续要求克里姆林宫对波罗的海地区做出保证。谢瓦尔德纳泽回应说，爱沙尼亚、拉脱维亚和立陶宛领导人没有表现出足够的自我克制。[58] 苏联的公开争吵仍在继续。波罗的海的政客，包括共产党人，谴责克里姆林宫拒绝承认历史的不公。1939年8月签订的秘密协议《苏德互不侵犯条约》也存在争议。雅科夫列夫奉命进行调查，但没有找到完整的原件。显然，莫洛托夫在1957年丢掉自己的外交部部长职位之前不久，就已经调取并隐藏或者毁掉了文件。[59] 7月，雅科夫列夫坚持认为《苏德互不侵犯条约》是"合法的"，不是什么秘密协议。[60]

戈尔巴乔夫的计划是给波罗的海的苏维埃共和国最大程度

的自由，但把它们保留在苏联。他是一个苏联爱国者和一个骄傲的俄罗斯人。尽管他有很强的思想适应性和灵活性，但他仍无法理解为什么它们拒绝与俄罗斯维持永久的联系。三个共和国的全国运动是以相反的前提为出发点的。按照它们的观点，它们不是在努力脱离苏联，因为它们从未同意最初的联合。它们是被非法地、武力地吞并了，而现在他们要重申自己的独立权。在它们看来，只有在莫斯科衰弱的时候，戈尔巴乔夫才会妥协。它们要抓住当下，这一千载难逢的时机。如果它意味着与布什交恶，那就太糟糕了。布什牢记着还没有完成与苏联的军控协议；他还想维持苏联对德国和其他国家的革命性变化的默许。让波罗的海的独立运动颠覆掉戈尔巴乔夫的政权，并不符合他的利益。

布什和戈尔巴乔夫想要用最少的麻烦来终结冷战。立陶宛、拉脱维亚和爱沙尼亚的民族主义者似乎要制造出尽可能多的麻烦，去阻止莫斯科和华盛顿在解决波罗的海苦难之前，结束对彼此的敌意——而且它们也不愿意因地缘政治上的托词而妥协。

在撤出阿富汗和与美国就其他地区冲突谈判的过程中，戈尔巴乔夫颠覆了苏联外交的传统。他梦想着一个基于和平变革原则的新世界秩序。1990 年 8 月 2 日发生波斯湾冲突，当时萨达姆·侯赛因命令伊拉克武装部队入侵科威特；这让他的想法受到怀疑。这是对国际法的公然违背；它给所有的邻近国家拉响了警报，美国人要求立即撤军。布什发出最后通牒，威胁如果萨达姆不撤军，就要承担可怕的后果。华盛顿的好战让戈尔巴乔夫失望，后者仍在希望与美国建立一种全球伙伴关系，承诺采取非暴力方式。他害怕布什政府渴望成为唯一的超级强国去统治世界。戈尔巴乔夫身边的人也同样担惊受怕。中东事务学者叶夫根尼·普里马科夫（Yevgeni Primakov）认为，苏联的利益是要防止其中东传统盟友——甚至包括萨达姆的社会党政权——被打败；苏共中央国际部的瓦连京·法林劝说戈尔巴乔夫与欧洲左翼联合起来，反对对伊拉克展开武力行动。[1]

另一种观点的代表人物是谢瓦尔德纳泽和切尔尼亚耶夫，他们希望让苏联与美国的外交政策保持一致。[2]他们敦促戈尔巴乔夫不要做出让华盛顿为难的事情来。国际关系充满了不稳定因素。中东很重要，但超级大国之间未完成的重要交易仍是重中之重。美国人想要联合苏联共同反抗萨达姆。9 月 3 日，他们请求苏联海上货轮"马格尼托哥尔斯克号"（Magnitogorsk）运送美国军队到沙特阿拉伯。[3]他们持续施压，希望得到一个满意的答复。[4]

1990 年 9 月 9 日在赫尔辛基峰会上，戈尔巴乔夫向布什抱怨，美国人未经协商就把军队送到了中东。布什接受这一"建设性批评"。[5] 他们一致认为，戈尔巴乔夫应该向萨达姆示好。撇开公共立场不谈，布什表现出用和平方式解决危机的倾向。当他又补充说欢迎派苏联军队到海湾地区加强美国的兵力时，斯考克罗夫特皱眉蹙额。[6] 贝克试图拉拢戈尔巴乔夫，示意已经准备好派美国的商业领袖前往莫斯科。戈尔巴乔夫欢迎美国对西西伯利亚的田吉兹油田的开发施予帮助。[7] 他和谢瓦尔德纳泽还提出 15 亿美元无息贷款的请求。贝克解释说，考虑到苏联还没有解决与美国的财政纠纷，因此对布什来说，这在法律上是不可能的，但他承诺让美国的朋友们先垫付这笔钱。戈尔巴乔夫听后很高兴，说："10 亿美元对一个拥有 1040 亿或 1050 亿美元的阿拉伯王子来说，何足挂齿呢？"[8]

峰会之后，戈尔巴乔夫选择让普里马科夫代表自己前往巴格达，这说明谢瓦尔德纳泽和戈尔巴乔夫之间的裂痕出现了。这是第一次戈尔巴乔夫没有让谢瓦尔德纳泽去执行重要的任务；谢瓦尔德纳泽感到很不愉快。

他们的伙伴关系中一直都存在一些张力。作为必须在巨变时代里做出判断的意志坚定的两位政治家，他们如果能在任何事情上都达成共识，那么就不是人类了。1986 年，谢瓦尔德纳泽曾发言反对戈尔巴乔夫与美国人谈判时使用"要么接受要么走人"的策略；1988 年，他曾反对戈尔巴乔夫拒绝在阿富汗保留一个军事分遣队。他讨厌其顶头上司的花言巧语——每当戈尔巴乔夫谈论"我们共同的家园"时，他无论身在何处，都会感到难堪。[9] 但他一直坚信，作为一名格鲁吉亚人，他永远不能取代戈尔巴乔夫掌权："我……相信米哈伊尔·谢尔盖耶维奇是唯一能领导这个国家的人。"[10] 如果改革失败，他补充说，后果将是"无政府状态和混乱"——他还预测那些可能取代戈尔巴乔夫的人将镇压所有的持异见人士。[11] 他相信一个独裁者可能会上台。[12] 此外，戈尔巴乔夫和谢瓦尔德纳泽处理他们之间的分歧时，既没有深仇大恨，也没有公开披露。对戈尔巴乔夫而言，这一伙伴关系运行得足够好，以至于给了谢瓦尔德纳泽很大的自由度去处理重大事务，例如对非洲政策。谢瓦尔德纳泽的助理们钦佩地将他称作"代理米什"（Vice-Mish）。[13] 外国领导人们将他们二人视为苏联新外交政策的两大支柱。

到 1989 年 6 月，当苏联外交政策第一次在国内遭到批评时，谢瓦尔德纳泽在克里姆林宫的多棱宫（Faceted Chamber）成为最高苏维埃国际事务委员会的主要攻击对象。那些质疑足以让一位性情温和的政治家怒火中烧，更何况谢瓦尔德纳泽性情暴躁易怒。有人反对他让过多女性任职于外交部。国际事务委员会主席瓦连京·法林发表意见说，谢瓦尔德纳泽没有招录那些真正的专业人士。另一位委员则认为谢瓦尔德纳泽是一个太软弱的谈判者，应该"拿出些勇气来"。直到格奥尔基·阿尔巴托夫（Georgi Arbatov）加入谢瓦尔德纳泽的阵营之后，批判的声音才平息下来；回到改革之前的那些年里，正是这个委员会全体一致地同意谢瓦尔德纳泽担任外交部部长。[14] 虽然这些批评仅仅是一种形式，但让谢瓦尔德纳泽对在言论自由不断扩大的环境下，苏联领导层所面临的日益加剧的危险有了警惕。尽管没有人敢批评戈尔巴乔夫，但所有人都明白，射向谢瓦尔德纳泽的箭想要同时射中他们两人。

谢瓦尔德纳泽承认自己是一个非常"情绪化的人"。[15] 格鲁吉亚事件一直让他如坐针毡。尽管他视自己为国家的保护者，但反对派让他想起 1976 年那句令人难堪的话：太阳不是从东边，而是从北方升起。[16] 很多格鲁吉亚人嫌弃他为"民族的背叛者"。[17]民族主义持异见者兹维亚德·加姆萨胡尔季阿（Zviad Gamsakhurdia）指责他是"莫斯科的代理人"。[18]

共产主义传统主义者同样斗志旺盛，谢瓦尔德纳泽感觉受到了羞辱。1989年12月24日，在军事总检察长亚历山大·卡图谢夫（Alexander Katusev）的煽动性发言之后，谢瓦尔德纳泽被要求在人民代表大会上演讲。格鲁吉亚代表团因不满而离开了会场。谢瓦尔德纳泽以为卡图谢夫不敢在没有上层批准的情况下大放厥词。[19]戈尔巴乔夫拒绝让谢瓦尔德纳泽使用麦克风，以防他说出一些让他们两人都后悔的话来。[20]谢瓦尔德纳泽终于忍无可忍。他对戈尔巴乔夫说，他准备卸任，回到乡间别墅去。克里姆林宫的政治陷入混乱。克留奇科夫找到谢瓦尔德纳泽的副手科沃莱夫（Kovalёv），请他去劝说谢瓦尔德纳泽。戈尔巴乔夫同意了这一请求。科沃莱夫谨慎地用他的私人电话给谢瓦尔德纳泽打了电话。谢瓦尔德纳泽接了电话。显然，他还对外交部保持着一种责任感，在他回乡期间，科沃莱夫负责管理外交部事务。当谢瓦尔德纳泽说需要时间来反思时，科沃莱夫向他保证戈尔巴乔夫一直支持他；他还补充说，如果谢瓦尔德纳泽坚持卸任的决定，那么所有已经取得的成果可能会毁于一旦。谢瓦尔德纳泽开始另做打算。[21]

/ 466

谢瓦尔德纳泽当晚与戈尔巴乔夫谈了谈。第二天，他回到外交部的办公桌前，给科沃莱夫打电话："来我办公室一趟；我在这里。"[22]他把辞职信锁进了保险箱里。几天后，他告诉斯捷潘诺夫－马马拉泽："（中央委员会）大会证实了我最坏的担心。除了极少数人外，绝大多数人都要求采取严厉的措施。这一切都直接与12月24日的武力示威相关。相比于4月9日（第比利斯大屠杀），这是对改革更狡猾、更危险的一击。"[23]戈尔巴乔夫让他前往立陶宛，并与那些主张独立的人对话，这让他感到稍微安心一些。[24] 谢瓦尔德纳泽向斯捷潘诺夫－马马拉泽坦言道："你知道，我今天可以撒手离开。但是我非常想——纯粹用人性的方式——让一切结束……让它们有个合理的结局。这将让人生变得有意义。"[25]

与此同时，苏联外交政策的反对者继续单单指责谢瓦尔德纳泽——对他们而言，批评戈尔巴乔夫太危险了，但所有人都知道，他们事实上针对的是戈、谢两人。再则，毫无疑问，谢瓦尔德纳泽抱着极大的热情推动了外交政策的改革；而且在最近几周里，势头仍没有减弱。批评者对他非常生气。1989 年 9 月，谢瓦尔德纳泽在没有对可能产生的军事后果进行初步分析的情况下，就同意了贝克提出的"开放天空"协议条款；他同意美国人关于减少化学武器库存的提案，却无视苏联并不具备淘汰此类武器的设备。1989 年 10 月 23 日，他违背官方政策路线，对最高苏维埃说克拉斯诺亚尔斯克雷达站违反了《反弹道导弹条约》。[26] 他暗示整个政治局都被欺骗了。[27] 科尔尼延科后来声称在 1985 年 9 月谢瓦尔德纳泽飞往美国之前，他就详细地向后者介绍了该雷达站的历史。[28] 对谢瓦尔德纳泽的控诉还包括，他未能在 1990 年 2 月的渥太华谈判中奋力争取国内各方同意的削减武器数额。[29]

与雅科夫列夫遭到的攻击相比，谢瓦尔德纳泽所受的指责就显得温和多了。克格勃主席克留奇科夫把他视为卖国贼，并且在与扎格拉金联系之后，带着下属的报告就去找了戈尔巴乔夫。他指控的证据很明显是没有价值的。克留奇科夫只能指出那些雅科夫列夫未经"批准"就与美国人对话的情况。戈尔巴乔夫明白这远不足以成为铁证，于是他建议克留奇科夫直接与雅科夫列夫讨论此事。[30] 这种处理方式虽然巧妙，但不能让人满意。克留奇科夫做事糟糕，假如戈尔巴乔夫不去平衡政府内激进派与保守派之间的平衡，那么克留奇科夫早就丢了饭碗。戈尔巴乔夫一定会为自己的这种算计后悔一辈子。克留奇科夫暂且又表现出对领导层忠诚的姿态。在高层内部，他是一个复杂难懂的人物。被任命为克格勃主席之后不久，他曾对马特洛克大使脱口而出：一些情报官员认为现任苏联领导人精神不正常。但是，他也承认苏联以前是一个邪恶政权，而且还要求根据美国经验来提供如何处理民族问题的建议。[31]

听到人民说他对东欧"社会主义阵营"的崩溃负有责任之后，谢瓦尔德纳泽就思考是否要在当月的中央委员会全体会议上为自己辩护。[32] 结果，他在另一个事情上发了火。这是因为利加乔夫在全体会议上保证，整个政治局已经同意于1989年4月在第比利斯出动军队的决定。谢瓦尔德纳泽非常生气，于是突然插话说，政治局只是为了维持秩序，才批准部署军事单位。没有任何人被允许使用武力。当谢瓦尔德纳泽坐下来时，经济学家斯坦尼斯拉夫·沙塔林（Stanislav Shatalin）是唯一对他表示支持的中央委员会委员。没有人比谢瓦尔德纳泽更受震动："这是我第一次从这样一位观众那里得到这样的反馈。"[33] 他决心按照自己的方式完成他为自己设定的外交政策任务："我已经做好准备承担全部责任；（但）如果人民认为这意味着整个制度的崩溃而不是民主，或者认为它与我们的国家利益相悖，那么我也准备好递交辞呈。"他为自己在反独裁斗争中所扮演的角色感到自豪。[34]

按照谢瓦尔德纳泽的观点，如果戈尔巴乔夫想要去征服政治局、中央委员会和最高苏维埃里的反抗势力，那么总统权力就需要加强。[35] 1990年3月和4月，卡图谢夫（Katusev）和罗季奥诺夫（Rodionov）称谢瓦尔德纳泽被格鲁吉亚的民族主义污染，并借此严厉谴责了第比利斯屠杀事件。[36] 让谢瓦尔德纳泽悲伤的是，戈尔巴乔夫没有为他辩护。[37] 到了 7 月，谢瓦尔德纳泽有可能无法在苏共全国代表大会上再次当选中央委员会委员。因为不喜欢被"揪着耳朵强拉进中央委员会"，所以他要求戈尔巴乔夫把他的名字从候选人名单上撤下来。戈尔巴乔夫敦促他像以前那样，承担起政治上的责任。[38] 他无视谢瓦尔德纳泽的请求，最终后者获得了绝大多数选票。[39] 事实上，戈尔巴乔夫正在担心另外一些事情。叶利钦出席了代表大会，但在其激进的民主化提案被否决之后，他便宣布退出苏联共产党。他径直走出了会场。尽管戈尔巴乔夫保住了代表们对其当前政策的认可，然而正式的党纲草案遭到了激烈的批评。但他至少可以从利加乔夫未能保住副总统职位中获得满足感——而且利加乔夫很快就离开了政治局。

但是在领导层，新领导团体中的对立越来越严重，谢瓦尔德纳泽和雅科夫列夫之间的对抗已经是一个公开的秘密了。[40] 有传言说，让两个出类拔萃的激进分子为获得总统的偏爱而竞争，对戈尔巴乔夫有好处。谢瓦尔德纳泽心态比较乐观，不认为是戈尔巴乔夫在挑拨离间："我不认为这些话是出自戈尔巴乔夫之口。毕竟，他知道我的脾气。更准确地说，是其他人——亚历山大·尼古拉耶维奇（·雅科夫列夫）和中央委员会国际部里的人——说了那些话。"[41] 他怀疑是雅科夫列夫用了这种倒人胃口的伎俩。他还厌恶雅科夫列夫自诩为改革之父。他本人否认有任何取代戈尔巴乔夫的野心，言外之意是他不能用同样的话来评价雅科夫列夫。[42] 至于雅科夫列夫，他并不赞同谢瓦尔德纳泽对戈尔巴乔夫的慷慨评价；在他看来，戈尔巴乔夫从来都不喜欢他，谈论他时总是充满恶意。[43] 他注意到，戈尔巴乔夫拒绝让他在其缺席期间主持政治局或者书记处会议。雅科夫列夫很想发表每年的公开演讲，但是戈尔巴乔夫从未邀请过他，反而将此项荣誉给了利加乔夫。雅科夫列夫怀疑戈尔巴乔夫身边的人一直在给他吹耳边风："雅科夫列夫已经另起炉灶了。"[44]

自1989年底以来，谢瓦尔德纳泽也发现戈尔巴乔夫不再那么信任他了。他把这一变化归因于布什在马耳他峰会上对戈尔巴乔夫说的话："我绝对相信谢瓦尔德纳泽。"[45]他猜测，戈尔巴乔夫可能感到如果美国总统对谢瓦尔德纳泽的陪同感到很安心放松，那么他就必须有所警惕了。

整个夏天，在戈尔巴乔夫要求、叶利钦同意的前提下，斯坦尼斯拉夫·沙塔林和格里戈里·亚夫林斯基（Grigori Yavlinski）带领着一组经济学家研究制订用500天的时间在苏联建立市场经济的计划。苏共中央委员会在1990年9月中旬开会讨论上述计划。经济呈自由落体式下滑，财政部部长瓦连京·帕夫洛夫汇报说如果没有大量的外国资本流入，苏联就会破产。他估计35%的企业处于负债状态。对雷日科夫而言，日益加快的崩溃胜过了他对民众抗议零售价格改革后果的担忧。他宣布，必须采取紧急而坚定的行动。与此同时，他还质疑了近期让雅科夫列夫负责反犯罪运动的决定——他说，显然这超出了雅科夫列夫的能力范围。那些宁愿保留旧经济制度也不愿承担改革不确定性的人也开始公开发表意见。尤里·普罗科菲耶夫（Yuri Prokofev）就称沙塔林拟订的计划只是在喊口号，没有任何实用性。奥列格·巴克拉诺夫声称工人阶级就要走上街头。[46]中央委员会分裂了。唯一的共识是苏联面临严峻的危机。

戈尔巴乔夫和谢瓦尔德纳泽希望利用西方的援助缓和局势。当叶利钦访问美国时，他们开始担心了。切尔尼亚耶夫记录说："而且布什及其同僚正把他视为替代人选。"[47]戈尔巴乔夫请求英国外交大臣道格拉斯·赫德为其求得20亿美元的无息贷款。他表明莫斯科还需要150亿到200亿美元的无息贷款、货物和专家来攻克难关。赫德承诺会把请求转达给撒切尔夫人，她一人即可做出决定。[48]

苏联总参谋部和国防部对它们的政治高层而言，谈不上有什么帮助。9月18日，谢瓦尔德纳泽警告戈尔巴乔夫，西方媒体报道苏联系统性违反了军备协议。[49]报道说，最高指挥部没有摧毁坦克，而是把它们转移到了乌拉尔山以东。[50]谢瓦尔德纳泽感觉除非外国人视他为一个值得尊敬的谈判者，否则他就不可能有效地履行职责。协议中规定的是将坦克转变为推土机、消防车和起重机。相反，它们正被保留下来用于军事。谢瓦尔德纳泽要求戈尔巴乔夫进行干预，以便在年底前可以签署一份全面的削减军备协议。[51]格里涅夫斯基在维也纳给戈尔巴乔夫写信，也表达了相同的观点。当切尔尼亚耶夫也加入这一阵营时，戈尔巴乔夫便下令让亚佐夫和扎伊科夫与谢瓦尔德纳泽协商如何解决此事。戈尔巴乔夫在写给国防部部长亚佐夫的信中称，他已经批评了那些违反协议的指挥官。[52]《欧洲常规武装力量条约》（Conventional Armed Forces in Europe Treaty）定于1990年11月19日签署，它要求苏联削减乌拉尔山以西70%的坦克、大炮和装甲车辆。[53]

谢瓦尔德纳泽还在享受在坦克一事上说服戈尔巴乔夫的成功感，戈尔巴乔夫就用最近的一次外交行动让他大惊失色。戈尔巴乔夫选派普里马科夫前往巴格达与萨达姆·侯赛因谈判，而不是他。这激怒了谢瓦尔德纳泽。当戈尔巴乔夫打来电话时，谢瓦尔德纳泽示意其助手塔拉先科待在房间里作为见证人。戈尔巴乔夫说，普里马科夫去巴格达不会有什么坏处。如果英国前首相爱德华·希思能去执行和平任务，为什么一位苏联公众人物就不能呢？[54]根据切尔尼亚耶夫后来的描述，戈尔巴乔夫派了最合适的人去完成这项工作：普里马科夫会讲阿拉伯语，也是一位经验丰富的中东问题专家。[55]这些理由都不足以平息谢瓦尔德纳泽的怒气，他对塔拉先科说："谁在领导外交？是我，还是普里马科夫？谁在负责？如果其他各色人等都要插足我的事务，那我不可能当这个部长。"[56]谢瓦尔德纳泽开始暗中搞破坏。苏联驻约旦大使在苏共中央国际部对卡连·布鲁坚茨（Karen Brutents）说，谢瓦尔德纳泽命令他不要为普里马科夫的出访提供积极的帮助——显然，谢瓦尔德纳泽表明了自己的担忧，即如果苏联纵容萨达姆，沙特阿拉伯人将取消已经承诺的贷款。[57]

谢瓦尔德纳泽对戈尔巴乔夫的忠诚动摇了。他认为，要解决这些棘手的问题，就需要深化与美国的合作，包括就削减军备、泛欧洲军事安全、华约成员国问题、莫斯科如何对待波罗的海三国和苏联经济崩溃达成进一步的共识。谢瓦尔德纳泽考虑的是美国与苏联之间的所有不稳定因素，然而普里马科夫关心的只有伊拉克危机；而且普里马科夫比谢瓦尔德纳泽更渴望找到满足萨达姆的方法。

谢瓦尔德纳泽打破了惯例，秘密写信给美国国务院官员丹尼斯·罗斯，表达自己对戈尔巴乔夫行事方式的不安。塔拉先科把这封信交给了美国大使馆里自己信任的联络人手中。谢瓦尔德纳泽希望贝克知道自己在波斯湾危机中的立场。[58]9月22日到10月5日，在纽约一系列会议中，谢瓦尔德纳泽本人见到了布什和贝克。布什想把赌注"押在伙伴关系上"。如果萨达姆表现出"不可理喻的顽固"，他说，苏联领导层就可以充当调解人。似乎贝克也为了公开谴责斯大林吞并波罗的海三国而道歉。尽管所有这些都鼓舞了苏联外交，但谢瓦尔德纳泽要求戈尔巴乔夫不要认为美国在军备谈判中的合作是理所应当的。他提醒戈尔巴乔夫注意，当前有机会从沙特阿拉伯获得40亿美元的贷款，从科威特获得4亿美元的贷款。西班牙已经给了10亿美元。谢瓦尔德纳泽暗示的是，在这个"微妙"问题上，如果苏联外交政策与美国在波斯湾的目的相冲突，贷款是不可能来到莫斯科的。[59]

可获得的援助金额变化不定，戈尔巴乔夫努力维护着苏联的尊严。贝克在9月中旬曾带着一群代表雪佛龙、百事和其他大公司的美国商界领袖来到莫斯科，极大地表现出了诚意。他们的希望是促进工业和商业投资。这是一个很及时的介入，因为戈尔巴乔夫正在着手落实沙塔林转变苏联经济的"500天计划"。[60]美国商人们对苏联提供的交易没有什么兴趣，因为他们亲眼看到了社会和经济环境中的混乱。部长会议主席雷日科夫却向戈尔巴乔夫施加压力，要求削弱沙塔林的激进主义。"500天计划"逐渐被搁置了。雷日科夫对此很满意，但叶利钦十分恼怒（并准备强迫戈尔巴乔夫的激进派经济顾问尼古拉·彼得拉科夫于12月辞职）。[61]

戈尔巴乔夫想既保留一些激进主义元素，同时又不惹恼坚定的反激进主义者。这是不可能的。但他还不愿意承认失败。

他的确承认苏联迫切地需要直接经济援助，并恳求贝克提供15亿美元的无息贷款。贝克记录下他当时的印象："至关重要——现在就帮助我们。"[62]美国政府依旧拒绝了苏联的请求，但鼓励盟国施以援手。10月底，德国人提供200亿美元，沙特阿拉伯人预付了他们的40亿美元，法国人给了15亿美元，西班牙人和意大利人比法国人给的稍微多些。[63]但不是所有西方国家都自始至终地同意帮助苏联。苏联部长会议副主席西塔良（Sitaryan）谴责英国人撤走了已经交付给苏联的70亿美元。西塔良希望梅杰首相——1990 年 11 月 28 日接替撒切尔夫人成为英国首相——能够纠正这一政策。[64] 沙特外交大臣沙特·费萨尔（Saud al-Faisal）近期已经向戈尔巴乔夫确认法赫德国王将保证给苏联 40 亿美元的贷款。[65] 在挽救经济的过程中，戈尔巴乔夫知道外国的经济援助都是附带条件的。他仍然坚信苏联有能力摆脱困境。苏联和美国高层的关系已经被拉近，尽管——或者是因为——这一阶段发生了一些危机事件。但是在科威特问题上，美苏之间出现了裂痕，对在它们统治之下的世界产生了影响。

/ 第四十一章 新世界秩序？

美国政府在对萨达姆发起外交攻势的同时寻找志同道合的伙伴。在北约内部，这样的伙伴并不难找到，但是布什还想努力从其他地方获得支持。他明确指出，如果伊拉克人拒绝遵守联合国的要求，就会遭受军事打击。华盛顿计划在沙特阿拉伯集结一支无可抵抗的盟友力量。

普里马科夫于10月3~5日到巴格达与伊拉克政府举行会谈。谢瓦尔德纳泽在约旦给普里马科夫打电话说，会见萨达姆是不道德的；普里马科夫则持相反的看法，认为无视和平解决冲突的机会才是不道德的。在告知伊拉克人戈尔巴乔夫要求他们从科威特撤军之后，普里马科夫形成了一种印象：萨达姆真的做好妥协的准备了。戈尔巴乔夫对普里马科夫10月6日的汇报感到很满意。谢瓦尔德纳泽当时也在场，但与普里马科夫说了几句气话。普里马科夫说："你胆子可真大啊，一个从库塔伊西师范学校函授班毕业的学生，居然给我讲中东问题，从学生时代开始，我就在研究这个地区了！"[1]说完戈尔巴乔夫才打断了他。按照戈尔巴乔夫的指示，普里马科夫飞往伦敦与撒切尔夫人协商。[2]谢瓦尔德纳泽愤懑地写信给戈尔巴乔夫说："我仔细研究了叶夫根尼·马克西莫维奇（·普里马科夫）的一揽子提案。我努力地去找背后的逻辑，但就是找不到……"[3]戈尔巴乔夫没有理他。10月30日，他告诉密特朗，萨达姆有意从科威特撤出。他请求法国人帮忙说服美国人。[4]

戈尔巴乔夫打来电话时，谢瓦尔德纳泽的助理塔拉先科正在外交部部长的办公室里。主题是伊拉克。谢瓦尔德纳泽倾向于讨好和说服美国人，戈尔巴乔夫却要走一条更加独立自主的路线。

这是一次激烈的交锋。戈尔巴乔夫犀利地批评道："好，现在我们来看看在你大讲特讲友谊的时候，你的好朋友贝克是怎么对待你的：事实上，他们对一切都遮遮掩掩，就要发动袭击了。"戈尔巴乔夫说，美国人把他当成了傻子。谢瓦尔德纳泽回应说："我相信国务院。他们答应过我，如果他们决定进攻，会通知我，会让我知道一切进展。他们不会不告诉我们他们的计划就发动攻击。我坚信不疑。"戈尔巴乔夫对谢瓦尔德纳泽说，美国人愚弄了他，让他相信他们所说的一切。[5]两人针锋相对，而且戈尔巴乔夫还使用了算是对来自高加索的人的人身攻击的词语。[6]

外交部里的阿拉伯专家们并不赞成加入入侵伊拉克的行动。他们支持普里马科夫的观点，即不应该抛弃萨达姆；而且，即便塔拉先科已经在美国国务院与丹尼斯·罗斯达成了支持对萨达姆采取军事行动的初步谅解，他们仍然不同意谢瓦尔德纳泽的整体思路。谢瓦尔德纳泽支持塔拉先科。[7]切尔尼亚耶夫开始相信，谢瓦尔德纳泽已经私下里暗示贝克，苏联不会妨碍入侵行动。如果戈尔巴乔夫知道，肯定不会允许它发生的。显而易见，苏联政策不再是协调一致的了。[8]谢瓦尔德纳泽埋头于工作之中——苏联、美国和其他欧洲国家终于在11月19日签署《欧洲常规武装力量条约》，这着实让他高兴了一阵子。波斯湾局势没那么乐观。11月26日会见伊拉克外交部部长塔里克·阿齐兹（Tariq Aziz）时，谢瓦尔德纳泽指出，伊拉克已有整整十年处于战争之中了。苏联曾是其可靠的军事设备供应方，几乎是一个盟友。它从来没有因这些货物而回馈以适当的报酬。谢瓦尔德纳泽说，这是不可容忍的，并要求阿齐兹拿出一份不错的付款计划。[9]

莫斯科内越来越多的证据表明，苏联政治精英中有影响力的人物正在向谢瓦尔德纳泽"开枪"。他和他的妻子纳努莉生活在一定程度的恐惧之中。有消息说克格勃正在第比利斯谋划什么。作为格鲁吉亚内务部前部长，谢瓦尔德纳泽知道他们很有可能是在耍阴谋诡计。他担心的是，如果真的出现紧急情况，情报机构可能会逮捕他的忠诚追随者。他感觉四面楚歌。[10] 他推测如果发生政变，他或将性命不保。他注意到了共产党保守主义者的"大胆"。当新任副总统根纳季·亚纳耶夫（Gennadi Yanaev）住进与谢瓦尔德纳泽一家同楼层、同面积大小的一幢公寓时，谢瓦尔德纳泽猜测亚纳耶夫是要侵占他们的住处来扩大自己的住处。[11] 与此同时，他渴望完成自 20 世纪 80 年代中期开始就全身心投入的工作。他认为，美国人的注意力已经不在完成战略核武器条约上了。[12]

尽管发生了这一切，戈尔巴乔夫仍计划重组政府。这将让那些传统主义者长期以来强烈要求的"特别措施"得以实施。分离主义趋势在波罗的海地区和南高加索越来越明显，而且事实上，所有苏维埃共和国都在主张自己的主权。戈尔巴乔夫计划通过设立一个处于自己掌控之下的部长内阁来稳定局势。法律和秩序将得以执行。谢瓦尔德纳泽在政策变化的过程中看到了危险，甚至在与中国外交部部长钱其琛对话时坦承了自己的担忧。他告诉了钱其琛 11 月 7 日公众示威的情况，民众挥舞的横幅上写着"打倒戈尔巴乔夫！""打倒戈尔巴乔夫—谢瓦尔德纳泽—雅科夫列夫集团"。谢瓦尔德纳泽问："我们该怎么办？朝他们开枪吗？"[13] 这是一个反问句。他最担心的是，如果戈尔巴乔夫实施任何特别措施，他可能很快就会发现自己不得不诉诸暴力。他害怕苏联将屈服于独裁统治。第二天，在从莫斯科飞往巴黎时，他与助理们讨论了是否应该辞职的问题。[14] 他已经忍无可忍。他想要离开。

克格勃主席克留奇科夫敦促政治局宣布苏联处于紧急状态。

他想让总统承担全部权力。[15] 这意味着戈尔巴乔夫将自己置于苏联传统高压机构的控制之中：克格勃、苏联军队和共产党。内务部部长瓦季姆·巴干金（Vadim Bakatin）——改革支持者和戈尔巴乔夫的亲密伙伴——怒气冲冲地站了起来。虽然有戈尔巴乔夫护着他，但巴干金还是说了很多不该说的话。[16] 戈尔巴乔夫认为有必要安抚共产主义 - 保守主义批评者的情绪——1990 年 10 月，他甚至批准在巴伦支海和喀拉海之间的新地岛（Novaya Zemlya）进行核弹试验。这恰恰发生在他准备前往斯德哥尔摩领取诺贝尔和平奖之前。[17] 巴干金自己则请求在 1990 年 12 月 1 日解除职务。戈尔巴乔夫在转向其保守的批评者的同时，也抛弃了其阵营中其他出色的改革者。瓦季姆·梅德韦杰夫在戈尔巴乔夫的同意下，从总统委员会辞职。亚历山大·雅科夫列夫离开了公众视野。在最高苏维埃，改革的敌人们意气风发。尼古拉·彼得鲁申科（Nikolai Petrushenko）和联盟派（Soyuz group）吹嘘说，他们将继续除掉更多的改革派官员。[18]

/ 476

1990 年 12 月 11 日，布什宣布了一项经济措施，允许苏联购买价值 10 亿美元的美国小麦。[19] 谢瓦尔德纳泽于第二天到白宫拜访了他。布什试图消除苏联的犹豫，让它完全支持美国在波斯湾的军事行动。他希望，他的贷款可以向苏联朋友证明，他理解他们面临一个艰难的冬天。[20] 他还提到了立陶宛，并再次谈到兰茨贝吉斯总统把他比作第二次世界大战前夕的内维尔·张伯伦首相——他用这种方式提醒谢瓦尔德纳泽，美国正保持克制，因而没有立即要求立陶宛人独立。谢瓦尔德纳泽感谢布什承诺给予经济上的帮助。布什呼吁让"我们美丽的联盟"团结起来。[21]

对谢瓦尔德纳泽来说不幸的是，戈尔巴乔夫仍在国内政策上向改革的批判者让步，因此谢瓦尔德纳泽担忧这种后退可能很快就会一发不可收拾，践踏掉近些年来的所有成果。他们二人在国际关系问题上的分歧更少一些，因为谢瓦尔德纳泽知道戈尔巴乔夫希望与美国维持良好的关系；然而他们在怎样维持上却南辕北辙。谢瓦尔德纳泽意识到，布什已经下定决心要用武力把萨达姆驱逐出科威特。因此，他不认为用严肃的手段阻止美国人行动有任何意义，尤其是如果苏联领导层想要获得他们的援助，以缓解苏联的困境；然而戈尔巴乔夫仍渴望在国际关系中实施更加独立的政策路线，以和平解决冲突为首要任务。12月中旬，苏联政府通知美国人，苏联不再同意把英国直升机运输到波斯湾。[22] 在1990~1991年冬天的某一天，戈尔巴乔夫收到了一封来自军队20位指挥官的威胁信。阿赫罗梅耶夫回忆时说，他们反对那些在他们看来损害了国家防御能力的决策。[23] 1990年12月19日，法林在最高苏维埃的国际关系委员会批判了与德国签订的条约。

第二天，谢瓦尔德纳泽引发了一场政治地震，当时他正向最高苏维埃汇报波斯湾的情况。他准备平息一切关于苏联政府要向该地区派兵的传言。联盟派的官员们发言谴责官方外交政策；他们不喜欢当前苏联对西方卑躬屈膝。谢瓦尔德纳泽之前就听说过这样的话。他安静地坐在会场右边第三排，等待着上台发言。[24] 他一开口，就能明显听出他的情绪很激动。他说，最高苏维埃两位代表吹嘘着，在赶走内务部部长瓦季姆·巴干金之后，继续努力赶走外交部部长。他回忆说，当苏共全国代表大会提名他为中央委员会委员时，有800张选票反对他；他说最高苏维埃已经开始在其不在场的情况下召开外交政策听证会了。媒体发起了反对他的宣传攻势。[25]

接下来就来了沉重的一击：

独裁就要来了——我负责任地说这句话。没有人知道那会是一种什么样的独裁，谁会掌权，会出现什么样的独裁者、什么样的统治……我要退休了。不要反对，也不要诅咒我。让它成为我对即将到来的独裁的抗议。我深深地感谢米哈伊尔·谢尔盖耶维奇·戈尔巴乔夫；我是他的朋友和支持者；我一直支持改革的理念，直到生命的终点。但是，我不能让自己接受我们的国家正在发生的一切，也无法接受对我们的人民的审判。然而，无论如何，我都相信：独裁注定失败；未来属于民主。[26]

苏联改革的建筑师之一宣布辞职。一半的观众满怀悲伤和钦佩地站了起来；另一半则毫无反应，满意谢瓦尔德纳泽的离开。在谢瓦尔德纳泽离开会场时，戈尔巴乔夫面露不安。关乎苏联改革命运的重大事件发生了——人们担心，这可能会对苏联外交政策造成不利的影响。

戈尔巴乔夫在电话上问他："为什么我对此毫不知情？"他推测格鲁吉亚的形势是谢瓦尔德纳泽离开的真正动机。谢瓦尔德纳泽反驳了这一说法。他坚称理由已经在对最高苏维埃的讲话中提到。[27] 正如他向自己的助理们解释的那样，他如果事先通知了总统，后者肯定会劝阻他，然而"不离开，对于我而言，就相当于政治自杀"。戈尔巴乔夫认识到，谢瓦尔德纳泽的辞职已不可挽回。他只是让谢瓦尔德纳泽暂时留在职位上，直到找到接任人选。[28]

/ 478

谢瓦尔德纳泽希望与戈尔巴乔夫保持良好的关系；然而他确信，他的老搭档会受到保守派越来越大的压力。戈尔巴乔夫将"被迫采取严厉的措施"。[29] 当他们在 12 月 30 日见面时，赖莎非常伤心:"我最担心的是,我们的友谊。"[30] 接下来的几天里,谢瓦尔德纳泽依然在为辞职辩护。他告知同伴们,阴谋就要来了,而联盟派就是阴谋的核心。他曾预言独裁统治的到来,并希望戈尔巴乔夫能够意识到这一危险。但他对此并不抱乐观态度。而且,在谢瓦尔德纳泽看来,比起其他民族的人——比如他,戈尔巴乔夫这样的俄罗斯人天生对当前"诋毁运动"(campaign of vilification)的危险不太警觉。[31] 他从未透露自己的消息源是哪里;多年之后,他也仅仅在自己回忆录的最后一卷说明消息来自克格勃和某些苏联大使馆。他曾把拿到的消息告诉戈尔巴乔夫,但后者似乎只是假装在听。[32] 整个形势令人非常不安。而且他也不相信,戈尔巴乔夫没有收到相似的警告。[33]

其他因素也起了作用。谢瓦尔德纳泽疲惫不堪了。自1985年以来,他的生活像游牧民的生活一样,从未在苏联待上整整1个月的时间。他对斯捷潘诺夫-马马拉泽说,他很羡慕他有自由的时间去第比利斯旅行。他甚至不能在需要的时候去看望自己年迈的父亲。[34] 与谢瓦尔德纳泽的友好关系不亚于任何人的斯捷潘诺夫-马马拉泽补充说,他已经决定在被推下去之前自己跳下去。事实证明了戈尔巴乔夫的"忘恩负义",在1990年秋天竟然抛弃了那么多对他忠心耿耿的改革者。[35] 塔拉先科的说法有些不同。他总结说,谢瓦尔德纳泽干了一位外交部部长能干的绝大多数的大事情。自1985年以来,苏联外交政策发生了颠覆性的变化,他起到了至关重要的作用。但是,与戈尔巴乔夫的关系已经今非昔比。谢瓦尔德纳泽不再是戈尔巴乔夫的密友。他怀疑戈尔巴乔夫会屈从于在波罗的海动用武力的压力,因此不想再承担任何要捍卫自己不赞成的政策的义务。[36]

在全世界范围内,人们担心近期发生的事件会导致世界政治再度紧张起来。戈尔巴乔夫抛下众多杰出的改革者；而且他仍在继续妨碍布什实现在波斯湾的目标。北约国家对谢瓦尔德纳泽的离开深表遗憾。贝克在美国媒体上说："我很自豪地把他称为一个朋友……我要告诉你们我会思念他的。"[37]

戈尔巴乔夫没有说离开的朋友们和盟友们的坏话。[38]而且，谢瓦尔德纳泽仍旧认为戈尔巴乔夫——如果可能的话——"想要继续做一个民主主义者"。[39]尽管他们努力保持和睦的关系，但个人问题已经困扰了谢瓦尔德纳泽一段时间。他思考着政治领导人达到65岁时，就应该退休，否则他们会开始出现老年人的病症，而且想的只是如何保住个人权力。[40]在戈尔巴乔夫周围，有传言说谢瓦尔德纳泽辞职是出于自私的动机。切尔尼亚耶夫认为他想把所有导致苏联困境的责任推到戈尔巴乔夫身上。[41]法林则做出了一个更具体的猜想。他推测谢瓦尔德纳泽知道，莫斯科里的人都知晓他曾告诉贝克，他同意美国发动军事行动，并希望苏联也加入联盟。如果被要求给出解释，那么他不可能让自己免遭责难。[42]

戈尔巴乔夫继续游说北约各国和平解决波斯湾危机。由于国内越来越多的人觉得他太屈从于华盛顿的外交要求，对改革带来的好处也过于自满，因此他在苏联承受着巨大的内部压力。精英和民众对经济崩溃和政府瓦解的后果感到不安。戈尔巴乔夫认为必须让自己看起来在认真倾听批评者和怀疑论者的言论，即便他根本无意按照他们的建议行事。有时，他对听到的信息感到难以置信，比如克格勃主席克留奇科夫曾汇报说，美国人正在考虑对伊拉克动用核武器。外交部写信谴责这实属一派胡言。切尔尼亚耶夫也这样认为。[43]他本人并不同情萨达姆。他曾一直敦促他撤出科威特，并且相信战争是可以避免的。他低估了萨达姆的强硬和鲁莽，而且与谢瓦尔德纳泽不同的是，他不明白白宫最不想看到的一件事就是萨达姆撤出军队。布什的目标是用武力把萨达姆驱逐出被吞占的土地。[44]

克里姆林宫里的领导人忽视了西方对转移到苏联乌拉尔山以东的"坦克场"（tank park）的持续关注。斯考克罗夫特写信给阿赫罗梅耶夫，表示对现状充满不安。阿赫罗梅耶夫站在最高指挥部一边，为其辩护。戈尔巴乔夫要求扎伊科夫、克留奇科夫、亚佐夫、巴克拉诺夫和谢瓦尔德纳泽进行调查并汇报结果。他们认为坦克的转移发生在《欧洲常规武装力量条约》签署之前，因此并不存在违反条约的情况。[45] 1990 年 12 月 24 日，英国外交官大卫·洛根（David Logan）向维克托·卡尔波夫表达了不满。卡尔波夫没有进行反驳，反而对洛根说，苏联愿意在这一问题上表现出它的灵活性。[46]

谁来接替谢瓦尔德纳泽的问题引起了激烈讨论。戈尔巴乔夫的第一人选是稳重但死板的亚历山大·扎索霍夫（A. S. Dzasokhov）。谢瓦尔德纳泽中意的人选是军备谈判专家克维钦斯基（Kvitsinski）。[47] 新内阁由瓦连京·帕夫洛夫领导；12 月，雷日科夫心脏病发作之后，戈尔巴乔夫便任命他担任总理。和雷日科夫一样，帕夫洛夫并不痴迷于市场经济的理念。1991 年 1 月 15 日，他在接受《劳动报》采访时称，他有证据证明，美国人准备向苏联投入大量 50 卢布和 100 卢布的纸币，目的是搞垮苏联经济。[48] 最终，戈尔巴乔夫选择以拒绝外交激进主义而著称的外交官亚历山大·别斯梅尔特内赫作为谢瓦尔德纳泽的继任者。谢瓦尔德纳泽在 1 月 16 日最后一次离开了他的 706 号外交部部长办公室。[49] 他与美国人，包括贝克和马特洛克，仍然保持联系，并将他们之间交换的信息告诉给苏联官员。他避免说任何会让克里姆林宫难堪的话。当马特洛克对苏联在拉脱维亚的军事部署表示担忧时，谢瓦尔德纳泽回应说，他对此也一无所知。他迫切地想看到贝克在莫斯科签署条约："机不可失，时不再来了。"[50]

即便在轰炸开始之后，戈尔巴乔夫也仍在努力让各方停止进攻。1991 年 1 月 18 日，他致电密特朗，提议采取共同的政治举措。他还致电科尔，祝贺他当选新德国的总理。最后，他打电话给布什。他试图让布什下令停止敌对行动，对话苍白无力。布什不为所动，最后因电话连接故障而终止了通话。[51] 戈尔巴乔夫学到了有关世界政治最新变化的深刻教训。美国才是全球超级强国。布什原本愿意与戈尔巴乔夫携手并进，但现在更愿意丢下他，一个人向前奔驰。

戈尔巴乔夫按照他选择的政治路线进行统治；但他也依靠智慧生活，现在为了生存下来，他只能依靠智慧。到1991年年初，他们已经无力应对苏联严峻的整体性危机了。共产党组织陷入混乱。政府各部委无力强制行使中央权力，军队士气低落。就连克格勃人员也不知道他们应该做些什么。当列夫·舍巴尔申（Lev Shebarshin）遵从克留奇科夫的指令，在苏联全境进行调查时，他被涣散的景象所震惊。他留意到在波罗的海国家的首都、布拉迪沃斯托克（海参崴）和克拉斯诺亚尔斯克，电话铃声几乎不会响起。[1]1月2日，戈尔巴乔夫与其关系密切的同事们协商，甚至谢瓦尔德纳泽也被包含在内，为月底的中央委员会全体会议做准备。目前，他的工作焦点已经不是双边削减军备、第三世界冲突、官方意识形态，甚至苏联经济崩溃。他的目标是制定政策应对在每一个共和国泛滥的民族主义情绪。

阿塞拜疆的一些政治家呼吁与伊朗北部及其众多的阿塞拜疆人口合并。立陶宛陷入骚动。媒体持续地进行批判。有报告称，苏联工人阶级开始支持建立某种独裁统治。在戈尔巴乔夫看来，解决方式是让克里姆林宫里的领导人们出访麻烦的地区，平息乱局。他说如果要进行宪法改革，那也必须在某种联邦框架之内进行。戈尔巴乔夫下定决心要挽救苏联。老苏维埃的堡垒正摇摇欲坠。形势危急，戈尔巴乔夫敦促必须停止批评军队。格奥尔基·拉祖莫夫斯基（Georgi Razumovski），在1990年年中失去了政治局候补委员的位置，说他对地方的党委漠不关心、无动于衷。近几年才成为中央委员会委员的尼古拉·斯柳尼科夫（Nikolai Slyunkov）则抱怨新型消费合作社入不敷出。谢瓦尔德纳泽把讨论主题拉回到立陶宛问题上。他反对草率地采取措施，并认为不采取行动比保守派及其军队支持者想到的措施更可取。[2]

1月10日，戈尔巴乔夫呼吁兰茨贝吉斯和立陶宛服从莫斯科的宪法权威；他明确表示，莫斯科可能会进行军事干涉——谢瓦尔德纳泽最担心的事情就要发生了。第二天，苏联伞兵部队开始占领建筑物。1月13日，维尔纽斯电视塔发生暴力事件，13名立陶宛人被杀。立陶宛人立刻做出愤怒的回应。人群在立陶宛的大城市聚集起来。

受到国防部部长亚佐夫和内务部部长普戈（Pugo）的支持，戈尔巴乔夫否认参与合谋流血事件；但是很快，人们就怀疑即便他没有下令屠杀，他也没有选择去阻止。他一贯故意让自己保持神秘，就连他身边的人——切尔尼亚耶夫、雅科夫列夫或沙赫纳扎罗夫——都不知道他在任命共产党保守派担任要职时，究竟在想什么。沙赫纳扎罗夫开始怀疑戈尔巴乔夫有双重人格：一个是激进分子，另一个则是共产党官员。[3]无论他在维尔纽斯屠杀事件中扮演了什么角色，实际后果都无疑损害了他本人及其事业。民族主义情绪在立陶宛全境蔓延。对三个自称独立的波罗的海国家而言，俄罗斯变成了外国；鲍里斯·叶利钦在1月13日的塔林会议上承认了它们的独立地位。叶利钦以俄罗斯最高苏维埃主席的身份，谴责维尔纽斯屠杀事件。在莫斯科，俄罗斯民主运动组织了一场抗议军事暴力的示威游行。[4]1987年秋天，戈尔巴乔夫没有强制叶利钦退出政坛，现在就不得不面对这位劲敌。叶利钦呼吁实行更激进的政治和经济政策，而且他对波罗的海退出苏联持开放态度。

戈尔巴乔夫的国际地位崩塌了。2月25日，经他同意，来自苏联、保加利亚、匈牙利、波兰、捷克斯洛伐克和罗马尼亚的外交部部长和国防部部长在布加勒斯特举行的会议上解散了华约。[5] 几个月后，经济互助委员会也终结了。[6] 戈尔巴乔夫不情愿地认识到大势所趋：东欧国家不希望与苏联结成军事或经济上的联盟。他们想要强化刚刚赢得的不被莫斯科人干预的自由。

3 月 17 日，苏联领导层试图利用就苏联存续问题举行公民投票来巩固自己的地位。绝大多数加盟共和国给予了热烈积极的响应。3 月访问莫斯科时，英国外交大臣道格拉斯·赫德表示希望建立一个"重振的、自愿的联盟"。他公开地说，苏联的解体对所有人都没有好处，包括西方。私下里，他又补充说，叶利钦是一个"危险的人"。[7] 当月，两个超级大国的不平等地位开始变得非常明显，贝克指示美国驻莫斯科大使馆组织一场莫斯科会议，邀请苏联 15 个加盟共和国总统参加。戈尔巴乔夫愤怒地警告总统们不要出席。[8] 但是，西方持续施压。英国首相约翰·梅杰再一次就苏联 4 月时的生物武器项目向戈尔巴乔夫表达了不满——布雷思韦特大使把这封致苏联总统的信交给了切尔尼亚耶夫，请他转交。[9] 英国一直到年底都在表达自己的担忧。[10] 没有任何会施以经济援助的迹象。戈尔巴乔夫公投的胜利，对于一个家家面临破产甚至饥饿的社会而言，毫无意义。

谢瓦尔德纳泽警告说，苏联可能会在内战中突然崩塌："我最害怕的就是这个。"戈尔巴乔夫，他补充说，本应该鼓励成立独立的改革党，这样谢瓦尔德纳泽和雅科夫列夫都会渴望加入。雅科夫列夫写信给戈尔巴乔夫提倡实行两党制度。因为知道戈尔巴乔夫怀疑他想要取代自己，所以雅科夫列夫明确表示，自己已年老，不堪重任。[11] 戈尔巴乔夫和叶利钦两人都不愿意去消除分歧，谢瓦尔德纳泽对此感到很遗憾；他开始设想叶利钦可以成为替代戈尔巴乔夫的理想人选。他承认戈尔巴乔夫从来不想成为一位"独裁者"，叶利钦却表现出了一些"独裁主义习性"。然而，随着戈尔巴乔夫在莫斯科丧失控制力，叶利钦似乎能更好地保证改革继续进行。谢瓦尔德纳泽在谈论戈尔巴乔夫时，仍然忠心耿耿。但他的前任副手阿达米申则认为戈尔巴乔夫让他心灰意冷，甚至背叛了他。[12]谢瓦尔德纳泽还认为，在他的老部门里，占据着要职的都不是什么"战略家"——他并不同意提拔别斯梅尔特内赫担任外交部部长。[13]当他宣称对辞职无怨无悔时，在阿达米申看来，他是在努力说服自己。[14]

戈尔巴乔夫筋疲力尽了。他可以看到局面可能对他非常不利："结局总是先知被钉在了十字架上。所以我想知道是不是我被钉上十字架的时间也要到了。"[15]尽管他把担忧都藏在心里，但赖莎知道他受到了多么大的打击。轻轻地，她对这个自己深爱的男人说："米哈伊尔·谢尔盖耶维奇，是时候离开了，开始退隐生活，写你的回忆录吧。"还有一次，她说："米哈伊尔·谢尔盖耶维奇，你已经完成了你的工作。"[16]他拒绝了她的建议。离开了家人，他表现得好像还要继续干下去一样。

1991年4月，苏联的一个秘密预测认为，在未来6年时间里，削减战略攻击性武器能够为国家财政节省115亿卢布。[17]阿赫罗梅耶夫向英国官员承认，苏联不再希望维持与美国的军事平衡。在几年前，没有苏联指挥官敢冒险说出这样的话。[18]5月18日，戈尔巴乔夫把他的安全委员会召集起来，探讨危急的局势。没有人认为苏联能够独自支撑下去。西方援助是至关重要的，而且戈尔巴乔夫已经就加入国际货币基金组织向密特朗总统寻求了帮助——在G7国家中，只有日本表示反对。他的希望是获得每年150亿美元贷款的五年期协议[哈佛大学经济学家杰弗里·萨克斯（Jeffrey Sachs）吹嘘说苏联可能会得到两倍数额的贷款，但戈尔巴乔夫认为那是不现实的]。[19] 戈尔巴乔夫警告说，苏联高层的"颜面尽失"将会招致"爱国者们"的批判。因此，他力劝必须冷静地面对现实："很不幸，我们已经远远地落后于西方，而我们的科学也仅仅恰当地被应用于军事领域……与西方合作符合我们国家的利益，因为让国家情况好转也是一种爱国主义。应该是一种什么样的合作呢？既不是双边的，也不是暂时的，而是真正的广泛的融合。"[20]

波罗的海问题依旧使政治局势变得复杂。立陶宛、拉脱维亚和爱沙尼亚都派出他们的领袖人物去北美和西欧，煽动移民。他们要抵制一切可能颠覆戈尔巴乔夫的事情都不能做的观念。立陶宛最高苏维埃主席兰茨贝吉斯在美国国会人权委员会发表演讲，详细阐明立陶宛领土上法律与秩序的长期混乱。他讲述了苏联在1944 年是如何吞并了他的国家。之后他和拉脱维亚与爱沙尼亚的总理与布什举行了会晤。[21] 他们也在西欧奔波。兰茨贝吉斯对法国谈判人员失去了耐心："我们来到了法国，你们对我们也很客气。然而，你们不想惹恼苏联，所以你们和其他国家害怕与我们建立正式的外交关系。现在，在你们犹犹豫豫的时候，看看你们的朋友，苏联人，在干什么！"这顿发火达到了预期效果，外交部部长罗兰·杜马（Roland Dumas）明确表示，法国将认真考虑如何与立陶宛在官方的、独立的基础上建立关系。[22]

随着苏联的局势越来越混乱，布什把与戈尔巴乔夫达成最终协议放在了工作的首位，以免发生任何意外。在与戈尔巴乔夫的通话中，他主张他们应该用讨论已久的战略核武器条约给《欧洲常规武装力量条约》锦上添花。他用非常圆滑的语言敦促苏联总统立即关注这一议题。他们一拍即合，都希望继续达成一份新协议，将战略性武器库存量削减 50%。这将是一个意义非凡的成就。对于经济，布什坦率地说明了自己对帕夫洛夫政策有效性的怀疑；他看不到任何可以帮助戈尔巴乔夫的途径，除非苏联政府移除通往市场经济的障碍。[23] 6月5日，他写信给戈尔巴乔夫，解释了美国针对战略性武器的定义和数量等难点问题的提议。[24] 戈尔巴乔夫明确表达了自己对达成协议的急切心情。[25]

全国上下都处于一种分崩离析的状态。6月17日，克格勃主席克留奇科夫在最高苏维埃的闭门会议上提交了一份报告，认为除非政府能够恢复秩序，否则苏联可能会在两三个月之内寿终正寝。他后来说，会议室里安静得可以听到一只苍蝇飞过的声音。[26] 在表示支持市场经济的同时，他也强调了监管的必要性。他认为相信西方会提供大量金融贷款的想法荒唐至极。他称中央情报局正在从苏联市民中间招募间谍。经济陷入了可怕的境地。苏联各民族之间爆发了激烈、暴力的冲突。有组织犯罪也在急剧增加。北约国家拒绝承认战后边界，经常提出波罗的海三国的独立问题。[27] 没人听完这些话后会觉得，克留奇科夫是在拥护戈尔巴乔夫的领导。不只有克留奇科夫一人如此。总理帕夫洛夫请求获得非常时期的权力，并承认没有就此事先征求总统的意见。反改革的委员们排着队等着痛斥戈尔巴乔夫。[28]

推翻总统的谣言疯传。前一年也有过几次恐慌，但戈尔巴乔夫都没有理会。这一次，他予以回击，他告诉外国情报机构的一位来访者——克留奇科夫也在场旁听——他受够了克格勃带有偏见的报告。[29] 帕夫洛夫抱怨西方银行不愿意预付贷款。[30] 亚佐夫对当初改革的必要性提出了质疑："所以，为什么我们需要改革？"[31] 博尔金指责激进分子试图"向叶利钦投降"。[32] 巴克拉诺夫继续抱怨戈尔巴乔夫的裁减军备计划。[33] 阿赫罗梅耶夫开始相信戈尔巴乔夫已经摧毁了苏联的防御能力。[34] 美国政府担心苏联总统的处境。6 月 23 日，布什在接近午夜的时候给戈尔巴乔夫打了电话。是切尔尼亚耶夫在中间牵线搭桥，让他们两人联系，但是戈尔巴乔夫与赖莎外出，不在住处。第二天早上，戈尔巴乔夫对克留奇科夫和博尔金说，未能找到他是严重的失职行为。[35] 在紧张慌乱的几周时间里，戈尔巴乔夫接到自己人的报告说，莫斯科郊区发生了可疑的军事调动——普里马科夫劝告戈尔巴乔夫不能太相信克格勃。[36]

戈尔巴乔夫没有过多在意这一警告，继续把注意力集中在解决政治、民族和经济问题上。他和他的支持者在 1991 年 6 月的俄罗斯共和国总统选举中，提出了与叶利钦竞争的候选人。但最终，叶利钦以大优势获胜。戈尔巴乔夫看清了现实，于是定期与叶利钦见面讨论时事。首要任务是找到一种方法，为苏联建立新的联邦体系。对他而言，同样紧急的是缓解经济困难。商店里几乎没有可供消费者购买的商品。民众的不满日益增强。最高苏维埃也越来越无能为力。现在，他比以往任何时候都更需要外部的援助。布雷思韦特大使拜访了戈尔巴乔夫，并称梅杰首相正式邀请他出席 G7 伦敦峰会。布雷思韦特和戈尔巴乔夫都特别提出，人们对冷战结束的喜悦感正在逐渐消退。戈尔巴乔夫希望西方能够改变态度，意识到他不是某个来伦敦旅行的三流小商贩。他希望进行一场"有原则的大对话"。[37] 但他并没有对此抱有任何幻想。布雷思韦特记录道："他明白伦敦的谈判桌上不会给他一分钱，也同意事先必须完成一些严肃而具体的工作。"[38]

7 月 11 日，国务卿贝克来到参议院外交关系委员会，请求国会批准《欧洲常规武装力量条约》。他说，这对保证苏联不再占据军队和武器方面的巨大优势和巩固整个欧洲大陆的民主至关重要。[39]

7月17日峰会开始之前，布什和戈尔巴乔夫在伦敦的美国大使馆进行了初步探讨。戈尔巴乔夫直截了当地问布什，他希望与什么样的苏联打交道。如果可以把数十亿美元投向海湾战争，难道帮助苏联转型就是不明智的吗？布什回复说，美国希望一个民主、有活力的苏联融入世界国家"共同体"；对于戈尔巴乔夫所遭遇的不幸，他否认有幸灾乐祸之感。戈尔巴乔夫强调说，在减少苏联经济中的军事成分时，他必须慎之又慎，因为苏联最优秀的投资人和工程师都聚集在军工产业。布什之后先把话题转到了恰巴德－卢巴维特奇（Lubavich）犹太手稿，然后又转到了亚西尔·阿拉法特（Yasser Arafat）上面。[40] 戈尔巴乔夫没有奢望能满载而归，但布什比他想象的还要吝啬。正如他对英国主办方说的那样，世界的经济强国必须明白，他的改革还需要很多年的努力。他抗议仍然有效的技术转让禁令。他失望到了谷底。他明白，如果不拿着像样的交易回去，等待他的只能是最糟糕的情况了："那时，（甚至）十个天使也救不了我们。"[41]

7月23日，他们又一次在一起吃午餐，布什感到十分难为情，并且也避免和苏联总统有任何的眼神接触。[42] 他否认想要介入苏联事务，并重申除非克里姆林宫实行民主和市场经济，与各苏维埃共和国以适当的联邦形式实现关系正常化，否则戈尔巴乔夫就不要指望任何外国直接投资。[43] 戈尔巴乔夫毕恭毕敬地来到伦敦，离开时却两手空空。伦敦之行是一种耻辱。

没过一周，布什来到莫斯科签署《削减和限制进攻性战略武器条约》。双方的专家团队已经解决了遗留的分歧，戈尔巴乔夫和布什都不希望因最近没有在经济上达成谅解，而阻碍整个进程发展。1991年7月31日，他们在条约上签了字。苏联和美国都接受了部署核弹头不得超过6000枚的限制。根据双方达成的谅解，每一方都要将陆基、海基和空射导弹发射装置削减至 1600件。这将是历史上最大规模和最复杂的削减军备过程，而且在2001 年末最后执行阶段，双方将销毁当时存在的全部战略性核武器的 80%。里根第二任期中间开始的事业终于完成了。能够从一个大陆上发射，并到达另一个大陆中心的导弹在每一次峰会上都被讨论过。它们的存在本身就构成了超级大国之间斗争的巨大危险。它们是冷战的象征，也是冷战的现实。

戈尔巴乔夫和布什都认识到这一条约的重大意义，因而布什不想做任何不利于苏联政府稳定的事情。8 月 1 日，他飞往乌克兰。在基辅的演讲中，他没有支持乌克兰独立，并谴责任何决定"基于种族仇恨而宣扬自杀式民族主义"的人。他还告诫乌克兰人要意识到立即实现繁荣是不可能的。美国国内的反应褒贬不一，政治右翼和移民团体中的批判者控诉布什背叛了受压迫民族的解放事业。斯考克罗夫特则站出来为总统辩护。他指出，布什遵循不承认爱沙尼亚、拉脱维亚和立陶宛被并入苏联的传统政策。与此同时，斯考克罗夫特称，美国人应该要知道，苏联人民想有一个美好的未来，就需要致力于民族宽容、尊重少数族群，以及建设一个开放的社会。单纯的政治民主是不够的。建设一个更好的社会需要智慧和谨慎——而布什努力做到不偏不倚，既不讨好莫斯科的中央政府，也不偏向各个共和国中反对苏联的人。[44]

他离开莫斯科之后，戈尔巴乔夫与叶利钦经过协商最终确定了一项计划，即在 8 月 20 日实施新的《联盟条约》(Union Treaty)，赋予各共和国政府广泛的权力。布什支持他的宪法改革，并在信中向他保证，他在基辅没有说过任何不合时宜的话。[45] 因为过度劳累，戈尔巴乔夫到克里米亚休假，为条约签署仪式调整自己的身体。他住在福罗斯（Foros）的尤日内（Yuzhny）疗养院。[46]帕夫洛夫和叶利钦给他送去了一些拟议的修正案，戈尔巴乔夫对把它们改到条约里没有什么异议，并准备在回到莫斯科时签署条约。[47]

有迹象表明，人们对戈尔巴乔夫关于建立一个更松散联盟的理念极度不满，但他没有理会。在前一个月，莫斯科的一份报纸刊登了《告人民书》(A Word to the People)，署名是瓦连尼科夫和根纳季·久加诺夫（Gennadi Zyuganov），俄罗斯共产党政治局。文章哀叹戈尔巴乔夫的宪法改革如果成真，苏联的前景将一片灰暗："祖国，我们的国家，历史、自然和我们光荣的祖先赋予我们的国家正在死亡，正在被肢解，正在陷入黑暗和遗忘。"文章里没有提列宁、十月革命，也没有提共产主义。主题是爱国主义的：苏联，如果不采取极端的行动，将很快分崩离析。[48]克格勃主席克留奇科夫背地里联系了一些志同道合的高层领导人，试图阻止签署《联盟条约》。8月18日，瓦连尼科夫和戈尔巴乔夫的私人助理博尔金南下飞往克里米亚，请求总统同意宣布国家处于紧急状态。克留奇科夫切断了戈尔巴乔夫别墅的电话线。他们的目的是让戈尔巴乔夫接受既定事实。但戈尔巴乔夫没有答应他们的要求，反而把他们赶了出来。之后戈尔巴乔夫发现自己被软禁起来。克留奇科夫和匆忙间组织起来的国家紧急情况委员会当天宣布，因戈尔巴乔夫生病，副总统根纳季·亚纳耶夫（Gennadi Yanaev）将接任他的职务。

两位不受欢迎的拜访者离开时，也带走了戈尔巴乔夫的首席保镖弗拉基米尔·梅德韦杰夫（Vladimir Medvedev）。同样，他也背叛了总统。[49]他们还拆除了"核按钮"装置，准备把它交给总参谋部的莫伊谢耶夫。[50]电话线故障。车辆均不允许靠近尤日内疗养院。三重半圆形的警戒线把这栋建筑与世界隔绝了。逃离尤日内的唯一途径是海路；连接雅尔塔和塞瓦斯托波尔的道路被封锁了。[51]

尽管几个月前就有人预言到会发生不测，但政变还是震惊了西方领导人。布什惊呆了。他在日记里写道：

> 新总统是亚纳耶夫……他是在莫斯科机场迎接我的那个人。他是和我一起开车的那个人。他是坐我们的飞机去基辅的那个人。他是我们在乌克兰发表完尊重联盟和人民的选择的演讲后，向我表示祝贺的那个人。我喜欢他。我送给过他钓鱼的鱼饵。还有，他非常有亲和力。[52]

前首相撒切尔夫人向驻伦敦的列昂尼德·扎米亚京大使透露了政变的消息：

> 她早上 8 点时给我打电话，语气非常愤怒："大使先生，你知道俄罗斯发生了什么吗？""对不起，夫人，我不知道。""那么，打开你的电视机，你自己看吧。我需要你们允许我乘坐英国飞机飞往俄罗斯。你也和我一起去。我要带一名医生。戈尔巴乔夫肯定生病了。可能奄奄一息。我必须去俄罗斯！"[53]

她的地理概念不太可靠，因为福罗斯不在俄罗斯，而是在乌克兰，而且她说的话可能多少听起来像维多利亚时代的情节剧；但是她对这位苏联朋友的感情是真诚的。

国家委员会里有国防部部长亚佐夫、内务部部长普戈，以及总理帕夫洛夫；其政策受克格勃主席的幕后指导。当他们出现在电视上时，很显然，代理总统亚纳耶夫不太高兴，因为当时他正用手指不自觉地敲打着一杯水。在他们意料之外的是，一群抗议者聚集在俄罗斯最高苏维埃大楼外面。克留奇科夫忘记把叶利钦也监禁起来。混乱持续。叶利钦出现在了大楼外面一辆坦克车顶上，宣布要与阴谋者抗争。军队拒绝执行国家委员会的命令。政变于 8 月 20 日悄悄地结束。

国家委员会派一小队人飞往福罗斯，其中包括克留奇科夫和亚佐夫。他们要去争取戈尔巴乔夫的宽恕，说明他们对他没有恶意。但戈尔巴乔夫只是回避不见他们。[54] 他开始习惯于小心翼翼地对待每一个人——亚佐夫的背叛尤其让他震惊。电话系统恢复正常后，他命令克里姆林宫清除主要的反叛者。他与乔治·布什通了电话，感谢他对自己的支持。之后，俄罗斯副总统亚历山大·鲁茨科伊也带着一波人，驾驶着自己的飞机，南下前往克里米亚。他与俄罗斯总理伊万·西拉耶夫（Ivan Silaev）一同出现在了尤日内。他还带了 40 位陆军中校军官，以防发生任何紧急情况。戈尔巴乔夫把自己的家人和助理们托付给鲁茨科伊照料。[55] 他们将克留奇科夫也带上了飞机，以防止飞行途中遭遇军方拦截——落座之前，他们还对他进行了搜身检查。[56] 救护小队与戈尔巴乔夫及其家人逐个谈话；正是在这时，他们发现赖莎的情况不太好。尤日内发生的事情让她的心脏病发作。尽管在没有医疗辅助的情况下，她活了下来，但她发现手不太灵活了。戈尔巴乔夫则是坐骨神经痛复发，年轻时他就得了这个病。[57]

快要到达首都时，戈尔巴乔夫的心情好了一些："我们要飞往一个新的国家。"[58] 他从来没说过比这更真实的话了。叶利钦，这位打败了国家委员会的胜利者，成了莫斯科的主人；他强迫戈尔巴乔夫清除所有支持或者宽恕政变的人。尽管经历了在福罗斯发生的事，但是戈尔巴乔夫起初不情愿去承认庞大的背叛者人数。然而，叶利钦却在众目睽睽之下粗暴地让他把背叛者名单念出来。戈尔巴乔夫随后取消了苏联共产党的领导地位，更换了绝大多数政府机构的领导层。他关押了国家委员会的成员。

8月24日，立陶宛、拉脱维亚和爱沙尼亚接连宣告独立；叶利钦也宣布支持它们独立。乌克兰领导层发表了一份相似的宣言。[59] 摆脱在克里米亚的软禁之后，戈尔巴乔夫感觉自己在莫斯科处于在政治上被包围的境地，于是呼吁之前的同僚们回到他的身边。8月30日，戈尔巴乔夫让谢瓦尔德纳泽"立即来到克里姆林宫！"谢瓦尔德纳泽不再服从他的命令："立即是不可能的。事情不会这么简单。我们必须谈一谈。"戈尔巴乔夫大叫道："但我们现在不就是在谈吗？"在他们随后的会面过程中，谢瓦尔德纳泽发泄了自己的愤怒，雅科夫列夫当时也在场。戈尔巴乔夫毁掉了自己一生的事业，背叛了他的盟友，让自己的身边只剩下庸才和马屁精："不论是故意还是无心，都不重要，你就是那个挑起政变的人，而且我有充分的理由认为你也参与了谋划。"[60] 当谢瓦尔德纳泽拒绝回来担任外交部部长时，戈尔巴乔夫问为什么。谢瓦尔德纳泽回答得非常简单："我不相信你。"[61] 雅科夫列夫也说了一些严厉的话。[62] 在过去，戈尔巴乔夫肯定会打断他。但是现在，他一言不发。谈话最后，他对谢瓦尔德纳泽和雅科夫列夫说，他会忘记所有的一切，承认自己的错误。然而，想要忘记什么，他并没有说明；而且，他从未解释清楚他所犯错误的本质。[63]

布什一改往日的忠诚，9月2日正式承认立陶宛、拉脱维亚和爱沙尼亚为独立国家。[64] 但他仅止于此，等待着大事件的发生。国防部部长切尼尤其要求采取更积极的措施。他希望制定美国政策时以客观的评估为基础，而不是继续押注在戈尔巴乔夫及其政治命运上；他对苏联爆发内战的极大可能性发出了警告。切尼希望美国能够捍卫其国家利益。他从来都不赞成官方政策所要求的加速削减军备。现在，他感觉可以公开说出自己的想法了。[65] 斯考克罗夫特对他进行了反驳。切尼警示大家莫斯科可能会重返独裁主义政权，然而斯考克罗夫特认为进一步恶化戈尔巴乔夫的政治处境没有多大意义——他拒绝了那些主张直接干涉各苏维埃共和国的提案，支持从1989年秋开始担任参谋长联席会议主席的鲍威尔的报告，报告主张"中央"要保留足够多的权力以控制苏联军队。贝克有些沮丧地补充说："苏联和平解体才符合我们的利益。"布什拒绝草率行事。他认为对于新的《联盟条约》，应该先静观其变。[66]

他宣布决定削减美国军事预算，减少军队和武器数量，为消除与苏联最后的紧张因素做出了自己的贡献。他降低了美国在世界各地的警戒状态等级。他明确表示，美国将从核武库中彻底销毁战术核武器。他终止为某些战略导弹计划提供资金支持。在9月27日的电视讲话中，他向美国人民保证，国家安全不会受到损害。他赞美"和平红利"的益处。[67] 当天，他致电戈尔巴乔夫，把上述一切都告诉了他；[68] 于是戈尔巴乔夫开始在莫斯科实施互惠措施。[69] 到此时，戈尔巴乔夫把精力都放在解决全苏联范围内的经济和宪法改革困境上。这是事关政治命运的第一要务，他实在没有办法去考虑其他事情。10月7日，米歇尔·康德苏（Michel Camdessus）率领的国际货币基金组织代表团来到莫斯科，与戈尔巴乔夫、亚夫林斯基（Yavlinski）和其他人进行会谈。预算恢复是唯一的主题，戈尔巴乔夫向康德苏施加压力，要求后者不要太苛刻。他说得好像自己仍然实权在握一样。[70]

事实是苏联正处于解体的边缘。12月快要结束的时候，戈尔巴乔夫飞往马德里，出席一个筹划已久的中东会议。在马德里期间，他打电话给布什，请求美国贷款给苏联。布什回答说，他必须向国会保证债务人是有可靠信誉的——但是他不能对苏联下这一保证。戈尔巴乔夫说100亿至150亿美元就可以让苏联经济大为改观，既不会对美国预算造成不利影响，也不用承担高违约风险。布什拒绝了，因为他担心除了用于食品进口的15亿美元借款，再多给苏联任何东西，都会招致国内的批评。贝克赞同布什的立场；他补充说，华盛顿收到消息称，叶利钦的俄罗斯政府计划解散苏联外交部。贝克私下与戈尔巴乔夫的翻译帕维尔·帕拉日琴科（Pavel Palazhchenko）沟通，让他去告诉戈尔巴乔夫趁美国人还没有改变主意，接受食品进口援助。戈尔巴乔夫想要从西方得到更多，于是做出指示与当年七国集团的协调人约翰·梅杰首相接触。[71]

叶利钦赞同维持联盟的理念，与此同时，每天也在阻挠戈尔巴乔夫的工作。他向所有人保证，他想要稳定与美国的关系。俄罗斯总理伊万·西拉耶夫在维塔利·卡塔耶夫的建议下，效仿原来的限制军备委员会，任命了一支武器交易团队。[72]在12月1日听到乌克兰独立公投的结果之后，叶利钦再也无法抑制自己的政治抱负了。投票结果是压倒性地支持脱离苏联。叶利钦抓住机会。几天后，他在别洛韦日森林公园（Belovezhskaya Pushcha）会见了乌克兰总统列昂尼德·克拉夫丘克（Leonid Kravchuk）和白俄罗斯的斯坦尼斯拉夫·舒什克维奇（Stanislav Shushkevich），下定决心要让苏联终结。他没有征求俄罗斯全体选民的意见：他的个人意志胜过一切。

戈尔巴乔夫接受了不可逆转的趋势。12月25日，他通过苏联电视宣布他将在新年的午夜钟声敲响时卸任。1917 年的十月革命被抛到一边。马克思列宁主义不再被这个新诞生的国家所信仰。15 个苏维埃共和国都变成了独立的国家。人们都在关注一个超级大国在政治和经济上的解体，以及戈尔巴乔夫和叶利钦之间个人较量的结果，而不是当年的巨大成就。冷战残局被收拾干净。一系列条约让核战立即爆发变得不再可能，尽管双方都保留了远多于毁灭对方所需的弹道导弹。戈尔巴乔夫一点一点地放弃了那些被其先辈们视为神圣的领地。他与美国人签署条约，削减了自己的全球军事实力。东欧的共产主义国家不复存在。华约已经被解散，苏联军队撤出了东欧。莫斯科不再资助阿富汗共产主义政府，也不再在非洲和中东像一流强国那样行事。美国胜利了，苏联消失了。

如果克里姆林宫或白宫里的任何人在几年前预言冷战会这样结束，那他们肯定会被认为是疯子。不可能变成了可能，并最终成为现实。那个被两个超级大国斗争的紧张气氛所笼罩的 1945 年的世界，在每一个人的眼前消失了。没人知道还会发生什么。

后 记

冷战结束了，和它的开始一样，没有一个明确的日期。虽然时间上并不明确，但没有人会怀疑这一大变革的重要性。自20世纪40年代末以来，美国和苏联之间的斗争常常惊人地接近爆发一场全球"热"战，而且总是涉及军备竞赛、地区性军事冲突，以及政治秩序、意识形态、联盟存续、公民权利、人与信息的流动。爆发第三次世界大战的可能性一直存在。

在苏联领导人说再也无力支撑他们的地缘政治抱负之后，两极对峙才开始走向缓和。与人们通常所认为的相反，克里姆林宫在20世纪80年代初就已经开始认识到自己的艰难处境了。这是让戈尔巴乔夫从1985年开启改革事业的关键因素。长期商业禁运的不利影响和技术差距的日益加大最终让苏联难以承受，因此政治局里的改革派开始改革外交政策，为他们重塑社会主义提供喘息的空间。里根强烈而坚定地想要消除核战威胁，并希望与苏联高层就裁军达成协议。与此同时，他也坚持要实现其战略军事现代化计划；在戈尔巴乔夫当政期间，该计划强化了莫斯科与华盛顿缓和关系的意愿。里根自始至终都比自己原本打算的更深、更快地迫使戈尔巴乔夫在地区性冲突、苏联侵犯人权、虚假情报运动和东西方交流方面采取行动。苏联共产党、政府和克格勃，甚至军队里的精英们在其执政早期对他的分析和政策建议大多表示了赞同。

与此同时，戈尔巴乔夫和里根，在谢瓦尔德纳泽和舒尔茨的帮助下，建立了一定程度的互信；而且在苏联深化自我改革，开始将其政治与媒体融入世界的过程中，双方都习得了一些经验教训。毫无疑问，双方高层仍然存在一些尖锐的争论。

美国的谈判立场随着苏联内部瓦解速度加快，而变得越来越强硬。谈判遇到难点时，戈尔巴乔夫最后都不得不做出让步，以防失去达成协议的机会。他和里根都真诚地希望降低发生核战的危险，而且他们一同取得了显著的成就。然而，戈尔巴乔夫的另一个目标——改革苏联经济，却变成了一场噩梦，因为他自己的政策让本已糟糕的工业产出和食品供应局面进一步恶化。里根和布什都无意帮助他摆脱困境——他们的首要任务是维持国际社会的稳定和美国的全球优势地位；资助莫斯科注定失败的经济改革并不能让他们得到好处。在峰会和气的表面背后，美国人坚持要用苛刻的条款达成和解。

西方或苏联的政治家没有一个曾预料到冷战会在他们的职业生涯期间结束。一切恍如一场梦，人们醒来之前，剧情早已发生了意想不到的转折。莫斯科和华盛顿之间的军事对抗，众所周知，完全可能引发一场大战，让人类从地球上消失。虽然和平的缔造者们是出于各种各样的原因让对抗终结，但他们的事业都是崇高无上的。

尽管两个超级大国的盟友们都支持和平，但它们的影响力，我不得不说，仅仅局限于大政策的边缘。戈尔巴乔夫警告东欧共产党领导人说，他们不会从克里姆林宫得到任何帮助去镇压他们的人民——因此齐奥塞斯库最终为他的暴力和严厉遭受了致命性惩罚。入主白宫时，布什似乎对美苏关系缓和的必要性持怀疑态度，但他被戈尔巴乔夫拒绝镇压东欧1989年发生的运动所打动，于是回到了里根和舒尔茨制定的外交路线上来。那是一段迷失方向的改革时期，而且随着波罗的海民族运动在美苏达成共识的道路上不断放置巨石，地缘政治管理的复杂性也日益增加。在西欧，里根着手清除核武器和推进其战略防御计划时，大多数国家领导人都为他们的国家安全而忧心忡忡。然而，尽管撒切尔夫人、密特朗和安德烈奥蒂在一些重要问题上束缚住了他，但里根从未在其大的削减军备战略上向他们做出任何妥协。只有科尔的德国统一运动被证明符合美苏关系缓和的潮流；但即便是科尔，也需要布什的默许才能实现自己的目标。

1990 年欧洲的政治地图重绘，这一年冷战开始走向终结，苏联开始瓦解。世界政治发生了不可逆转的变化。在接下来的十年里，只有一个超级大国幸存下来。俄罗斯，这个苏联解体后最大的继承者，因为内部经济和政治困境仍在持续，叶利钦总统不得不以恳求者的姿态与西方国家对话，所以在全球外交中依然是一副弱者形象。俄罗斯的核武器库存，尽管已经按照戈尔巴乔夫签署的条约有所削减，仍然是俄罗斯和美国总统的会晤被称为峰会的唯一理由。华盛顿越来越习惯于对莫斯科颐指气使。直到世纪之交，世界市场的石油和天然气价格飙升，克里姆林宫从石油化工产品出口收益猛增中获益，这种情况才开始改变。2000 年上任的普京总统在国际政治中变得越来越强硬。

20 世纪的最后十年里，西方国家开始出现关于"历史的终结"的讨论。这种观点认为美国在冷战中的胜利将很快让自由民主和市场经济在全球范围内蔓延开来。在美国评论者中间，也弥漫着必胜主义的情绪。美国已经成为唯一的超级大国。它在武器方面的压倒性优势在 20 世纪 90 年代对南斯拉夫发动军事干涉时，充分展示了出来；而且随着信息技术革命不断向前推进，没有哪个经济体能接近美国经济的创新水平。

然而，越来越明显的是，冷战曾对一些长期的地区冲突起到了抑制作用，而美国在 21 世纪对阿富汗和中东地区发动的武装干涉则产生了华盛顿意料之外的糟糕后果。宗教极端主义在阿富汗伤害了苏联。现在，它的目标是反抗美国及其伊斯兰和非伊斯兰盟国。国际恐怖主义如同瘟疫一般蔓延。与此同时，美国在全球范围内面临越来越大的经济挑战。中国崛起成为一个工业强国；印度、巴西和印度尼西亚等国家都在捍卫自己的经济独立。最初由美国政府发起的金融业务"全球化"正在进一步削弱美国的主导地位。

俄罗斯成为美国政策公然的挑战者。起初，普京为美国在2001年军事干预阿富汗提供便利，满足了美国人的愿望。但是，他和俄罗斯政府高层认为，他们拿到的回报太少。美国一直在努力推进北约扩张，将东欧纳入体系之中，并囊括原属苏联的波罗的海三国。戈尔巴乔夫称这违背了他与贝克在1990年达成的谅解；叶利钦补充说，美国和其他西方国家领导人正在撕毁他们在苏联解体之后做出的保证。普京拒绝妥协。2007年，他反对乔治·W.布什在波兰部署导弹的计划。他频繁地用切断天然气供应的手段来威胁乌克兰。2008年，他"入侵"格鲁吉亚，并在南奥塞梯地区留下一支占领军。从2011年开始，他在叙利亚内战中支持社会党领导人巴沙尔·阿萨德（Bashar al-Assad）。2014年，他"吞并"克里米亚，介入乌克兰的政治动荡。随着普京继续搅乱俄罗斯族为少数民族的东乌克兰的局势，西方开始用经济制裁作为回应。俄罗斯和美国之间的长时间休战状态结束了，华盛顿带头对俄罗斯的经济利益实施了制裁。

这是另一场冷战的开端吗？美国和俄罗斯，毫无疑问，都保留着能够随时毁灭对方核心城市、引发全球核浩劫的弹道导弹。普京动用俄罗斯预算来实现俄罗斯常规力量的现代化，他的强硬军事姿态与戈尔巴乔夫掌权之前的苏联传统颇为相似，而且俄罗斯变得对外国的批评毫不在意。这是国际关系中一个不好的转变。然而，俄罗斯的行动自由一直受到一些严重的限制。首先，俄罗斯经济仍然严重依赖自然资源的出口，基本无望与美国的技术实力相匹敌。尽管俄罗斯政府想要威吓和欺负它的邻国，但它与美国抗衡的能力非常有限——希望克里姆林宫里的精英们能够意识到这一点。

东乌克兰的冲突让人们有理由去担忧欧洲的未来；但是反观冷战时期的威胁，它们仍然相形见绌。苏联和美国之间的实力较量触及两国军事、意识形态、经济、科学和政治抗逆力等方方面面。每个超级大国背后，都站着一群盟国和朋友。核大战的危险一直存在。不论在华盛顿还是在莫斯科，常规性的假设都是另一个超级大国的统治者太过疯狂，以至于会组织发动一场全面的核进攻。美国总统和苏共中央总书记从未放下对这般场景的担忧。即便是在20世纪70年代中期短暂的关系回暖期，他们的脑海中仍然徘徊着末日决战的可能性。尽管弹道导弹被搁置在武器库中，但美国和苏联领导人依旧会发射意识形态的炮火，支持那些对另一个超级大国怀有同样敌意的附庸国。苏联守卫着其堡垒国家的城墙，最大限度地减少里面的人民与资本主义西方接触。在这样的环境中，和平弱不禁风。在20世纪80年代末之前，偶然事件、误判或阴谋都可以很轻易地让一场全球性军事灾难降临。

东欧、中东和东亚的国际紧张局势依然存在，核扩散问题仍未解决，这样的结果并非不可想象。今天我们所有人都应感谢那一代政治领袖，他们终结了冷战，并让后世爆发核战争变得不太可能。虽然已经取得显著成就，但仍有更多的工作亟待完成。

　　本书广泛参考和使用了以下资料。要完整列出有关冷战结束的档案文件、文献出版物、回忆录和二手资料，将需要一本书的篇幅。

档　案

British Diplomatic Oral History Programme (abbreviated as BDOHP)

Sir Rodric Braithwaite, 'Moscow Diary'

George Bush Presidential Library

Central Intelligence Agency

Central Intelligence Agency Papers (abbreviated as CIA Papers)

Churchill College, Cambridge

Hoover Institution, Stanford University, CA (abbreviated as HIA)
　　A. L. Adamishin Papers
　　Richard V. Allen Papers
　　William J. Casey Papers
　　Committee on the Present Danger Records
　　Deaver & Hannaford, Inc. Records
　　John P. Dunlop Collection
　　Eastern European Oral History Project interviews 1999–2001
　　Eesti NSV Riikliku Julgeoleku Komitee records, 1920–1991
　　Fond 89
　　Charles Hill Papers
　　Hoover Institution and Gorbachev Foundation Collection
　　　　(abbreviated as HIGFC)
　　Fred Charles Iklé Papers
　　John O. Koehler Papers
　　Vitali Korotych Papers
　　Edward Landsdale Papers
　　Lietuvos SSR Valstybes Saugumo Komitetas (Lithuanian SSR KGB)
　　Selected Records

Lyn Nofziger Papers
George Vernon Orr Papers
Peter Robinson Papers
Scientists for Sakharov, Orlov and Shcharansky Records
T. G. Stepanov-Mamaladze Papers
Edward Teller Papers
Understanding the End of the Cold War: Reagan/Gorbachev Years: An Oral History Conference 7–10 May, 1998, Brown University: a compendium of declassified documents and chronology of events, comp. and ed. V. Zubok, C. Nielsen, G. Grant (Providence, RI : Watson Institute, Brown University, 1998)
Dmitri A. Volkogonov Papers
Zelikow-Rice Papers

National Security Archive, George Washington University, Washington DC

Ronald Reagan Presidential Papers (CD-Rom: BACM Research) (abbreviated as RRPP)

Ronald Reagan Presidential Library, Simi Valley, California (abbreviated as RRPL)

Rossiiskii Gosudarstvennyi Arkhiv Sotsial'no-Politicheskoi Istorii, Moscow (abbreviated as RGASPI)

Russian and Eurasian Studies Centre Archive, St Antony's College, Oxford University (abbreviated as RESCA)
Anatoli Chernyaev Papers

网络资料

CIA, *At Cold War's End: US Intelligence on the Soviet Union and Eastern Europe, 1989–1991*, www.cia.gov/library/center-for-the-study-of-intelligence/csi-publications/books-and-monographs/at-cold-wars-end-us-intelligence-on-the-soviet-union-and-eastern-europe-1989-1991/art-1.html
End of the Cold War Forum (abbreviated as ECWF)
B. B. Fischer, *A Cold War Conundrum: The 1983 Soviet War Scare* (Washington, DC: Center for the Study of Intelligence, 1997), retrieved online at www.cia.gov/library/center-for-the-study-of-intelligence/csi-publications/books-and-monographs/a-cold-war-conundrum
H. Kohl, 'Ten-Point Plan for German Unity', 28 November 1989, *German History in Documents and Images*: retrieved online at http://germanhistorydocs.ghi-dc.org/sub_document.cfm?document_id=223
Parallel History Project on Cooperative Security (abbreviated as PHPCS)
'Record of Conversation, M. S. Gorbachev and G. Bush, Washington DC', 31 May, Document 10, The Washington/Camp David Summit 1990: From the

Secret Soviet, American and German Files, National Security Archive, available at: www.gwu.edu/nsarchiv/NSAEBB/NSAEBB320/index.htm

Ronald Reagan Oral History Project, Miller Center of Public Affairs, Charlottesville, VA (abbreviated as RROHP)

Soviet Intentions 1965–1985, vol. 2: Soviet Post-Cold War Testimonial Evidence, ed. J. G. Hines, E. M. Mishulovich and J. F. Shull (BDF Federal Inc., 1995)

Margaret Thatcher Foundation Archive

US Department of State FOIA Documents

报纸和期刊

Guardian
Kommersaut
New York Times
Pravda
The Times
Wall Street Journal

书籍和文章

A. Adamishin, Beloe solntse Angoly (Moscow: Vagrius, 2001)

A. Adamishin and R. Schifter, Human Rights, Perestroika, and the End of the Cold War (Washington, DC: United States Institute of Peace, 2009)

H. Adomeit, Imperial Overstretch: Germany in Soviet Policy from Stalin to Gorbachev (Baden-Baden: Nomos Verlagsgesellshaft, 1998)

S. Akhromeev and G. Kornienko, Glazami marshala i diplomata (Moscow: Mezhdunarodnye otnosheniya, 1992)

R. Aldous, Reagan and Thatcher: The Difficult Relationship (London: Hutchinson, 2012)

A. M. Aleksandrov-Agentov, Ot Kollontai do Gorbachëva: vospominaniya, sovetnika A. A. Gromyko, pomoshchnika L. I. Brezhneva, Yu. V. Andropova, K. U. Chernenko i M. S. Gorbachëva (Moscow: Mezhdunarodnye otnosheniya, 1994)

M. Alexander, Managing the Cold War: A View from the Front Line (London: RUSI, 2005)

M. Anderson, Revolution: The Reagan Legacy (Stanford, CA: Hoover Institution Press, 1990)

M. Anderson and A. Anderson, Reagan's Secret War: The Untold Story of His Fight to Save the World from Nuclear Disaster (New York: Three Rivers Press, 2009)

G. Andreotti, L'URSS vista da vicino: dalla guerra fredda a Gorbaciov (Milan: Rizzoli, 1988)

C. Andrew, For the President's Eyes Only: Secret Intelligence and the American Presidency from Washington to Bush (New York: HarperPerennial, 1996)

C. Andrew and O. Gordievsky, *KGB: The Inside Story of Its Foreign Operations from Lenin to Gorbachev* (New York: HarperCollins, 1992)

C. Andrew and O. Gordievsky (eds), *Comrade Kryuchkov's Instructions: Top Secret Files on KGB Foreign Operations, 1975-1985* (Stanford, CA: Stanford University Press, 1993)

C. Andrew and V. Mitrokhin, *The Mitrokhin Archive: The KGB in Europe and the West* (London: Allen Lane, 1999)

S. Antohi and V. Tismaneanu (eds), *Between Past and Future: The Revolutions of 1989 and Their Aftermath* (Budapest: Central University Press, 2000)

G. Arbatov, *Chelovek sistemy: nablyudeniya i razmyshleniya ochevidtsa* (Moscow: Vagrius, 2002)

D. Arbel and Ran Edelist, *Western Intelligence and the Collapse of the Soviet Union: 1980-1990: Ten Years that Did Not Shake the World* (London: Cass, 2003)

G. Arrighi, *The Long Twentieth Century: Money, Power and the Origins of Our Time*, 2nd edn (London: Verso, 2009)

G. Arrighi, 'The World Economy and the Cold War, 1970-1990', in M. Leffler and O. A. Westad (eds), *The Cambridge History of the Cold War*, vol. 3 (Cambridge: Cambridge University Press, 2010)

A. Åslund, *How Russia Became a Market Economy* (Washington, DC: Brookings Institution, 1995)

J. Attali, *Verbatim*, vol. 1: *Chronique des années 1981-1986*; vol. 2: *Chronique des années 1986-1988*; vol. 3: *Chronique des années 1988-1991* (Paris: Fayard, 1995)

N. A. Bailey, *The Strategic Plan That Won the Cold War: National Security Decision Directive 75* (McLean, VA: Potomac Foundation, 1998)

V. Bakatin, *Izbavlenie ot KGB* (Moscow: Novosti, 1992)

J. Baker, 'The New Russian Revolution: Toward Democracy in the Soviet Union' (Washington, DC: US Department of State, March 1990)

J. Baker, 'Remarks before the International Affairs Committee of the USSR Supreme Soviet, 10 February 1990' (Washington, DC: US Department of State. 1990)

J. A. Baker III with T. M. DeFrank, *The Politics of Diplomacy: Revolution, War, and Peace, 1989-1992* (New York: G. P. Putnam's Sons, 1995)

J. R. Barletta, *Riding with Reagan from the White House to the Ranch* (New York: Citadel Press, 2005)

G. S. Barrass, *The Great Cold War: A Journey through the Hall of Mirrors* (Stanford, CA: Stanford University Press, 2009)

J. Baylis, S. Smith and P. Owens, *The Globalisation of World Politics*, 4th edn (Oxford: Oxford University Press, 2008)

M. Bearden and J. Risen, *The Main Enemy: The Inside Story of the CIA's Final Showdown with the KGB* (New York: Random House, 2003)

A. Belonogov, *MID: Kreml': kuveitskii krizis: zamministra inostrannykh del SSSR rasskazyvaet* (Moscow: Olma-Press, 2001)

I. Berend, *From the Soviet Bloc to the European Union* (Cambridge: Cambridge University Press, 2009)

D. M. Berkowitz, J. S. Berliner, P. R. Gregory, S. J. Linz and J. R. Millar, 'An Evaluation of the CIA's Analysis of Soviet Economic Performance, 1970–90', *Comparative Economic Studies*, no. 2 (1993)

M. S. Bernstam and S. M. Lipset, 'Punishing Russia', *The New Republic*, no. 3, 5 August 1985

M. R. Beschloss and S. Talbott, *At the Highest Levels: The Inside Account of the End of the Cold War* (Boston, MA: Little, Brown and Co., 1993)

V. Boldin, *Krushenie p'edestala: shtrikhi k portrete M. S. Gorbachëva* (Moscow: Respublika, 1995)

K. Booth and N. J. Wheeler, *The Security Dilemma: Fear, Cooperation, and Trust in World Politics* (Basingstoke: Palgrave Macmillan, 2008)

A. Bovin, *XX vek kak zhizn'. Vospominaniya* (Moscow: Zakharov, 2003)

F. Bozo, *Mitterrand, the End of the Cold War, and German Unification* (New York: Berghahn, 2009)

F. Bozo, M.-P. Rey, N. Ludlow and L. Nuti (eds), *Europe and the End of the Cold War: A Reappraisal* (London: Routledge, 2008)

R. Braithwaite, *Across the Moscow River: The World Turned Upside Down* (New Haven, CT: Yale University Press, 2002)

R. Braithwaite, *Afgantsy: The Russians in Afghanistan, 1979–1989* (London: Profile, 2011)

R. Braithwaite, 'Gorbachev and Thatcher', *Journal of European Integration History*, no. 1 (2010)

G. Breslauer, *Gorbachev and Yeltsin as Leaders* (Cambridge: Cambridge University Press, 2001)

A. Brown, *The Gorbachev Factor* (Oxford: Oxford University Press, 1996)

A. Brown, 'Margaret Thatcher and Perceptions of Change in the Soviet Union', *Journal of European Integration History*, no. 1 (2010)

A. Brown, *Seven Years that Changed the World: Perestroika in Perspective* (Oxford: Oxford University Press, 2007)

K. N. Brutents, *Nesbyvsheesya. Neravnodushnye zametki o perestroike* (Moscow: Mezhdunarodnye otnosheniya, 2005)

K. N. Brutents, *Tridtsat' let na Staroi ploshchadi* (Moscow: Mezhdunarodnye otnosheniya, 1998)

W. F. Buckley Jr, *The Reagan I Knew* (New York: Basic Books, 2008)

V. Bukovskii, *Moskovskii protsess* (Moscow: MIK, 1996)

G. Bush, *All the Best, George Bush: My Life in Letters and Other Writings* (New York: Simon and Schuster, 1999)

G. Bush and B. Scowcroft, *A World Transformed* (New York: Alfred A. Knopf, 1998)

L. Cannon, *President Reagan: The Role of a Lifetime* (New York: PublicAffairs, 2000)

A. Casaroli, *Il martirio della pazienza. La Santa Sede e i paesi comunisti (1963–1989)* (Turin: Einaudi, 2000)

G. Cervetti, *Zoloto Moskvy: svidetel'stvo uchastnika finansovykh operatsii KPSS* (Moscow: Mezhdunarodnye otnosheniya, 1995)

Chen Jian, 'China's Path Toward 1989', in J. A. Engel (ed.), *The Fall of the Berlin Wall: The Revolutionary Legacy of 1989* (Oxford: Oxford University Press, 2009)

Chen Jian, *Mao's China and the Cold War* (Chapel Hill, NC: University of North Carolina Press, 2001)

A. S. Chernyaev, *Beskonechnost' zhenshchiny* (Moscow: GOETAR Meditsiny, 2000)

A. S. Chernyaev, *Moya zhizn' i moë vremya* (Moscow: Mezhdunarodnye otnosheniya, 1995)

A. S. Chernyaev, *Shest' let s Gorbachëvym* (Moscow: Progress, 1993)

A. Chernyaev, *Sovmestnyi iskhod. Dnevnik dvukh epokh. 1971–1991 gody* (Moscow: Rosspen, 2010)

CIA and Defense Intelligence Agency, *Gorbachev's Economic Program: Problems Emerge* (n.p., 1988)

S. Coll, *Ghost Wars: The Secret History of the CIA, Afghanistan, and Bin Laden* (New York: Penguin, 2004)

Commission on Integrated Long-Term Strategy, *Discriminate Deterrence* (Washington, DC: US Government Printing House, 1988)

M. Cox (ed.), *Rethinking the Soviet Collapse: Sovietology, the Death of Communism and the New Russia* (London: Pinter, 1998)

P. Cradock, *In Pursuit of British Interests: Reflections on Foreign Policy under Margaret Thatcher and John Major* (London: Current Affairs, 1997)

B. Crawford, *Economic Vulnerability in International Relations: East–West Trade, Investment, and Finance* (New York: Columbia University Press, 1993)

W. Crowe, *In The Line of Fire: From Washington to the Gulf, the Politics and Battles of the New Military* (New York: Simon and Schuster, 1993)

B. Crozier, *Free Agent: The Unseen War, 1941–1991* (London: HarperCollins, 1993)

A. Dallin, *Black Box: KAL 007 and the Superpowers* (Berkeley: University of California Press, 1985)

K. Dawisha, *Eastern Europe, Gorbachev and Reform: The Great Challenge*, 2nd edn (Cambridge: Cambridge University Press, 1990)

M. K. Deaver, *Behind the Scenes* (New York: William Morrow, 1987)

M. K. Deaver, *A Different Drummer: My Thirty Years with Ronald Reagan* (New York: HarperCollins, 2001)

D. Deletant, *Ceauşescu and the Securitate: Coercion and Dissent in Romania, 1965–1989* (London: Hurst, 1995)

J. Delors, *Mémoires* (Paris: Plon, 2004)

M. Dennis, *The Rise and Fall of the German Democratic Republic, 1945–1990* (Harlow: Pearson Education, 2000)

Deutsche Einheit: Sonderedition aus den Akten des Bundeskanzleramtes 1989/90, ed. H. J. Kusters and D. Hofmann (Munich: Oldenbourg Verlag, 1998)

A. Dobrynin, *In Confidence: Moscow's Ambassador to America's Cold War Presidents* (New York: Times Books, 1995)

Documents of the National Security Council, 7th supplement, ed. P. Kesaris (Bethesda, MD: University Publications of America, 1996)

Documents of the National Security Council, 8th supplement, ed. D. Reynolds (Bethesda, MD: University Publications of America, 2000)

M. W. Doyle, *Liberal Peace: Selected Essays* (London: Routledge, 2012)

S. D. Drell, A. D. Sofaer and G. D. Wilson, *The New Terror: Facing the Threat of Biological and Chemical Weapons* (Stanford, CA: Hoover Institution Press, 1999)

J.-F. Drolet, *American Neo-Conservatism: The Politics and Culture of a Reactionary Idealism* (Oxford: Oxford University Press, 2013)

Dvadtsat' sed'moi s"ezd Kommunisticheskoi Partii Sovetskogo Soyuza, 25 fevralya – 6 marta 1986 goda, Stenograficheskii Otchët, vols. 1–3 (Moscow: Izdatel'stvo politicheskoi literatury, 1986)

L. Eden, *Whole World on Fire: Organizations, Knowledge, and Nuclear Weapons Devastation* (Ithaca, NY: Cornell University Press, 2006)

C. M. Ekedahl and M. A. Goodman, *The Wars of Eduard Shevardnadze* (University Park, PA: Pennsylvania State University Press, 1997)

D. C. Engerman, *Know Your Enemy. The Rise and Fall of America's Soviet Experts* (Oxford: Oxford University Press, 2009)

R. English, *Russia and the Idea of the West: Gorbachev, Intellectuals and the End of the Cold War* (New York: Columbia University Press, 2000)

C. Estier, *Dix ans qui ont changé le monde: Journal, 1989–2000* (Paris: B. Leprince, 2000)

A. B. Evans, *Soviet Marxism: The Decline of an Ideology* (London: Praeger, 1993)

V. Falin, *Bez skidok na obstoyatel'stva: politicheskie vospominaniya* (Moscow: Respublika, 1999)

V. Falin, *Konflikty v Kremle: sumerki bogov po-russki* (Moscow: Tsentrpoligraf, 1999)

F. Fejto, *La fine delle democrazie popolari. L'Europa orientale dopo la rivoluzione del 1989* (Milan: Mondadori, 1994)

B. A. Fischer, *The Reagan Reversal: Foreign Policy and the End of the Cold War* (Columbia, MO: University of Missouri Press, 1997)

F. Fitzgerald, *Way Out There in the Blue: Reagan, Star Wars and the End of the Cold War* (New York: Simon and Schuster, 2000)

D. S. Foglesong, *The American Mission and the 'Evil Empire': The Crusade for a Free Russia since 1881* (Cambridge: Cambridge University Press, 2007)

R. Foot, 'The Cold War and Human Rights', in M. Leffler and O. A. Westad (eds), *The Cambridge History of the Cold War*, vol. 3 (Cambridge: Cambridge University Press, 2010)

J. Lewis Gaddis, *The Cold War: A New History* (New York: Penguin Press, 2005)

Ye. Gaidar, *Gibel' imperii* (Moscow: Rosspen, 2006)

R. Garthoff, *Détente and Confrontation: American–Soviet Relations from Nixon to Reagan*, 2nd edn (Washington, DC: Brookings Institution, 1994)

R. Garthoff, *The Great Transition: American–Soviet Relations and the End of the Cold War* (Washington, DC: Brookings Institution, 1994)

T. Garton Ash, *In Europe's Name: Germany and the Divided Continent* (London: Cape, 1993)

T. Garton Ash, *The Magic Lantern: The Revolution of '89 Witnessed in Warsaw, Budapest, and Prague* (New York: Random House, 1990)

R. M. Gates, *From the Shadows: The Ultimate Insider's Story of Five Presidents and How They Won the Cold War* (New York: Simon and Schuster, 1996)

V. E. Genin, *The Anatomy of Russian Defense Conversion* (Walnut Creek, CA: Vega, 2001)

H.-D. Genscher, *Erinnerungen* (Berlin: Siedler, 1995)

H.-D. Genscher, *Rebuilding a House Divided: A Memoir by the Architect of Germany's Reunification* (New York: Broadway Books, 1998)

A. Giovanognoli, 'Karol Wojtila and the End of the Cold War', in S. Pons and F. Romero (eds), *Reinterpreting the End of the Cold War. Issues, Interpretations, Periodizations* (London: Frank Cass, 2005)

M. I. Goldman, *Petrostate: Putin, Power, and the New Russia* (Oxford: Oxford University Press, 2008)

M. S. Gorbachëv, *Gody trudnykh reshenii: izbrannoe, 1985–1992 gg.* (Moscow: Al'fa-Print, 1993)

M. Gorbachëv, *Naedine s soboi* (Moscow: Grin strit, 2012)

M. Gorbachëv, *Perestroika i novoe myshlenie dlya nashei strany i vsego mira* (Moscow: Izdatel'stvo politicheskoi literatury, 1987)

M. S. Gorbachëv, *Sobranie sochinenii*, vols 1– (Moscow: Ves' mir, 2008–)

M. S. Gorbachëv, *Zhizn' i reformy*, vols 1–2 (Moscow: Novosti, 1995)

M. Gorbachev and Z. Mlynar, *Conversations with Gorbachev on Perestroika, the Prague Spring, and the Crossroads of Socialism* (New York: Columbia University Press, 2002)

R. M. Gorbachëva, *Ya nadeyus'* (Moscow: Novosti, 1991)

A. Grachev, *Final Days: The Inside Story of the Collapse of the Soviet Union* (Boulder, CO: Westview, 1995)

A. Grachëv, *Gorbachëv* (Moscow: Vagrius, 2001)

A. Grachev, *Gorbachev's Gamble: Soviet Foreign Policy and the End of the Cold War* (Cambridge: Polity Press, 2008)

A. Grachev, 'Political and Personal: Thatcher and the End of the Cold War', *Journal of European Integration History*, no. 1 (2010)

N. A. Graebner, R. D. Burns and J. M. Siracusa, *Reagan, Bush, Gorbachev: Revisiting the End of the Cold War* (Westport, CT: Praeger, 2008)

O. Grinevsky, 'The Crisis that Didn't Erupt: the Soviet–American Relationship, 1980–1983', in K. Skinner, *Turning Points in the End of the Cold War* (Stanford, CA: Hoover Institution Press, 2007).

O. A. Grinevskii, 'Mister Net', in A. A. Gromyko (ed.), 'Luchshe desyat' let peregovorov, chem desyat' den' voiny': vospominaniya ob Andree Andreeviche Gromyko* (Moscow: Ves' mir, 2009)

O. Grinevskii, *Perelom: ot Brezhneva k Gorbachëvu* (Moscow: Olma-Press, 2004)

O. Grinevskii, *Tainy sovetskoi diplomatii* (Moscow: Vagrius, 2000)

O. Grinevsky and L. M. Hansen, *Making Peace: Confidence Building* (New York: Eloquent Books, 2009)

V. Grishin, *Ot Khrushchëva do Gorbachëva: politicheskie portrety pyati gensekov i A. N. Kosygina. Memuary* (Moscow: Aspol, 1996)

A. Gromyko, *Pamyatnoe*, vols 1–2 (Moscow: Politizdat, 1988)

B. A. Grushin, *Chetyre zhizni Rossii v zerkale oprosov obshchestvennogo mneniya: ocherki massovogo soznaniya rossiyan vremën Khrushchëva, Brezhneva, Gorbachëva i El'tsina v 4-kh knigakh* (Moscow: Progress – Traditsiya, 2001)

S. Guzzini, *Realism in International Relations and International Political Economy: The Continuing Story of a Death Foretold* (London: Routledge, 1998)

J. Harris, *Subverting the System: Gorbachev's Reform of the Party's Apparat, 1986–1991* (Lanham, MD: Rowman and Littlefield, 2005)

J. Haslam, *The Soviet Union and the Politics of Nuclear Weapons in Europe, 1969–87: The Problem of the SS-20* (Basingstoke: Palgrave Macmillan, 1989)

J. Haslam, *Russia's Cold War: From the October Revolution to the Fall of the Wall* (New Haven, CT: Yale University Press, 2011)

Hearings before the Subcommittee on National Security Economics of the Joint Economic Committee, Congress of the United States, April 13 and 21, 1988 (Washington DC: US Government Printing Office, 1989)

T. H. Hendriksen, *American Power after the Berlin Wall* (London: Palgrave Macmillan, 2007)

H.-H. Hertle, *Vom Ende der DDR-Wirtschaft zum Neubeginn in den ostdeutschen Bundesländern* (Hanover: Niedersächsischen Landeszentrale für politische Bildung, 1998)

C. Hill, *Grand Strategies: Literature, Statecraft, and World Order* (New Haven, CT: Yale University Press, 2010)

J. Hoffenaar and C. Findlay (eds), *Military Planning for European Theatre Conflict During the Cold War: An Oral History Roundtable, Stockholm, 24–25 April 2006* (Zurich: ETH Zurich 2007)

D. Hoffman, *Dead Hand: The Untold Story of the Cold War Arms Race and Its Dangerous Legacy* (New York: Random House, 2009)

S. Hoffman, *World Disorders: Troubled Peace in the Post-Cold War Era* (Lanham, MD: Rowman and Littlefield, 2000)

J. F. Hough, *Democratization and Revolution in the USSR, 1985–1991* (Washington, DC: Brookings Institution, 1997)

G. Howe, *Conflict of Loyalty* (London: Macmillan, 1994)

R. L. Hutchings, *American Diplomacy and the End of the Cold War: An Insider's Account of U.S. Policy in Europe, 1989–1992* (Baltimore, MD: Johns Hopkins University Press, 1997)

R. W. Johnson, *Shootdown: Flight 007 and the American Connection* (New York: Viking, 1986)

A. M. Kalinovsky, *A Long Goodbye: The Soviet Withdrawal from Afghanistan* (Cambridge, MA: Harvard University Press, 2011)

O. Kalugin with F. Montaigne, *The First Directorate: My 32 Years in Intelligence and Espionage against the West* (New York: St Martin's Press, 1994)

M. M. Kampelman, *Entering New Worlds: The Memoirs of a Private Man in Public Life* (London: HarperCollins, 1991)

A. Kemp-Welch, *Poland under Communism: A Cold War History* (Cambridge: Cambridge University Press, 2008)

P. Kengor, *The Crusader: Ronald Reagan and the Fall of Communism* (New York: HarperCollins, 2006)

P. Kengor, *The Judge: William P. Clarke, Ronald Reagan's Top Hand* (San Francisco: Ignatius Press, 2007)

P. Kenney, *A Carnival of Revolution: Central Europe 1989* (Princeton, NJ: Princeton University Press, 2003)

J. O. Koehler, *Spies in the Vatican: The Soviet Union's War against the Catholic Church* (New York: Pegasus Books, 2009)

J. O. Koehler, *Stasi: The Untold Story of the East German Secret Police* (Boulder, CO: Westview Press, 1999)

H. Kohl, *Erinnerungen*, vol. 3: *1990–1994* (Munich: Drömer, 2004)

I. Korchilov, *Translating History: Thirty Years on the Front Lines of Diplomacy with a Top Russian Interpreter* (New York: Lisa Drew/Scribner, 1997)

P. Kornbluh and M. Byrne (eds), *The Iran-Contra Scandal: The Declassified History* (New York: New Press, 1993)

G. M. Kornienko, *Kholodnaya voina: svidetel'stvo eë uchastnika* (Moscow: Mezhdunarodnye otnosheniya, 1994)

R. Koslowski and F. Kratochvil, 'Understanding Change in International Politics: The Soviet Empire's Demise and the International System', *International Organization*, no. 2 (1994)

S. Kotkin, *Armageddon Averted: The Soviet Collapse, 1970–2000* (New York: Oxford University Press, 2001)

S. Kotkin with J. Gross, *Uncivil Society: 1989 and the Implosion of the Communist Establishment* (New York: Modern Library, 2009)

M. Kramer, 'The Demise of the Soviet Bloc', *Journal of Modern History*, no. 4 (2011)

M. Kramer, 'The Warsaw Pact and the Polish Crises of 1980–1981', *Cold War International History Project*, no. 5 (1995)

M. Kramer, 'Gorbachev and the Demise of East European Communism', in S. Pons and F. Romero (eds), *Reinterpreting the End of the Cold War. Issues, Interpretations, Periodizations* (London: Frank Cass, 2005)

V. Kryuchkov, *Lichnoe delo*, vols. 1–2 (Moscow: Olimp, 1997)

Yu. Kvitsinskii, *Vremya i sluchai: zametki professionala* (Moscow: Olma-Press, 1999)

M. Laar, *The Power of Freedom: Central and Eastern Europe after 1945* (Brussels: Centre for European Studies, 2010)

V. Landsbergis, *Lithuania Independent Again: The Autobiography of Vytautas Landsbergis*, trans. and ed. A. Packer and E. Šova (Cardiff: University of Wales Press, 2000)

R. N. Lebow and T. Risse-Kappen, *International Relations Theory and the End of the Cold War* (New York: Columbia University Press, 1995)

M. P. Leffler, *For the Soul of Mankind: The United States, the Soviet Union, and the Cold War* (New York: Hill and Wang, 2007)

M. Leffler and O. A. Westad (eds), *The Cambridge History of the Cold War*, vols 1–3 (Cambridge: Cambridge University Press, 2010)

R. Legvold, 'Soviet Learning in the 1980s', in G. Breslauer and P. Tetlock (eds), *Learning in US and Soviet Foreign Policy* (Boulder, CO: Westview Press, 1991)

N. S. Leonov, *Likholet'e* (Moscow: Mezhdunarodnye otnosheniya, 1994)

P. Lettow, *Ronald Reagan and His Quest to Abolish Nuclear Weapons* (New York: Random House, 2005)

J. Lévesque, *The Enigma of 1989: The USSR and the Liberation of Eastern Europe* (Berkeley: University of California Press, 1997)

M. Lewin, *The Gorbachev Phenomenon: A Historical Interpretation* (London: Hutchinson Radius, 1988)

A. Lieven, *The Baltic Revolution* (New Haven, CT: Yale University Press, 1993)

Ye. Ligachev, *Kto predal SSSR?* (Moscow: Algoritm/Eksmo, 2009)

Ye. Ligachev with S. Cohen, *Inside Gorbachev's Kremlin: The Memoirs of Yegor Ligachev* (Boulder, CO: Westview Press, 1996)

B. Lo, *Axis of Convenience: Moscow, Beijing and the New Geopolitics* (London: Chatham House, 2008)

A. Luk'yanov, *Avgust 91-go: a byl li zagovor?* (Moscow: Algoritm/Eksmo, 2010)

R. Lyne, 'Making Waves: Mr Gorbachev's Public Diplomacy, 1985–6', *International Affairs*, no. 2 (1987)

D. J. MacEachin, *US Intelligence and the Polish Crisis, 1980–1981* (Washington, DC: Center for the Study of Intelligence, 2000)

C. Maier, *Dissolution: The Crisis of Communism and the End of East Germany* (Princeton, NJ: Princeton University Press, 1997)

J. Mann, *About Face: A History of America's Curious Relationship with China, from Nixon to Clinton* (New York: Alfred A. Knopf, 1999)

J. Mann, *The Rebellion of Ronald Reagan: A History of the End of the Cold War* (New York: Viking, 2009)

Z. Maoz and B. Russett, 'Normative and Structural Causes of the Democratic Peace, 1946–1986', *American Political Science Review*, no. 3 (1993)

S. Massie, *Land of the Firebird: The Beauty of Old Russia* (New York: Simon and Schuster, 1982)

S. Massie, *Trust But Verify: Reagan, Russia and Me* (Rockland, ME: Maine Authors Publishing, 2014)

M. Mastanduno, *Economic Containment: CoCom and the Politics of East–West Trade* (Ithaca, NY: Cornell University Press, 1992)

V. Mastny, 'How Able Was "Able Archer"? Nuclear Trigger and Intelligence in Perspective', *Journal of Cold War Studies*, no. 1 (2008)

V. Mastny and M. Byrne, *A Cardboard Castle? An Inside History of the Warsaw Pact, 1955–1991* (Budapest: Central European University Press, 2006)

Materialy plenuma Tsentral'nogo Komiteta KPSS, 27–28 yanvarya 1987 goda (Moscow: Politizdat, 1987)

J. F. Matlock, Jr, *Autopsy on an Empire: The American Ambassador's Account of the Collapse of the Soviet Union* (New York: Random House, 1995)

J. F. Matlock, Jr, *Reagan and Gorbachev: How the Cold War Ended* (New York: Random House, 2004)

J. F. Matlock, Jr, *Superpower Illusions* (New Haven, CT: Yale University Press, 2010)

R. C. McFarlane and Z. Smardz, *Special Trust* (New York: Cadell and Davies, 1994)

A. McGrew, 'Liberal Internationalism: Between Realism and Cosmopolitanism', in D. Held and A. McGrew (eds), *Governing Globalization: Power, Authority and Global Governance* (Cambridge: Polity Press, 2002)

J. Mearsheimer, *The Tragedy of Great Power Politics* (New York: W. W. Norton, 2001)

V. A. Medvedev, *Raspad: kak on nazreval v 'mirovoi sisteme sotsializma'* (Moscow: Mezhdunarodnye otnosheniya, 1994)

V. A. Medvedev, *V komande Gorbachëva: vzglyad izvnutri* (Moscow: Bylina, 1994)

E. Meese III, *With Reagan: The Inside Story* (Washington, DC: Regnery Gateway, 1992)

Mikhail Gorbachëv i germanskii vopros, ed. A. Galkin and A. Chernyaev (Moscow: Ves' mir, 2006)

L. Mlechin, *Ministry inostrannykh del* (Moscow: Tsentropoligraf, 2001)

National Security Directives of the Reagan and Bush Administrations: The Declassified History of U.S. Political and Military Policy, 1981–1991, ed. C. Simpson (Boulder, CO: Westview Press, 1995)

T. Naftali, *Blind Spot: The Secret History of American Counterterrorism* (New York: Basic Books, 2006)

J. Newton, 'Gorbachev, Mitterrand, and the Emergence of the Post-Cold War Order in Europe', *Europe-Asia*, no. 2 (2013)

J. Newton, *Russia, France and the Idea of Europe* (Basingstoke: Palgrave Macmillan, 2003)

P. Nitze, *From Hiroshima to Glasnost: At the Centre of Decision, A Memoir* (London: Weidenfeld and Nicolson, 1989)

A. Nove, 'Agriculture', in A. Brown and M. Kaser (eds), *Soviet Policy for the 1980s* (London: Macmillan, 1982)

A. Nove, *An Economic History of the USSR*, revised edn (London: Penguin, 1993)

D. Oberdorfer, *From the Cold War to a New Era: The United States and the Soviet Union, 1983–1991* (Baltimore, MD: Johns Hopkins University Press, 1998)

W. E. Odom, *The Collapse of the Soviet Military* (New Haven, CT: Yale University Press, 1998)

N. V. Ogarkov, 'Voennaya strategiya', *Sovetskaya voennaya entsiklopediya*, vol. 7 (Moscow: Voenizdat, 1979)

Otvechaya na vyzov vremeni: Vneshnyaya politika perestroiki: Dokumental'nye svidetel'stva (Moscow: Ves' mir, 2010)

P. J. Ognibene, *Scoop: The Life and Politics of Henry M. Jackson* (New York: Stein and Day, 1975)

T. O'Neill, *Man of the House: The Life and Times of Speaker Tip O'Neill* (London: Random House, 1987)

J. O'Sullivan, *The President, the Pope, and the Prime Minister: Three Who Changed the World* (Washington, DC: Regnery, 2006)

A. Paczkowski, *The Spring Will Be Ours: Poland and Poles from Occupation to Freedom* (University Park, PA: Pennsylvania State University Press, 2003)

P. Palazchenko, *My Years with Gorbachev and Shevardnadze: The Memoir of a Soviet Interpreter* (University Park, PA: Pennsylvania State University Press, 1997)

V. Pavlov, *Gorbachëv – putch* (Moscow: Delovoi mir, 1993)

R. Perle, *Hard Line: A Novel* (New York: Random House, 1992)

R. Pipes, *Communism: A History* (London: Weidenfeld and Nicolson, 2001)

R. Pipes, 'Misinterpreting the Cold War: The Hardliners Had It Right', *Foreign Affairs*, no. 1 (1995)

R. Pipes, *Vixi: Memoirs of a Non-Belonger* (New Haven, CT: Yale University Press, 2003)

S. Plokhy, *The Last Empire: The Final Days of the Soviet Union* (New York: Basic Books, 2014)

S. Pons, *Berlinguer e la fine del comunismo* (Turin: Einaudi, 2006)

S. Pons, *La rivoluzione globale: storia del comunismo internazionale 1917–1991* (Turin: Einaudi, 2012)

S. Pons and F. Romero (eds), *Reinterpreting the End of the Cold War. Issues, Interpretations, Periodizations* (London: Frank Cass, 2005)

R. E. Powaski, *Return to Armageddon: The United States and the Nuclear Arms Race* (New York: Oxford University Press US, 2003)

C. L. Powell and J. E. Persico, *My American Journey* (New York: Random House, 1995)

A. Pravda, 'Western Benevolence', *Cambridge History of the Cold War*, vol. 1 (Cambridge: Cambridge University Press, 2010)

Y. Primakov, *Russian Crossroads: Towards the New Millennium* (New Haven, CT: Yale University Press, 2004)

Yu. Prokof'ev, *Kak ubivali partiyu: pokazaniya pervogo sekretarya MGK KPSS* (Moscow: Algoritm Eksmo, 2011)

P. V. Pry, *War Scare: Russia and America on the Nuclear Brink* (Westport, CT: Greenwood Publishing Group, 1999)

Qian Qichen, *Ten Episodes in China's Diplomacy* (New York: HarperCollins, 2005)

R. Ratnesar, *Tear Down This Wall: A City, a President, and the Speech That Ended the Cold War* (New York: Simon and Schuster, 2009)

N. Reagan, *My Turn* (New York: Random House, 1989)

R. Reagan, *An American Life: The Autobiography* (New York: Simon and Schuster, 1990)

Reagan: A Life in Letters, ed. K. Skinner, A. Anderson and M. Anderson (New York: Free Press, 2003)

The Reagan Diaries (London: HarperCollins, 2007)

The Reagan Diaries Unabridged, vols 1–2 (New York: HarperCollins, 2009)

The Reagan Files: The Untold Story of Reagan's Top-Secret Efforts to Win the Cold War, ed. J. Saltoun-Ebin (privately published by the editor, 2010)

Reagan in His Own Hand, ed. K. Skinner, A. Anderson and M. Anderson (New York: Free Press, 2001)

R. Reagan, *Speaking My Mind* (New York: Simon and Schuster, 2004)

T. C. Reed, *At the Abyss* (New York: Ballantine Books, 2004)

R. Reeves, *President Reagan: The Triumph of Imagination* (New York: Simon and Schuster, 2005)

D. Regan, *For the Record: From Wall Street to Washington* (London: Hutchinson, 1988)

'Rencontre de Mikhail Gorbatchev avec la Délégation Française "Initiative-87"', *Actualités Soviétiques*, 7 October 1987

T. Risse-Kappen, *Bringing Transnational Relations Back In: Non-State Actors, Domestic Factors and International Institutions* (Cambridge: Cambridge University Press, 1995)

V. Riva, *Oro da Mosca: i finanziamenti sovietici al PCI dalla Rivoluzione d'ottobre al crollo dell' URSS. Con 240 documenti inediti degli archivi moscoviti* (Milan: Mondadori, 1994)

P. Robinson, *How Ronald Reagan Changed My Life* (New York: ReganBooks, 2003)

P. Robinson, *It's My Party: A Republican's Messy Love Affair with the GOP* (London: Warner, 2000)

P. W. Rodman, *Presidential Command: Power, Leadership, and the Making of Foreign Policy from Richard Nixon to George W. Bush* (New York: Alfred A. Knopf, 2009)

F. Romero, *Storia della guerra fredda. L'ultimo conflitto per l'Europa* (Turin: Einaudi, 2009)

D. Rothkopf, *Running the World: The Inside Story of the National Security Council and the Architects of American Power* (New York: PublicAffairs, 2004)

H. S. Rowen, 'Living with a Sick Bear', *National Interest*, no. 2 (Winter 1985–1986)

H. S. Rowen and C. Wolf, Jr (eds), *The Future of the Soviet Empire* (New York: St. Martin's Press, 1987)

H. S. Rowen and C. Wolf, Jr (eds), *The Impoverished Superpower: Perestroika and the Soviet Military Burden* (San Francisco, CA: Institute for Contemporary Studies, 1990)

E. L. Rowny, *It Takes Two To Tango* (London: Brassey's, 1992)

N. Ryzhkov, *Glavnyi svidetel'* (Moscow: Algoritm/Eksmo, 2010)

C. Sagan, 'Nuclear War and Climatic Catastrophe: Some Policy Implications', *Foreign Affairs*, no. 2 (Winter 1983–1984)

R. Z. Sagdeev, *The Making of a Soviet Scientist: My Adventures in Nuclear Fusion and Space from Stalin to Star Wars* (New York: John Wiley and Sons, 1994)

R. Z. Sagdeev and A. Kokoshkin, *Strategic Stability under the Conditions of Radical Nuclear Arms Reductions* (Moscow: Committee of Soviet Scientists for Peace, Against Nuclear War, 1987)

R. Sakwa, *Gorbachev and His Reforms, 1985–1990* (London: Philip Allan, 1990)

P. Salmon and K. A. Hamilton (eds), *Documents on British Policy Overseas Series III*, vol. 7 (London: Routledge, 2010)

R. Samuel, 'Conservative intellectuals and the Reagan–Gorbachev Summits', *Cold War History*, no. 1 (2012)

S. Sanders, *Living off the West: Gorbachëv's Secret Agenda and Why It Will Fail* (New York: Madison Books, 1990)

Ş. Săndulescu, *Decembrie '89: Lovitura de stat a confiscate revoluție română* (Bucharest: Omega Press, 1996)

M. E. Sarotte, *1989: The Struggle to Create Post-Cold War Europe* (Princeton, NJ: Princeton University Press, 2009)

A. G. Savel'yev and N. N. Detinov, *The Big Five: Arms Control Decision-Making in the Soviet Union* (Westport, CT: Praeger, 1995)

S. Savranskaya and T. Blanton, 'Preamble', The Washington/Camp David Summit 1990: From the Secret Soviet, American and German Files, National Security Archives, Electronic Briefing No. 320

S. Savranskaya, T. Blanton and V. Zubok, *Masterpieces of History: The Peaceful End of the Cold War in Europe* (Budapest: Central European University Press, 2010)

T. Schabert, *Mitterrand et la réunification allemande: Une histoire secrète, 1981–1995* (Paris: Grasset, 2002)

A. M. Schlesinger, Jr, *Journals, 1952–2000* (New York: Penguin, 2007)

P. Schweizer, *Victory* (New York: Atlantic Monthly Press, 1994)

V. Sebestyen, *Revolution 1989: The Fall of the Soviet Empire* (London: Weidenfeld and Nicolson, 2009)

Select Committee on Intelligence, United States Senate, *An Assessment of the Aldrich H. Ames Espionage Case and Its Implications for U.S. Intelligence: Report* (Washington, DC: US Government Printing Office, 1994)

M. J. Selverstone, *Constructing the Monolith. The United States, Great Britain, and International Communism, 1945–1950* (Cambridge, MA: Harvard University Press, 2009)

G. K. Shakhnazarov, *S vozdyami i bez nikh* (Moscow: Vagrius, 2001)

G. Shakhnazarov, *Tsena svobody: reformatsiya Gorbachëva glazami ego pomoschnika* (Moscow: Rossika, 1993)

L. V. Shebarshin, . . . *I zhizni melochnye sny* (Moscow: Mezhdunarodnye otnosheniya, 2000)

L. V. Shebarshin, *Ruka Moskvy: Zapiski nachal'nika sovetskoi razvedki* (Moscow: Tsentr-100, 1990)

E. Shevardnadze, *The Future Belongs to Freedom* (London: Sinclair-Stevenson, 1991)

E. Shevardnadze, *Kogda rukhnul zheleznyi zanaves: vstrechi i vospominaniya* (Moscow: Yevropa, 2009)

E. Shevardnadze, *Moi vybor: v zashchitu demokratii i svobody* (Moscow: Novosti, 1991)

E. Shlosser, *Command and Control: Nuclear Weapons, the Damascus Accident, and the Illusion of Safety* (New York: Penguin, 2013)

C. Shulgan, *The Soviet Ambassador: The Making of the Radical behind Perestroika* (Toronto: McClelland and Stewart, 2008)

G. P. Shultz, 'Managing the U.S.–Soviet Relationship over the Long Term', speech at Rand-UCLA, 18 October 1984 (Washington, DC: US Department of State, 1984)

G. P. Shultz, 'Nuclear Weapons, Arms Control, and the Future of Deterrence', address before the International House of the University of Chicago and the *Chicago Sun-Times*, 17 November 1986 (Washington, DC: US Department of State, 1986)

G. P. Shultz, 'The Shape, Scope, and Consequences of the Age of Information', address before the Stanford University Alumni Association, Paris, 21 March 1986 (Washington, DC: US Department of State, 1986)

G. Shultz, Statement to the Foreign Relations Committee, 31 January 1985 (Washington, DC: US Department of State, 1985)

G. Shultz, *Turmoil and Triumph: My Years as Secretary of State* (New York: Charles Scribner's Sons, 1993)

G. P. Shultz, S. D. Drell and J. E. Goodby (eds), *Reykjavik Revisited: Steps Towards a World Free of Nuclear Weapons* (Stanford, CA: Hoover Institution Press, 2008)

K. Skinner (ed.), *Turning Points in the End of the Cold War* (Stanford, CA: Hoover Institution Press, 2007)

S. Smith, 'Foreign Policy Is What States Make of It: Social Construction and International Relations Theory', in V. Kubálková (ed.), *Foreign Policy in a Constructed World* (Armonk, NY: M. E. Sharpe, 2001)

A. A. Snyder, *Warriors of Disinformation: American Propaganda, Soviet Lies, and the Winning of the Cold War: An Insider's Account* (New York: Arcade Publishing, 1995)

J. Snyder, 'One World, Rival Theories', *Foreign Policy*, no. 145 (2004)

Soviet Economy: Assessment of How Well the CIA Has Estimated the Size of the Economy (Washington, DC: US Government Accountability Office, 1991)

A. E. Stent, *The Limits of Partnership* (Princeton, NJ: Princeton University Press, 2014)

A. E. Stent, *Russia and Germany Reborn: Unification, the Soviet Collapse, and the New Europe* (Princeton, NJ: Princeton University Press, 1998)

C. Sterling, *The Terror Network: The Secret War of International Terrorism* (London: Weidenfeld and Nicolson, 1981)

N. Stone, *The Atlantic and Its Enemies: A Personal History of the Cold War* (London: Allen Lane, 2010)

P. Stroilov, *Behind the Desert Storm* (Chicago: Price World Publishing, 2011)

Tajne dokumenty Biura Politicznego i Sekretariatu KS: Ostatni rok władzy 1988–1989, ed. S. Perzkowski (Warsaw: Aneks, 1994)

W. Taubman and S. Savranskaya, 'If a Wall Fell in Berlin and Moscow Hardly Noticed, Would It Still Make a Noise?', in J. A. Engel (ed.), *The Fall of the Berlin Wall: The Revolutionary Legacy of 1989* (New York: Oxford University Press, 2009)

E. Teller, *Memoirs: A Twentieth-Century Journey in Science and Politics* (Cambridge, MA: Perseus Press, 2001)

H. Teltschik, *329 Tagen: Innenansichten der Einigung* (Berlin: Goldmann, 1993)

M. Thatcher, *The Downing Street Years* (London: HarperCollins, 1993)

D. C. Thomas, *The Helsinki Effect: International Norms, Human Rights, and the Demise of Communism* (Princeton, NJ: Princeton University Press, 2001)

K. Tōgō, *Japan's Foreign Policy, 1945–2009*, 3rd edn (Leiden: Brill, 2010)

J. Tower, *The Tower Report* (New York: Bantam, 1987)

P. E. Trudeau, *Memoirs* (Toronto: McClelland and Stewart, 1993)

V. N. Tsygichko, *Modeli v sisteme prinyatiya voennoi-strategicheskikh reshenii v SSSR* (Moscow: Imperium Press, 2005)

US Department of Defense, Trip Report. Visit of the United State Military Technology Delegation to the People's Republic of China. September 6–19, 1980

US Export Controls and Technology Transfer to China (New York: n.p., 1987)

USSR Ministry of Defense, *Whence the Threat to Peace*, 4th edn (Moscow: Military Publishing House, 1987)

C. Unger, *The Fall of the House of Bush* (New York: Simon and Schuster, 2007)

G. R. Urban, *Diplomacy and Disillusion at the Court of Margaret Thatcher* (London: I. B. Tauris, 1996)

J. Valenta and F. Cibulka (eds), *Gorbachev's New Thinking and Third World Conflicts* (London: Transaction Publishers, 1990)

V. I. Varennikov, *Nopovtorimoe*, vols 1–7 (Moscow: Sovetskii pisatel', 2001–2)

Ye. Velikhov, R. Sagdeev and A. Kokoshin (eds), *Weaponry in Space: The Dilemma of Security* (Moscow: Mir, 1986)

V. Vorotnikov, *A bylo eto tak . . . : iz dnevnika chlena Politbyuro TsK KPSS* (Moscow: Sovet Veteranov Knigoizdaniya, 1995)

V Politbyuro TsK KPSS. Po zapisyam Anatoliya Chernyaeva, Vadima Medvedeva, Georgiya Shakhnazarova, 1985–1991 (Moscow: Alpina Biznes Buks, 2006)

W. V. Wallace and R. A. Clarke, *Comecon, Trade and the West* (London: Pinter, 1986)

K. N. Waltz, *Realism and International Politics* (New York: Routledge, 2008)

K. Waltz, *Theory of International Politics* (New York: Random House, 1979)

C. Weber, *International Relations Theory: A Critical Introduction*, 2nd edn (London: Taylor and Francis, 2004)

G. Weigel, *Witness to Hope: The Biography of Pope John Paul II, 1920–2005* (New York: Harper, 2005)

C. Weinberger, *Annual Report to the Congress: Fiscal Year 1988* (Washington, DC: US Department of Defense, 12 January 1987)

C. W. Weinberger, *In the Arena: A Memoir of the Twentieth Century* (Washington, DC: Regnery, 2001)

B. Weiser, *A Secret Life: The Polish Officer, His Covert Mission, and the Price He Paid to Save His Country* (New York: PublicAffairs, 2004)

G. S. Weiss, *The Farewell Dossier: Duping the Soviets* (Washington, DC: Center for the Study of Intelligence); retrieved from www.cia.gov/library/center-for-the-study-of-intelligence/kent-csi/vol39no5/pdf/v39i5a14p.pdf

A. Wendt, *Social Theory of International Politics* (Cambridge: Cambridge University Press, 1999)

O. A. Westad, *The Global Cold War: Third World Interventions and the Making of Our Times* (Cambridge: Cambridge University Press, 2005)

S. White, *After Gorbachev* (Cambridge: Cambridge University Press, 1993)

S. White, *Political Culture and Soviet Politics* (London: Macmillan, 1979)

S. Whitefield, *Industrial Power and the Soviet State* (Oxford: Oxford University Press, 1993)

S. Wilentz, *The Age of Reagan: A History, 1974–2008* (New York: HarperCollins, 2008)

P. Willetts (ed.), *Pressure Groups in the Global System* (London: Pinter, 1982)

J. G. Wilson, *The Triumph of Improvisation: Gorbachev's Adaptability, Reagan's Engagement, and the End of the Cold War* (Ithaca, NY: Cornell University Press, 2014)

J. Winik, *On the Brink: The Dramatic Behind-the-Scenes Saga of the Reagan Era and the Men and Women Who Won the Cold War* (New York: Simon and Schuster, 1996)

W. C. Wohlforth, 'Revising Theories of International Politics in Response to the End of the Cold War', *World Politics*, No. 4 (1998)

W. C. Wohlforth (ed.), *Cold War Endgame: Oral History, Analysis, Debates* (University Park, PA: Pennsylvania State University Press, 2003)

W. Wohlforth (ed.), *Witnesses to the End of the Cold War* (Baltimore, MD: Johns Hopkins University Press, 1996)

P. Wolfowitz, 'Shaping the Future: Planning at the Pentagon, 1989–93', in M. P. Leffler and J. Legro (eds), *In Uncertain Times: American Foreign Policy after the Berlin Wall and 9/11* (Ithaca, NY: Cornell University Press, 2011)

M. Worthen, *The Man on Whom Nothing Was Lost: The Grand Strategy of Charles Hill* (New York: Houghton Mifflin Harcourt, 2006)

Aleksandr Yakovlev. Perestroika, 1985–1991. Neizdannoe, maloizvestnoe, zabytoe, ed. A. A. Yakovlev (Moscow: Mezhdunarodnyi fond 'Demokratiya', 2008)

A. Yakovlev, *Omut pamyati* (Moscow: Vagrius, 2001)

A. Yakovlev, *Sumerki* (Moscow: Materik, 2003)

D. Yergin, *The Prize: The Epic Quest for Oil, Money, and Power* (New York: Free Press, 1991)

P. Zelikow and C. Rice, *Germany Unified and Europe Transformed: A Study in Statecraft* (Cambridge, MA: Harvard University Press, 1995)

T. Zhivkov, *Memoary*, 2nd expanded edn (Sofia: Trud i pravo, 2006)

V. Zubok, *A Failed Empire: The Soviet Empire in the Cold War: From Stalin to Gorbachev* (Chapel Hill, NC: University of North Carolina Press, 2007)

前 言

1. Central Committee plenum, 19 September 1989: RGASPI, f. 3, op. 5, d. 295, p. 32 (heavily corrected page of a minuted speech by Gorbachëv).
2. T. G. Stepanov (interview), Hoover Institution and Gorbachev Foundation Collection (hereafter HIGFC): Hoover Institution, Stanford University, CA (hereafter HIA), box 3, folder 1, pp. 40–1.

导 言

1. See F. Romero, *Storia della guerra fredda. L'ultimo conflitto per l'Europa* (Turin: Einaudi, 2009); G. Arrighi, *The Long Twentieth Century: Money, Power and the Origins of Our Time*, 2nd edn (London: Verso, 2009); G. Arrighi, 'The World Economy and the Cold War, 1970–1990', in M. Leffler and O. A. Westad (eds), *The Cambridge History of the Cold War*, vol. 3 (Cambridge: Cambridge University Press, 2010).
2. See A. S. Chernyaev, *Shest' let s Gorbachëvym* (Moscow: Progress, 1993); see also R. Garthoff, *The Great Transition: American–Soviet Relations and the End of the Cold War* (Washington, DC: Brookings Institution Press, 1994); A. Brown, *The Gorbachev Factor* (Oxford: Oxford University Press, 1996); J. F. Hough, *Democratization and Revolution in the USSR, 1985–1991* (Washington, DC: Brookings Institution, 1997); J. Lévesque, *The Enigma of 1989: The USSR and the Liberation of Eastern Europe* (Berkeley: University of California Press, 1997); D. S. Foglesong, *The American Mission and the 'Evil Empire': The Crusade for a Free Russia since 1881* (Cambridge: Cambridge University Press, 2007); V. Zubok, *A Failed Empire: The Soviet Empire in the Cold War: From Stalin to Gorbachev* (Chapel Hill, NC: University of North Carolina Press, 2007).
3 See G. Shultz, *Turmoil and Triumph: My Years as Secretary of State* (New York: Charles Scribner's Sons, 1993). See also M. Anderson, *Revolution: The*

Reagan Legacy (Stanford, CA: Hoover Institution Press, 1990); M. Anderson and A. Anderson, *Reagan's Secret War: The Untold Story of His Fight to Save the World from Nuclear Disaster* (New York: Three Rivers Press, 2009); J. Mann, *The Rebellion of Ronald Reagan: A History of the End of the Cold War* (New York: Viking, 2009); J. Lewis Gaddis, *The Cold War: A New History* (New York: Penguin Press, 2005).

4. See J. F. Matlock Jr, *Autopsy on an Empire: The American Ambassador's Account of the Collapse of the Soviet Union* (New York: Random House, 1995); J. F. Matlock Jr, *Reagan and Gorbachev: How the Cold War Ended* (New York: Random House, 2004); M. P. Leffler, *For the Soul of Mankind: The United States, the Soviet Union, and the Cold War* (New York: Hill and Wang, 2007).

5. P. Zelikow and C. Rice, *Germany Unified and Europe Transformed: A Study in Statecraft* (Cambridge, MA: Harvard University Press, 1995); R. L. Hutchings, *American Diplomacy and the End of the Cold War: An Insider's Account of U.S. Policy in Europe, 1989–1992* (Baltimore, MD: Johns Hopkins University Press, 1997).

6. J. G. Wilson, *The Triumph of Improvisation: Gorbachev's Adaptability, Reagan's Engagement, and the End of the Cold War* (Ithaca, NY: Cornell University Press, 2014).

7. R. Pipes, 'Misinterpreting the Cold War: The Hardliners Had It Right', *Foreign Affairs*, no. 1 (1995).

8. R. English, *Russia and the Idea of the West: Gorbachev, Intellectuals and the End of the Cold War* (New York: Columbia University Press, 2000).

9. S. Whitefield, *Industrial Power and the Soviet State* (Oxford: Oxford University Press, 1993).

10. See A. Nove, *An Economic History of the USSR*, revised edn (London: Penguin, 1993); S. Kotkin, *Armageddon Averted: The Soviet Collapse, 1970–2000* (New York: Oxford University Press 2001); M. Lewin, *The Gorbachev Phenomenon: A Historical Interpretation* (London: Hutchinson Radius, 1988); S. G. Brooks and W. C. Wohlforth, 'Economic Constraints and the End of the Cold War', in W. C. Wohlforth (ed.), *Cold War Endgame: Oral History, Analysis, Debates* (University Park, PA: Pennsylvania State University Press, 2003).

11. R. Aldous, *Reagan and Thatcher: The Difficult Relationship* (London: Hutchinson, 2012).

12. S. Kotkin with J. Gross, *Uncivil Society: 1989 and the Implosion of the Communist Establishment* (New York: Modern Library, 2009).

13. T. Garton Ash, *The Magic Lantern: The Revolution of '89 Witnessed in Warsaw, Budapest, and Prague* (New York: Random House, 1990); T. Garton Ash, *In Europe's Name: Germany and the Divided Continent* (London: J. Cape, 1993); Lévesque, *The Enigma of 1989*; C. Maier, *Dissolution: The Crisis of Communism and the End of East Germany* (Princeton, NJ: Princeton University Press, 1997).

14. O. A. Westad, *The Global Cold War: Third World Interventions and the Making of Our Times* (Cambridge: Cambridge University Press, 2005);

S. Pons, *La rivoluzione globale: storia del comunismo internazionale 1917–1991* (Turin: Einaudi, 2012).

15. J. Haslam, *The Soviet Union and the Politics of Nuclear Weapons in Europe, 1969–87: The Problem of the SS-20* (Basingstoke: Palgrave Macmillan, 1989); Brooks and Wohlforth, 'Economic Constraints'. See also J. Haslam, *Russia's Cold War: From the October Revolution to the Fall of the Wall* (New Haven, CT: Yale University Press, 2011).

第一章　罗纳德·里根

1. A. F. Dobrynin to L. M. Zamyatin (International Information Department of the Secretariat), 27 January 1981: Rossiiskii Gosudarstvennyi Arkhiv Sotsi-al'no-Politicheskoi Istorii, Moscow (hereafter RGASPI), f. 89, op. 76, d. 70, p. 7.
2. Shultz later changed his mind: *The Reagan Diaries*, p. 113 (16 November 1982).
3. M. Deaver, HIGFC (HIA), box 1, folder 13, p. 37.
4. P. Hannaford, *ibid.*, box 2, folder 2, p. 4.
5. R. Reagan, *An American Life: The Autobiography*, pp. 257–8.
6. Richard V. Allen (interview), 28 May 2002: Ronald Reagan Oral History Project, Miller (hereafter RROHP), p. 71.
7. S. Massie, *Trust But Verify: Reagan, Russia and Me*, p. 121.
8. Kenneth Adelman, 30 September 2003: RROHP, p. 50.
9. M. Friedman, interview with P. Robinson, 21 March 2002: Peter Robinson Papers (HIA), box 29, p. 24.
10. M. Deaver, HIGFC (HIA), box 1, p. 23.
11. R. Reagan to Revd R. Rodgers, 12 November 1986: Ronald Reagan Presiden-tial Library (hereafter RRPL), Presidential Handwriting File: Presidential Records, box 17, folder 263; Massie, *Trust But Verify*, p. 160.
12. F. Carlucci, HIGFC (HIA), box 1, folder 10, p. 6.
13. E. Meese, *ibid.*, box 2, folder 11, pp. 32–3.
14. *The Reagan Diaries*, p. 104 (1 October 1982). See also p. 190 (24 October 1983).
15. *Ibid.*, p. 331 (29 May 1985).
16. R. Conquest, letters page, *Washington Post*, 5 February 1981.
17. *Washington Post*, 5 February 1981; R. V. Allen to R. Reagan, 5 February 1981: Richard V. Allen Papers (HIA), box 45, folder: Memoranda for the President, 1981 Jan. – July.
18. R. Conquest, informal recollection, 14 August 2011.
19. M. Deaver, HIGFC (HIA), box 1, p. 20.
20. See, for example, the hand-edited draft of Presidential Address to National Association of Evangelicals (Orlando, FL), 8 March 1983, pp. 1–17: Ronald Reagan Presidential Papers; L. Nofziger, HIGFC (HIA), box 2, folder 12, p. 8.
21. Author's conversation with Peter Robinson, one of the President's speech-writers: 6 September 2013.

22. M. K. Deaver, *A Different Drummer: My Thirty Years with Ronald Reagan*, p. 14.

23. R. V. Allen to R. Reagan, talking points suggestion for telephone conversation with Paul Nitze, 25 November 1981: Richard V. Allen Papers (HIA), box 45, folder: Memoranda for the President, 1981 August – November.

24. C. Weinberger (interview), HIGFC (HIA), box 3, folder 4, pp. 35–6.

25. *The Reagan Diaries*, p. 100 (14 September 1982).

26. E. Meese III, *With Reagan: The Inside Story*, pp. 192–3.

27. Recollection by P. Robinson (about comment by William Buckley Jr) in his interview with M. Friedman, 21 March 2002, p. 8: Peter Robinson Papers (HIA), box 29.

28. *The Reagan Diaries*, p. 142 (6 April 1983).

29. See G. Arrighi, 'The World Economy and the Cold War, 1970–1990', in M. Leffler and O. A. Westad (eds), *The Cambridge History of the Cold War*, vol. 3, pp. 31–40; F. Romero, *Storia della guerra fredda. L'ultimo conflitto per l'Europa*, pp. 252–66.

30. *New York Times*, 31 March 1981.

31. V. A. Aleksandrov, HIGFC (HIA), box 1, folder 2, p. 15.

32. *The Reagan Diaries*, pp. 14–15 (23 April 1981).

33. *Ibid.*, p. 15: 24 April 1981; R. Harris (Reuters), 24 April 1981.

34. A. G. Savel'yev and N. N. Detinov, *The Big Five: Arms Control Decision-Making in the Soviet Union*, p. 62.

35. If Politburo deputy member Mikhail Gorbachëv already had such thoughts, he kept them to himself.

36. *The Reagan Diaries Unabridged*, vol. 1, pp. 92–3 (12–15 December 1981).

37. National Security Decision Directive no. 75, 17 January 1983, p. 1: Ronald Reagan Presidential Papers (hereafter RRPP).

38. *Ibid.*, pp. 2–3.

39. *Ibid.*, p. 4.

40. *Ibid.*, p. 5.

41. *Ibid.*, pp. 7–9.

42. *Ibid.*, p. 3.

43. Personal interview with Charles Hill, 22 July 2011.

第二章　末日决战计划

1. N. V. Ogarkov, 'Voennaya strategiya', *Sovetskaya voennaya entsiklopediya*, vol. 7, p. 564.

2. *Soviet Intentions 1965–1985*, vol. 2: *Soviet Post-Cold War Testimonial Evidence* (eds J. G. Hines, E. M. Mishulovich and J. F. Shull): interview of Lt. Gen. G. V. Batenin, 6 August 1993, pp. 8–9; *ibid.*: interview of Col. Gen. A. A. Danilevich, 13 December 1992, p. 57.

3. *Ibid.*: interview of Lt. Gen. G. V. Batenin, 6 August 1993, pp. 8–9; *ibid.*: inter-

view of Col. Gen. A. A. Danilevich, 9 December 1994, pp. 68–9, and 13 December 1992, p. 57.
4. *Ibid.*: interview of Col. Gen. A. A. Danilevich, 21 September 1992, p. 28.
5. *Ibid.*: interview of V. M. Surikov, 11 September 1993, p. 135.
6. N. Creighton (testimony), in J. Hoffenaar and C. Findlay (eds), *Military Planning for European Theatre Conflict During the Cold War: An Oral History Roundtable, Stockholm, 24-25 April 2006*, pp. 48–9.
7. *Ibid.*, p. 54.
8. *Ibid.*, pp. 89 and 102.
9. *Ibid.*, testimonies of G. Johnson (p. 86) and M. Zachariáš (p. 91).
10. *Observer* (London), 17 April 1983.
11. Remarks by S. F. Akhromeev in O. Grinevsky and L. M. Hansen, *Making Peace: Confidence Building*, pp. 571–2. See also below, p. 204.
12. L. Chalupa (testimony), in *Military Planning for European Theatre Conflict During the Cold War*, pp. 107 and 112.
13. W. Odom (testimony), *ibid.*, p. 133.
14. A. L. Adamishin Papers (HIA), box 1: Diaries 1980, 9 December 1980.
15. *Soviet Intentions 1965-1985*, vol. 2: interview of Col. Gen. A. A. Danilevich, 21 September 1992, p. 27.
16. *Ibid.*: interview of Col. Gen. A. A. Danilevich, 21 September 1992, p. 28.
17. *Ibid.*: interview of Col. Gen. A. A. Danilevich, 9 December 1994, pp. 68–9.
18. *Ibid.*: interview of V. N. Tsygichko, 20 December 1990, p. 145.
19. 'Soviet Capabilities for Strategic Nuclear Conflict through the Mid-1990s: Key Judgements', p. 23: CIA National Intelligence Estimate, 25 April 1985: CIA Papers.
20. *Soviet Intentions 1965-1985*, vol. 2: interview of V. N. Tsygichko, 13 December 1990, pp. 136–40.
21. Rolf Ekéus's conversation with W. Jaruzelski in Sweden's Warsaw Embassy, 26 September 2002, p. 2 (Swedish report): Parallel History Project on Co-operative Security (hereafter PHPCS).
22. T. Pióro (testimony) in *Military Planning for European Theatre Conflict During the Cold War*, pp. 76–7 and 92.
23. Interview of Gen. T. Tuczapski, in conversation with other Polish commanders (n.d.), 'Nuclear Delusions: Soviet Weapons in Poland': PHPCS. I have reworked the translation into idiomatic English.
24. J. Attali, *Verbatim*, vol. 3: *Chronique des années 1988-1991*, p. 67 (F. Mitterrand, 20 July 1988); p. 95 (conversation between F. Mitterrand and R. Reagan, 29 September 1988).
25. V. N. Tsygichko (testimony), in *Military Planning for European Theatre Conflict During the Cold War*, pp. 65–6 and 139.
26. V. N. Tsygichko (testimony), *ibid.*, pp. 67, 79 and 81.
27. L. Chalupa (testimony), *ibid.*, p. 57.
28. R. Cirillo (testimony), *ibid.*, pp. 51–2.
29. *Ibid.*, pp. 53–4.

30. *Soviet Intentions 1965-1985*, vol. 2: *Soviet Post-Cold War Testimonial Evidence*: interview of H. C. Iklé, 11 December 1991, p. 78.
31. P. J. Crutzen and J. W. Birks, 'The Atmosphere after a Nuclear War: Twilight at Noon', *Ambio*, nos. 2–3 (1982), pp. 115–25.
32. L. Gouré, '"Nuclear Winter" in Soviet Mirrors', *Strategic Review*, 3 September 1985, p. 22.
33. C. Sagan, 'Nuclear War and Climatic Catastrophe: Some Policy Implications', *Foreign Affairs*, no. 2 (Winter 1983–1984), pp. 259–60 and 291.
34. C. Sagan to E. Teller, 23 February 1984: Edward Teller Papers (HIA), box 283, folder: Carl Sagan.
35. *Pravda*, 23 March 1980, p. 4.
36. Gouré, '"Nuclear Winter" in Soviet Mirrors', p. 25.
37. A. L. Adamishin Papers (HIA), box 1: Diaries 1987, 27 February 1987.
38. Yu. V. Andropov to the Central Committee, 21 February 1979, pp. 1–2: Dmitri A. Volkogonov Papers (HIA), reel 18.
39. Deputy Minister P. P. Falaleev, Ministry of Energy and Electrification, to the Central Committee, 16 March 1979: *ibid.*
40. Working lunch of R. Reagan and A. Casaroli (memcon), 15 December 1981: M. Anderson and A. Anderson, *Reagan's Secret War: The Untold Story of His Fight to Save the World from Nuclear Disaster*, p. 81.
41. G. P. Shultz to the American embassy (Rome), 16 January 1982: RRPL, Executive Secretariat, National Security Council (hereafter NSC), Head of State Files: USSR: The Vatican, Pope John Paul II: Cables, box 41.

第三章　里根支持者

1. Charles Hill, diary (8 December 1984): Molly Worthen's notes.
2. R. Pipes, *Vixi: Memoirs of a Non-Belonger*, pp. 134–4; W. R. Van Cleave (interview), *The Konzak Report*, January 1990, p. 1. See also C. Unger, *The Fall of the House of Bush*, pp. 48–50.
3. R. E. Pipes to R. V. Allen, 30 March 1981: Richard V. Allen Papers (HIA), box 46, folder 15.
4. R. V. Allen to R. E. Pipes, 6 April 1981: *ibid.*
5. I. Kristol, 'An Auto-Pilot Administration', *Wall Street Journal*, 14 December 1984.
6. E. Meese III, *With Reagan: The Inside Story*, pp. 64–5; interview with Martin Anderson, 11–12 December 2001, p. 105: RROHP.
7. A. L. Adamishin Papers (HIA), box 1: Diaries 1981, September 1981.
8. *The Reagan Diaries*, p. 88 (14 June 1982).
9. Interview with Martin Anderson, 11–12 December 2001, p. 105: RROHP.
10. *The Reagan Diaries Unabridged*, vol. 1, p. 139 (25 June 1982).
11. A. M. Schlesinger Jr, *Journals, 1952–2000*, p. 537.
12. Charles Hill, diary (3 January 1985): Molly Worthen's notes.

13. G. P. Shultz's interview with P. Robinson, 10 June 2002, p. 5: Peter Robinson Papers (HIA), box 21.
14. See the letters from M. Friedman to G. P. Shultz in Milton Friedman Papers (HIA), box 179, folder: Shultz, George P., 1969–2006.
15. M. Friedman to G. P. Shultz, 30 July 1982: *ibid.*
16. G. P. Shultz to M. Friedman, 26 November 1982: *ibid.*
17. Matlock Files, 'Saturday Group: late 83 – early 84' (RRPL): Jim Mann Papers (HIA), box 56, folder: Memoirs/Letters 1986–7.
18. Author's interview with Charles Hill, 20 July 2012.
19. C. W. Weinberger, *In the Arena: A Memoir of the Twentieth Century*, p. 259.
20. *Wall Street Journal*, 8 July 1982.
21. Author's interview with Charles Hill, 22 July 2011.
22. Profile by George C. Wilson, *Washington Post*, 25 August 1982.
23. *New York Times*, 24 August 1982.
24. C. P. Weinberger, Remarks to the California Chamber of Commerce, Los Angeles, 11 August 1982: News Release, p. 1: Committee on the Present Danger (HIA), box 136, folder: Weinberger: 1982.
25. C. W. Weinberger, Statement before the United States Senate Committee on Budget, 3 March 1982: *ibid.*
26. *New York Times*, 5 February 1985.
27. F. Hiatt, *Washington Post*, 1 February 1985.
28. K. Skinner, notes on conversation with H. Kissinger, 20 February 1992: Charles Hill Papers (HIA), box 60.
29. T. G. Stepanov-Mamaladze diary, 19 September 1986: T. G. Stepanov-Mamaladze Papers (HIA), box 5.
30. James Mann's interview with Jack Matlock, 27 April 1987, p. 14: Jim Mann Papers (HIA), box 58.
31. C. Weinberger (interview), HIGFC (HIA), box 3, folder 4, pp. 30–1.
32. *New York Times*, 10 August 1982; *Defense Daily*, 12 October 1982.
33. National Security Council, 6 July 1981, p. 3: CIA Papers.
34. *Ibid.*, pp. 4 and 8: CIA Papers.
35. *Soviet Support for International Terrorism and Revolutionary Violence*, Special National Intelligence Estimate, 27 May 1981.
36. W. J. Casey to R. Reagan, memo, 6 May 1981: CIA Papers.
37. National Security Council, 9 July 1981, p. 3: *ibid.*
38. W. J. Casey to R. Reagan, G. W. Bush and others, memo, 8 July 1981: CIA Papers; National Security Council, 9 July 1981, pp. 3–5: *ibid.*
39. National Security Council, 9 July 1981, pp. 11–12: *ibid.*
40. W. J. Casey to R. Reagan, National Security Council, 25 March 1982, p. 7: CIA Papers.
41. R. V. Allen to R. Reagan, 5 February 1981: talking points for the National Security Council meeting of 6 February 1981, p. 2: *ibid.*
42. E. Rostow to Ambassador W. J. Stoessel, 10 July 1981: Richard V. Allen Papers (HIA), box 46, folder 21.

43. E. Rowny to Joint Chiefs of Staff, 21 May 1979, pp. 1–3: Committee on the Present Danger (HIA), box 112, folder: SALT II.
44. C. Weinberger (interview), HIGFC (HIA), box 3, folder 4, pp. 32–3.

第四章　美国的挑战

1. Interview with Caspar Weinberger, 19 November 2002, p. 10: RROHP.
2. James Mann's interview with Jeane Kirkpatrick, 3 March 2005, p. 2: Jim Mann Papers (HIA), box 60.
3. DCI's notes for President-Elect's Foreign Policy Assessment Board, 21 November 1980: CIA Papers.
4. Remarks at the Annual Convention of the National Association of Evangelicals, Orlando, FL, 8 March 1983: R. Reagan, *Speaking My Mind*, pp. 178–9.
5. *Ibid.*, pp. 176–7.
6. *Ibid.*
7. C. Weinberger (interview), HIGFC (HIA), box 3, folder 4, p. 40.
8. P. Robinson in his interview with G. P. Shultz, 10 June 2002, p. 5: Peter Robinson Papers (HIA), box 21.
9. Author's interview with Charles Hill, 22 July 2011.
10. *Ibid.*
11. C. Weinberger, Report to Defense Department, 25 November 1983, pp. 1–4: RRPL, John Lenczowsky Files, box 1, Active Measures.
12. E. Teller to R. Reagan, 23 July 1983: Jim Mann Papers (HIA), box 55.
13. W. D. Suit to G. H. Bush, 5 March 1981, pp. 1–2: William J. Casey Papers (HIA), box 566, folder 10.
14. US Embassy (Islamabad) to Secretary of State, 4 October 1983: ISLAMA 17012: Digital National Security Archive.
15. Interview with A. G. Kovalëv: *Novaya gazeta*, July 1996.
16. V. N. Tsygichko (testimony), in *Military Planning for European Theatre Conflict During the Cold War: An Oral History Roundtable, Stockholm, 24–25 April 2006*, p. 184.
17. Y. Primakov, *Russian Crossroads: Towards the New Millennium*, pp. 124–5.
18. 'Problema protivosputnikovogo oruzhiya' (n.a., n.d.), p. 1: Vitalii Leonidovich Kataev Papers (HIA), disk 1, IS-M.
19. V. N. Tsygichko (testimony), in *Military Planning for European Theatre Conflict During the Cold War*, p. 115.
20. *Washington Post*, 11 July 1981: Jim Mann Papers (HIA), box 8.
21. Assistant Secretary of State P. Wolfowitz to Secretary of State G. Shultz, 27 January 1983 – briefing memo (RRPL): Jim Mann Papers (HIA), box 8.
22. Trip Report. Visit of the United States Military Technology Delegation to the People's Republic of China. September 6–19, 1980, p. 1: Jim Mann Papers (HIA), box 3.
23. U.S. Export Controls and Technology Transfer to China, p. 1: *ibid.*, box 19.

24. B. Crawford, *Economic Vulnerability in International Relations: East-West Trade, Investment, and Finance*, pp. 16, 139–44.

25. M. S. Bernstam and S. M. Lipset, 'Punishing Russia', *The New Republic*, no. 3, 5 August 1985.

26. Thomas H. Naylor, 'For More Trade With the Russians', *New York Times*, 17 December 1984.

27. *New York Times*, 2 August 1983.

28. *Ibid.*

29. *Ibid.*, 7 March 1984.

30. *Ibid.*

31. *Ibid.*, 17 May 1984.

32. T. C. Reed, *At the Abyss*, pp. 266–9.

33. G. S. Weiss, *The Farewell Dossier: Duping the Soviets* (CSI Publications: Studies in Intelligence); retrieved from www.cia.gov/library/center-for-the-study-of-intelligence/kent-csi/vol39no5/pdf/v39i5a14p.pdf, p. 125.

34. A. Dobrynin, *In Confidence: Moscow's Ambassador to America's Cold War Presidents*, p. 537.

35. G. M. Kornienko in S. F. Akhromeev and G. M. Kornienko, *Glazami marshala i diplomata*, pp. 49–50.

36. *Pravda*, 24 November 1983.

37. Interview with A. G. Kovalëv: *Novaya gazeta*, July 1996.

38. Dobrynin, *In Confidence*, p. 523.

39. *Soviet Intentions 1965–1985*, vol. 2: *Soviet Post-Cold War Testimonial Evidence*: interview of Lt. Gen. G. V. Batenin, 6 August 1993, p. 10.

40. *Ibid.*: interview of Col. Gen. A. A. Danilevich, 21 September 1992, p. 26.

41. *Ibid.*: comment by V. L. Kataev in interview of Col. Gen. V. V. Korobushin, 10 December 1992, p. 107.

42. *The Reagan Diaries*, p. 131 (15 February 1983).

43. Dobrynin, *In Confidence*, pp. 516–20.

第五章 讳疾忌医

1. A. G. Kovalëv (interview), HIGFC (HIA), box 2, folder 6, p. 17.

2. A. Dobrynin, *In Confidence: Moscow's Ambassador to America's Cold War Presidents*, p. 616.

3. V. A. Medvedev, *V komande Gorbachëva. Vzglyad izvnutri*, p. 34.

4. S. F. Akhromeev in S. F. Akhromeev and G. M. Kornienko, *Glazami marshala i diplomata*, p. 20.

5. *Ibid.*, p. 19.

6. Chernyaev, *Sovmestnyi iskhod*, p. 606 (8 March 1985).

7. E. Shevardnadze, *Moi vybor: v zashchitu demokratii i svobody*, p. 85.

8. RGASPI, f. 2, op. 3, d. 614, p. 32.

9. *Ibid.*

10. See A. Nove, 'Agriculture', in A. Brown and M. Kaser (eds), *Soviet Policy for the 1980s*, p. 171.
11. RGASPI, f. 2, op. 3, d. 614, p. 33.
12. *Ibid.*
13. *Ibid.*, p. 34.
14. *Ibid.*, pp. 41-2.
15. A. L. Adamishin Papers (HIA), box 1: Diaries 1981, 23 December 1981.
16. *Ibid.*: 25 December 1981.
17. RGASPI, f. 2, op. 3, d. 521, p. 12.
18. See R. Braithwaite, *Afgantsy: The Russians in Afghanistan, 1979-1989*, pp. 250-2; O. A. Westad, *The Global Cold War: Third World Interventions and the Making of Our Times*, p. 351.
19. On Vietnam, see A. L. Adamishin's account of USSR Ambassador to Vietnam, V. P. Chaplin: A. L. Adamishin Papers (HIA), box 1: Diaries 1982, 26 July 1982.
20. Central Committee plenum, 23 June 1980: RGASPI, f. 2, op. 3, d. 521, p. 70.
21. *Ibid.*, p. 77.
22. Working draft minutes of conference of CC Secretaries, 18 January 1983, p. 19: Dmitri A. Volkogonov Papers (HIA), reel 17.
23. M. S. Gorbachëv, *Zhizn' i reformy*, vol. 1, p. 233.
24. A. L. Adamishin Papers (HIA), box 1: Diaries 1986, 7 January 1986.
25. V. L. Kataev, untitled memoir notes filed as PAZNOGL, p. 2: Vitalii Leonidovich Kataev Papers (HIA), disk 3.
26. A. L. Adamishin Papers (HIA), box 1: Diaries 1981, 13 December 1983.
27. Chernyaev, *Sovmestnyi iskhod*, pp. 372-3 (4 August 1979).
28. *Ibid.*, pp. 396-7 (3 March 1980).
29. *Ibid.*
30. *Ibid.*, p. 480 (2 April 1982).
31. *Ibid.*
32. M. Gorbachëv, *Naedine s soboi*, pp. 337-8.
33. V. L. Kataev, 'Kakoi byla reaktsiya v SSSR na zayavleniya R. Reigana o razvër-tyvanii raboty v SShA po SOI', n.d., p. 5: Vitalii Leonidovich Kataev Papers (HIA), disk 3, SOI.
34. R. Z. Sagdeev, *The Making of a Soviet Scientist: My Adventures in Nuclear Fusion and Space from Stalin to Star Wars*, p. 261.
35. V. L. Kataev, 'Kakoi byla reaktsiya v SSSR na zayavleniya R. Reigana o razvër-tyvanii raboty v SShA po SOI', n.d., p. 5: Vitalii Leonidovich Kataev Papers (HIA), disk 3, SOI.
36. L. V. Shebarshin (interview), HIGFC (HIA), box 2, folder 19, p. 18.
37. Chernyaev, *Sovmestnyi iskhod*, p. 528 (13 March 1983).
38. *Ibid.*, p. 537 (6 September 1983). Sue S. Pons, *La rivoluzione globale*, chap. 6.
39. G. K. Shakhnazarov, *S vozdyami i bez nikh*, p. 263.
40. Chernyaev, *Sovmestnyi iskhod*, p. 523 (20 December 1982).

41. *Ibid.*, p. 546 (29 December 1983).

42. A. L. Adamishin Papers (HIA), box 1: Diaries 1985, 15 January 1985.

43. Excerpt from Politburo meeting minutes, 24 March 1983: Dmitri A. Volkogonov Papers (HIA), reel 18.

44. Politburo meeting, 24 March 1983, pp. 20–1: *ibid.*, reel 17.

45. Chernyaev, *Sovmestnyi iskhod*, p. 582 (16 October 1984).

46. See A. B. Evans, *Soviet Marxism: The Decline of an Ideology*, pp. 105–6; S. White, *Political Culture and Soviet Politics*, p. 133.

47. Shakhnazarov, *S vozdyami i bez nikh*, pp. 107–9.

第六章　冰隙：东欧

1. *Poland: Its Renewal and a U.S. Strategy. A Report Prepared for the Committee on Foreign Relations, United States Senate. October 30, 1981*, p. 5.

2. *Ibid.*, p. 7.

3. *Ibid.*

4. *Ibid.*, pp. 8–9.

5. *Ibid.*, pp. 8–10.

6. A. Chernyaev, *Sovmestnyi iskhod. Dnevnik dvukh epokh. 1971–1991 gody*, p. 459 (10 August 1981).

7. Draft proposal for the Central Committee, 28 August 1980: Dmitri A. Volkogonov Papers (HIA), reel 18.

8. Politburo meeting, 9 September 1982: *ibid.*, reel 16.

9. RGASPI, f. 2, op. 3, d. 568, p. 128.

10. *Ibid.*, p. 129.

11. *Ibid.*, p. 130.

12. *Ibid.*, p. 131.

13. *Ibid.*, p. 136.

14. *Ibid.*, p. 137.

15. *Ibid.*, pp. 142–3.

16. *Ibid.*, p. 143.

17. Central Committee plenum, 16 November 1981: RGASPI, f. 2, op. 3, d. 569, p. 7.

18. Excerpt from Politburo meeting minutes, March 1981: V. Bukovskii (ed.), *Moskovskii protsess*, pp. 417–19.

19. Excerpt from Politburo meeting minutes, 10 December 1981: *ibid.*, pp. 408–12.

20. G. K. Shakhnazarov, *S vozdyami i bez nikh*, p. 150.

21. *Ibid.*, p. 250.

22. W. Jaruzelski to D. A. Volkogonov, 23 June 1994: Dmitri A. Volkogonov Papers (HIA), reel 7.

23. R. T. Davies to R. Reagan, 17 December 1981: Richard T. Davies Papers (HIA), box 15, folder: Polish Crisis, 1980–82.
24. R. T. Davies to A. Haig, 9 August 1981: *ibid.*
25. *The Reagan Diaries*, p. 57 (21 December 1981).
26. *Ibid.*, p. 58 (22 December 1981).
27. *Ibid.*, p. 65 (29 January 1982).
28. Working lunch of R. Reagan and A. Casaroli (memcon), 15 December 1981: M. Anderson and A. Anderson, *Reagan's Secret War: The Untold Story of His Fight to Save the World from Nuclear Disaster*, pp. 80–1.
29. A. L. Adamishin Papers (HIA), box 1: Diaries 1981, 30 March 1981.
30. G. H. Bush to R. Reagan via R. McFarlane (cable from Air Force 2), 15 February 1984: RRPL, Executive Secretariat, NSC, Head of State Files: USSR: The Vatican, Pope John Paul II: Cables, box 41.
31. A. L. Adamishin Papers (HIA), box 1: Diaries 1981, 23 December 1981.
32. *Ibid.*, 25 December 1981.
33. National Security Council, 5 January 1982, pp. 5–9: RRPL, box 91283, Executive Secretariat, NSC: National Security Council Meeting Files.
34. Politburo meeting, 19 August 1982, pp. 2–3: Dmitri A. Volkogonov Papers (HIA), reel 17.
35. Memo on financial assistance to Poland, September 1982: RGASPI, f. 89, op. 66, d. 8, pp. 1–2.
36. L. V. Shebarshin (interview), HIGFC (HIA), box 2, folder 19, p. 21.
37. Shakhnazarov, *S vozdyami i bez nikh*, pp. 242–4.
38. Politburo meeting, 9 September 1982, pp. 1–2: Dmitri A. Volkogonov Papers (HIA), reel 16.
39. Chernyaev, *Sovmestnyi iskhod*, p. 393 and 395 (9 February and 1 March 1980).
40. V. A. Andropov, Central Committee plenum, 15 June 1983: f. 2, op. 3, d. 631, pp. 19–20.
41. *Ibid.*, p. 21.
42. Chernyaev, *Sovmestnyi iskhod*, p. 368 (8 July 1979).
43. *Ibid.*, p. 537 (6 September 1983).
44. *Ibid.*, p. 318 (16 April 1978).
45. V. M. Falin (interview), HIGFC (HIA), box 1, folder 15, pp. 30–2.
46. A. S. Chernyaev (interview), *ibid.*, folder 16, pp. 29–30.
47. Chernyaev, *Sovmestnyi iskhod*, p. 383 (7 December 1979).
48. *Ibid.*, p. 391 (5 February 1980).
49. *Ibid.*, p. 368 (8 July 1979).
50. Shakhnazarov, *S vozdyami i bez nikh*, pp. 169–70.
51. Chernyaev, *Sovmestnyi iskhod*, p. 368 (8 July 1979).
52. D. Deletant, *Ceaușescu and the Securitate: Coercion and Dissent in Romania, 1965-1989*, pp. 69-76 and 327.
53. Chernyaev, *Sovmestnyi iskhod*, p. 251 (11 November 1976).
54. A. L. Adamishin Papers (HIA), box 1: Diaries 1982, 23 March 1982.
55. Interview with Sir Bryan Cartledge, 14 November 2007, pp. 44–5: BDOHP.

56. National Security Decision Directive no. 54, 9 September 1982, pp. 1–4:
RRPL, Paula Dobriansky Files, RAC, box 7.

第七章 苏联封锁

1. See R. Service, *Russia: Experiment with a People. From 1991 to the Present*, pp. 312–13.
2. R. Z. Sagdeev, *The Making of a Soviet Scientist: My Adventures in Nuclear Fusion and Space from Stalin to Star Wars*, p. 292.
3. Author's observation, early 1974.
4. S. Voronitsyn in *Sovetskaya Rossiya* as reported in *Radio Liberty Research*, 5 July 1982.
5. See A. B. Evans, *Soviet Marxism: The Decline of an Ideology*, pp. 105–6.
6. Memorandum on 'hostile aspirations and anti-Soviet actions of the Lithuanian reactionary emigration against the Lithuanian SSR', 15 April 1985: Lithuanian SSR KGB (HIA), K-1/3/784, p. 4; P. Goble and A. Worobij to National Security Council, 'USSR: The Counterpropaganda Apparatus in the Ukraine' 12 October 1983, pp. 1–2: RRPL, John Lenczowsky Files, box 1, Active Measures. See also A. A. Snyder, *Warriors of Disinformation: American Propaganda, Soviet Lies, and the Winning of the Cold War: An Insider's Account*, pp. 26–7.
7. USPS booklet (1985), pp. 17–18: Center for International Civil Society (HIA), box 88, folder 1.
8. USSR KGB to Comrade Zvezdenkov, 7 January 1983: Lithuanian SSR KGB (HIA), K-1/3/775.
9. USSR KGB to the KGB leaderships in Tallinn, Vilnius, Riga, Grodno and Pskov, 9 March 1983: *ibid.*
10. Z. F. Osipov, Report of the 3rd Department of the Lithuanian SSR KGB, 7 December 1984: *ibid.*, K-1/3/782, p. 10.
11. Yu. V. Andropov to the Central Committee: 'Ob itogakh raboty po rozysku avtorov antisovetskikh anonimnykh dokumentakh za 1979 god', 31 January 1980: Dmitri A. Volkogonov Papers (HIA), reel 18.
12. V. M. Chebrikov to the Central Committee: 'Ob itogakh raboty po rozysku avtorov antisovetskikh anonimnykh dokumentakh za 1979 god', 9 February 1984: *ibid.*
13. Yu. V. Andropov, 'Otchët o rabote Komiteta gosudarstvennoi bezopasnosti SSSR za 1981 god', pp. 1–3 and 6–8: *ibid.* See also A. P. Rupshis, Report-memorandum on the results of the counter-intelligence activity of the 2nd Department of the Lithuanian SSR KGB for 1984, 14 January 1985: Lithuanian SSR KGB (HIA), K-1/3/783, pp. 1 and 4.
14. Memorandum on hostile aspirations and anti-Soviet actions of the Lithuanian reactionary emigration against the Lithuanian SSR, 15 April 1985: *ibid.*, K-1/3/784, pp. 2 and 5–8.

15. J. Petkevičius, Survey of operational information about the Lithuanian SSR KGB's service activity, 22 July 1983: *ibid.*, K-1/3/776, pp. 1–8.

16. Excerpt from Politburo meeting, 25 July 1980: Dmitri A. Volkogonov Papers (HIA), reel 18.

17. Z. F. Osipov, Report on agent-operational work and work with cadres of the 3rd Department of the Lithuanian SSR KGB (n.d.): *ibid.*, K-1/3/781, pp. 4–5 and 7.

18. Plan for agent network operational measures for 1982, signed by M. Misiukonis, 3 December 1981: *ibid.*, K-1/3/769.

19. J. Petkevičius: excerpt from plan to deal with Mossad's subversive activity, 18 August 1982: *ibid.*

20. Report: 'Mezhdunarodnye svyazi Litovskoi SSR v 1984 godu': *ibid.*, K-1/3/783.

21. Z. F. Osipov, Report on agent-operational work and work with cadres of the 3rd Department of the Lithuanian SSR KGB (n.d.): *ibid.*, K-1/3/781, p. 21.

22. A. P. Rupshis, Report-memorandum on the results of the counter-intelligence activity of the 2nd Department of the Lithuanian SSR KGB for 1983: *ibid.*, K-1/3/779, p. 5.

23. 'Mezhdunarodnye svyazi Litovskoi SSR v 1984 godu': *ibid.*, K-1/3/783, pp. 1–3 and table 1.

24. Z. F. Osipov, Report on agent-operational work and work with cadres of the 3rd Department of the Lithuanian SSR KGB (n.d.): *ibid.*, K-1/3/781, p. 10; Z. F. Osipov (3rd Department of 4th Administration of the Lithuanian KGB), report, 7 December 1984: *ibid.*, K-1/3/782.

25. Z. F. Osipov, Report on agent network operational work and work with cadres of the 3rd Department of the 2 Administration of the Lithuanian KGB, 21 January to 29 December 1984, p. 10: *ibid.*, K-1/3/781.

26. Yu. V. Andropov, 'Otchët o rabote Komiteta gosudarstvennoi bezopasnosti SSSR za 1981 god', pp. 2–3 and 6–8: Dmitri A. Volkogonov Papers (HIA), reel 18.

27. A. N. Gorbachëv of DOSAAF of the USSR, report on the planned 'Baltika' car rally, 11 April 1983: KGB Lithuanian SSR (HIA), K-1/3/775.

28. Z. F. Osipov, Report on agent-operational work and work with cadres of the 3rd Department of the Lithuanian SSR KGB (n.d.): *ibid.*, K-1/3/781, p. 18.

29. 'Basic Rules of Behaviour for Soviet Citizens Travelling to Capitalist and Developing Countries', July 1979: RGASPI, f. 89, op. 31, d. 7, pp. 1–8.

第八章　北约和它的朋友们

1 Internal FCO memo by Planning Staff, 'The Management of East–West Relations', 2 May 1980, p. 3. I am grateful to Sir Rodrick Lyne for sharing this document.

2. A. Dobrynin, *In Confidence: Moscow's Ambassador to America's Cold War Presidents*, p. 430.

3. *The Reagan Diaries Unabridged*, vol. 1, p. 277 (20 October 1983).

4. *Ibid.*, vol. 1, p. 41 (22 May 1981).

5. *Ibid.* (16 October 1981), p. 75.

6. *Ibid.* (15 November 1982), p. 172.

7. See S. F. Akhromeev's comments at meeting of F. C. Carlucci and D. Z. Yazov (Moscow), 30 May 1988, p. 3: RRPL, Fritz W. Ermath Files, Box 92084, US–Soviet Summit Intentions, May 26 – June 3, 1988.

8. V. L. Kataev, 1993 diary: Vitalii Leonidovich Kataev Papers (HIA), box 1, folder 3, pp. 66-7.

9. P. Cradock, *In Pursuit of British Interests: Reflections on Foreign Policy under Margaret Thatcher and John Major*, p. 56.

10. See C. Moore, *Margaret Thatcher: The Authorized Biography*, vol. 1: *Not For Turning* (Allen Lane: London, 2013), pp. 313-15.

11. Expanded meeting between R. Reagan and M. Thatcher, 22 December 1984: Margaret Thatcher Foundation from the Reagan Library: European and Soviet Affairs Directorate, NSC: Records (folder: Thatcher Visit – Dec. 1984 [1] Box 90902).

12. *The Reagan Diaries*, p. 22 (20–21 July 1981).

13. J. Attali, *Verbatim*, vol. 2: *Chronique des années 1986-1988*, p. 176 (13 October 1986).

14. Internal FCO memo by Planning Staff, 'The Management of East–West Relations', 2 May 1980, p. 8.

第九章　世界共产主义与和平运动

1. A. L. Adamishin Papers (HIA), box 1: Diaries 1981, 23 December 1981.

2. Qian Qichen, *Ten Episodes in China's Diplomacy*, pp. 2-3.

3. National Security Archive Electronic Briefing Book no. 18, doc. 8: National Security Decision Directive no. 140, pp. 1-2.

4. *The Reagan Diaries Unabridged*, vol. 1, p. 341 (27 April 1984).

5. *Ibid.*, p. 342 (28 April 1984).

6. *Ibid.*, p. 343 (30 April 1984).

7. Excerpt from Politburo minutes, 7 July 1983: Dmitri A. Volkogonov Papers (HIA), reel 17.

8. V. A. Zagladin (Deputy Head, International Department) to Central Committee, 4 October 1979: RGASPI, f. 89, op. 32, d. 12.

9. A. L. Adamishin Papers (HIA), box 2: Diaries July and October–December 1991, 11 November 1991.

10. Politburo meeting, 8 January 1969: RGASPI, f. 89, op. 51, d. 28.

11. *Ibid.*

12. A. Chernyaev, *Sovmestnyi iskhod. Dnevnik dvukh epokh. 1971-1991 gody*, p. 379 (21 October 1979).

13. See S. Pons, *La rivoluzione globale. Storia del comunismo internazionale 1917-1991*, pp. 347-70.
14. RGASPI, f. 89, op. 38, d. 47; V. Riva, *Oro da Mosca: i finanziamenti sovietici al PCI dalla Rivoluzione d'ottobre al crollo dell' URSS. Con 240 documenti inediti degli archivi moscoviti*, p. 60.
15. Party Secretariat meeting, 5 January 1982: RGASPI, f. 89, op. 11, d. 47.
16. RGASPI, f. 89, op. 38, d. 47; Riva, *Oro da Mosca*, p. 60.
17. Chernyaev, *Sovmestnyi iskhod*, p. 371 (27 July 1979).
18. RGASPI, f. 89, op. 38, d. 47; Riva, *Oro da Mosca*, p. 60.
19. *Ibid.*
20. O. A. Westad, *The Global Cold War: Third World Interventions and the Making of Our Times*, pp. 215-16.
21. Draft letter of CPSU Secretariat, 18 February 1977: RGASPI, f. 89, op. 33, d. 15.
22. A. L. Adamishin Papers (HIA), box 1: Diaries 1982, 17 January 1982.
23. *Ibid.*, box 1: Diaries 1981, 25 December 1981.
24. Chernyaev, *Sovmestnyi iskhod*, p. 15 (8 April 1972).
25. Briefing paper on 'Military-Technical Collaboration' (n.d. but no earlier than 1992), p. 1: Vitalii Leonidovich Kataev Papers (HIA), box 12, folder 30.
26. A. L. Adamishin Papers (HIA), box 1: Diaries 1980, 9 December 1980.
27. V. I. Varennikov (interview), HIGFC (HIA), box 3, folder 3, pp. 20-1.
28. *Ibid.*, box 2, folder 4, p. 54.
29. *Congressional Record - House*, 24 March 1983, H1791-1793.
30. Chernyaev, *Sovmestnyi iskhod*, p. 461 (10 October 1979).
31. A. S. Chernyaev, *Moya zhizn' i moë vremya*, p. 416.
32. Chernyaev, *Sovmestnyi iskhod*, p. 585 (12 November 1984).
33. *Ibid.*, p. 588 (1 December 1984).
34. Report by Counsellor L. A. Parshin and First Secretary Yu. M. Mazur, 15 November 1984: Dmitri A. Volkogonov Papers (HIA), reel 19, pp. 139-42.

第十章　在苏联的候诊室

1. R. Reagan, address to the nation, 16 January 1984: www.reagan.utexas.edu/archives/speeches/1984/11684a.htm
2. National Security Planning Group, 27 March 1984, p. 2: CIA Papers.
3. *Ibid.*, p. 5.
4. M. Gorbachëv, *Naedine s soboi*, p. 358.
5. *Ibid.*, pp. 358 and 395.
6. *Ibid.*, p. 355.
7. Politburo meeting, 10 February 1984, pp. 1-5: Dmitri A. Volkogonov Papers (HIA), reel 17; V. A. Medvedev, *V komande Gorbachëva. Vzglyad iznutri*, p. 17; Gorbachëv, *Naedine s soboi*, p. 362.
8. A. Chernyaev, *Sovmestnyi iskhod. Dnevnik dvukh epokh. 1971-1991 gody*, p. 550 (14 February 1984).

9. *Ibid.*, pp. 550-1 (14 February 1984).
10. M. S. Gorbachëv, Central Committee plenum, 13 February 1984: RGASPI, f. 2, op. 3, d. 669, p. 30.
11. G. K. Shakhnazarov, *S vozdyami i bez nikh*, p. 250.
12. Chernyaev, *Sovmestnyi iskhod*, p. 588 (1 December 1984).
13. I. Korchilov, *Translating History: Thirty Years on the Front Lines of Diplomacy with a Top Russian Interpreter*, p. 274.
14. Chernyaev, *Sovmestnyi iskhod*, p. 571 (12 August 1984).
15. *Ibid.*, p. 572 (16 August 1984).
16. *Ibid.*, p. 566 (18 June 1984).
17. *Ibid.*, p. 582 (23 October 1984).
18. V. I. Varennikov (interview), HIGFC (HIA), box 3, folder 3, pp. 11-12.
19. A. L. Adamishin (interview), *ibid.*, box 1, folder 1, p. 5.
20. S. P. Tarasenko (interview), *ibid.*, box 3, folder 2, pp. 32-3.
21. A. L. Adamishin Papers (HIA), box 1: Diaries 1980, 13 January 1980.
22. Gorbachëv, *Naedine s soboi*, p. 362.
23. *Krasnaya Zvezda*, 9 May 1984.
24. *Soviet Intentions 1965-1985*, vol. 2: *Soviet Post-Cold War Testimonial Evidence*: interview of V. N. Tsygichko, 30 March 1991, p. 149.
25. *Ibid.*: interview of Maj. Gen. Yu. A. Kirshin, 9 January 1990, p. 102.
26. R. Braithwaite, 'Moscow Diary', 21 February 1990.
27. Chernyaev, *Sovmestnyi iskhod*, p. 567 (18 June 1984).
28. *Ibid.*, p. 571 (12 August 1984).
29. M. S. Gorbachëv to the Political Consultative Committee in Sofia (Soviet record), 22 October 1985, p. 14: PHPCS.
30. J. Attali, *Verbatim*, vol. 1: *Chronique des années 1981-1986*, p. 798 (18 April 1985).
31. See A. B. Evans, *Soviet Marxism: The Decline of an Ideology*, pp. 105-6.
32. K. U. Chernenko, Central Committee plenum, 23 October 1984: RGASPI, f. 2, op. 3, d. 685, p. 8.
33. A. Yakovlev, *Omut pamyati*, p. 165.
34. N. A. Tikhonov, Central Committee plenum, 23 October 1984: RGASPI, f. 2, op. 3, d. 685, pp. 26, 30, 40, 46 and 52.
35. A. L. Adamishin Papers (HIA), box 1: Diaries 1985, 23 February 1985.
36. A. A. Gromyko, Politburo meeting, 26 April 1984: RGASPI, f. 89, op. 42, d. 57, pp. 2-4.
37. D. F. Ustinov, *ibid.*, p. 5.
38. A. A. Gromyko, *ibid.*, p. 6.
39. L. Bezymenskii, 'Pod sen'yu amerikanskikh raket', *Pravda*, 27 July 1984.
40. James Mann's interview with E. Krenz, 17 November 2005, p. 5: Jim Mann Papers (HIA), box 60.
41. Chernyaev, *Sovmestnyi iskhod*, pp. 574-5 (25 August 1984).
42. *Pravda*, 30 June 1984. See also J. Haslam, *The Soviet Union and the Politics of Nuclear Weapons in Europe, 1969-87: The Problem of the SS-20*, pp. 143-4.
43. National Security Council, 18 September 1984, p. 9: CIA Papers.

44. Charles Hill, diary (7 December 1984): Molly Worthen's notes.
45. G. P. Shultz, 'Managing the U.S.–Soviet Relationship over the Long Term', speech at Rand-UCLA, 18 October 1984, p. 2.
46. A. Dobrynin, *In Confidence: Moscow's Ambassador to America's Cold War Presidents*, p. 555.
47. Haslam, *The Soviet Union and the Politics of Nuclear Weapons in Europe, 1969–87*, pp. 146–7.
48. P. Trudeau, *Memoirs*, p. 341; Yakovlev, *Omut pamyati*, p. 490.
49. Chernyaev, *Sovmestnyi iskhod*, p. 566 (14 June 1984).
50. *Ibid.*, p. 567 (18 June 1984).
51. Attali, *Verbatim*, vol. 1, p. 521 (20 October 1983).
52. Chernyaev, *Sovmestnyi iskhod*, p. 553 (18 February 1984).
53. Soviet record of Chernenko–Thatcher conversation, 14 February 1984, pp. 4–6: Dmitri A. Volkogonov Papers (HIA), reel 17.
54. Attali, *Verbatim*, vol. 1, pp. 655–6 (20 June 1984).
55. *Ibid.*, p. 681 (26 June 1984).
56. K. A. Bishop (interpreter), report on 3 July 1984 Moscow meeting, 4 July 1984, pp. 1–2: National Archives, PREM 19/1394.
57. Attali, *Verbatim*, vol. 1, p. 521 (20 October 1983); M. Thatcher, note on memo from C. D. Powell, 28 June 1984: National Archives, PREM 19/1394.
58. Trudeau, *Memoirs*, pp. 340–1; L. V. Appleyard (FCO) to C. D. Powell, 19 November 1984: National Archives, PREM 19/1394.
59. Note by M. Thatcher on memo from R. B. Bone (FCO) to A. J. Coles (PM's office), 4 June 1984: National Archives, PREM 19/1394; R. Thompson to R. B. Bone (DTI), 12 July 1984: *ibid.*; Moscow embassy to FCO, telegram 824, 3 July 1984: *ibid.*
60. Central Committee plenum, 10 April 1984: RGASPI, f. 2, op. 3, d. 674, p. 5a.
61. Interview with L. M. Zamyatin, *Kommersant*, 3 May 2005.
62. A. G. Kovalëv (interview), HIGFC (HIA), box 2, folder 6, p. 5.
63. R. Z. Sagdeev, *The Making of a Soviet Scientist: My Adventures in Nuclear Fusion and Space from Stalin to Star Wars*, p. 266.
64. A. G. Kovalëv (interview), HIGFC (HIA), box 2, folder 6, p. 5.
65. *Ibid.*
66. *Ibid.*, p. 24.
67. K. A. Bishop (interpreter), personal assessment of Gorbachëv during the December 1984 visit to the UK, 3 January 1985, p. 1: National Archives, PREM 19/1394.
68. C. D. Powell (10 Downing Street) to L. V. Appleyard (FCO), 17 December 1984: National Archives, PREM 19/1394.
69. Interview with L. M. Zamyatin, *Kommersant*, 3 May 2005; private meeting between R. Reagan and M. Thatcher, 22 December 1984: Margaret Thatcher Foundation from the Reagan Library: European and Soviet Affairs Directorate, NSC: Records (folder: Thatcher Visit – Dec. 1984 [1] Box 90902).
70. Notes on Chequers lunchtime discussion 16 December 1984, p. 3: National Archives, PREM 19/1394.

71. Interview with L. M. Zamyatin, *Kommersant,* 3 May 2005; private meeting between R. Reagan and M. Thatcher, 22 December 1984: Margaret Thatcher Foundation from the Reagan Library: European and Soviet Affairs Directorate, NSC: Records (folder: Thatcher Visit – Dec. 1984 [1] Box 90902).

72. Notes on Chequers lunchtime discussion 16 December 1984, p. 5: National Archives, PREM 19/1394.

73. Chernyaev, *Sovmestnyi iskhod,* p. 597 (26 January 1985).

74. Official record of Chequers lunchtime discussion 16 December 1984, p. 5: National Archives, PREM 19/1394.

75. *Ibid.,* p. 7.

76. Yakovlev, *Omut pamyati,* p. 236.

77. Braithwaite, 'Moscow Diary', 13 March 1992: entry on recollection by interpreter Tony Bishop.

78. K. A. Bishop (interpreter), personal assessment of Gorbachëv during the December 1984 visit to the UK, 3 January 1985, p. 3: National Archives, PREM 19/1394.

79. FCO to Hong Kong Embassy, 20 December 1984, p. 1: National Archives, PREM 19/1394.

80. M. Thatcher's notes before Camp David meeting (22 December 1984) with R. Reagan, pp. 1–2: National Archives, PREM 19/1394.

81. G. P. Shultz to R. Reagan, memo for meeting with M. Thatcher on 22 December 1984, p. 2: RRPL, Coordination Office, NSC: Records, box 4.

82. C. Hill, handwritten notes on 'Soviet: 1984, Oct. 1 to Oct. 31', p. 7: Charles Hill Papers (HIA), box 64.

83. C. Hill, notes on 'Soviet Union, Nov. 1 to Nov. 28', p. 8: *ibid.,* box 64, folder: G. P. Shultz – 'Turmoil' – Draft – Soviet Union.

84. Charles Hill, diary (8 December 1984): Molly Worthen's notes.

85. *Ibid.* (1 December 1984).

86. *Ibid.* (7 January 1985).

87. *Ibid.* (5 January 1985).

88. *Ibid.* (5 January 1985).

89. E. Shevardnadze, *Kogda rukhnul zheleznyi zanaves: vstrechi i vospominaniya,* p. 69.

90. A. L. Adamishin Papers (HIA), box 1: Diaries 1980, 5 May 1980 and Diaries 1982, 24 June 1982.

91. G. Shultz, *Turmoil and Triumph: My Years as Secretary of State,* p. 515; G. M. Kornienko in S. F. Akhromeev and G. M. Kornienko, *Glazami marshala i diplomata,* p. 89.

92. Charles Hill, diary (28 January 1985): Molly Worthen's notes.

93. G. Shultz, *Statement to the Foreign Relations Committee, 31 January 1985,* pp. 1–3: Committee on the Present Danger (HIA), box 113.

94. This exchange was reported weeks later in the *Wall Street Journal,* 21 March 1985.

95. *New York Times*, 5 February 1985.
96. *Washington Post*, 1 February 1985.

第十一章　米哈伊尔·戈尔巴乔夫

1. Politburo meeting, 11 March 1985, p. 2: Dmitri A. Volkogonov Papers (HIA), reel 17.
2. A. Dobrynin, *In Confidence: Moscow's Ambassador to America's Cold War Presidents*, p. 571.
3. M. Gorbachëv, *Naedine s soboi*, p. 374.
4. A. Yakovlev, *Omut pamyati*, p. 442.
5. Gorbachëv, *Naedine s soboi*, p. 382.
6. *Ibid.*, pp. 383–4.
7. *Ibid.*, p. 385.
8. *Ibid.*, pp. 385–6.
9. Politburo meeting, 11 March 1985, pp. 2–4: Dmitri A. Volkogonov Papers (HIA), reel 17.
10. Yakovlev, *Omut pamyati*, p. 444.
11. A. Chernyaev, *Sovmestnyi iskhod. Dnevnik dvukh epokh. 1971–1991 gody*, p. 608 (11 March 1985).
12. Central Committee plenum, 11 March 1985: RGASPI, f. 2, op. 3, d. 697, pp. 5–6; *ibid.*, f. 2, op. 3, d. 700, p. 1.
13. Central Committee plenum, 21 October 1980: *ibid.*, f. 2, op. 3., d. 543, p. 2.
14. R. Braithwaite, 'Moscow Diary', 17 October 1990.
15. N. Ryzhkov, *Glavnyi svidetel'*, p. 63.
16. G. K. Shakhnazarov, *S vozhdyami i bez nikh*, p. 284.
17. Chernyaev, *Sovmestnyi iskhod*, p. 699 (7 December 1986).
18. T. G. Stepanov-Mamaladze diary, 22 April 1986: T. G. Stepanov-Mamaladze Papers (HIA), box 5.
19. Gorbachëv, *Naedine s soboi*, pp. 44 and 113.
20. I. Korchilov, *Translating History: Thirty Years on the Front Lines of Diplomacy with a Top Russian Interpreter*, p. 302.
21. *Ibid.*, p. 39.
22. Gorbachëv, *Naedine s soboi*, p. 226; Chernyaev, *Sovmestnyi iskhod*, p. 434 (29 January 1981).
23. Dinner conversation at Geneva summit meeting between Reagan and Gorbachëv, 19 November 1985: National Security Archive Electronic Briefing Book no. 172, doc. 20 (US memorandum), p. 6.
24. *The Reagan Diaries*, p. 307 (11 March 1985). Because of the time-zone difference, Reagan heard the news at 4 a.m. on 11 March 1985, US Eastern time.
25. *Ibid.*, p. 310 (20 March 1985).
26. R. Reagan to M. S. Gorbachëv, 11 March 1985: RRPL, Executive Secretariat, NSC, Head of State Files: USSR: General Secretary Gorbachev, box 39.

27. *New York Times*, 12 March 1985.
28. J. Attali, *Verbatim*, vol. 1: *Chronique des années 1981-1986*, p. 780 (13 March 1985).
29. Conversation of M. S. Gorbachëv with B. Karmal, 14 March 1985: Dmitri A. Volkogonov Papers (HIA), reel 17.
30. Working notes of conference of Central Committee secretaries, 15 March 1985, p. 7: *ibid.*, reel 17.
31. *Ibid.*, p. 3.
32. Chernyaev, *Sovmestnyi iskhod*, p. 610 (14 March 1985).
33. G. Shultz: interview with R. Service and P. Robinson, Hoover Institution, 1 September 2009.
34. Working notes of conference of Central Committee secretaries, 15 March 1985, pp. 5–6: Dmitri A. Volkogonov Papers (HIA), reel 17.
35. *Ibid.*, pp. 4–5; Chernyaev, *Sovmestnyi iskhod*, p. 610 (14 March 1985).
36. Chernyaev, *Sovmestnyi iskhod*, p. 803 (23 September 1989).
37. *Ibid.*, p. 944 (28 May 1991).
38. *Ibid.*, p. 610 (14 March 1985); working notes of conference of Central Committee secretaries, 15 March 1985, pp. 4–5: Dmitri A. Volkogonov Papers (HIA), reel 17.
39. *Ibid.*, p. 6.
40. Gorbachëv, *Naedine s soboi*, pp. 393–4.
41. Working notes of conference of Central Committee secretaries, 15 March 1985, pp. 10–11: Dmitri A. Volkogonov Papers (HIA), reel 17.
42. Politburo meeting, 4 February 1988, p. 3: Anatoli Chernyaev Papers (Russian and Eurasian Studies Centre Archive, St Antony's College, Oxford University, hereafter RESCA), box 2, folder 3; Dobrynin, *In Confidence*, p. 616.
43. A. S. Chernyaev (interview), HIGFC (HIA), box 1, folder 12, p. 39.
44. Dobrynin, *In Confidence*, p. 616.
45. Chernyaev, *Sovmestnyi iskhod*, p. 613 (18 March 1985).
46. *Ibid.*, p. 619 (11 April 1985).
47. Working notes of conference of Central Committee secretaries, 15 March 1985, pp. 10–11: Dmitri A. Volkogonov Papers (HIA), reel 17.
48. Chernyaev, *Sovmestnyi iskhod*, p. 620 (11 April 1985).
49. Politburo meeting, 13 March 1988: Anatoli Chernyaev Papers (RESCA), box 1, p. 374.
50. 'Iz razmyshlenii v uzkom krugu po podgotovke 70-letiya Oktyabrya', 29 April 1987, p. 1: *ibid.*, box 2, folder 2.
51. T. G. Stepanov (interview), HIGFC (HIA), box 3, folder 1, p. 40.
52. Chernyaev, *Sovmestnyi iskhod*, p. 579 (2 October 1984).
53. M. S. Gorbachëv to R. Reagan, 24 March 1985, pp. 1–3: RRPL, Executive Secretariat, NSC, Head of State Files: USSR: General Secretary Gorbachev, box 39.
54. G. P. Shultz to R. Reagan, 25 March 1985: *ibid.*
55. *Guardian*, 18 April 1985.
56. *New York Times*, 11 April 1985; see also Reagan's reference to O'Neill's

testimony in R. Reagan to M. S. Gorbachëv, 30 April 1985, pp. 6–7: RRPL, Executive Secretariat, NSC, Head of State Files: USSR: General Secretary Gorbachev, box 39.

57. Central Committee plenum, 23 April 1985: RGASPI, f. 2, op. 3, d. 708, p. 34.
58. *Ibid.*, pp. 34–5.
59. *Ibid.*, p. 35.
60. *Ibid.*, p. 38.
61. *Ibid.*, p. 39.
62. *Ibid.*, pp. 40–1.
63. Central Committee plenum report by M. S. Gorbachëv, 23 April 1985: *V Politbyuro TsK KPSS. Po zapisyam Anatoliya Chernyaeva, Vadima Medvedeva, Georgiya Shakhnazarova, 1985–1991*, p. 15.
64. Central Committee plenum, 23 April 1985: RGASPI, f. 2, op. 3, d. 708, p. 76.
65. S. F. Akhromeev in S. F. Akhromeev and G. M. Kornienko, *Glazami marshala i diplomata*, p. 35.
66. A. L. Adamishin Papers (HIA), box 1: Diaries 1986, 19 November 1986, p. 1.
67. Chernyaev, *Sovmestnyi iskhod*, p. 575 (16 September 1984).

第十二章　莫斯科改革小组

1. Ye. Ligachev with S. Cohen, *Inside Gorbachev's Kremlin: The Memoirs of Yegor Ligachev*, p. 21.
2. See above, p. 61.
3. Politburo meeting, 12 July 1984: V. Bukovskii (ed.), *Moskovskii protsess*, pp. 87–8.
4. A. L. Adamishin Papers (HIA), box 1: Diaries 1985, 10 April 1985.
5. V. A. Medvedev (interview), HIGFC (HIA), box 2, folder 10, p. 25.
6. Politburo meeting, 29 June 1985, p. 2: Dmitri A. Volkogonov Papers (HIA), reel 17.
7. T. G. Stepanov-Mamaladze diary, 26 April 1986: T. G. Stepanov-Mamaladze Papers (HIA), box 5; E. Shevardnadze, *Kogda rukhnul zheleznyi zanaves: vstrechi i vospominaniya*, pp. 67–8.
8. E. Shevardnadze, *Moi vybor: v zashchitu demokratii i svobody*, p. 80.
9. Politburo meeting, 29 June 1985, pp. 2–3: Dmitri A. Volkogonov Papers (HIA), reel 17.
10. *Ibid.*, p. 3; confidential information given by B. N. Ponomarëv to A. S. Chernyaev: A. Chernyaev, *Sovmestnyi iskhod. Dnevnik dvukh epokh. 1971–1991 gody*, p. 637 (1 July 1985).
11. Shevardnadze, *Moi vybor*, p. 58.
12. *Ibid.*, pp. 59–60; Shevardnadze, *Kogda rukhnul zheleznyi zanaves*, pp. 71–2.
13. Conference of Central Committee secretaries, n.d. but likely to be in January 1983: Dmitri A. Volkogonov Papers (HIA), reel 17.
14. Gorbachëv's second meeting with provincial party committee secretaries, 15 April 1988: Anatoli Chernyaev Papers (RESCA), box 2, folder 5.

15. T. G. Stepanov-Mamaladze diary, 20 April 1986: T. G. Stepanov-Mamaladze Papers (HIA), box 5.
16. *Ibid.*, 17 November 1985: box 5, folder 1; Shevardnadze, *Kogda ṛukhnul zheleznyi zanaves*, p. 91.
17. Shevardnadze, *Moi vybor*, p. 43.
18. *Ibid.*, p. 51.
19. R. Braithwaite, 'Moscow Diary', 29 March 1989.
20. T. G. Stepanov-Mamaladze working notes, 21 January 1986: T. G. Stepanov-Mamaladze Papers (HIA), box 1.
21. T. G. Stepanov-Mamaladze diary, 4–12 July 1990: *ibid.*, box 5. This was excised from the *Pravda* report of 10 July.
22. RGASPI, f. 2, op. 3, d. 521 p. 47.
23. A. L. Adamishin Papers (HIA), box 1: Diaries 1984, 22 February 1984.
24. T. G. Stepanov-Mamaladze working notes, 26 November 1985: T. G. Stepanov-Mamaladze Papers (HIA), box 1.
25. T. G. Stepanov-Mamaladze diary, 1 March 1986: *ibid.*, box 5.
26. *Ibid.*, 28 February 1986: box 5.
27. Politburo meeting, 23 January 1986: *V Politbyuro TsK KPSS. Po zapisyam Anatoliya Chernyaeva, Vadima Medvedeva, Georgiya Shakhnazarova, 1985–1991*, p. 25.
28. T. G. Stepanov-Mamaladze diary, 20 April 1986: T. G. Stepanov-Mamaladze Papers (HIA), box 5.
29. A. Yakovlev, *Omut pamyati*, pp. 190–1.
30. Chernyaev, *Sovmestnyi iskhod*, p. 376 (14 October 1979).
31. Yakovlev, *Omut pamyati*, p. 213.
32. *Ibid.*, p. 209.
33. A. N. Yakovlev (interview), HIGFC (HIA), box 3, folder 5, p. 8.
34. Yakovlev, *Omut pamyati*, p. 579.
35. A. N. Yakovlev (interview), HIGFC (HIA), box 3, folder 5, p. 17.
36. Braithwaite, 'Moscow Diary', 30 May 1990.
37. I. Korchilov, *Translating History: Thirty Years on the Front Lines of Diplomacy with a Top Russian Interpreter*, p. 197.
38. A. N. Yakovlev (interview), HIGFC (HIA), box 3, folder 5, p. 6.
39. O. D. Baklanov (interview), *ibid.*, box 1, folder 5, p. 29.
40. A. Luk'yanov, *Avgust 91-go: a byl li zagovor?*, p. 10.
41. Yakovlev, *Omut pamyati*, pp. 242–6.
42. V. A. Medvedev (interview), HIGFC (HIA), box 2, folder 10, p. 25.
43. V. L. Kataev (interview), *ibid.*, box 2, folder 4, p. 6.
44. Politburo meeting, 29 June 1985, p. 7: Dmitri A. Volkogonov Papers (HIA), reel 17.
45. *Ibid.*, p. 8.
46. L. N. Zaikov, proposal, August 1982: Vitalii Leonidovich Kataev Papers (HIA), box 13, folder 28.
47. Politburo meeting, 14 May 1987: Anatoli Chernyaev Papers (RESCA), box 1, p. 225.

48. V. L. Kataev, untitled memoir notes filed as PAZNOGL, p. 3: Vitalii Leonidovich Kataev Papers (HIA), disk 3.

49. V. L. Kataev, 'Struktura podgotovki i prinyatiya reshenii po voenno-politicheskim problemam v SSSR', pp. 4–5: *ibid.*, box 16.

50. A. S. Chernyaev to M. S. Gorbachëv, 13 November 1987: Anatoli Chernyaev Papers (RESCA), box 2, folder 2.

51. V. L. Kataev, 'Struktura podgotovki i prinyatiya reshenii po voenno-politicheskim problemam v SSSR', pp. 18–19: Vitalii Leonidovich Kataev Papers (HIA), box 16.; V. L. Kataev, 'Koordinatsiya v SSSR voprosov kontrolya nad vooruzheniyami do 1985', p. 2: *ibid.*, disk 2, PAB-GRUP; N. S. Leonov, *Likholet'e*, p. 323. Strictly speaking, the body was known as the Supreme (*Verkhnyaya*) Five.

52. V. L. Kataev, 'Struktura podgotovki i prinyatiya reshenii po voenno-politicheskim problemam v SSSR', pp. 10–11: Vitalii Leonidovich Kataev Papers (HIA), box 16; V. L. Kataev, untitled memoir notes filed as PAZNOGL, p. 6: *ibid.*, disk 3; V. L. Kataev (interview), HIGFC (HIA), box 2, folder 4, pp. 19–20.

53. V. L. Kataev in his untitled memoir notes filed as PAZNOGL, p. 8: Vitalii Leonidovich Kataev Papers (HIA), disk 3; V. L. Kataev, 'Struktura podgotovki i prinyatiya reshenii po voenno-politicheskim problemam v SSSR', p. 6: *ibid.*, box 16; V. L. Kataev, 'Koordinatsiya v SSSR voprosov kontrolya nad vooruzheniyami do 1985', p. 2: *ibid.*, disk 2, PAB-GRUP; S. F. Akhromeev, background briefing, 22 May 1988, pp. 1–2: *ibid.*, box 10, folder 14.

54. V. L. Kataev, 'Problemy voennoi politiki', p. 3: *ibid.*, box 16.

55. V. L. Kataev, diary for 15 February 1988: *ibid.*, box 1, folder 2; V. L. Kataev (interview), HIGFC (HIA), box 2, folder 4, p. 22.

56. V. L. Kataev, 'Koordinatsiya v SSSR voprosov kontrolya nad vooruzheniyami do 1985', p. 3: Vitalii Leonidovich Kataev Papers (HIA), disk 2 (PAB-GRUP); V. L. Kataev, 'Struktura podgotovki i prinyatiya reshenii po voenno-politicheskim problemam v SSSR', p. 17: *ibid.*, box 16.

57. O. D. Baklanov (interview), HIGFC (HIA), box 1, folder 5, pp. 7–8.

58. G. M. Kornienko in S. F. Akhromeev and G. M. Kornienko, *Glazami marshala i diplomata*, p. 91.

59. V. L. Kataev (interview), HIGFC (HIA), box 2, folder 4, pp. 18–19.

60. Leonov, *Likholet'e*, p. 328.

61. V. L. Kataev, diary for 1984–1986: 30 June 1986: Vitalii Leonidovich Kataev Papers (HIA), box 2, folder 3.

62. Notes on confidential conversation with E. A. Shevardnadze, 10 September 1985: T. G. Stepanov-Mamaladze Papers (HIA), box 5.

63. T. G. Stepanov-Mamaladze diary, 17 November 1985: *ibid.*

64. *Ibid.*, 25 February 1986: box 5, folder 2.

65. S. P. Tarasenko (interview), HIGFC (HIA), box 3, folder 2, p. 10.

66. Shevardnadze, *Moi vybor*, p. 42.

67. See the comment made to Anatoli Adamishin: A. L. Adamishin Papers (HIA), box 1: Diaries 1985, 7 October 1985, p. 1.

68. K. N. Brutents reports this comment to him by Ponomarёv in *Nesbyvsheesya. Neravnodushnye zametki o perestroike*, pp. 445–6.
69. T. G. Stepanov-Mamaladze diary, 1 December 1985: T. G. Stepanov-Mamaladze Papers (HIA), box 5.
70. *Ibid.*, 20 April 1986: box 5, folder 2.
71. Notes on confidential conversation with E. A. Shevardnadze, 10 September 1985: *ibid.*, box 5, folder 1.
72. T. G. Stepanov-Mamaladze diary, 18 November 1985: *ibid.*
73. T. G. Stepanov-Mamaladze working notes, 26 November 1985: *ibid.*, box 1, folder 3.
74. *Ibid.*, 2 September 1985: box 1.
75. T. G. Stepanov-Mamaladze diary, 30 June 1988: *ibid.*, box 5.
76. *Ibid.*, 17 November 1985; T. G. Stepanov-Mamaladze working notes, 15 February (miswritten as August) 1986: *ibid.*, box 1.
77. T. G. Stepanov-Mamaladze diary, 30 April 1986: *ibid.*, box 5.
78. Note on party conference (Ministry of Foreign Affairs), 30 November 1985: A. L. Adamishin Papers (HIA), box 1: Diaries 1985, 30 November 1985, pp. 42–5.
79. T. G. Stepanov-Mamaladze diary, 1 December 1985: *ibid.*, box 5.

第十三章　一脚踩油门　一脚踩刹车

1. G. Shultz: interview with R. Service and P. Robinson, Hoover Institution, 1 September 2009.
2. J. Attali, *Verbatim*, vol. 1: *Chronique des années 1981–1986*, p. 854 (28 September 1985).
3. R. Reagan to M. S. Gorbachёv, 30 April 1985, pp. 1–11: RRPL, Executive Secretariat, NSC, Head of State Files: USSR: General Secretary Gorbachev, box 39.
4. M. S. Gorbachёv to R. Reagan, 10 June 1985, pp. 3 and 7: *ibid.*, box 40.
5. M. S. Gorbachёv to R. Reagan, 22 June 1985, p. 3: *ibid.*
6. J. Matlock to R. McFarlane, 26 June 1985 (memo): *ibid.*
7. 'Soviet Strategic and Political Objectives in Arms Control in 1985', p. 6: Special National Intelligence Estimate (March 1985): CIA Papers.
8. 'Soviet Capabilities for Strategic Nuclear Conflict Through the Mid-1990s: Key Judgments', pp. 16–17: National Intelligence Estimate, 25 April 1985: *ibid.*
9. W. J. Casey to R. Reagan, 25 June 1985, report: 'Gorbachev, The New Broom', pp. 6–8 and 13: *ibid.*
10. 'Gorbachev's Economic Agenda: Promises, Potentials, and Pitfalls. An Intelligence Assessment', 6 September 1985: *ibid.*
11. E. Rowny, 'Gorbachev's First Hundred Days' (draft), 5 June 1985, pp. 1–4: RRPL, Jack Matlock Files, box 61, folder: USSR – Mikhail Sergeyevich Gorbachev – Gen. Secretary – March 11, 1985.

12. W. F. Buckley, 'Exit Chernenkoism?', *National Review*, 19 April 1985, p. 54.
13. R. Halloran, 'Export Ban Called Costly to Soviet', *New York Times*, 14 May 1985.
14. *Ibid.*
15. R. N. Perle, statement before House of Representatives Armed Services Committee Special Panel on Arms Control and Disarmament, pp. 1–6, 18 September 1985: Committee on the Present Danger (HIA), box 104.
16. *Washington Post*, 24 March 1985.
17. R. Perle, 'The Eastward Technology Flow: A Plan of Common Action', *Strategic Review*, spring 1984, p. 29.
18. *Washington Post*, 5 August 1986.
19. G. Andreotti, *L'URSS vista da vicino: dalla guerra fredda a Gorbaciov*, p. 233.
20. V. L. Kataev, untitled memoir notes filed as PAZNOGL, p. 4: Vitalii Leonidovich Kataev Papers (HIA), disk 3.
21. *Ibid.*, p. 4: Vitalii Leonidovich Kataev Papers (HIA), disk 3; V. L. Kataev (interview), HIGFC (HIA), box 2, folder 4, p. 12.
22. *Ibid.*, box 2, folder 4, pp. 12–13.
23. *Ibid.*
24. V. L. Kataev, 'Struktura podgotovki i prinyatiya reshenii po voenno-politicheskim problemam v SSSR', p. 8: Vitalii Leonidovich Kataev Papers (HIA), box 16.
25. *Ibid.*, pp. 8–9; V. L. Kataev, untitled memoir notes filed as PAZNOGL, p. 5: Vitalii Leonidovich Kataev Papers (HIA), disk 3.
26. V. L. Kataev, 'Struktura podgotovki i prinyatiya reshenii po voenno-politicheskim problemam v SSSR', pp. 8–9: Vitalii Leonidovich Kataev Papers (HIA), box 16.
27. *Ibid.*, pp. 9–10.
28. V. L. Kataev (interview), HIGFC (HIA), box 2, folder 4, pp. 16–17.
29. A. L. Adamishin Papers (HIA), box 1: Diaries 1985, 16 March 1985.
30. T. G. Stepanov-Mamaladze diary, 2 September 1985: T. G. Stepanov-Mamaladze Papers (HIA), box 5.
31. Meeting of G. P. Shultz and E. A. Shevardnadze (US Ambassador's Residence, memcon), 31 July 1985, pp. 2–20: National Security Archive, End of the Cold War series, box 1.
32. A. L. Adamishin Papers (HIA), box 1: Diaries 1986, 25 April 1985.
33. *Ibid.*, 29 July 1985, p. 2.
34. *Ibid.*, 20 August 1985, p. 1.
35. *Ibid.*, 11 August 1985, p. 1.
36. *Ibid.*, 15 October 1985.
37. *Ibid.*, 22 September 1985.
38. *Ibid.*, 20 August 1985.
39. *Ibid.*, 22 September 1985.
40. *Ibid.*, p. 2.
41. N. N. Detinov (interview), HIGFC (HIA), box 1, folder 14, p. 17.
42. W. J. Casey to R. Reagan, 9 September 1985, p. 1: CIA Papers.

43. C. Hill, notes (1 March 1991) on 'Terrorism', pp. 33–4: Charles Hill Papers (HIA), box 64.
44. *Ibid.*, p. 35.
45. *Ibid.*, p. 38.
46. C. Hill, diary (23 September 1985): Molly Worthen's notes.
47. `C. Hill, notes (1 March 1991) on 'Terrorism', p. 42: Charles Hill Papers (HIA), box 64.
48. *Ibid.*, pp. 39–40.
49. National Security Council, 20 September 1985, p. 2 and 5–7: *The Reagan Files: The Untold Story of Reagan's Top-Secret Efforts to Win the Cold War* (ed. J. Saltoun-Ebin).
50. *Izvestiya*, 28 July 1985.
51. T. G. Stepanov-Mamaladze working notes, 3 September 1985: T. G. Stepanov-Mamaladze Papers (HIA), box 1.
52. T. G. Stepanov-Mamaladze diary, 23 September 1985: *ibid.*, box 5.
53. *Ibid.*, 24 September 1985.
54. *Ibid.*
55. T. G. Stepanov-Mamaladze diary, 28 September 1985: *ibid.*
56. *Ibid.*
57. *New York Times*, 28 September 1985.
58. R. M. Nixon to W. J. Casey, 5 November 1985, pp. 1–3: William J. Casey Papers (HIA), box 329, folder 8.
59. Qian Qichen, *Ten Episodes in China's Diplomacy*, pp. 17–18.
60. Attali, *Verbatim*, vol. 1, p. 803 (30 April 1985).
61. *Ibid.*, p. 853 (28 September 1985).
62. Flyposter: 'Gorbatchev à Paris: S.O.S. Droits de l'Homme. Appel'.
63. Spot commentary on Gorbachëv's Paris announcements, forwarded by D. Mahley and R. Linhard to R. McFarlane, 3 October 1985: CIA Papers.
64. Attali, *Verbatim*, vol. 1, p. 861 (2 October 1985).

第十四章　去日内瓦

1. A. Chernyaev, *Sovmestnyi iskhod. Dnevnik dvukh epokh. 1971–1991 gody*, p. 649 (16 October 1985).
2. *Ibid.*, p. 650 (17 October 1985).
3. M. S. Gorbachëv to the Political Consultative Committee in Sofia (Soviet record), 22 October 1985, p. 5: PHPCS.
4. *Ibid.*, pp. 7–8.
5. *Ibid.*, pp. 8–9.
6. *Ibid.*, p. 10.
7. *Ibid.*, pp. 5–7.
8. *Ibid.*, pp. 12–14.
9. *Ibid.*
10. Chernyaev, *Sovmestnyi iskhod*, p. 621 (16 March 1985).

11. Political Consultative Committee discussion, 23 October 1985 in Sofia (East German record, translated into English), p. 22: PHPCS.

12. *Ibid.*, p. 33.

13. *Ibid.*, pp. 39–40.

14. *Ibid.*, p. 47.

15. *Ibid.*, p. 50.

16. Meeting of R. Reagan and E. A. Shevardnadze, 24 October 1985 (memcon), pp. 3 and 5.

17. G. Andreotti, *L'URSS vista da vicino: dalla guerra fredda a Gorbaciov*, pp. 265–8.

18. R. Reagan to M. S. Gorbachëv, 31 October 1985, p. 1: RRPL, Executive Secretariat, NSC, Head of State Files: USSR: General Secretary Gorbachev, box 40.

19. J. Helms, S. Symms and J. MacClure to R. Reagan, 29 October 1985: Monique Garnier-Lançon Papers (HIA), box 27, folder 1.

20. *New York Times*, 3 November 1985.

21. T. G. Stepanov-Mamaladze working notes, 26 October 1985: T. G. Stepanov-Mamaladze Papers (HIA), box 1.

22. G. P. Shultz to R. Reagan, 12 November 1985, pp. 4, 6, 8 and 13–14: End of the Cold War Forum (hereafter ECWF), STY-1985-11-12.

23. R. C. McFarlane to R. Reagan, 8 November 1985, p. 1: National Security Archive, End of the Cold War series, box 2, folder 2.

24. G. P. Shultz to R. Reagan, memo, 7 November 1985, pp. 1–5: US Department of State FOIA Documents.

25. G. P. Shultz to R. Reagan, 12 November 1985, pp. 4, 6, 8–9 and 12–14: ECWF, STY-1985-11-12.

26. A. L. Adamishin Papers (HIA), box 1: Diaries 1985, 25 November 1985, pp. 35–6; note on E. A. Shevardnadze's report to the Foreign Affairs Ministry collegium, 25 November 1985: *ibid.*, p. 1.

27. *New York Times*, 15 November 1985.

28. A. L. Adamishin Papers (HIA), box 1: Diaries 1985, 24 November 1985, p. 1.

29. *Ibid.*, p. 2.

30. T. G. Stepanov-Mamaladze diary, 10 September 1985: T. G. Stepanov-Mamaladze Papers (HIA), box 5.

31. B. Kalb to G. P. Shultz, 31 October 1985: RRPL, Geneva: Reagan/Gorbachev, Sven F. Kraemer Files, box 941043.

32. Address by the President to the Nation, 14 November 1985 in Committee on the Present Danger Papers (HIA), box 140, folder: Reagan – 1985.

33. R. M. Nixon to R. W. Reagan: 14 November 1985: Jim Mann Papers (HIA), box 55.

34. M. Kampelman, J. Tower and M. Glitman to G. P. Shultz, '1985 Geneva Summit: Suggested Talking Points', 14 November 1985: National Security Archive, End of the Cold War series, box 2.

35. *New York Times*, 16 November 1985.

36. *The Reagan Diaries Unabridged*, vol. 1, p. 541 (17 November 1985).

37. A. L. Adamishin Papers (HIA), box 1: Diaries 1985, 24 November 1985, p. 4.

38. A. Dobrynin, *In Confidence: Moscow's Ambassador to America's Cold War Presidents*, p. 588.
39. *The Reagan Diaries*, p. 369 (19 November 1985).
40. First plenary session of Geneva summit meeting, 19 November 1985: National Security Archive Electronic Briefing Book no. 172, doc. 16 (US memorandum), p. 3.
41. *Ibid.*, pp. 7–8.
42. Second plenary session of Geneva summit meeting, 19 November 1985: *ibid.*, doc. 17 (US memorandum), p. 3.
43. *Ibid.*, p. 4.
44. *Ibid.*, pp. 7–8.
45. Second private session of Geneva summit meeting, 19 November 1985: *ibid.*, doc. 19 (US memorandum), p. 2.
46. See the full sentence in C. Hill, notes on Gorbachëv's January 1986 declaration, p. 5: Charles Hill Papers (HIA), box 64, folder: G. P. Shultz – 'Turmoil' – Draft – Soviet Union 1986.
47. Second private session of Geneva summit meeting, 19 November 1985: National Security Archive Electronic Briefing Book no. 172, doc. 19 (US memorandum), p. 2.
48. Third plenary session of Geneva summit meeting, 20 November 1985: *ibid.*, doc. 21 (US memorandum), p. 2.
49. *Ibid.*, pp. 3–4.
50. Dobrynin, *In Confidence*, pp. 589–90.
51. Third plenary session of Geneva summit meeting, 20 November 1985: National Security Archive Electronic Briefing Book no. 172, doc. 21 (US memorandum), p. 6.
52. *Ibid.*, pp. 6–7.
53. *Ibid.*, p. 10.
54. Fourth plenary session of Geneva summit meeting, 20 November 1985: *ibid.*, doc. 22 (US memorandum), p. 3.
55. *Ibid.*, pp. 3–4.
56. Dinner at Geneva summit meeting, 20 November 1985: *ibid.*, doc. 22 (US memorandum), p. 3.
57. Address to a joint session of the Congress, President's back-up copy, 21 November 1985, pp. 1–2: RRPP.
58. *Ibid.*, pp. 6–7.
59. W. Safire, 'The Fireside Summit', 21 November 1985; editorial *New York Times*, 22 November 1985. In general see R. Samuel, 'Conservative Intellectuals and the Reagan-Gorbachev Summits', *Cold War History*, no. 1 (2012), p. 144.
60. R. M. Smalley to the Acting Secretary of State, 29 November 1985: National Security Archive, End of the Cold War series, box 2.
61. Charles Z. Wick (Director of the American Information Agency) to G. P. Shultz, 'Highlight of European Public Opinion After the Geneva Summit', 18 December 1985, p. 1: *ibid.*

62. *Ibid.*, pp. 2–3.
63. Michael D. Schneider to Charles Z. Wick, Director of the American Information Agency, 12 December 1985: *ibid.*
64. R. Reagan to G. Murphy, 19 December 1985: Jim Mann Papers (HIA), box 51.
65. *The Reagan Diaries*, p. 371 (22 November 1985).
66. A. L. Adamishin Papers (HIA), box 1: Diaries 1985, 24 November 1985, p. 3.
67. *Ibid.*
68. Note on E. A. Shevardnadze's report to the Foreign Affairs Ministry collegium, *ibid.*, 25 November 1985, p. 38.
69. *Ibid.*, p. 40.
70. Discussion at the Foreign Affairs Ministry collegium, *ibid.*, 25 November 1985, p. 41.

第十五章　苏联一揽子计划

1. R. Reagan to M. S. Gorbachëv (English translation), 28 November 1985, pp. 2–4: RRPL, Executive Secretariat, NSC, Head of State Files: USSR: General Secretary Gorbachev, box 40.
2. *Ibid.*, pp. 4–5.
3. M. S. Gorbachëv to R. Reagan, 24 December 1985, pp. 2–3: *ibid.*
4. A. Dobrynin, *In Confidence: Moscow's Ambassador to America's Cold War Presidents*, p. 596.
5. Meeting of R. Reagan and B. Aristov, 5 December 1985 (memcon), p. 2: RRPL, European and Soviet Affairs Directorate, RAC, box 14.
6. M. Baldrige, speech to US-USSR Trade and Economic Council (Moscow), 9 December 1985, pp. 1–12: RRPL, Stephen Danzansky Files (NSC): RAC, box 12.
7. *Washington Post*, 15 December 1985.
8. *Ibid.*, 16 December 1985.
9. *Ibid.*, 17 December 1985.
10. Politburo meeting, 26 November 1985: *V Politbyuro TsK KPSS. Po zapisyam Anatoliya Chernyaeva, Vadima Medvedeva, Georgiya Shakhnazarova, 1985–1991*, p. 19.
11. Meeting in the Central Committee with Secretaries and Department Heads, 10 March 1986: *ibid.*, p. 27.
12. V. A. Medvedev (interview), HIGFC (HIA), box 2, folder 10, p. 27.
13. O. Grinevsky in O. Grinevsky and L. M. Hansen, *Making Peace: Confidence Building*, pp. 425–6 and 430.
14. Gorbachëv's opening speech, quoted extensively by O. Grinevskii in *Perelom: ot Brezhneva k Gorbachëvu*, p. 314.
15. O. Grinevsky in Grinevsky and Hansen, *Making Peace: Confidence Building*, p. 434.
16. A. L. Adamishin Papers (HIA), box 1: Diaries 1986, 7 January 1986; O. Grinevsky in Grinevsky and Hansen, *Making Peace: Confidence Building*,

p. 432; O. A. Grinevskii (interview): HIGFC (HIA), box 2, folder 1, p. 20 (where it is suggested that the Politburo met on 2 January 1986).

17. *Ibid.*

18. Grinevsky and Hansen, *Making Peace: Confidence Building*, p. 434.

19. A. L. Adamishin Papers (HIA), box 1: Diaries 1986, 7 January 1986; O. Grinevsky in Grinevsky and Hansen, *Making Peace: Confidence Building*, pp. 432-3.

20. A. L. Adamishin Papers (HIA), box 1: Diaries 1986, 7 January 1986.

21. *Ibid.*, Diaries 1985, 24 November 1985.

22. *Ibid.*

23. *Ibid.*, Diaries 1986, 8 January 1986.

24. *Ibid.*

25. V. L. Kataev (interview), HIGFC (HIA), box 2, folder 4, p. 8; L. V. Shebarshin (interview), HIGFC (HIA), box 2, folder 19, p. 9; N. N. Detinov (interview), HIGFC (HIA), box 1, folder 14, pp. 19-20; O. A. Grinevskii (interview): HIGFC (HIA), box 2, folder 1, p. 21; Grinevsky and Hansen, *Making Peace: Confidence Building*, p. 436.

26. G. M. Kornienko in S. F. Akhromeev and G. M. Kornienko, *Glazami marshala i diplomata*, p. 89.

27. *Soviet Intentions 1965-1985*, vol. 2: *Soviet Post-Cold War Testimonial Evidence*: interview of Col. Gen. A. A. Danilevich, 21 September 1992, p. 29.

28. S. F. Akhromeev in Akhromeev and Kornienko, *Glazami marshala i diplomata*, 87-8.

29. A. L. Adamishin Papers (HIA), box 1: Diaries 1986, 8 January 1986; O. A. Grinevskii (interview): HIGFC (HIA), box 2, folder 1, p. 21; O. Grinevsky in Grinevsky and Hansen, *Making Peace: Confidence Building*, pp. 436-7.

30. O. A. Grinevskii (interview): HIGFC (HIA), box 2, folder 1, p. 22.

31. A. L. Adamishin Papers (HIA), box 1: Diaries 1986, 8 January 1986; N. N. Detinov (interview), HIGFC (HIA), box 1, folder 14, pp. 19-20; O. A. Grinevskii (interview): *ibid.*, box 2, folder 1, p. 21.

32. See the comments of Anatoli Adamishin in A. L. Adamishin Papers (HIA), box 1: Diaries 1986, 2 February 1986.

33. N. S. Leonov, *Likholet'e*, p. 319.

34. Grinevskii, *Perelom: ot Brezhneva k Gorbachëvu*, pp. 324-8; 'Zayavlenie General'nogo sekretarya TsK KPSS M. S. Gorbachëva', *Pravda*, 16 January 1986; 'Predlozhenie SSSR o programme polnoi likvidatsii yadernogo oruzhiya po vsemu mire k 2000 godu': Vitalii Leonidovich Kataev Papers (HIA), box 4, folder 8.

35. M. S. Gorbachëv to R. Reagan, 11 January 1986, p. 2: RRPL, Executive Secretariat, NSC, Head of State Files: USSR: General Secretary Gorbachev, box 40.

36. M. S. Gorbachëv to R. Reagan, 14 January 1986 (unofficial translation), pp. 1-5: *ibid.*, Robert E. Linhard Files, RAC, box 8, NSDD 214/NSDD 210.

37. 'Zayavlenie General'nogo sekretarya TsK KPSS M. S. Gorbachëva', *Pravda*, 16 January 1986.

38. *Ibid.*
39. T. G. Stepanov-Mamaladze working notes, 23 February 1986: T. G. Stepanov-Mamaladze Papers (HIA), box 1.
40. *Ibid.*, 15 March 1986.
41. A. L. Adamishin Papers (HIA), box 1: Diaries 1986, 2 February 1986.
42. T. G. Stepanov-Mamaladze working notes, 24 February 1986: T. G. Stepanov-Mamaladze Papers (HIA), box 1.
43. A. L. Adamishin Papers (HIA), box 1: Diaries 1986, 2 February 1986.

第十六章 美国的拒绝

1. Charles Hill, diary (15 January 1986): Molly Worthen's notes.
2. C. Hill, notes on Gorbachëv's January 1986 declaration, pp. 4 and 7: Charles Hill Papers (HIA), box 64, folder: G. P. Shultz – 'Turmoil' – Draft – Soviet Union 1986.
3. G. Shultz, *Turmoil and Triumph: My Years as Secretary of State*, p. 700.
4. A. F. Dobrynin to G. P. Shultz, 15 January 1986: George Shultz Papers (RRPL), box 21a.
5. G. P. Shultz to R. Reagan, memo, 23 January 1986: *ibid.*, Jack Matlock Files, box 14, folder: Matlock Chron. January 1986.
6. Charles Hill, diary (15 January 1986): Molly Worthen's notes.
7. Shultz, *Turmoil and Triumph*, p. 700.
8. *Ibid.*, p. 699.
9. *New York Times*, 16 January 1986; *Washington Times*, 16 January 1986.
10. *New York Times*, 26 January 1986.
11. *Time Magazine*, 27 January 1986, p. 9.
12. A. Hartman to Secretary of State, telegram, 5 February 1986, pp. 1–5: RRPL, Jack Matlock Files, box 14, folder: Matlock Chron. February 1986.
13. C. Hill, notes on Gorbachëv's January 1986 declaration, p. 13: Charles Hill Papers (HIA), box 64, folder: G. P. Shultz – 'Turmoil' – Draft – Soviet Union 1986.
14. C. Weinberger to R. Reagan, 31 January 1986, pp. 1–3: RRPL, Robert Linhard Files, RAC, box 8, National Security Decision Directive no. 210.
15. W. J. Casey, 'Worldwide Briefing', 30 January 1986, pp. 1–16: *ibid.*, Jack Matlock Files, box 14, folder: Matlock Chron. February 1986.
16. C. Hill, notes on Gorbachëv's January 1986 declaration, pp. 8–9: Charles Hill Papers (HIA), box 64, folder: G. P. Shultz – 'Turmoil' – Draft – Soviet Union 1986.
17. Nitze's comment to M. Thatcher, 5 February 1986: US Embassy (London) to Secretary of State, 6 February 1986, pp. 2–3: RRPL, Robert E. Linhard Files, box 92083, folder: Mrs Thatcher on SDI/ABM.
18. National Security Planning Group, 3 February 1986, p. 2: *ibid.*, Executive Secretariat, NSC: NSPG, Records, box 91308.

19. *Ibid.*, pp. 3–4.
20. *Ibid.*, p. 4.
21. *Ibid.*
22. *Ibid.*, pp. 5–6.
23. National Security Decision Directive no. 210, 4 February 1986, pp. 1–3: RRPL, Robert Linhard Files, RAC, box 8.
24. R. Reagan to S. Massie, 10 February 1986: Jim Mann Papers (HIA), box 55.
25. M. S. Gorbachëv to R. Reagan, 16 February 1986, pp. 1–7: RRPL, Executive Secretariat, NSC, Head of State Files: USSR: General Secretary Gorbachev, box 40.
26. 'Soviet Forces and Capabilities for Strategic Nuclear Conflict Through the Mid-1990s', National Intelligence Estimate, April 1986, p. 7: CIA Papers; R. M. Gates, *From the Shadows: The Ultimate Insider's Story of Five Presidents and How They Won the Cold War*, p. 381.
27. E. Abrams to the National Security Council, memo, 11 March 1986, p. 1: RRPL, Jack Matlock Files, box 15, folder: Matlock Chron. March 1986.
28. O. Grinevsky and L. M. Hansen, *Making Peace: Confidence Building*, pp. 467–8; meeting of N. I. Ryzhkov and G. P. Shultz (Stockholm, memcon), 15 March 1986, pp. 4 and 6–7: RRPL, Jack Matlock Files, box 15, folder: Matlock Chron. March 1986.
29. Meeting of J. Matlock and T. Renton and others (London, memcon), 7 March 1986, p. 2: *ibid.*
30. G. P. Shultz to R. Reagan, memo, 19 February 1986, p. 1: RRPL, Robert E. Linhard Files, box 92168, folder: NSDD 214.
31. J. Matlock to R. Lehman, R. Linhard and S. Sestanovich, memo, 3 February 1986: RRPL, Jack Matlock Files, box 14, folder: Matlock Chron. February 1986.
32. A. Hartman to Secretary of State, telegram, 5 February 1986: *ibid.*
33. National Security Decision Directive, no. 214, 21 February 1986, pp. 1–2: RRPL, Robert E. Linhard Files, RAC, box 8.
34. R. Reagan to M. S. Gorbachëv, 22 February 1986, pp. 1–8: RRPL, Executive Secretariat, NSC, Head of State Files: USSR: General Secretary Gorbachev, box 40.
35. P. H. Nitze to R. Reagan, 14 February 1986: *ibid.*
36. E. L. Rowny to R. Reagan, 14 February 1986: *ibid.*
37. J. Attali, *Verbatim*, vol. 1: *Chronique des années 1981–1986*, pp. 930–1 (24 February 1986). See also the discussion by J. Newton, *Russia, France and the Idea of Europe*, p. 136.
38. M. Thatcher to R. Reagan, 11 February 1986, pp. 1–5: RRPL, Executive Secretariat, NSC, Head of State Files: USSR: General Secretary Gorbachev, box 40.
39. US Embassy (London) to Secretary of State, 7 March 1986, pp. 1–6: RRPL, Robert E. Linhard Files, box 92083, folder: Mrs Thatcher on SDI/ABM.
40. 'Gorbachev's Modernization Program: Implications for Defense. An Intelligence Assessment', 1 March 1986, p. 4: CIA Papers.

41. DCI talking points for National Security Planning Group, 16 April 1986, p. 1: *ibid.*
42. 'USSR: Facing the Dilemma of Hard Currency Shortages. A Research Paper': Office of Soviet Analysis, 1 May 1986, pp. 1–4 and 9–11; 'Implications of the Decline in Soviet Hard Currency Earnings: National Intelligence Estimate', September 1986, pp. 7 and 11: *ibid.*
43. A. Hartman (Moscow embassy) to G. P. Shultz (cable), 15 November 1986: RRPL, Stephen Danzansky Files (NSC): RAC, box 1.
44. H. S. Rowen, 'Living with a Sick Bear', *National Interest*, no. 2, winter 1985–1986, pp. 14–26.
45. Interview with Harry Rowen, 1 August 2013; S. I. Danzansky to J. M. Poindexter (preparatory memo), 9 April 1986: RRPL, Coordination Office, NSC Records, box 11; K. Lundberg, 'CIA and the Fall of the Soviet Empire: The Politics of "Getting It Right". A Case Study' (1994), p. 14: CIA Papers.
46. Personal communication from Harry Rowen, 3 August 2013.
47. W. J. Casey to National Intelligence Officer for the USSR, 22 April 1986: William J. Casey Papers (HIA), HIA-CASEY 3-A-5-26-2.
48. See the balanced verdict of the early post-Soviet enquiry by D. M. Berkowitz, J. S. Berliner, P. R. Gregory, S. J. Linz and J. R. Millar in 'An Evaluation of the CIA's Analysis of Soviet Economic Performance, 1970–90', *Comparative Economic Studies*, no. 2 (1993).
49. G. P. Shultz to R. Reagan, memo, 5 March 1986, pp. 1–3: RRPL, Jack Matlock Files, box 15, folder: Matlock Chron. March 1986.
50. Executive Secretary N. Platt to J. Poindexter, memo, n/e 5 March 1986, pp. 1–2: *ibid.*
51. C. Hill, notes (16 April 1991) on 'Soviet Union 3', p. 4: Charles Hill Papers (HIA), box 64, folder: G. P. Shultz – 'Turmoil' – Draft – Soviet Union.

第十七章　陷入僵局

1. V. M. Falin (interview), HIGFC (HIA), box 1, folder 15, p. 8.
2. A. G. Kovalëv (interview), *ibid.*, box 2, folder 6, p. 6.
3. E. Shevardnadze, *Kogda rukhnul zheleznyi zanaves: vstrechi i vospominaniya*, p. 92; T. G. Stepanov-Mamaladze working notes, 17 February 1991: T. G. Stepanov-Mamaladze Papers (HIA), box 3.
4. T. G. Stepanov-Mamaladze diary, 18 January 1986, *ibid.*, box 5.
5. *Ibid.*, 25 February 1986.
6. R. Z. Sagdeev, *The Making of a Soviet Scientist: My Adventures in Nuclear Fusion and Space from Stalin to Star Wars*, p. 272.
7. M. S. Gorbachëv, speech to the Party Congress, 25 February 1986: M. S. Gorbachëv, *Sobranie sochinenii*, vol. 3, pp. 305–6, 358 and 361.
8. See D. Yergin, *The Prize: The Epic Quest for Oil, Money, and Power*, pp. 727–31.
9. O. Grinevsky and L. M. Hansen, *Making Peace: Confidence Building*, p. 475.

10. M. S. Gorbachëv's comments on preparations for his speech in Tolyatti, 20 March 1986: Anatoli Chernyaev Papers (RESCA), box 2, folder 1, pp. 1–2; 'Zadaniya Gorbachëva pomoshchnikam po mezhdunarodnym voprosam', 20 March 1986: Anatoli Chernyaev Papers (RESCA), box 1, pp. 8–9.
11. See above, p. 204.
12. R. M. Gates, *From the Shadows: The Ultimate Insider's Story of Five Presidents and How They Won the Cold War*, p. 381.
13. Politburo meeting, 20 March 1986: *V Politbyuro TsK KPSS. Po zapisyam Anatoliya Chernyaeva, Vadima Medvedeva, Georgiya Shakhnazarova, 1985–1991*, p. 29.
14. M. S. Gorbachëv's consultation with small group, 24 March 1986, p. 11: Anatoli Chernyaev Papers (RESCA), box 1. The group consisted of V. M. Chebrikov, E. A. Shevardnadze, L. N. Zaikov, A. F. Dobrynin, A. N. Yakovlev and A. S. Chernyaev.
15. 'O prakticheskikh vyvodakh iz s"ezda dlya mezhdunarodnoi politiki', pp. 1–3: *ibid.*, box 2, folder 6.
16. Politburo meeting, 3 April 1986, p. 17: *ibid.*, box 1.
17. *Ibid.*
18. M. S. Gorbachëv to R. Reagan, 2 April 1986, pp. 1–3: RRPL, Executive Secretariat, NSC, Head of State Files: USSR: General Secretary Gorbachev, box 40.
19. M. S. Gorbachëv's instructions to his aides on international questions, 20 March 1986: Anatoli Chernyaev Papers (RESCA), box 1, p. 8.
20. 'O prakticheskikh vyvodakh iz s"ezda dlya mezhdunarodnoi politiki', pp. 5–7: *ibid.*, box 2, folder 6.
21. *Ibid.*
22. Politburo meeting, 28 March 1986, pp. 14–16: Anatoli Chernyaev Papers (RESCA), box 1.
23. 'Zadaniya Gorbachëva pomoshchnikam po mezhdunarodnym voprosam', 20 March 1986: *ibid.*, box 1, p. 8.
24. A. L. Adamishin Papers (HIA), box 1: Diaries 1986, 9 April 1986.
25. Politburo meeting, 24 April 1986, pp. 21 and 25: Anatoli Chernyaev Papers (RESCA), box 1.
26. Politburo meeting of 24 April 1986, quoted in Grinevsky and Hansen, *Making Peace: Confidence Building*, pp. 497–9.
27. A. L. Adamishin Papers (HIA), box 1: Diaries 1985, 21 April 1986, p. 4; Grinevsky and Hansen, *Making Peace: Confidence Building*, pp. 424–5.
28. A. L. Adamishin Papers (HIA), box 1: Diaries 1986, 25 April 1986; A. S. Chernyaev (interview), HIGFC (HIA), box 1, folder 12, p. 28.
29. A. L. Adamishin Papers (HIA), box 1: Diaries 1986, 21 April 1986.
30. *Ibid.*, Diaries 1986, 25 April 1986.
31. *Ibid.*, 21 and 22 April 1986.
32. K. N. Brutents, *Nesbyvsheesya. Neravnodushnye zametki o perestroike*, p. 210.
33. P. Cradock, *In Pursuit of British Interests Reflections on Foreign Policy under*

Margaret Thatcher and John Major, pp. 73–5.

34. T. G. Stepanov-Mamaladze diary, 20 April 1986: T. G. Stepanov-Mamaladze Papers (HIA), box 5.

35. Politburo meeting, 15 April 1986, p. 20: Anatoli Chernyaev Papers (RESCA), box 1.

36. *Ibid.*

37. T. G. Stepanov-Mamaladze diary, 30 April 1986: T. G. Stepanov-Mamaladze Papers (HIA), box 5.

38. See above, p. 32.

39. See his comments to George Bush (Soviet embassy, Washington), 10 December 1987: RRPL, Stephen Danzansky Files (NSC): RAC, box 12.

40. G. P. Shultz to R. Reagan, memo, 19 May 1986: RRPL, Jack Matlock Files, folder: Matlock Chron. May 1986, box 16.

41. C. Hill, notes on Gorbachëv's January 1986 declaration, pp. 41–2: Charles Hill Papers (HIA), box 64, folder: G. P. Shultz – 'Turmoil' – Draft – Soviet Union 1986.

42. G. P. Shultz to R. Reagan, memo, 19 May 1986: RRPL, Jack Matlock Files, folder: Matlock Chron. May 1986, box 16.

43. Politburo meeting, 29 May 1986: *Otvechaya na vyzov vremeni: Vneshnyaya politika perestroiki: Dokumental'nye svidetel'stva*, pp. 676–7.

44. T. G. Stepanov-Mamaladze working notes, probably 23 May 1986: T. G. Stepanov-Mamaladze Papers (HIA), box 1.

45. M. S. Gorbachëv, Political Consultative Committee meeting in Budapest (Soviet record, translated into English), 10 June 1986, pp. 2, 4, 6, 10 and 11: PHPCS.

46. Meeting of General and First Party Secretaries of the Warsaw Pact countries (East German report), 11 June 1986, pp. 3–10: PHPCS.

47. *Ibid.*, pp. 16–18.

48. *Ibid.*, pp. 19–21.

49. *Ibid.*, pp. 23–5.

50. *Ibid.*, p. 18.

51. *Ibid.*, pp. 33–4.

52. *Ibid.*, p. 37.

53. Communique of the Political Consultative Committee, 13 June 1986: PHPCS; meeting of General and First Party Secretaries of the Warsaw Pact countries (East German report), 11 June 1986, p. 39: *ibid.*

54. Gorbachëv's report to Central Committee plenum, 16 June 1986: RGASPI, f. 5, op. 3, d. 17, pp. 87–8 and 90; decree of Central Committee plenum, 16 June 1986: *ibid.*, f. 5, op. 3, d. 10, pp. 23–5.

55. Gorbachëv's report to Central Committee plenum, 16 June 1986: *ibid.*, f. 5, op. 3, d. 17, pp. 92–3 and 95.

56. M. S. Gorbachëv, written report to the Politburo, 26 June 1986: 'O nekotorykh aktual'nykh voprosakh sotrudnichestva s sotsstranami', pp. 1–6: Dmitri A. Volkogonov Papers (HIA), reel 17.

57. Politburo meeting, 3 July 1986: *V Politbyuro TsK KPSS*, p. 53.

58. National Security Planning Group, 6 June 1986, pp. 1–2: *The Reagan Files: The Untold Story of Reagan's Top-Secret Efforts to Win the Cold War*.

59. C. Hill, notes on Gorbachëv's January 1986 declaration, p. 44: Charles Hill Papers (HIA), box 64, folder: G. P. Shultz – 'Turmoil' – Draft – Soviet Union 1986.

60. National Security Planning Group, 12 June 1986, pp. 1–2: *The Reagan Files*.

61. *Ibid.*, pp. 2 and 4.

62. Discussion with George Bush at the Soviet embassy, Washington, 10 December 1987, p. 2: RRPL, Stephen Danzansky Files (NSC): RAC, box 12.

63. See V. Chernyshev on conventional-forces war in Europe, *Krasnaya Zvezda*, 29 March 1988.

64. R. Reagan, speech at Glassboro High School commencement ceremonies, 19 June 1986: www.reagan.utexas.edu/archives/speeches/1986/61986e.htm

65. C. Hill, diary (20 June 1986): Charles Hill Papers (HIA), box 64, folder: Soviet Union 1986.

66. *Ibid.*

67. Memcon of meeting between R. Reagan and Ambassador Dubinin, 23 June 1986, p. 2: ECWF, MTG-1986-6-23.

第十八章　战略防御计划

1. C. Hill, notes on Gorbachëv's January 1986 declaration, p. 44: Charles Hill Papers (HIA), box 64, folder: G. P. Shultz – 'Turmoil' – Draft – Soviet Union 1986.

2. 'Gorbachev's Policy Toward the United States, 1986–88: Special National Intelligence Estimate', September 1986: CIA Papers.

3. C. Thomas Thorne (Directorate of Intelligence and Research to G. P. Shultz, 26 July 1985: National Security Archive, End of the Cold War series, box 1.

4. F. Carlucci (interview), HIGFC (HIA), box 1, folder 10, p. 38.

5. G. P. Shultz's interview with P. Robinson, 10 June 2002, p. 6: Peter Robinson Papers (HIA), box 21.

6. P. Robinson, notes on conversation with H. Kissinger, 14 November 2002, p. 1: *ibid.*, box 34.

7. J. Poindexter, on-the-record briefing on Air Force One, 12 October 1986: National Security Archive, End of the Cold War series, box 2, folder 3.

8. R. M. Gates to F. C. Carlucci, 15 January 1987, introducing report on 'Soviet and Other Foreign Reactions to a Zero-Ballistic Missile World' (see especially pp. 20–1): RRPL, Executive Secretariat, NSC: NSDD, Records, box 91297, NSDD 250.

9. P. Nitze, 'Presentation of SDI', 5 April 1985, pp. 2–7: RRPL, Robert E. Linhard Files, box 92083, folder: SDI – NSDD 172.

10. C. Weinberger (interview), HIGFC (HIA), box 3, folder 4, p. 33.

11. E. Teller to G. P. Shultz, 20 May 1986: Edward Teller Papers (HIA), box 283,

folder: George P. Shultz; C. Hill, handwritten notes on 'Soviet: 1984, Oct. 1 to Oct. 31', p. 7: Charles Hill Papers (HIA), box 64.

12. T. H. Johnson to J. Matlock, 20 December 1984, pp. 3–4: Thomas H. Johnson Papers (HIA), box 47, folder: Matlock Memos.
13. T. H. Johnson to J. Matlock, 23 September 1985: *ibid.*
14. T. H. Johnson to J. Matlock, 14 June 1986: *ibid.*
15. *Ballistic Missile Defense, NSIAD 94–219* (Washington, DC: General Accounting Office, July 1994), pp. 2–3 and 30.
16. *The Reagan Diaries*, p. 313 (3 April 1985).
17. T. G. Stepanov-Mamaladze diary, 2 October 1986: T. G. Stepanov-Mamaladze Papers (HIA), box 5.
18. C. Hill, notes on 'The Soviet Union, April 1 1985 to [*sic*]', pp. 69–70, Charles Hill Papers (HIA), box 64.
19. M. S. Gorbachëv's report to Politburo meeting, 2 December 1988, p. 507: Anatoli Chernyaev Papers (RESCA), box 1.
20. T. G. Stepanov-Mamaladze working notes, 13 July 1986: T. G. Stepanov-Mamaladze Papers (HIA), box 1.
21. Ye. Velikhov, R. Sagdeev and A. Kokoshin (eds), *Kosmicheskoe oruzhie: dilemma bezopasnosti* (Mir: Moscow, 1986), published in English as *Weaponry in Space: The Dilemma of Security* (Mir: Moscow, 1986).
22. R. Z. Sagdeev, *The Making of a Soviet Scientist: My Adventures in Nuclear Fusion and Space from Stalin to Star Wars*, p. 299.
23. V. L. Kataev, diary, 2 December 1985: Vitalii Leonidovich Kataev Papers (HIA), box 2, folder 3: Diary 1984–1985.
24. *Ibid.*
25. V. L. Kataev, untitled memoir notes filed as PAZNOGL, p. 18: Vitalii Leonidovich Kataev Papers (HIA), disk 3.
26. *Ibid.*
27. V. L. Kataev, 'Kakoi byla reaktsiya v SSSR na zayavleniya R. Reigana o razvërtyvanii raboty v SShA po SOI', n.d., pp. 6–7: Vitalii Leonidovich Kataev Papers (HIA), disk 3, SOI.
28. A. G. Kovalëv (interview), HIGFC (HIA), box 2, folder 6, p. 20.
29. V. A. Kryuchkov (interview), *ibid.*, box 2, folder 7, p. 31.
30. O. D. Baklanov (interview), *ibid.*, box 1, folder 5, p. 10.
31. V. L. Kataev, untitled memoir notes filed as PAZNOGL, pp. 19–20: Vitalii Leonidovich Kataev Papers (HIA), disk 3.
32. V. L. Kataev, 'Kakoi byla reaktsiya v SSSR na zayavleniya R. Reigana o razvërtyvanii raboty v SShA po SOI', n.d., pp. 3–4: *ibid.*, disk 3, SOI.
33. T. G. Stepanov-Mamaladze working notes, 7 February 1986 (or a few days earlier): T. G. Stepanov-Mamaladze Papers (HIA), box 1.
34. V. L. Kataev, untitled memoir notes filed as PAZNOGL, pp. 18–19: Vitalii Leonidovich Kataev Papers (HIA), disk 3; V. L. Kataev, 'Kakoi byla reaktsiya v SSSR na zayavleniya R. Reigana o razvërtyvanii raboty v SShA po SOI', n.d., p. 8: *ibid.*, disk 3 (SOI).

35. L. N. Zaikov, E. A. Shevardnadze, A. F. Dobrynin and A. N. Yakovlev to M. S. Gorbachëv, 21 July 1986: Vitalii Leonidovich Kataev Papers (HIA), box 4, folder 9.

第十九章　失落的夏天

1. C. Hill, notes on Gorbachëv's January 1986 declaration, p. 44: Charles Hill Papers (HIA), box 64, folder: G. P. Shultz – 'Turmoil' – Draft – Soviet Union 1986.
2. Interview with Frank Carlucci, 28 August 2001, p. 11: RROHP.
3. C. Hill, diary (20 June 1986): Charles Hill Papers (HIA), box 64, folder: Soviet Union 1986.
4. National Security Council, 1 July 1986, pp. 1–2: *The Reagan Files: The Untold Story of Reagan's Top-Secret Efforts to Win the Cold War.*
5. *Ibid.*, p. 3.
6. *Ibid.*, p. 4.
7. *Ibid.*, p. 5.
8. A. Hartman to Secretary of State, telegram, 14 July 1986, p. 6: RRPL, Jack Matlock Files, box 17, folder: Matlock Chron. June 1986.
9. Discussion with A. N. Yakovlev, A. S. Chernyaev, V. A. Medvedev and V. I. Boldin, 16 July 1986: Anatoli Chernyaev Papers (RESCA), box 1, pp. 49–52.
10. Politburo meeting, 22 May 1986: *V Politbyuro TsK KPSS. Po zapisyam Anatoliya Chernyaeva, Vadima Medvedeva, Georgiya Shakhnazarova, 1985–1991*, p. 40.
11. 'Vstrecha s sekretaryami TsK i zav. Otdelami', 23 June 1986: Anatoli Chernyaev Papers (RESCA), box 1, pp. 33–7 and 40.
12. *Ibid.*, p. 38.
13. N. I. Ryzhkov, Politburo meeting, 27 March 1986: *V Politbyuro TsK KPSS*, p. 32.
14. Gorbachëv's meeting with Politburo members, including Shevardnadze, and Gorbachëv's aides, 22 September 1986: Anatoli Chernyaev Papers (RESCA), box 1, p. 63.
15. N. I. Ryzhkov, Politburo meeting, 11 July 1986: *V Politbyuro TsK KPSS*, p. 58.
16. Politburo meeting, 14 August 1986: *ibid.*, p. 68.
17. J. Attali, *Verbatim*, vol. 2: *Chronique des années 1986–1988*, pp. 109–10 (4 July 1986).
18. *Ibid.* (7 July 1986).
19. *Ibid.*, p. 121 (F. Mitterrand to J. Attali, 10 July 1986).
20. Conversation between F. Mitterrand and M. S. Gorbachëv, 7 July 1986: *Otvechaya na vyzov vremeni: Vneshnyaya politika perestroiki: Dokumental'nye svidetel'stva*, p. 165.
21. National Security Decision Directive no. 233, pp. 1–2 and 5, 21 July 1986: www.fas.org/irp/offdocs/nsdd/index.html.

22. R. Reagan to M. S. Gorbachëv, 25 July 1986: *The Reagan Files.*
23. Memo to the Central Committee: 'O merakh po usileniyu nashego protivo-deistviya amerikanskoi politiki "neoglobalizma"', 31 July 1986, p. 1: Dmitri A. Volkogonov Papers (HIA), reel 17.
24. *Ibid.*, pp. 2–3.
25. *Ibid.*, p. 3.
26. *Ibid.*, pp. 4–5.
27. 'Central Committee' decree 'O merakh po usileniyu nashego protivodeistviya amerikanskoi politiki "neoglobalizma"': *ibid.*
28. A. L. Adamishin, African notes (1986, sometime after XXVII Party Congress), pp. 1 and 3: A. L. Adamishin Papers (HIA), box 1.
29. A. N. Yakovlev to M. S. Gorbachëv, 1 August 1986: *Aleksandr Yakovlev. Perestroika, 1985–1991. Neizdannoe, maloizvestnoe, zabytoe*, ed. A. A. Yakovlev, p. 55.
30. Meeting with Ye. K. Ligachëv, 1986: V. O. Korotych, 1986 diary: Vitalii Korotych Papers (HIA).
31. Politburo meeting, 30 January 1986, pp. 20–2: Dmitri A. Volkogonov Papers (HIA), reel 17; T. G. Stepanov-Mamaladze diary, 16, 20 and 23 January 1986: T. G. Stepanov-Mamaladze Papers (HIA), box 5.
32. M. S. Gorbachëv, speech in Vladivostok, 28 July 1986: M. S. Gorbachëv, *Sobranie sochinenii*, vol. 4, pp. 362, 366, 368, 370, 372, 374–6.
33. C. Hill, notes, pp. 62–4: Charles Hill Papers (HIA), box 64, folder: G. P. Shultz – 'Turmoil' – Draft – Soviet Union 1986.
34. National Security Decision Directive no. 232, pp. 1–3, 16 August 1986: www.fas.org/irp/offdocs/nsdd/index.html.
35. National Security Decision Directive no 238, 2 September 1986, pp. 2, 5, 6, 8 and 12–13: RRPL, Executive Secretariat, NSC: NSDD Records, box 91297.
36. O. Grinevsky and L. M. Hansen, *Making Peace: Confidence Building*, pp. 524–7.
37. *Ibid.*, p. 566.
38. *Ibid.*, pp. 568–71.
39. *Ibid.*, pp. 571–2.
40. *Ibid.*, pp. 575–9.
41. V. L. Kataev (interview), HIGFC (HIA), box 2, folder 4, p. 18.
42. Grinevsky and Hansen, *Making Peace: Confidence Building*, pp. 575–9.
43. O. A. Grinevskii (interview): HIGFC (HIA), box 2, folder 1, p. 29; Grinevsky and Hansen, *Making Peace: Confidence Building*, pp. 579–80 and 583.
44. L. M. Hansen's report quoted *ibid.*, pp. 602–3.
45. *Soviet Intentions 1965–1985*, vol. 2: *Soviet Post-Cold War Testimonial Evidence*: interview of S. F. Akhromeev, 5 March 1990, p. 6.
46. M. S. Gorbachëv to R. Reagan, 15 September 1986, pp. 1–3: RRPL, Executive Secretariat, NSC, Head of State Files: USSR: General Secretary Gorbachev, box 40.
47. T. G. Stepanov-Mamaladze diary, 20 September 1986: T. G. Stepanov-Mamaladze Papers (HIA), box 5.

48. *Ibid.*
49. *Ibid.*
50. A. L. Adamishin Papers (HIA), box 1: Diaries 1988, 21 September 1986, pp. 7-8. This diary entry is misdated by two years.
51. Charles Hill, diary (20 September 1986): Molly Worthen's notes.
52. Gorbachëv's meeting with Politburo members, including Shevardnadze, and Gorbachëv's aides, 22 September 1986, p. 64: Anatoli Chernyaev Papers (RESCA), box 1.
53. *Ibid.*, p. 65.
54. A. S. Chernyaev to M. S. Gorbachëv, 3 October 1986: *ibid.*, box 2, folder 7.
55. M. S. Gorbachëv to the Reykjavik planning group (V. M. Chebrikov, L. N. Zaikov, A. G. Kovalëv, A. S. Chernyaev and S. F. Akhromeev), 4 October 1986, p. 76: *ibid.*, box 1.
56. *Ibid.*, pp. 73-4 and 76-7.
57. *Ibid.*, pp. 74-5.
58. *Ibid.*, p. 77.
59. *Ibid.*, p. 78.
60. *Ibid.*, p. 77.
61. *Ibid.*, pp. 76-7.
62. Gorbachëv at the Reykjavik preparatory group (this time consisting of V. M. Chebrikov, L. N. Zaikov, A. G. Kovalëv, A. S. Chernyaev and S. F. Akhromeev), 4 October 1986: *V Politbyuro TsK KPSS*, pp. 72-4.
63. 'Zapis' besedy A. N. Yakovleva s direktorom instituta mezhdunarodnykh izmenenii Kolumbiiskogo Universiteta (SShA) S. Bialerom', 20 May 1986: *Aleksandr Yakovlev. Perestroika, 1985-1991*, p. 48. See also later conversations, *ibid.*, pp. 159-63, 166-71 and 307-12.
64. T. G. Stepanov-Mamaladze diary, 2 October 1986: T. G. Stepanov-Mamaladze Papers (HIA), box 5.
65. Politburo meeting, 6 October 1986, pp. 1-8: Dmitri A. Volkogonov Papers (HIA), reel 18.
66. Memo of preparatory group (L. N. Zaikov, V. M. Chebrikov, S. L. Sokolov, A. F. Dobrynin and A. G. Kovalëv) to the Central Committee, October 1986: Vitalii Leonidovich Kataev Papers (HIA), box 4, folder 11.
67. Politburo meeting, 6 October 1986, p. 8: Dmitri A. Volkogonov Papers (HIA), reel 18.
68. Politburo meeting, 8 October 1986: *V Politbyuro TsK KPSS*, p. 75.
69. Comments to British Foreign Secretary Sir Geoffrey Howe: T. G. Stepanov-Mamaladze working notes, 4 October 1986: T. G. Stepanov-Mamaladze Papers (HIA), box 1; A. L. Adamishin Papers (HIA), box 1: Diaries 1986, 19 November 1986 and 5 December 1986.
70. *Ibid.*

1. S. Massie, *Trust But Verify: Reagan, Russia and Me*, p. 230.
2. National Security Decision Directive no. 244, 3 October 1986: www.fas.org/irp/offdocs/nsdd/index.html.
3. E. A. Shultz to R. R. Reagan, 2 October 1986: National Security Archive, End of the Cold War series, box 2, folder 3.
4. B. Oldfield to R. Reagan, 30 September 1986 and R. Reagan to B. Oldfield, 6 October 1986: RRPL, Presidential Handwriting File: Presidential Records, box 16, folder 259.
5. C. Heston to R. Reagan, 6 October 1986: *ibid.*, folder 266.
6. L. Nofziger (interview), HIGFC (HIA), box 2, folder 12, pp. 27–8.
7. J. Courter, J. Kemp and E. Teller to R. Reagan, 1 October 1986: Albert J. Wohlstetter Papers (HIA), box 26, folder 1.
8. S. A. Gecys, Lithuanian–American Community of the USA to R. Reagan, 6 October 1986: National Security Archive, End of the Cold War series, box 2, folder 3.
9. G. Will, 'Downhill to a Summit', *Newsweek*, 29 September 1986; President's talking points, 25 September 1986: RRPL, Jack Matlock Files, box 18, folder: Matlock Chron. September 1986.
10. 'The Secretary's Pre-Reykjavik Congressional Briefing and Media Events. October 7–8, 1986': National Security Archive, End of the Cold War series, box 2, folder 3.
11. Charles Hill, diary (23 September 1986): Molly Worthen's notes.
12. Conversation with B. Mulroney: T. G. Stepanov-Mamaladze diary, 2 October 1986: T. G. Stepanov-Mamaladze Papers (HIA), box 5.
13. J. Poindexter to E. A. Shultz, 4 October 1986, pp. 1–2: National Security Archive, End of the Cold War series, box 2, folder 3; S. Sestanovich, briefing memo for R. Reagan, no later than 5 October 1986: RRPL, Jack Matlock Files, box 18, folder: Matlock Chron. October 1986; J. Matlock to J. Poindexter, 21 September 1986, p. 2: RRPL, Jack Matlock Files, box 17, folder: Matlock Chron. September 1986.
14. Gorbachëv's consultation with E. A. Shevardnadze, A. F. Dobrynin, S. F. Akhromeev and A. S. Chernyaev, 26 May 1986: *V Politbyuro TsK KPSS. Po zapisyam Anatoliya Chernyaeva, Vadima Medvedeva, Georgiya Shakhnazarova, 1985–1991*, p. 40.
15. National Security Planning Group list of participants, 7 October 1986: RRPL, Executive Secretariat, NSC: NSPG, Records, box 91308.
16. National Security Decision Directive no. 245, 7 October 1986: www.fas.org/irp/offdocs/nsdd/index.html.
17. A. G. Kovalëv (interview), HIGFC (HIA), box 2, folder 6, p. 17; N. S. Leonov, *Likholet'e*, p. 321; 'The Iceland Summit: Lost in the Shuffle; Protest Thwarted', *New York Times*, 13 October 1986.

18. 'Iceland Chronology', 18 October 1986, p. 1: RRPL, Sven Kraemer Files, box 91171.

19. James Mann's interviews with Kenneth Adelman, 10 August 1987 (pp. 2 and 5) and 24 August 1987 (p. 11): Jim Mann Papers (HIA), box 58.

20. C. Hill, notes, p. 7: Charles Hill Papers (HIA), box 63, folder: G. P. Shultz – 'Turmoil' – Draft – Reykjavik.

21. *Ibid.*, pp. 7–8.

22. 'Iceland Chronology', 18 October 1986, pp. 2–3: RRPL, Sven Kraemer Files, box 91171.

23. M. Gorbachëv, *Naedine s soboi*, p. 473.

24. N. Reagan, *My Turn*, p. 344.

25. 'Iceland Chronology', 18 October 1986, p. 3: RRPL, Sven Kraemer Files, box 91171; first session of Reykjavik summit meeting between Reagan and Gorbachëv, 11 October 1986: National Security Archive Electronic Briefing Book no. 303, doc. 9 (US memorandum), pp. 1–6.

26. C. Hill, notes: Charles Hill Papers (HIA), box 63, folder: G. P. Shultz – 'Turmoil' – Draft – Reykjavik, p. 10.

27. First session of Reykjavik summit meeting, 11 October 1986: National Security Archive Electronic Briefing Book no. 303, doc. 9 (US memorandum), pp. 6–7.

28. *Ibid.*, pp. 7–8.

29. C. Hill, notes: Charles Hill Papers (HIA), box 63, folder: G. P. Shultz – 'Turmoil' – Draft – Reykjavik, pp. 10–11.

30. Second session of Reykjavik summit meeting, 11 October 1986: National Security Archive Electronic Briefing Book no. 303, doc. 11 (US memorandum), pp. 8–9.

31. *Ibid.*, pp. 11–13.

32. *Ibid.*, pp. 14–15.

33. Charles Hill, diary (11 October 1986): Molly Worthen's notes.

34. 'Iceland Chronology', 18 October 1986, p. 2: RRPL, Sven Kraemer Files, box 91171; Brook Lapping interview with summit note taker Tom Simons, 13 August 1987, p. 5: Jim Mann Papers (HIA), box 58.

35. Exchange between Roz Ridgeway and George Shultz: 'Reykjavik Summit Anniversary', Fora TV: Hoover Institution, 11 October 2006; G. Shultz to Jacalyn Stein, 13 October 1986: George Shultz Papers (RRPL), box 56b, Official Memoranda.

36. James Mann's interview with Paul Nitze, 12 August 1987, p. 5: Jim Mann Papers (HIA), box 58.

37. Interview with Kenneth Adelman, 10 August 1987: *ibid.*

38. C. Hill, notes: Charles Hill Papers (HIA), box 63, folder: G. P. Shultz – 'Turmoil' – Draft – Reykjavik, pp. 14–15.

39. Soviet Transcript of Talks in the Working Group on Military Issues, 11–12 October 1986, pp. 30–52: ECWF.

40. Third session of Reykjavik summit meeting, 12 October 1986: National

Security Archive Electronic Briefing Book no. 303, doc. 13 (US memorandum), p. 1.

41. *Ibid.*, pp. 4–5 and 7.
42. *Ibid.*, pp. 7–8.
43. *Ibid.*, pp. 10–11.
44. *Ibid.*, p. 13.
45. *Ibid.*, pp. 13–17.
46. *Ibid.*, pp. 17–20.
47. Fourth session of Reykjavik summit meeting, 12 October 1986: *ibid.*, doc. 15 (US memorandum), p. 2.
48. *Ibid.*, p. 3.
49. *Ibid.*, pp. 4–5.
50. *Ibid.*, p. 8.
51. *Ibid.*, p. 11.
52. *Ibid.*, pp. 12–14; E. Meese III, *With Reagan: The Inside Story*, 1992), p. 197; G. Shultz (interview), HIGFC (HIA), box 2, folder 20, p. 5.
53. Fourth session of Reykjavik summit meeting, 12 October 1986: National Security Archive Electronic Briefing Book no. 303, doc. 15 (Soviet memorandum), p. 8.
54. *Ibid.*
55. G. Shultz, *Turmoil and Triumph: My Years as Secretary of State*, pp. 773–4.
56. *The Reagan Diaries Unabridged*, vol. 2, p. 647 (12 October 1986).
57. Press conference (Reykjavik), 12 October 1986: M. S. Gorbachëv, *Sobranie sochinenii*, vol. 5, pp. 46–56.
58. G. P. Shultz, Press Briefing, pp. 1–4, 12 October 1986 (Loftleidir Hotel: Reykjavik): Committee on the Present Danger (HIA), box 112, folder: Shultz 1986.

第二十一章　力排众议

1. Gorbachëv's comments on the aeroplane, 12 October 1986: Anatoli Chernyaev Papers (RESCA), box 1, pp. 80–1.
2. Presidential Address to the Nation, 13 October 1986, p. 6: Ronald Reagan Presidential Papers.
3. *Ibid.*, pp. 6–8.
4. Peter Robinson's account of email exchange with N. Podhoretz: see his interview with G. P. Shultz, 10 June 2002, p. 7: Peter Robinson Papers (HIA), box 21.
5. *Newsweek*, 13 October 1986.
6. W. F. Buckley to R. Reagan, 13 October 1986: RRPL, Presidential Handwriting File: Presidential Records, box 17, folder 268; W. F. Buckley, 'Saved from the Brink', *National Review*, 21 November 1986, p. 68.
7. J. Attali, *Verbatim*, vol. 2: *Chronique des années 1986–1988*, p. 184 (18 October 1986).
8. Memcon of telephone conversation between R. Reagan and M. Thatcher, 13

October 1986, p. 3: RRPL, Jack Matlock Files, box 18, folder: Matlock Chron. October 1986; J. M. Poindexter to R. Reagan, 6 November 1986 (memo): *ibid.*, Coordination Office of NSC, Records, box 15, 'Thatcher Visit, 11/15/1986'; G. P. Shultz: interview with P. Robinson, 10 June 2002, pp. 7–8: Peter Robinson Papers (HIA), box 21; P. R. Sommer to J. M. Poindexter, 1 October 1986 (memo), p. 1: RRPL, Coordination Office of NSC, Records, box 13, Thatcher Visit.

9. Attali, *Verbatim*, vol. 2, pp. 180–2 (16 October 1986).

10. P. R. Sommer to J. M. Poindexter, 1 October 1986 (memo): RRPL, Coordination Office of NSC, Records, box 13, 'Thatcher Visit'.

11. P. R. Sommer to J. M. Poindexter, 6 November 1986 (memo): *ibid.*, box 13, 'Thatcher Visit, 11/15/1986'; R. Reagan, note (n.d.): RRPL, Presidential Handwriting File: Presidential Records, box 16, folder 260.

12. P. Cradock, *In Pursuit of British Interests Reflections on Foreign Policy under Margaret Thatcher and John Major*, pp. 68–9.

13. *New York Times*, 16 November 1986.

14. Attali, *Verbatim*, vol. 2, pp. 205–6 (conversation of M. Thatcher and F. Mitterrand, 20 November 1986).

15. *Ibid.*, p. 271 (4 March 1987).

16. G. P. Shultz to R. Reagan, aircraft cable, 13 October 1986: RRPL, Jack Matlock Files, box 18, folder: Matlock Chron. October 1986.

17. G. P. Shultz to R. Reagan, aircraft cable (2), 13 October 1986: *ibid.*

18. C. Hill, talking points for G. P. Shultz's meeting with R. Reagan, no earlier than 13 October 1986: Charles Hill Papers (HIA), box 63, folder: G. P. Shultz – 'Turmoil' – Draft – Reykjavik.

19. C. Hill, notes, p. 33: *ibid.*

20. 'The Secretary's Post-Reykjavik Media Events. October 17 and 19, 1986': National Security Archive, End of the Cold War series, box 2, folder 3.

21. Secretary Shultz, Address before the Commonwealth Club, 'Reykjavik: A Watershed in U.S.–Soviet Relations', pp. 1–3, 31 October 1986 (Washington DC: US Department of State, 1986): Committee on the Present Danger (HIA), box 112, folder: Shultz 1986; Secretary Shultz, Address before the Los Angeles World Affairs Council, 'Human Rights and Soviet–American Relations', pp. 1–4, 31 October 1986 (Washington DC: US Department of State, 1986): *ibid.*, box 112, folder: Shultz 1986.

22. Secretary Shultz, Address at the University of Chicago, 'Nuclear Weapons, Arms Control, and the Future of Deterrence', 17 November 1986: Committee on the Present Danger (HIA), box 112, folder: Shultz 1986.

23. C. Hill, notes, p. 33: Charles Hill Papers (HIA), box 63, folder: G. P. Shultz – 'Turmoil' – Draft – Reykjavik.

24. Politburo meeting, 14 October 1986, pp. 1–4: Dmitri A. Volkogonov Papers (HIA), reel 17; Politburo meeting, 14 October 1986: *V Politbyuro TsK KPSS. Po zapisyam Anatoliya Chernyaeva, Vadima Medvedeva, Georgiya Shakhnazarova, 1985–1991*, p. 77; S. K. Sokolov to the Central Committee, 17 May 1987: Vitalii Leonidovich Kataev Papers (HIA), box 7, folder 25.

25. Politburo meeting, 14 October 1986, pp. 4–11: Dmitri A. Volkogonov Papers (HIA), reel 17.

26. S. P. Tarasenko (interview), HIGFC (HIA), box 3, folder 2, p. 46.

27. T. G. Stepanov-Mamaladze working notes, 19 August 1987: T. G. Stepanov-Mamaladze Papers (HIA), box 1; S. P. Tarasenko (interview), HIGFC (HIA), box 3, folder 2, pp. 48–9.

28. T. G. Stepanov-Mamaladze working notes, 18 October 1986: T. G. Stepanov-Mamaladze Papers (HIA), box 1.

29. A. L. Adamishin Papers (HIA), box 1: Diaries 1987, 25 January 1987, p. 2.

30. Charles Hill, diary (15 October 1986): Molly Worthen's notes.

31. Conversation between M. S. Gorbachëv and G. Hart (Moscow), 15 December 1986: *Otvechaya na vyzov vremeni: Vneshnyaya politika perestroiki: Dokumental'nye svidetel'stva*, p. 180.

32. M. S. Gorbachëv's conversation with A. S. Chernyaev, 17 November 1986: Anatoli Chernyaev Papers (RESCA), box 1, pp. 92–3.

33. T. G. Stepanov-Mamaladze working notes, 4 November (miswritten as October) 1986: T. G. Stepanov-Mamaladze Papers (HIA), box 1.

34. *Ibid.*, n.d. but earlier than 8 November 1986 and after the Reykjavik summit.

35. S. F. Akhromeev in S. F. Akhromeev and G. M. Kornienko, *Glazami marshala i diplomata*, p. 125.

36. *Ibid.*, pp. 124–7.

37. Gorbachev's meeting with the USSR government deputy premiers, 30 October 1986, p. 89: Anatoli Chernyaev Papers (RESCA), box 1.

38. *Ibid.*, pp. 89–90.

39. *Ibid.*, p. 88.

40. *Ibid.*

41. J. Poindexter to R. Reagan, memo, 22 October 1986, p. 1: RRPL, Jack Matlock Files, box 18, folder: Matlock Chron. October 1986.

42. National Security Decision Directive no. 250, pp. 9–10 and 14, 3 November 1986: *ibid.*, Executive Secretariat, NSC: NSDD, box 91297.

43. National Security Decision Directive no. 249, 29 October 1986: www.fas.org/irp/offdocs/nsdd/index.html.

44. J. M. Poindexter to R. Reagan, earlier than the NSPG meeting of 27 October 1986 (memo): RRPL, Executive Secretariat, NSC: NSPG, Records, box 91308.

45. C. Weinberger to J. M. Poindexter, 31 October 1986 (memo), pp. 1 and 3: *ibid.*, Executive Secretariat, NSC: NSDD 250, Records, box 91297.

46. W. J. Casey to A. G. Keel, 31 October 1986 (notes to memo), pp. 1–3: *ibid.*

47. G. P. Shultz to R. Reagan, 14 November 1986, p. 1: RRPL, Jack Matlock Files, box 19, folder: Matlock Chron. December 1986.

48. G. P. Shultz to R. Reagan, 14 November 1986, memo, p. 4 and 'Notional Plan for Elimination of Nuclear Weapons', pp. 1–3: *ibid.*

49. G. P. Shultz to R. Reagan, 14 November 1986, pp. 2–3: *ibid.*

50. C. Hill, notes (19 September 1991) for G. Shultz, *Turmoil and Triumph*, folder: Soviet Union, 1986–1987, pp. 1–2, Charles Hill Papers (HIA), box 64.

51. Memo from Alton G. Keel on President's forthcoming meeting (19 December

1986) with Joint Chiefs of Staff, 18 December 1986: Jim Mann Papers (HIA), box 58.

52. G. P. Shultz to R. Reagan, memo 'One Eye Only', n.d., pp. 1–3: folder: Soviet Union, 1986–1987, Charles Hill Papers (HIA), box 64.

53. C. Hill, notes (19 September 1991) for G. Shultz, *Turmoil and Triumph*, folder: Soviet Union, 1986–1987, p. 7, Charles Hill Papers (HIA), box 64.

第二十二章　分解苏联一揽子计划

1. Briefing for White House Senior Staff, 5 November 1986, pp. 9–10: Peter Robinson Papers (HIA), box 24.

2. V. L. Kataev, 'Kakoi byla reaktsiya v SSSR na zayavleniya R. Reigana ob otkaze SShA soblyudat' kolichestvennye dogovornye ogranicheniya SNV', n.d., pp. 10–11: Vitalii Leonidovich Kataev Papers (HIA), disk 3 (SOI).

3. *Ibid.*, pp. 11–12.

4. Meeting with Politburo members and Central Committee secretaries, 1 December 1986: Anatoli Chernyaev Papers (RESCA), box 1, pp. 94–6, 100 and 102.

5. A. L. Adamishin Papers (HIA), box 1: Diaries 1986, December 1986 summary.

6. Politburo meeting, 13 November 1986: Anatoli Chernyaev Papers (RESCA), box 1, pp. 91–2.

7. A. L. Adamishin Papers (HIA), box 1: Diaries 1986, 19 and 21 November 1986.

8. T. G. Stepanov-Mamaladze working notes, 19 December 1986: T. G. Stepanov-Mamaladze Papers (HIA), box 1.

9. Conversation of M. S. Gorbachëv and G. Hart, 15 December 1986: M. S. Gorbachëv, *Sobranie sochinenii*, vol. 5, pp. 306–23.

10. T. G. Stepanov-Mamaladze working notes, 19 December 1986: T. G. Stepanov-Mamaladze Papers (HIA), box 1.

11. Notes taken by O. Grinevskii, *Perelom: ot Brezhneva k Gorbachëvu*, p. 522.

12. V. L. Kataev to L. N. Zaikov, c. 18 December 1986, pp. 1–10: Vitalii Leonidovich Kataev Papers (HIA), box 4, folder 15.

13. Grinevskii, *Perelom: ot Brezhneva k Gorbachëvu*, p. 507.

14. P. J. Wallison to R. Reagan, 22 December 1986: RRPL, Frank C. Carlucci Files, box 92462, folder: Chronology – Official (12/31/1986 – 01/24/1986); P. J. Wallison to D. Regan and F. Carlucci, 7 January 1987: RRPL, Frank C. Carlucci Files, box 92462, folder: Chronology – Official (12/31/1986 – 01/24/1986).

15. V. L. Kataev, 'Sovetskii voenno-promyshlennyi kompleks', p. 31: Vitalii Leonidovich Kataev Papers (HIA), box 16.

16. *Materialy plenuma Tsentral'nogo Komiteta KPSS, 27–28 yanvarya 1987 goda* (Moscow: Politizdat, 1987).

17. 'Reagan May Pick an SDI System Soon', *Washington Post*, 14 January 1987.

18. C. Hill, notes (24 September 1991) for G. Shultz, *Turmoil and Triumph*, folder: Soviet Union, 1986–1987, pp. 4–5, Charles Hill Papers (HIA), box 64.

19. *Ibid.*, p. 4.
20. *Ibid.*, p. 6.
21. Meeting of the Senior Presidential Advisers, 3 February 1987, pp. 11-12: RRPL, Executive Secretariat, NSC, NSPG, box 91306.
22. *Washington Times*, 5 February 1987.
23. C. Weinberger, *Annual Report to the Congress: Fiscal Year 1988*, pp. 302-3.
24. C. Hill, notes (24 September 1991) on 'Soviet Union 1987', pp. 8-10, for G. Shultz, *Turmoil and Triumph*, folder: Soviet Union, 1986-1987, Charles Hill Papers (HIA), box 64.
25. *New York Times*, 9 February 1987.
26. P. Dobriansky to F. C. Carlucci, 6 January 1986 (draft memo): RRPL, Paula Dobriansky Files, RAC, box 7, Whitehead Visit to Eastern Europe; C. Hill, notes (24 September 1991) on 'Soviet Union 1987', pp. 10-11, for G. Shultz, *Turmoil and Triumph*, folder: Soviet Union, 1986-1987, Charles Hill Papers (HIA), box 64.
27. J. Attali, *Verbatim*, vol. 1: *Chronique des années 1981-1986*, p. 788 (25 March 1985).
28. *Washington Times*, 12 January 1987.
29. *Wall Street Journal*, 12 January 1987.
30. *New York Times*, 23 January 1987.
31. *Washington Times*, 18 February 1987.
32. *New York Times*, 25 February 1987.
33. T. H. Johnson to J. Matlock, 23 February 1987 (memo): Thomas H. Johnson Papers (HIA), box 47, folder: Matlock Memos.
34. 'O nashei takticheskoi linii v otnoshenii peregovorov s SShA po voprosam yadernykh i kosmicheskikh vooruzheniyakh', 20 February 1987: Vitalii Leonidovich Kataev Papers (HIA), box 5, folder 24, pp. 1-5.
35. Politburo meeting, 26 February 1987, p. 156: Anatoli Chernyaev Papers (RESCA), box 1.
36. *Ibid.*, pp. 156-7.
37. *Ibid.*, p. 157.
38. A. N. Yakovlev to M. S. Gorbachëv. 25 February 1987: *Aleksandr Yakovlev. Perestroika, 1985-1991. Neizdannoe, maloizvestnoe, zabytoe* (ed. A. A. Yakovlev), pp. 77-89.
39. Politburo meeting, 26 February 1987, pp. 157-8: Anatoli Chernyaev Papers (RESCA), box 1.
40. *Pravda*, 1 March 1987; Attali, *Verbatim*, vol. 2: *Chronique des années 1986-1988*, p. 165 (28 February 1987); M. M. Kampelman, *Entering New Worlds: The Memoirs of a Private Man in Public Life*, pp. 319-20. Kampelman received an advance alert about the contents that day.
41. T. G. Stepanov-Mamaladze diary, 1 March 1987: T. G. Stepanov-Mamaladze Papers (HIA), box 5.
42. *The Reagan Diaries Unabridged*, vol. 2, p. 696 (6 March 1987).
43. R. W. Reagan, RRPL, Presidential Handwriting File, Series II, Presidential Records, box 18, folders 280-5.

44. V. L. Kataev, 'O programme SOI', p. 1 in 'SOI-A': Vitalii Leonidovich Kataev Papers (HIA), disk 5.
45. Note on C. Weinberger's behalf to C. Powell, 9 April 1987: RRPL, Executive Secretariat, NSC, Head of State Files: USSR: General Secretary Gorbachev, box 41.
46. National Security Decision Directive no. 267, pp. 1–4, 9 April 1987: www.fas.org/irp/offdocs/nsdd/index.html. p. 2.
47. C. Weinberger, 'Toward Real Reductions in Weapons', *New York Times*, 14 April 1987.
48. F. C. Carlucci to M. Baldrige, 27 March 1987: RRPL, Stephen Danzansky Files (NSC): RAC, box 2.
49. R. L. Lesher (President, US Chamber of Commerce) and A. B. Trowbridge (President, National Association of Manufacturers) to R. Reagan, 6 October 1986: *ibid.*, box 8; Senator L. Bentsen to M. Baldrige, 15 December 1986: *ibid.*
50. Talking points for Reagan's meeting with USSR Foreign Trade Minister B. I. Aristov, 5 December 1986: *ibid.*, box 2.
51. *New York Times*, 24 February 1987.
52. Press release of US Department of Commerce (n.d.) for session of the US–USSR Commercial Commission, 4–5 December 1986: RRPL, Stephen Danzansky Files (NSC): RAC, box 2.
53. R. Reagan to M. S. Gorbachëv, 10 April 1987, p. 1: *The Reagan Files: The Untold Story of Reagan's Top-Secret Efforts to Win the Cold War.*
54. Soviet transcript (excerpted) of conversation between M. S. Gorbachëv and G. P. Shultz, 14 April 1987, pp. 1–2 and 5–7: ECWF (translated for the National Security Archive by S. Savranskaya).
55. *Ibid.*
56. Politburo meeting, 16 April 1987: Anatoli Chernyaev Papers (RESCA), box 1, pp. 189–90.
57. Politburo meeting, 16 April 1987: *V Politbyuro TsK KPSS. Po zapisyam Anatoliya Chernyaeva, Vadima Medvedeva, Georgiya Shakhnazarova, 1985–1991*, pp. 145–6.
58. T. G. Stepanov-Mamaladze diary, 2–3 May 1987: T. G. Stepanov-Mamaladze Papers (HIA), box 5.
59. From discussion led by E. A. Shevardnadze: T. G. Stepanov-Mamaladze working notes, 13 June 1987: *ibid.*, box 1.
60. *Ibid.*, 29 May 1987; M. S. Gorbachëv to the Political Consultative Committee in East Berlin (East German report), 29 May 1987, pp. 2–3: PHPCS.
61. *Ibid.*, p. 5.
62. T. G. Stepanov-Mamaladze working notes, 29 May 1987: T. G. Stepanov-Mamaladze Papers (HIA), box 1.
63. Politburo meeting, 30 May 1987, pp. 493–502: Dmitri A. Volkogonov Papers (HIA), reel 17.
64. Politburo meeting, 9 July 1987: Anatoli Chernyaev Papers (RESCA), box 1, pp. 261–2.
65. From discussion led by E. A. Shevardnadze: T. G. Stepanov-Mamaladze

working notes, 13 June 1987: T. G. Stepanov-Mamaladze Papers (HIA), box 1.

66. *Ibid.*, 9 November 1987: box 2.

67. Politburo meeting, 9 July 1987: Anatoli Chernyaev Papers (RESCA), box 1, p. 261.

68. National Security Decision Directive no. 278, 13 June 1987: www.fas.org/irp/offdocs/nsdd/index.html. p. 2.

69. T. G. Stepanov-Mamaladze diary, 13 June 1987: T. G. Stepanov-Mamaladze Papers (HIA), box 1.

70. T. G. Stepanov-Mamaladze diary, 23 July 1987: *ibid.*, box 5.

第二十三章　四巨头

1. Yakovlev was important for Soviet foreign policy but had always been much more influential on internal policy.

2. Memcon of meeting between R. Reagan and M. Koivisto: RRPL, Fritz W. Ermath Files, box 98084, 1988 US–USSR Memcons, May 26 – June 3, 1988.

3. M. K. Deaver, *A Different Drummer: My Thirty Years with Ronald Reagan*, p. 31.

4. Gorbachev's meeting with the USSR government deputy premiers, 30 October 1986, p. 89: Anatoli Chernyaev Papers (RESCA), box 1.

5. Meeting with Politburo members and Central Committee secretaries, 1 December 1986: *ibid.*, p. 99.

6. T. G. Stepanov-Mamaladze working notes, 24 October 1985: T. G. Stepanov-Mamaladze Papers (HIA), box 1.

7. A. Chernyaev, *Sovmestnyi iskhod. Dnevnik dvukh epokh. 1971–1991 gody*, p. 710 (15 June 1987).

8. T. G. Stepanov-Mamaladze working notes, 11 December 1987: T. G. Stepanov-Mamaladze Papers (HIA), box 2.

9. Chernyaev, *Sovmestnyi iskhod*, p. 754 (26 April 1988).

10. T. G. Stepanov-Mamaladze working notes, 16 October 1987: T. G. Stepanov-Mamaladze Papers (HIA), box 1.

11. T. G. Stepanov-Mamaladze diary, 19 September 1986: *ibid.*, box 5.

12. Chernyaev, *Sovmestnyi iskhod*, p. 734 (17 December 1987).

13. T. G. Stepanov-Mamaladze working notes, 15 September 1987: T. G. Stepanov-Mamaladze Papers (HIA), box 2.

14. *Ibid.*, 16 October 1987.

15. *Ibid.*, 4 December 1989; 3 December 1989: *ibid.*, box 5.

16. C. Hill, handwritten notes on 1986–1987, p. 68: Charles Hill Papers (HIA), box 64.

17. Chernyaev, *Sovmestnyi iskhod*, p. 736 (17 December 1987).

18. T. G. Stepanov-Mamaladze working notes, 30 October 1987: T. G. Stepanov-Mamaladze Papers (HIA), box 2.

19. Interview with Kenneth Adelman, 30 September 2003, p. 58: RROHP.

20. See the analysis offered to J. M. Poindexter by J. Matlock, 15 February 1986, p. 2: RRPL, Executive Secretariat, NSC, Head of State Files: USSR: General Secretary Gorbachev, box 40.
21. S. Massie, *Trust But Verify: Reagan, Russia and Me*, p. 230.
22. T. G. Stepanov-Mamaladze diary, 25 September 1985: T. G. Stepanov-Mamaladze Papers (HIA), box 5.
23. *Ibid.*, 28 September 1985.
24. *Ibid.*, 23 March 1988.
25. *Ibid.*, 17 September 1987.
26. *Ibid.*, 15 September 1987.
27. I. Korchilov, *Translating History: Thirty Years on the Front Lines of Diplomacy with a Top Russian Interpreter*, p. 80.
28. Interview with Caspar Weinberger, 19 November 2002, p. 34: RROHP.
29. Interview with Richard V. Allen, 28 May 2002, p. 68: *ibid.*
30. Interview with Martin Anderson, 11–12 December 2001, p. 88: *ibid.*
31. D. Regan (interview), HIGFC (HIA), box 2, folder 15, p. 7.
32. T. G. Stepanov-Mamaladze diary, 15 September 1987: T. G. Stepanov-Mamaladze Papers (HIA), box 5.
33. T. G. Stepanov-Mamaladze working notes, 15 September 1987: *ibid.*, box 2; T. G. Stepanov-Mamaladze diary, 15 September 1987: *ibid.*, box 5.
34. Shevardnadze's report to the Ministry of Foreign Affairs collegium, 16 October 1987: T. G. Stepanov-Mamaladze working notes: *ibid.*, box 1.
35. T. G. Stepanov-Mamaladze diary, 23 March 1988: *ibid.*, box 5.
36. E. Shevardnadze, *Kogda rukhnul zheleznyi zanaves: vstrechi i vospominaniya*, p. 78.
37. T. G. Stepanov-Mamaladze diary, 2 June 1988: T. G. Stepanov-Mamaladze Papers (HIA), box 5.
38. A. S. Chernyaev (interview), HIGFC (HIA), box 1, folder 12, p. 17.
39. T. G. Stepanov-Mamaladze diary, 2 June 1988: T. G. Stepanov-Mamaladze Papers (HIA), box 5.
40. R. Braithwaite, 'Moscow Diary', 6 April 1989 and 7 November 1989.
41. C. Hill, notes (19 December 1991), p. 9: Charles Hill Papers (HIA), box 67, folder: Soviet Union, Late 1987: The Cold War is Over.
42. D. Regan (interview), HIGFC (HIA), box 2, folder 15, p. 51.
43. T. G. Stepanov-Mamaladze working notes, 27 November 1986: T. G. Stepanov-Mamaladze Papers (HIA), box 1.
44. T. G. Stepanov-Mamaladze diary, 6 December 1988: *ibid.*, box 5.
45. Braithwaite, 'Moscow Diary', 6 April 1989.
46. Korchilov, *Translating History*, p. 216.
47. A. L. Adamishin Papers (HIA), box 1: Diaries 1988, 15 May 1988.
48. Braithwaite, 'Moscow Diary', 29 March 1989.
49. T. G. Stepanov-Mamaladze working notes, 9 November 1985: T. G. Stepanov-Mamaladze Papers (HIA), box 1.
50. T. G. Stepanov-Mamaladze diary, 25 September 1985: *ibid.*, box 5.

51. T. G. Stepanov-Mamaladze working notes, 9 November 1986: *ibid.*, box 1.
52. G. Shultz: interview with R. Service and P. Robinson, Hoover Institution, 1 September 2009.
53. *Ibid.*
54. T. G. Stepanov-Mamaladze diary, 13 April 1987: T. G. Stepanov-Mamaladze Papers (HIA), box 5. Stepanov-Mamaladze's informant about this was S. P. Tarasenko.
55. E. Shevardnadze, *Moi vybor: v zashchitu demokratii i svobody*, pp. 131–2.
56. T. G. Stepanov-Mamaladze diary, 24 October 1987: T. G. Stepanov-Mamaladze Papers (HIA), box 5.
57. *Ibid.*, 24 October 1987.
58. *Ibid.*, 15 March 1988.
59. C. Hill, notes (19 December 1991), p. 10: Charles Hill Papers (HIA), box 67, folder: Soviet Union, Late 1987: The Cold War is Over.
60. Politburo meeting, 16 April 1987: *V Politbyuro TsK KPSS. Po zapisyam Anatoliya Chernyaeva, Vadima Medvedeva, Georgiya Shakhnazarova, 1985–1991*, p. 145.
61. Personal interview with Charles Hill, 22 July 2011.
62. C. Hill, notes (24 September 1991) on 'Soviet Union 1987', p. 69, for G. Shultz, *Turmoil and Triumph*, folder: Soviet Union, 1986–1987, Charles Hill Papers (HIA), box 64.
63. T. G. Stepanov-Mamaladze working notes, 14 March 1988: T. G. Stepanov-Mamaladze Papers (HIA), box 2.
64. G. P. Shultz, 'The Shape, Scope, and Consequences of the Age of Information', address before the Stanford University Alumni Association, Paris, 21 March 1986, pp. 1 and 3.
65. C. Hill, notes (27 January 1992), p. 16: Charles Hill Papers (HIA), box 66, folder: The Last of the Superpower Summits.
66. T. G. Stepanov-Mamaladze working notes, 5 November 1987: T. G. Stepanov-Mamaladze Papers (HIA), box 2.
67. G. Shultz: interview with R. Service and P. Robinson, Hoover Institution, 1 September 2009.
68. Chernyaev, *Sovmestnyi iskhod*, p. 754 (26 April 1988).

第二十四章　认识敌人

1. J. Matlock to J. Poindexter, 11 June 1986: RRPL, Jack Matlock Files, box 16, folder: Matlock Chron. June 1986.
2. R. Reagan to J. M. Poindexter, no earlier than 16 June 1986, pp. 2–6: *ibid.*
3. See J. Haslam, *Russia's Cold War: From the October Revolution to the Fall of the Wall*, p. 329.
4. The exception was the leading biological weapons programme scientist Vladimir Pasechnik: see below, pp. 372 and 439.
5. W. J. Casey, Speech to US–USSR Trade Council and New York CEOs (hand-

written notes), New York City, 29 July 1985, p. 1: William J. Casey Papers (HIA), box 310, folder 10.

6. T. G. Stepanov-Mamaladze diary, 28 October 1985: T. G. Stepanov-Mamaladze Papers (HIA), box 5.

7. N. S. Leonov, *Likholetʹe*, pp. 283–5.

8. Select Committee on Intelligence, United States Senate, *An Assessment of the Aldrich H. Ames Espionage Case and Its Implications for U.S. Intelligence: Report*, pp. 2, 11, 19, 26, 53 and 62–3.

9. W. J. Casey, Remarks before World Affairs Council (draft notes), Pittsburgh, PA, 29 April 1985, p. 5: William J. Casey Papers (HIA), box 310, folder 1.

10. F. Ermath, draft speech written for W. J. Casey, 16 May 1986, pp. 3 and 12: *ibid.*, box 311, folder 11.

11. 'Gorbachev: Steering the USSR Into the 1990s', pp. v–ix: CIA Papers.

12. R. M. Gates to F. C. Carlucci, 15 January 1987, introducing National Intelligence Council report on 'Soviet and Other Foreign Reactions to a Zero-Ballistic Missile World' (see especially p. 32): RRPL, Executive Secretariat, NSC: NSDD, Records, box 91297, NSDD 250.

13. 'Whither Gorbachev? Soviet Policy and Politics in the 1990s: National Intelligence Estimate', November 1987, pp. 6, 8, 12 and 17: CIA Papers.

14. National Security Archive Electronic Briefing Book No. 238: R. M. Gates, 'Gorbachev's Endgame: The Long View', 24 November 1987, pp. 2–5.

15. M. Gorbachëv, *Perestroika i novoe myshlenie dlya nashei strany i vsego mira*.

16. Hearings before the Subcommittee on National Security Economics of the Joints Economic Committee, Congress of the United States, April 13 and 21, 1988, pp. 71–2 and 78: National Security Archive, End of Cold War series, box A1.

17. Intelligence Research Report, no. 183, 9 September 1988, p. 1 and appendices 1 and 2: National Security Archive, Soviet Flashpoints series, box 37.

18. Memorandum of dinner conversation, 18 September 1987, p. 5: RRPL, Nelson Ledsky Files, RAC, box 8.

19. CIA and Defense Intelligence Agency, *Gorbachev's Economic Program: Problems Emerge* (n.p., 1988), p. 12 and table 9: National Security Archive, Soviet Flashpoints series, box 37.

20. D. MacEachin to R. Kerr, memo, 27 September 1988: CIA Papers.

21. W. J. Casey, draft speech to CSIS International Councillors on Soviet Political Developments, 16 May 1986, p. 11: William J. Casey Papers (HIA), box 311, folder 11.

22. See for example V. M. Chebrikov, 'O rezulʹtatakh raboty po preduprezhdeniyu terroristicheskikh proyavlenii na territorii SSSR', 11 January 1988, pp. 1–5: Dmitri A. Volkogonov Papers (HIA), reel 18.

23. R. M. Gates, *From the Shadows: The Ultimate Insider's Story of Five Presidents and How They Won the Cold War*, pp. 410–11.

24. C. Hill, notes on '1987: Shultz–Gates meeting after Gates became acting DCI', pp. 12–13, for G. Shultz, *Turmoil and Triumph*, folder: Soviet Union, 1986–1987, Charles Hill Papers (HIA), box 67.

25. Interview with George Shultz, 18 December 2002, p. 27: RROHP.
26. C. Hill, notes on '1987: Shultz-Gates meeting after Gates became acting DCI', pp. 14–15 and 16, for G. Shultz, *Turmoil and Triumph*, folder: Soviet Union, 1986–1987, Charles Hill Papers (HIA), box 67.
27. *Ibid.*, p. 17.
28. *Whence the Threat to Peace*, pp. 3, 29, 68, 70 and 74.
29. R. Z. Sagdeev and A. Kokoshkin, *Strategic Stability under the Conditions of Radical Nuclear Arms Reductions*, p. 21.
30. *Congressional Record – House*, 17 July 1985, pp. 5866–5883.
31. W. J. Casey, speech to Dallas World Affairs Council, 18 September 1985, pp. 1–17: RRPL, John Lenczowsky Files, box 1, Active Measures.
32. A. A. Snyder, *Warriors of Disinformation: American Propaganda, Soviet Lies, and the Winning of the Cold War: An Insider's Account*, p. xiii.
33. Chapter and verse was supplied in a USIA memo, 'Soviet Disinformation Campaigns in 1987', n.d., pp. 1–4: John O. Koehler Papers (HIA), box 16, folder: Eastern Europe, 1974–1995. See also 'The USSR's Disinformation Campaign': Foreign Affairs Note, State Department, July 1987: Citizens for International Civil Society (HIA), box 89, folder 1. The Pravda cartoon appeared on 31 October 1986.
34. Snyder, *Warriors of Disinformation*, pp. 93–4.
35. *Ibid.*, pp. 94–5.
36. *New York Times*, 22 January 1983.
37. P. J. Buchanan to R. Arledge (President, ABC News), 27 February 1987: RRPL, Presidential Handwriting File: Presidential Records, folder 230.
38. C. Wick to F. Carlucci, 7 March 1987: RRPL, Frank C. Carlucci Files, box 92463, Official Correspondence.
39. F. C. Carlucci to C. Z. Wick, 12 August 1987: *ibid.*, Fritz W. Ermath Files, box 92244, Soviet Active Measures.
40. V. L. Kataev (interview), HIGFC (HIA), box 2, folder 4, p. 53.
41. A. L. Adamishin Papers (HIA), box 1: Diaries 1987, 25 July 1987.
42. R. Reagan to R. C. McFarlane, no earlier than 28 July 1985: RRPL, Co-ordination Office, NSC: Records, box 9, folder: Meeting with Suzanne Massie, 9/3/85; S. Massie, *Trust But Verify: Reagan, Russia and Me*, pp. 90 and 97–101.
43. *The Reagan Diaries*, p. 412 (20 May 1986).
44. S. Massie to R. Reagan, 10 August 1985, pp. 2–3: RRPL, Coordination Committee, NSC, box 9, folder: Meeting with Suzanne Massie, 9/3/85.
45. S. Massie to R. Reagan, 27 October 1985: Jim Mann Papers (HIA), box 55.
46. S. Massie to R. Reagan, 12 March 1986: RRPL, Coordination Office, NSC: Records, box 12, folder: Meeting with Suzanne Massie, May 20, 1986.
47. Charles Hill, diary (24 September 1986): Molly Worthen's notes.
48. F. Carlucci (interview), HIGFC (HIA), box 1, folder 10, p. 14.
49. F. Carlucci to R. Reagan, 25 February 1987 (RRPL): Jim Mann Papers (HIA), box 56.

50. S. Massie to R. Reagan, 14 October 1986: RRPL, Presidential Handwriting File, box 16, folder 261.
51. C. Hill, notes (24 September 1991) for G. P. Shultz, *Turmoil and Triumph*, folder: Soviet Union, 1986–1987, pp. 6–7, Charles Hill Papers (HIA), box 64.
52. R. Reagan to S. Massie, 13 January 1987: Jim Mann Papers (HIA), box 55.
53. S. Massie to R. Reagan, 6 February 1987: *ibid.*
54. Politburo meeting, 17 December 1987: Anatoli Chernyaev Papers (RESCA), box 1, p. 321.
55. Discussion with George Bush at the Soviet embassy, Washington, 10 December 1987, p. 5: RRPL, Stephen Danzansky Files (NSC): RAC, box 12.
56. Politburo meeting, 27–28 December 1988: *V Politbyuro TsK KPSS. Po zapisyam Anatoliya Chernyaeva, Vadima Medvedeva, Georgiya Shakhnazarova, 1985–1991*, p. 366.
57. T. G. Stepanov-Mamaladze diary, 22 March 1986: T. G. Stepanov-Mamaladze Papers (HIA), box 5.
58. M. Gorbachëv, *Naedine s soboi*, pp. 343–4.
59. Gorbachëv at Politburo meeting, 26 October 1986: *Otvechaya na vyzov vremeni: Vneshnyaya politika perestroiki: Dokumental'nye svidetel'stva*, p. 122.
60. V. L. Kataev to the Central Committee (memo, n.d., on the consequences of the intermediate-range nuclear weapons treaty), p. 2: Vitalii Leonidovich Kataev Papers (HIA), disk 2, RSMD-2.
61. Politburo meeting, 26 February 1987, p. 159: Anatoli Chernyaev Papers (RESCA), box 1.
62. V. Bakatin, *Izbavlenie ot KGB*, pp. 44–6.
63. Meeting of Politburo members and Central Committee secretaries, 1 December 1986: Anatoli Chernyaev Papers (RESCA), box 1, p. 99.
64. Politburo meeting, 26 March 1987: *ibid.*, p. 172.
65. Politburo meeting, 21 January 1987: *ibid.*, p. 129.
66. Politburo meeting, 16 April 1987: *ibid.*, p. 185.
67. Politburo meeting, 23 April 1987: *ibid.*, p. 196.
68. Politburo meeting, 30 April 1987: *ibid.*, p. 203.
69. Politburo meeting, 26 March 1987: *ibid.*, pp. 172 and 174.
70. T. G. Stepanov-Mamaladze working notes, 12 December 1987: T. G. Stepanov-Mamaladze Papers (HIA), box 2.
71. F. Carlucci (interview), HIGFC (HIA), box 1, folder 10, pp. 17–18.
72. M. S. Gorbachëv's second meeting with obkom secretaries, 15 April 1988, p. 6: Anatoli Chernyaev Papers (RESCA), box 2, folder 5.
73. T. G. Stepanov-Mamaladze diary, 15 January 1986: *ibid.*, box 5.
74. *Ibid.*, 17 January 1986.
75. Meeting with newspaper editors, writers and ideological personnel, 7 May 1988: Anatoli Chernyaev Papers (RESCA), box 1, p. 417.
76. T. G. Stepanov-Mamaladze diary, 13 July 1986: T. G. Stepanov-Mamaladze Papers (HIA), box 5.
77. *Ibid.*, 19 September 1986.

78. *The Reagan Diaries*, p. 557 (10 December 1987).

79. V. A. Alexandrov (interview), HIGFC (HIA), box 1, folder 2, p. 23.

80. I. Korchilov, *Translating History: Thirty Years on the Front Lines of Diplomacy with a Top Russian Interpreter*, p. 44.

81. T. G. Stepanov-Mamaladze diary, 14 September 1987: T. G. Stepanov-Mamaladze Papers (HIA), box 5.

82. Korchilov, *Translating History*, pp. 121–3.

83. *Ibid.*, p. 101.

84. *Ibid.*, pp. 82–7.

85. E. Teller to G. P. Shultz, 20 May 1986: Edward Teller Papers (HIA), box 283, folder: George P. Shultz.

86. *Washington Post*, 11 July 1987.

87. Notes on meetings with American officials in 1987, pp. 2, 4 and 6: A. L. Adamishin Papers (HIA), box 1: Diaries 1987.

88. *Dvadtsat' sed'moi s'ezd Kommunisticheskoi Partii Sovetskogo Soyuza, 25 fevralya – 6 marta 1986 goda, Stenograficheskii Otchët*, vol. 1, pp. 347–9.

89. Ye. K. Ligachëv and V. M. Chebrikov to the Central Committee, 26 September 1986: RGASPI, f. 89, op. 18, d. 105, pp. 1–2.

90. N. Ryzhkov, *Glavnyi svidetel'*, p. 33.

91. T. G. Stepanov-Mamaladze diary, 22 January 1988: T. G. Stepanov-Mamaladze Papers (HIA), box 5.

92. V. L. Kataev, 'Kartina kontsa 80-x', filed as 80–90, p. 3: Vitalii Leonidovich Kataev Papers (HIA), disk 3.

93. ITAR-TASS, 5 September 2012; Interview with Sir Roderic Lyne, 6 June 2006, p. 42: BDOHP.

94. Politburo meeting minutes, 23 July 1987: RGASPI, f. 89, op. 42, d. 17, p. 1.

95. *Ibid.*, p. 2.

96. *New York Times*, 23 March 1988.

第二十五章　症结

1. Joint letter (L. N. Zaikov, E. A. Shevardnadze and V. M. Chebrikov) to the Central Committee, 13 January 1987, pp. 1–3: Vitalii Leonidovich Kataev Papers (HIA), box 14, folder 24.

2. R. Z. Sagdeev, *The Making of a Soviet Scientist: My Adventures in Nuclear Fusion and Space from Stalin to Star Wars*, pp. 299–300.

3. Discussion with George Bush at the Soviet embassy, Washington, 10 December 1987, pp. 8–9: RRPL, Stephen Danzansky Files (NSC): RAC, box 12.

4. Sagdeev, *The Making of a Soviet Scientist*, pp. 301–2.

5. Politburo meeting, 30 July 1987: *V Politbyuro TsK KPSS. Po zapisyam Anatoliya Chernyaeva, Vadima Medvedeva, Georgiya Shakhnazarova, 1985–1991*, pp. 183–4.

6. Politburo meeting, 3 March 1988: *ibid.*, pp. 257–8.
7. S. K. Sokolov to the Central Committee, 17 May 1987: Vitalii Leonidovich Kataev Papers (HIA), box 7, folder 25.
8. Excerpt from Politburo minutes, 19 May 1987: *ibid.*
9. T. G. Stepanov-Mamaladze working notes, 10 July 1987: T. G. Stepanov-Mamaladze Papers (HIA), box 2.
10. T. G. Stepanov-Mamaladze working notes, 19 August 1987: *ibid.*, box 1.
11. Central Committee decree, 12 February 1987: Vitalii Leonidovich Kataev Papers (HIA), box 10, folder 32.
12. E. Teller to F. Seitz, 14 February 1987: Edward Teller Papers (HIA), box 283, folder: Frederick Seitz.
13. Sagdeev, *The Making of a Soviet Scientist*, p. 303.
14. Politburo meeting, 8 May 1987: Anatoli Chernyaev Papers (RESCA), box 1, p. 218.
15. M. S. Gorbachëv to R. Reagan, 22 September 1987: RRPL, Executive Secretariat, NSC, Head of State Files: USSR: General Secretary Gorbachev, box 41.
16. G. P. Shultz to R. Reagan, 30 October 1987: *ibid.*
17. J. Attali, *Verbatim*, vol. 3: *Chronique des années 1988–1991*, p. 134 (conversation between F. Mitterrand and M. Gorbachëv, 25 November 1988).
18. Soviet transcript of talks at the Pentagon between S. F. Akhromeev and F. Carlucci, 9 December 1987, pp. 1–3: ECWF.
19. V. L. Kataev, diary notes on questions of military-technical collaboration and meetings in Zaikov's office, 1988–1990, 2 March 1988: Vitalii Leonidovich Kataev Papers (HIA), box 2, folder 6.
20. *Ibid.*
21. Meeting of C. L. Powell and Yu. Dubinin (Washington, memcon), 29 April 1988, p. 7: RRPL, Fritz W. Ermath Files, box 92084, 1988 US–Soviet Summit Memcons, May 26 – June 3, 1988.
22. Background briefing (n.d.) on 17 November 1986 speech by R. Gates: Vitalii Leonidovich Kataev Papers (HIA), box 7, folder 26; V. I. Stepanov, background briefing, 24 December 1986, pp. 1–5: *ibid.*, folder 27.
23. G. M. Kornienko in S. F. Akhromeev and G. M. Kornienko, *Glazami marshala i diplomata*, p. 256.
24. N. N. Detinov (interview), HIGFC (HIA), box 1, folder 14, pp. 32–4.
25. *Ibid.*, p. 34.
26. T. G. Stepanov-Mamaladze working notes, 24 February 1987: T. G. Stepanov-Mamaladze Papers (HIA), box 1.
27. N. N. Detinov (interview), HIGFC (HIA), box 1, folder 14, p. 35.
28. T. G. Stepanov-Mamaladze diary, 15 September 1987: T. G. Stepanov-Mamaladze Papers (HIA), box 5.
29. T. G. Stepanov-Mamaladze working notes, 15 September 1987: *ibid.*, box 1.
30. O. Belyakov, G. Kornienko, S. Akhromeev and A. Kovalëv: memo to Central Committee, September 1987 (sent on 3 October 1987?): Vitalii Leonidovich Kataev Papers (HIA), box 7, folder 24.

31. N. N. Detinov (interview), HIGFC (HIA), box 1, folder 14, p. 35.
32. 'O direktivakh dlya besed s gosudarstvennym sekretarëm SShA Dzh. Shul'tsem', 17 February 1988, pp. 1–2 (signed by Zaikov, Shevardnadze, Chebrikov, Yazov, Dobrynin, Belousov): Vitalii Leonidovich Kataev Papers (HIA), box 4, folder 20.
33. R. Reagan to M. S. Gorbachëv, 12 August 1988: *ibid.*, box 7, folder 20.
34. M. S. Gorbachëv to R. Reagan, 13 September 1988: RRPL, Executive Secretariat, NSC, Head of State Files: USSR: General Secretary Gorbachev, box 41.
35. G. P. Shultz to R. Reagan, 16 September 1988: *ibid.*; 'Soviet Policy Toward the West and the Gorbachev Challenge', National Intelligence Estimate, April 1989, p. 9: CIA Papers.
36. T. G. Stepanov-Mamaladze working notes, 22 September 1988: T. G. Stepanov-Mamaladze Papers (HIA), box 2.
37. N. N. Detinov (interview), HIGFC (HIA), box 1, folder 14, p. 35.
38. V. L. Kataev, untitled memoir notes filed as PAZNOGL, p. 11: Vitalii Leonidovich Kataev Papers (HIA), disk 3.
39. L. Zaikov, V. Kryuchkov, E. Shevardnadze, D. Yazov, O. Baklanov and I. Belousov, draft to Central Committee: 'O likvidatsii krasnoyarskoi RLS', n.d.: *ibid.*, box 7, folder 24.
40. O. Belyakov to the Central Committee (draft memo), November 1986: *ibid.*, box 12, folder 13.
41. Politburo meeting, 5 March 1987: Anatoli Chernyaev Papers (RESCA), box 1, p. 161.
42. O. D. Belyakov to the Central Committee (draft memo), April 1987: Vitalii Leonidovich Kataev Papers (HIA), box 12, folder 13.
43. Politburo meeting, 8 May 1987: Anatoli Chernyaev Papers (RESCA), box 1, p. 217.
44. Politburo minutes, 8 May 1987: *Otvechaya na vyzov vremeni: Vneshnyaya politika perestroiki: Dokumental'nye svidetel'stva*, p. 186.
45. Politburo meeting, 8 May 1987: Anatoli Chernyaev Papers (RESCA), box 1, pp. 217–19.
46. Report to Central Committee, 20 July 1987, pp. 1–3, signed by N. I. Ryzhkov, L. N. Zaikov, E. A. Shevardnadze, A. S. Yakovlev, A. F. Dobrynin, F. D. Bobkov: Vitalii Leonidovich Kataev Papers (HIA), box 12, folder 13.
47. *Ibid.*
48. 'Spravka' (n.d.), pp. 1–2: *ibid.*, box 11, folder 31.
49. L. N. Zaikov to Yu. D. Maslyukov, S. F. Akhromeev and others, 13 August 1987: *ibid.*, box 12, folder 13.
50. A. N. Yakovlev (interview), HIGFC (HIA), box 3, folder 5, p. 15.
51. V. L. Kataev (interview), *ibid.*, box 2, folder 4, p. 42.
52. Memo to the Central Committee, 16 February 1988, 'Ob itogakh oznakomitel'nykh poezdok sovetskikh i amerikanskikh spetsialistov na yadernye ispytatel'nye poligony SSSR i SShA' (signed by L. N. Zaikov, V. M. Chebrikov, E. A. Shevardnadze, D. T. Yazov, Yu. D. Maslyukov and L. D. Ryabev), pp. 1–2

and 6: Vitalii Leonidovich Kataev Papers (HIA), box 6, folder 6.

53. V. A. Medvedev (interview), HIGFC (HIA), box 2, folder 10, pp. 23–4.
54. T. G. Stepanov-Mamaladze working notes, 11 November 1987: T. G. Stepanov-Mamaladze Papers (HIA), box 2.
55. T. G. Stepanov-Mamaladze diary, 24 November 1987: *ibid.*, box 5.
56. V. L. Kataev, diary notes on arms reduction and 'Five' work, 1988–1990, 11 February 1990: Vitalii Leonidovich Kataev Papers (HIA), box 2, folder 5.
57. T. G. Stepanov-Mamaladze diary, 10 May 1988: T. G. Stepanov-Mamaladze Papers (HIA), box 5.
58. V. L. Kataev, untitled memoir notes filed as PAZNOGL, p. 9: Vitalii Leonidovich Kataev Papers (HIA), disk 3.
59. *Ibid.*, pp. 1–2.
60. V. L. Kataev, untitled memoir notes filed as PAZNOGL, p. 13: Vitalii Leonidovich Kataev Papers (HIA), disk 3; G. M. Kornienko, *Kholodnaya voina: svidetel'stvo eë uchastnika*, pp. 253–4.
61. V. I. Varennikov (interview), HIGFC (HIA), box 3, folder 3, p. 10.
62. S. F. Akhromeev in Akhromeev and Kornienko, *Glazami marshala i diplomata*, p. 133.
63. V. L. Kataev (interview), HIGFC (HIA), box 2, folder 4, p. 30.
64. *Ibid.*, p. 31.
65. N. N. Detinov (interview), *ibid.*, box 1, folder 14, p. 28; V. L. Kataev (interview), *ibid.*, box 2, folder 4, p. 31.

第二十六章　打磨条约

1. Talking points for National Security Planning Group, 8 September 1987, p. 1: Jim Mann, box, 58.
2. National Security Planning Group, 8 September 1987, pp. 2–3: CIA Papers.
3. *Ibid.*, pp. 3–4.
4. *Ibid.*, pp. 4–7.
5. *Ibid.*, p. 8.
6. *Ibid.*
7. *Ibid.*, pp. 8–9.
8. *Ibid.*, p. 9.
9. *Ibid.*, pp. 9–10.
10. *Ibid.*, pp. 10–11.
11. *Ibid.*, pp. 11–12.
12. T. G. Stepanov-Mamaladze working notes, 13 September 1987: T. G. Stepanov-Mamaladze Papers (HIA), box 1.
13. *Ibid.* (15 September 1987?).
14. T. G. Stepanov-Mamaladze diary, 15 September 1987: *ibid.*, box 5.
15. T. G. Stepanov-Mamaladze working notes (15 September 1987?): *ibid.*, box 1.

16. T. G. Stepanov-Mamaladze diary, 17 September 1987: *ibid.*, box 5.
17. *Ibid.*, 15 September 1987.
18. *Ibid.*, 17 September 1987.
19. T. G. Stepanov-Mamaladze working notes, 16 October 1987: *ibid.*, box 1.
20. 'Puti razvitiya vooruzhënnykh sil SShA i NATO' (unidentified official paper), 24 September 1987, pp. 1–7: Vitalii Leonidovich Kataev Papers (HIA), box 16.
21. National Security Planning Group, 14 October 1987, p. 2: *The Reagan Files: The Untold Story of Reagan's Top-Secret Efforts to Win the Cold War.*
22. *Ibid.*, p. 3.
23. *Ibid.*, p. 8.
24. *Ibid.*, pp. 8–9.
25. T. G. Stepanov-Mamaladze diary, 22–23 October 1987: T. G. Stepanov-Mamaladze Papers (HIA), box 5.
26. *Ibid.*, 24 October 1987.
27. Soviet record of meeting of M. S. Gorbachëv and G. P. Shultz, 23 October 1987: *Mirovaya ekonomika i mezhdunarodnye otnosheniya*, 1993, nos. 10, pp. 69–81 and 11, pp. 73–84.
28. G. P. Shultz to R. Reagan, 1 December 1987 (memo), p. 2: RRPL, Briefing book for meeting between President Reagan and General Secretary Gorbachev, 12/1987, Stephen Danzansky Files (NSC): RAC, box 19.
29. V. O. Korotych, 'Otrazhenie' (typescript memoir, n.d.), p. 190: Vitalii Korotych Papers (HIA).
30. C. Hill, notes (19 December 1991), p. 7: Charles Hill Papers (HIA), box 67, folder: Soviet Union, Late 1987: The Cold War is Over.
31. *The Reagan Diaries Unabridged*, vol. 2, p. 810 (9 December 1987); I. Korchilov, *Translating History: Thirty Years on the Front Lines of Diplomacy with a Top Russian Interpreter*, p. 103.
32. C. Hill, notes (19 December 1991), p. 8: Charles Hill Papers (HIA), box 67, folder: Soviet Union, Late 1987: The Cold War is Over.
33. *The Reagan Diaries*, p. 557 (10 December 1987).
34. *Ibid.*
35. C. Hill, notes (19 December 1991), p. 10: Charles Hill Papers (HIA), box 67, folder: Soviet Union, Late 1987: The Cold War is Over.
36. Secretary of State to all diplomatic and consular posts, 12 December 1987, p. 11: ECWF.
37. C. Hill, notes (19 December 1991), p. 10: Charles Hill Papers (HIA), box 67, folder: Soviet Union, Late 1987: The Cold War is Over.
38. G. P. Shultz, statement before the Senate Foreign Relations Committee, 25 January 1988, pp. 1–10: United States Department of State, Washington, February 1988.
39. G. P. Shultz to R. Byrd, 4 February 1988: Charles Hill Papers (HIA), box 66, folder: The Last of the Superpower Summits.
40. G. P. Shultz to R. Byrd and S. Nunn, 8 February 1988: *ibid.*
41. C. Hill, notes (27 January 1922), p. 10: *ibid.*
42. National Security Planning Group, 9 February 1988, p. 2: *The Reagan Files.*

43. *Ibid.*, p. 3.
44. *Ibid.*, p. 4.
45. *Ibid.*, p. 5.
46. *Ibid.*, p. 7.
47. *Ibid.*, p. 9.
48. Politburo meeting, 25 February 1988: *V Politbyuro TsK KPSS. Po zapisyam Anatoliya Chernyaeva, Vadima Medvedeva, Georgiya Shakhnazarova, 1985–1991*, p. 253.
49. *Ibid.*
50. H. Kissinger, 'The Dangers Ahead', *Newsweek*, 21 December 1987.
51. *Wall Street Journal*, 8 February 1988.
52. *Washington Post*, 15 March 1988.
53. V. L. Kataev, diary notes on questions of military-technical collaboration and meetings in Zaikov's office, 1988–1990, 11 March 1988: Vitalii Leonidovich Kataev Papers (HIA), box 2, folder 6.
54. T. G. Stepanov-Mamaladze diary, 22 March 1988: T. G. Stepanov-Mamaladze Papers (HIA), box 5.
55. *Ibid.*, 22 and 23 March 1988.
56. C. Hill, notes on 'April 1988: Noriega', pp. 5–7: Charles Hill Papers (HIA), box 79, folder: April 1988: Noriega.
57. Remarks to the World Affairs Council of Western Massachusetts, 21 April 1988: www.reagan.utexas.edu/archives/speeches/1988/042188c.htm
58. C. Hill, notes (27 January 1992), pp. 14–15: Charles Hill Papers (HIA), box 66, folder: The Last of the Superpower Summits.
59. *Ibid.*, pp. 15–16.
60. C. Hill, notes on 'April 1988: Noriega', p. 9: *ibid.*, box 79, folder: April 1988: Noriega.
61. *Ibid.*, p. 16.
62. T. G. Stepanov-Mamaladze diary, 10 May 1988: T. G. Stepanov-Mamaladze Papers (HIA), box 5.
63. National Security Planning Group, 23 May 1988, pp. 1–2: *The Reagan Files*.
64. *Ibid.*, p. 8.
65. *Ibid.*, p. 9.
66. *Ibid.*, pp. 10–11.
67. Memo to the Central Committee, 24 May 1988: 'O kontseptsii sovetsko-amerikanskoi vstrechi na vysshem urovne v Moskve', pp. 11–15 (signed by L. N. Zaikov, E. A. Shevardnadze, V. M. Chebrikov, D. T. Yazov, O. D. Baklanov, A. F. Dobrynin and I. S. Belousov): Vitalii Leonidovich Kataev Papers (HIA), box 4, folder 22.
68. A. Chernyaev, *Sovmestnyi iskhod. Dnevnik dvukh epokh. 1971–1991 gody*, p. 755 (19 June 1988).
69. Korchilov, *Translating History*, pp. 145–6.
70. Meeting of G. P. Shultz and E. A. Shevardnadze, 29 May 1988 (memcon), p. 2: RRPL, Fritz W. Ermath Files, box 92084, 1988 US–Soviet Memcons, May 26 – June 3, 1988.

71. *Ibid.*, p. 6.
72. *Ibid.*, p. 9.
73. *Ibid.*, p. 10.
74. First meeting (led by C. Crocker and A. L. Adamishin), 29 May 1988 (memcon), p. 5: RRPL, Fritz W. Ermath Files, box 92084, 1988 US–Soviet Memcons, May 26 – June 3, 1988.
75. *Ibid.*, p. 2.
76. Second meeting (led by P. Solomon and V. Polyakov), 29 May 1988 (memcon), pp. 4 and 6: *ibid.*
77. C. Crocker, first meeting (led by C. Crocker and A. L. Adamishin), 30 May 1988 (memcon), p. 3: *ibid.*
78. Second meeting (led by P. Solomon and V. Polyakov), 30 May 1988 (memcon), pp. 4–14: *ibid.*
79. Third meeting (led by P. Solomon and V. Polyakov), 30 May 1988 (memcon), p. 4: *ibid.*; meeting between C. L. Powell and Yu. Dubinin (Washington, memcon), 29 April 1988, p. 8: *ibid.*
80. Yu. Alekseev and P. Solomon, third meeting (led by P. Solomon and V. Polyakov), 30 May 1988 (memcon), pp. 5–6: *ibid.*
81. *Ibid.*
82. See S. F. Akhromeev's comments at meeting of F. C. Carlucci and D. Z. Yazov (Moscow), 30 May 1988, p. 3: *ibid.*
83. *The Reagan Diaries*, p. 613 (29 May 1988).
84. *Ibid.*, p. 614 (31 May 1988).
85. First private meeting of R. Reagan and M. S. Gorbachëv, 29 May 1988 (memcon), pp. 6 and 8: RRPL, Fritz W. Ermath Files, box 92084, 1988 US–Soviet Memcons, May 26 – June 3, 1988.
86. Second private meeting of R. Reagan and M. S. Gorbachëv, 31 May 1988 (memcon), pp. 4–5: *ibid.*
87. The question was put by Sam Donaldson of ABC: see J. Mann, *The Rebellion of Ronald Reagan: A History of the End of the Cold War*, p. 304. I. Korchilov offers a slightly different wording in *Translating History*, pp. 168–9.
88. G. P. Shultz, interview with T. Brokaw, Moscow, 31 May 1988: Committee on the Present Danger (HIA), box 112, folder: Shultz 1987–1989.
89. T. G. Stepanov-Mamaladze diary, 1 June 1988: T. G. Stepanov-Mamaladze Papers (HIA), box 5; *The Reagan Diaries*, p. 614 (1 June 1988).

第二十七章　呼吁西欧

1. J. Attali, *Verbatim*, vol. 3: *Chronique des années 1988–1991*, p. 43 (conversation between R. Reagan and F. Mitterrand, 19 June 1988).
2. *Ibid.*, pp. 67–8 (20 July 1988).
3. Attali, *Verbatim*, vol. 2: *Chronique des années 1986–1988*, p. 103 (conversation of H. Kohl and F. Mitterrand, 27 June 1986).
4. See above, p. 193.

5. Attali, *Verbatim*, vol. 2, p. 103 (conversation of H. Kohl and F. Mitterrand, 27 June 1986).

6. E. Meese (interview), HIGFC (HIA), box 2, folder 11, p. 59.

7. Memorandum on hostile aspirations and anti-Soviet actions of the Lithuanian reactionary emigration against the Lithuanian SSR, 15 April 1985: Lithuanian SSR KGB (HIA), K-1/3/784, p. 6.

8. Conversation between V. A. Medvedev and W. Jaruzelski, 3 July 1987: *Aleksandr Yakovlev. Perestroika, 1985–1991. Neizdannoe, maloizvestnoe, zabytoe*, ed. A. A. Yakovlev, pp. 114 and 116–17.

9. *New York Times*, 12 June 1987.

10. E. Meese (interview), HIGFC (HIA), box 2, folder 11, p. 59.

11. Attali, *Verbatim*, vol. 1: *Chronique des années 1981–1986*, p. 839 (1 August 1985).

12. See the reference to this in the President's draft response to her letter to him of 7 March 1987: RRPL, Nelson Ledsky Files, RAC, box 9, United Kingdom – 1987 – Memos, Letters.

13. P. Cradock, *In Pursuit of British Interests Reflections on Foreign Policy under Margaret Thatcher and John Major*, p. 95.

14. A. Chernyaev, *Sovmestnyi iskhod. Dnevnik dvukh epokh. 1971–1991 gody*, p. 806 (5 October 1989).

15. *Ibid.*, p. 653 (3 November 1985).

16. G. Shultz: interview with R. Service and P. Robinson, Hoover Institution, 1 September 2009.

17. Politburo meeting, 21–22 May 1987: Anatoli Chernyaev Papers (RESCA), box 1, p. 231.

18. *Los Angeles Times*, 25 October 1986.

19. Politburo meeting, 4 June 1987: Anatoli Chernyaev Papers (RESCA), box 1, p. 238.

20. House of Commons Debates, 29 January 1987, vol. 109, cc. 341–2.

21. Cradock, *In Pursuit of British Interests*, p. 100.

22. T. G. Stepanov-Mamaladze diary, 1 April 1987: T. G. Stepanov-Mamaladze Papers (HIA), box 5.

23. Interview with Sir Bryan Cartledge, 14 November 2007, p. 56: BDOHP.

24. Personal recollection about a Moscow trip in October 1987.

25. Gorbachëv's meeting with E. A. Shevardnadze, A. F. Dobrynin, A. N. Yakovlev, V. A. Medvedev and A. S. Chernyaev, 1 April 1987: Anatoli Chernyaev Papers (RESCA), box 1, pp. 175–6.

26. Politburo meeting, 2 April 1987: *ibid.*, p. 183.

27. *Ibid.*, pp. 180–2.

28. Interview with Sir Bryan Cartledge, 14 November 2007, p. 57: BDOHP.

29. House of Commons Debates, 26 June 1987, vol. 118, cols. 158–68.

30. Interview with L. M. Zamyatin, *Kommersant*, 3 May 2005; M. Thatcher, press conference, 7 December: Margaret Thatcher Foundation: www.margaret-thatcher.org/document/106982.

31. A. S. Chernyaev to M. S. Gorbachëv, 10 November 1987: Anatoli Chernyaev Papers (RESCA), box 2, folder 8.
32. M. Thatcher, press conference, 7 December: Margaret Thatcher Foundation: www.margaretthatcher.org/document/106982
33. Interview with L. M. Zamyatin, *Kommersant*, 3 May 2005.
34. Cradock, *In Pursuit of British Interests*, p. 100.
35. *Ibid.*, p. 101.
36. R. Braithwaite, 'Moscow Diary', 6 April 1989.
37. They addressed each other with the equivalent of the Russian familiar 'you': T. G. Stepanov-Mamaladze working notes, 14 July 1987: T. G. Stepanov-Mamaladze Papers (HIA), box 2.
38. G. Shultz: interview with R. Service and P. Robinson, Hoover Institution, 1 September 2009.
39. Record of conversation with M. Thatcher: Braithwaite, 'Moscow Diary', 13 September 1988.
40. Politburo meeting 10 March 1988: Anatoli Chernyaev Papers (RESCA), box 1, p. 371.
41. Polish Central Committee meeting, 10 December 1988: Poland, 1986–1989: The End of the System (HIA), box 1, folder 2, item 8, pp. 26–7.
42. Braithwaite, 'Moscow Diary', 13 September 1988.
43. T. G. Stepanov-Mamaladze working notes, 18 January 1988: T. G. Stepanov-Mamaladze Papers (HIA), box 1.
44. Attali, *Verbatim*, vol. 2, p. 287 (28 March 1987).
45. T. G. Stepanov-Mamaladze diary, 19 January 1988: T. G. Stepanov-Mamaladze Papers (HIA), box 5.
46. *Ibid.*
47. H. Kohl's interview with G. Palkot (n.d.): Peter Robinson Papers (HIA), box 21.
48. *Ibid.*
49. A. S. Chernyaev (interview), HIGFC (HIA), box 1, folder 12, p. 17.
50. I. Korchilov, *Translating History: Thirty Years on the Front Lines of Diplomacy with a Top Russian Interpreter*, p. 201.
51. Attali, *Verbatim*, vol. 3, p. 132 (conversation between F. Mitterrand and M. Gorbachëv, 25 November 1988).
52. Politburo meeting, 2 December 1988: Anatoli Chernyaev Papers (RESCA), box 1, p. 509; Politburo meeting, 2 December 1988: *V Politbyuro TsK KPSS. Po zapisyam Anatoliya Chernyaeva, Vadima Medvedeva, Georgiya Shakhnazarova, 1985–1991*, pp. 365–6.
53. Chernyaev, *Sovmestnyi iskhod*, p. 788 (16 April 1989).
54. Korchilov, *Translating History*, p. 209.
55. Politburo meeting, 13 April 1989: Anatoli Chernyaev Papers (RESCA), box 1, p. 38.
56. Korchilov, *Translating History*, p. 213.
57. Chernyaev, *Sovmestnyi iskhod*, p. 788 (16 April 1989).

58. Politburo meeting, 13 April 1989: Anatoli Chernyaev Papers (RESCA), box 1,
p. 37.
59. *Ibid.*, pp. 37-8.
60. Braithwaite, 'Moscow Diary', 19 May 1989.

第二十八章　东欧：混乱与抵抗

1. General Department of the Secretariat, 'Nekotorye dannye o deyatel'nosti Politbyuro i Sekretariata TsK KPSS v 1985' (n.d.), pp. 13-14: Dmitri A. Volkogonov Papers (HIA), reel 17.
2. T. G. Stepanov-Mamaladze working notes, 19 March 1986: T. G. Stepanov-Mamaladze Papers (HIA), box 1.
3. Gorbachëv's conversation with his aides, 29 September 1986: Anatoli Chernyaev Papers (RESCA), box 1, pp. 70-1 and *V Politbyuro TsK KPSS. Po zapisyam Anatoliya Chernyaeva, Vadima Medvedeva, Georgiya Shakhnazarova, 1985-1991*, p. 71.
4. T. G. Stepanov-Mamaladze working notes, 30 June 1986: T. G. Stepanov-Mamaladze Papers (HIA), box 1.
5. Politburo meeting, 23 October 1986: *Otvechaya na vyzov vremeni: Vneshnyaya politika perestroiki: Dokumental'nye svidetel'stva*, pp. 524-5.
6. V. M. Falin (interview), HIGFC (HIA), box 1, folder 15, p. 29.
7. A. S. Grachëv's interview with V. Musatov, 20 December 1997: A. Grachev, *Gorbachev's Gamble: Soviet Foreign Policy and the End of the Cold War*, p. 119.
8. Gorbachëv's report to Politburo meeting, 13 November 1986: *V Politbyuro TsK KPSS*, pp. 92-3.
9. Politburo meeting, 13 November 1986: RGASPI, f. 89, op. 42, d. 16, p. 1.
10. J. Attali, *Verbatim*, vol. 2: *Chronique des années 1986-1988*, p. 189 (27 October 1986).
11. 'Ob itogakh Varshavskogo soveshchaniya sekretarei TsK stran SEV', Politburo meeting, 29 January 1987: Anatoli Chernyaev Papers (RESCA), box 1, pp. 140-1.
12. Gorbachëv's résumé, Politburo meeting, 29 January 1987: *V Politbyuro TsK KPSS*, p. 122.
13. Gorbachëv's conversation with his aides, 29 September 1986: Anatoli Chernyaev Papers (RESCA), box 1, pp. 70-1 and *V Politbyuro TsK KPSS*, p. 71.
14. Gorbachëv's résumé, Politburo meeting, 29 January 1987: *V Politbyuro TsK KPSS*, pp. 122-3.
15. 'Eduard Ambrosevich's Impressions from Poland' (n.d.), pp. 9-10: A. L. Adamishin Papers (HIA), box 1: Diaries 1987.
16. Politburo meeting, 23 April 1987: Anatoli Chernyaev Papers (RESCA), box 1, p. 197.
17. Politburo meeting, 1 July 1987: *ibid.*, pp. 256-7; record of conversation between M. S. Gorbachëv and E. Krenz, 1 November 1989: *Mikhail Gorbachëv*

i germanskii vopros (eds A. Galkin and A. Chernyaev), pp. 235–6; interview with L. M. Zamyatin, *Kommersant*, 3 May 2005.

18. V. M. Falin (interview), HIGFC (HIA), box 1, folder 15, p. 29.
19. V. Falin, *Konflikty v Kremle: sumerki bogov po-russki*, p. 148.
20. T. G. Stepanov (interview), HIGFC (HIA), box 3, folder 1, p. 25.
21. *Ibid.*
22. Politburo meeting, 2 April 1987: Anatoli Chernyaev Papers (RESCA), box 1, p. 188; Politburo meeting, 16 April 1987: *V Politbyuro TsK KPSS*, pp. 143–4.
23. 'Iz razmyshlenii v uzkom krugu po podgotovke 70-letiya Oktyabrya', 29 April 1987, p. 1: Anatoli Chernyaev Papers (RESCA), box 2, folder 2.
24. Politburo meeting, 4 June 1987: *V Politbyuro TsK KPSS*, p. 168.
25. T. G. Stepanov-Mamaladze, 'K besede s nemtsami iz Nut'ingena' (retrospective notes: n.d.), p. 1: T. G. Stepanov-Mamaladze Papers (HIA), box 2; T. G. Stepanov (interview), HIGFC (HIA), box 3, folder 1, pp. 25–6.
26. Attali, *Verbatim*, vol. 2, p. 279 (17 March 1987).
27. V. A. Kryuchkov (interview), HIGFC (HIA), box 2, folder 7, p. 39.
28. S. P. Tarasenko (interview), *ibid.*, box 3, folder 2, p. 56.
29. T. G. Stepanov-Mamaladze working notes, 30 May 1987: T. G. Stepanov-Mamaladze Papers (HIA), box 2.
30. National Security Committee annotations on Robinson's 29 May 1987 draft: Jim Mann Papers (HIA), box 55.
31. C. L. Powell to T. Griscom, 1 June 1987: *ibid.*
32. A. R. Dolan to R. Reagan, who had asked him to thank Robinson, 15 June 1987: *ibid.*
33. R. Reagan, speech at the Brandenburg Gate, 12 June 1987: www.reagan.utexas.edu/archives/speeches/1987/061287d.htm.
34. A. Bovin, *Izvestiya*, 18 June 1986.
35. *New York Times*, 12 June 1987.
36. *Chicago Tribune*, 27 September 1987.
37. Conversation between G. H. W. Bush and M. S. Gorbachëv (Washington), 10 December 1987: *Otvechaya na vyzov vremeni*, pp. 190–1.
38. 'K vystupleniyu na rabochei vstreche 10 noyabrya 1987 goda', pp. 7, 9, 10 and 14–15: Anatoli Chernyaev Papers (RESCA), box 2, folder 6.
39. Politburo meeting, 19 November 1987: *ibid.*, box 1, p. 306.
40. A. S. Chernyaev (interview), HIGFC (HIA), box 1, folder 12, pp. 69–70.
41. V. A. Medvedev (interview), *ibid.*, box 2, folder 10, pp. 47–8.
42. Quoting an article in *Baricada*; V. A. Medvedev (interview), HIGFC (HIA), box 2, folder 10, p. 35.
43. T. G. Stepanov-Mamaladze diary, 11 December 1987: T. G. Stepanov-Mamaladze Papers (HIA), box 5; S. P. Tarasenko (interview), HIGFC (HIA), box 3, folder 2, p. 56.
44. S. P. Tarasenko (interview), HIGFC (HIA), box 3, folder 2, pp. 56–7.
45. T. G. Stepanov-Mamaladze working notes, 11 December 1987: T. G. Stepanov-Mamaladze Papers (HIA), box 2.
46. T. G. Stepanov-Mamaladze diary, 11 December 1987: *ibid.*, box 5.

47. Conversation between M. S. Gorbachëv and M. Jakes (Moscow), 11 January 1988: *Otvechaya na vyzov vremeni*, p. 542.
48. Conversation between M. S. Gorbachëv and M. Jakes (Moscow), 18 April 1989: *ibid.*, p. 566.
49. Politburo meeting, 10 March 1988: Anatoli Chernyaev Papers (RESCA), box 1, p. 369.
50. Politburo meeting, 3 March 1988: *ibid.*, p. 365.
51. Politburo meeting, 10 March 1988: *ibid.*, pp. 368–70.
52. Joint Soviet-Yugoslav declaration, *Pravda*, 19 March 1988, p. 1.
53. A. N. Yakovlev, 'Ob itogakh soveshchaniya sekretarei TsK bratskikh partii sotsialisticheskikh stran po ideologicheskim voprosam (Ulan-Bator, 16–17 marta 1988 g.)': memorandum to the Central Committee, 21 March 1988: *Aleksandr Yakovlev. Perestroika, 1985–1991. Neizdannoe, maloizvestnoe, zabytoe* (ed. A. A. Yakovlev), pp. 187–91.
54. T. G. Stepanov-Mamaladze working notes, 29 March 1988: T. G. Stepanov-Mamaladze Papers (HIA), box 2.
55. T. G. Stepanov-Mamaladze diary, 30 March 1988: *ibid.*, box 5.
56. T. G. Stepanov-Mamaladze working notes, 26 April 1988: *ibid.*, box 2, folder 7; T. G. Stepanov-Mamaladze diary, 28 April 1988: *ibid.*, box 5; T. G. Stepanov-Mamaladze, 'K besede s nemtsami iz Nut'ingena' (retrospective notes: n.d.), p. 1: *ibid.*, box 2.
57. Directorate of Intelligence report, 22 July 1988, pp. 1 and 8: RRPL, Nelson Ledsky Files, RAC, box 8.
58. *Tajne dokumenty Biura Politicznego i Sekretariatu KS: Ostatni rok władzy 1988–1989* (ed. S. Perzkowski), pp. 32–3: Polish Politburo, 23 August 1989.
59. Politburo meeting, 21 July 1988: Anatoli Chernyaev Papers (RESCA), box 1, p. 437.
60. Polish Politburo meeting, 21 August 1988: *Poland, 1986–1989: The End of the System* (HIA), box 1, folder 2, item 4, p. 10.
61. Polish Central Committee secretariat meeting, 4 October 1988: *ibid.*, box 1, folder 2, item 6, pp. 40–1.
62. *Ibid.*, p. 52.
63. V. A. Medvedev, *Raspad: kak on nazreval v 'mirovoi sisteme sotsializma'*, pp. 89–91. See also M. Kramer, 'Gorbachev and the Demise of East European Communism', in S. Pons and F. Romero (eds), *Reinterpreting the End of the Cold War. Issues, Interpretations, Periodizations*, p. 188.
64. G. Shakhnazarov, *Tsena svobody: reformatsiya Gorbachëva glazami ego pomoschnika*, pp. 367–9.
65. T. G. Stepanov-Mamaladze working notes, 29 October 1988: T. G. Stepanov-Mamaladze Papers (HIA), box 2.
66. 'Zapis' besedy A. N. Yakovleva s General'nym sekretarëm TsK KPCh M. Yakeshem', 14 November 1988: *Aleksandr Yakovlev. Perestroika, 1985–1991*, p. 273.
67. T. G. Stepanov-Mamaladze diary, 29 October 1988: T. G. Stepanov-Mamaladze Papers (HIA), box 5.

68. V. L. Kataev, diary 1987–1992: 10 November 1988: Vitalii Leonidovich Kataev Papers (HIA), box 2, folder 4.

69. J. Sasser to F. C. Carlucci, 21 June 1988: RRPL, Stephen Danzansky Files (NSC): RAC, box 12.

70. 'Soviet Policy During the Next Phase of Arms Control in Europe', Special National Intelligence Estimate: November 1988, p. 12: CIA Papers.

71. 'Soviet Policy Toward Eastern Europe Under Gorbachev: National Intelligence Estimate', May 1988, pp. 16–17 and 19: *ibid.*

72. 'Soviet Policy During the Next Phase of Arms Control in Europe', Special National Intelligence Estimate: November 1988, p. 12: *ibid.*

第二十九章　撤离阿富汗

1. A. L. Adamishin, conspectus of notes on the year 1986, p. 6 (comments by E. A. Shevardnadze): A. L. Adamishin Papers (HIA), box 1: Diaries 1986.

2. Politburo meeting, 23 February 1987: Anatoli Chernyaev Papers (RESCA), box 1, p. 153; Politburo meeting, 23 February 1987: *V Politbyuro TsK KPSS. Po zapisyam Anatoliya Chernyaeva, Vadima Medvedeva, Georgiya Shakhnazarova, 1985–1991*, p. 129.

3. E. A. Shevardnadze in a comment to T. G. Stepanov-Mamaladze: T. G. Stepanov-Mamaladze diary, 17 November 1985: T. G. Stepanov-Mamaladze Papers (HIA), box 5.

4. A. J. Kuperman, 'The Stinger Missile and the U.S. Intervention in Afghanistan', *Political Science Quarterly*, no. 2 (1999), p. 235.

5. *The Pentagon's Spies* (National Security Archive Electronic Briefing Book), doc. 13: report of Commander of 500th Military Intelligence Group (INSCOM), 1987, p. 1.

6. Interview with Caspar Weinberger, 19 November 2002, p. 31: RROHP.

7. 'Afghanistan', briefing paper prepared for M. Ș. Gorbachëv on the history of the decisions on the Soviet military withdrawal from the war in Afghanistan, no earlier than 23 August 1990, p. 1: Anatoli Chernyaev Papers (RESCA), box 2, folder 4.

8. M.S. Gorbachëv at Politburo meeting, 26 June 1986: *V Politbyuro TsK KPSS*, p. 52.

9. Aide-memoire, 'Afghanistan', prepared for M. S. Gorbachëv on the history of the decisions on the Soviet military withdrawal from the war in Afghanistan, no earlier than 23 August 1990, pp. 1–2: Anatoli Chernyaev Papers (RESCA), box 2, folder 4.

10. *Ibid.*, p. 2.

11. Politburo meeting, 13 November 1986: RGASPI, f. 89, op. 42, d. 16, pp. 8–9; Politburo meeting, 13 November 1986: *V Politbyuro TsK KPSS*, pp. 94–5.

12. T. G. Stepanov-Mamaladze working notes, 5 January 1987: T. G. Stepanov-Mamaladze Papers (HIA), box 2.

13. *Ibid.*, 8 January 1987.
14. *Ibid.*, 13 January 1987.
15. Politburo meeting, 21 January 1987, pp. 129–30: Anatoli Chernyaev Papers (RESCA), box 1.
16. Politburo meeting, 21 January 1987, pp. 130–1: *ibid.*; Politburo meeting, 21–22 January 1987: *V Politbyuro TsK KPSS*, pp. 118–20.
17. Politburo meeting, 21 January 1987, p. 131: Anatoli Chernyaev Papers (RESCA), box 1.
18. Politburo meeting, 23–26 February 1987, p. 153: *ibid.*; Politburo meeting, 23 February 1987: *V Politbyuro TsK KPSS*, p. 129.
19. Politburo meeting, 23–26 February 1987, p. 153: Anatoli Chernyaev Papers (RESCA), box 1; Politburo meeting, 23 February 1987: *V Politbyuro TsK KPSS*, p. 129.
20. Politburo meeting, 26 February 1987, p. 156: Anatoli Chernyaev Papers (RESCA), box 1.
21. Politburo meeting, 21–22 May 1987, pp. 232–3: *ibid.*; *V Politbyuro TsK KPSS*, pp. 164–6.
22. Politburo meeting, 21–22 May 1987, pp. 234–5: Anatoli Chernyaev Papers (RESCA), box 1.
23. Politburo meeting, 11 June 1987, p. 248: *ibid.*
24. T. G. Stepanov-Mamaladze working notes, 15 July 1987: T. G. Stepanov-Mamaladze Papers (HIA), box 2.
25. I. Korchilov, *Translating History: Thirty Years on the Front Lines of Diplomacy with a Top Russian Interpreter*, p. 41.
26. Secretary of State to all diplomatic and consular posts, 12 December 1987, p. 4: ECWF.
27. T. G. Stepanov-Mamaladze working notes, 2 January 1988: T. G. Stepanov-Mamaladze Papers (HIA), box 2.
28. *Ibid.*
29. USSR Kabul Embassy meeting: T. G. Stepanov-Mamaladze working notes, 4 January 1988: T. G. Stepanov-Mamaladze Papers (HIA), box 2.
30. T. G. Stepanov-Mamaladze working notes, 11 March 1988: *ibid.*
31. T. G. Stepanov-Mamaladze diary, 23 March 1988: *ibid.*, box 5.
32. A. Chernyaev, *Sovmestnyi iskhod. Dnevnik dvukh epokh. 1971–1991 gody*, p. 749 (2 April 1988); T. G. Stepanov-Mamaladze working notes, 3 April 1988: T. G. Stepanov-Mamaladze Papers (HIA), box 2.
33. Chernyaev, *Sovmestnyi iskhod*, p. 749 (2 April 1988).
34. *Ibid.*, p. 749 (2 April 1988); T. G. Stepanov-Mamaladze working notes, 3 April 1988: T. G. Stepanov-Mamaladze Papers (HIA), box 2.
35. *Ibid.*, 4 April 1988.
36. Politburo meeting, 14 April 1988: *V Politbyuro TsK KPSS*, pp. 288–9; T. G. Stepanov (interview), HIGFC (HIA), box 3, folder 1, p. 8.
37. Politburo meeting, 14 April 1988: *V Politbyuro TsK KPSS*, pp. 288–9; T. G. Stepanov (interview), HIGFC (HIA), box 3, folder 1, p. 8.

38. Politburo meeting, 18 April 1988: *V Politbyuro TsK KPSS*, pp. 290–1.
39. T. G. Stepanov-Mamaladze diary, 4 August 1988: T. G. Stepanov-Mamaladze Papers (HIA), box 5.
40. T. G. Stepanov-Mamaladze working notes, 16 July 1990: *ibid.*, box 3; T. G. Stepanov-Mamaladze diary, 16 July 1990: *ibid.*, box 5.
41. T. G. Stepanov-Mamaladze working notes, 8 January 1987: *ibid.*, box 1, folder 14.
42. Politburo meeting, 18 April 1988: *V Politbyuro TsK KPSS*, p. 291.
43. G. P. Shultz to R. Reagan, 23 June 1988: RRPL, Executive Secretariat, NSC, Head of State Files: USSR: General Secretary Gorbachev, box 41.
44. P. Solomon: third meeting (led by P. Solomon and V. Polyakov), 30 May 1988 (memcon), pp. 5–6: RRPL, Fritz W. Ermath Files, box 92084, 1988 US–Soviet Memcons, May 26 – June 3, 1988.
45. T. G. Stepanov-Mamaladze diary, 4 August 1988: T. G. Stepanov-Mamaladze Papers (HIA), box 5.
46. Chernyaev, *Sovmestnyi iskhod*, p. 769 (28 October 1988).
47. T. G. Stepanov-Mamaladze diary, 16 January 1989: T. G. Stepanov-Mamaladze Papers (HIA), box 5.
48. *Ibid.*, 23 January 1989.
49. T. G. Stepanov-Mamaladze working notes, 23 January 1989: T. G. Stepanov-Mamaladze Papers (HIA), box 2.
50. Chernyaev, *Sovmestnyi iskhod*, pp. 782–3 (20 January 1989).
51. E. A. Shevardnadze in a comment to T. G. Stepanov-Mamaladze: T. G. Stepanov-Mamaladze diary, 11 March 1989: T. G. Stepanov-Mamaladze Papers (HIA), box 5.
52. Chernyaev, *Sovmestnyi iskhod*, p. 786 (11 March 1989).

第三十章 困难重重

1. Directorate of Central Intelligence, 'Soviet Dependence on Imports from the West: Why the Numbers Belie the Rhetoric', November 1988, pp. 2, 5, 7 and 9: CIA Papers.
2. 'Soviet Policy Toward the West and the Gorbachev Challenge', National Intelligence Estimate, April 1989, pp. 11–12 and 17: *ibid.*
3. *Washington Post*, 17 April 1987.
4. C. W. Weinberger, 'It's Time to Get S.D.I. Off the Ground', *New York Times*, 21 August 1987.
5. C. Weinberger (interview), HIGFC (HIA), box 3, folder 4, pp. 18 and 54.
6. C. Weinberger to R. Reagan, 15 May 1987: RRPL, Frank C. Carlucci Files, box 92463, Secretary Weinberger (Meetings with President).
7. C. Weinberger, *Annual Report to the Congress: Fiscal Year 1988*, pp. 13, 23–4, 52–5.
8. *Ibid.*, p. 213.
9. *Ibid.*, p. 215.

10. *Wall Street Journal*, 15 May 1987.
11. *Washington Post*, 6 November 1987.
12. T. G. Stepanov-Mamaladze diary, 9 November 1987: T. G. Stepanov-Mamaladze Papers (HIA), box 5.
13. Maureen Dowd, *New York Times*, 12 December 1987.
14. C. P. Weinberger, statement before the Senate Foreign Relations Committee, 2 February 1988, pp. 1–8: Committee on the Present Danger Papers (HIA), box 68.
15. R. Perle, *New York Times*, 1 August 1988.
16. Personal interview with Charles Hill, 22 July 2011.
17. R. B. Dawson to H. H. Baker, memo on conversation with Perle, 19 November 1987: RRPL, H. H. Baker Files, box 2, folder: INF.
18. R. Perle, statement before the Senate Foreign Relations Committee, 16 February 1988, pp. 1–9: Committee on the Present Danger Papers (HIA), box 68.
19. J. J. Kirkpatrick, testimony before the Senate Armed Services Committee, 29 January 1988, pp. 1–6: *ibid.*
20. F. W. Ermath to C. L. Powell, 12 November 1987 (memo): RRPL, Fritz W. Ermath Files, box 92244, Policy Review Group – Summit Planning.
21. Notes on meeting with conference of presidents of major Jewish organizations (Washington), 12 August 1987, p. 5: *ibid.*, Max Green Files, box 39.
22. J. Attali, *Verbatim*, vol. 2: *Chronique des années 1986–1988*, p. 278 (17 March 1987).
23. Interview of G. P. Shultz by D. Brinkley, ABC News, 6 December 1987: Committee on the Present Danger (HIA), box 112, folder: Shultz 1987–1989.
24. *National Review*, 22 January 1987, p. 72.
25. R. Reagan to W. F. Buckley, 5 May 1987: W. F. Buckley Jr, *The Reagan I Knew*, p. 201.
26. R. Nixon and H. Kissinger, 'A Real Peace', *National Review*, 22 May 1987, p. 32.
27. W. F. Buckley to R. Reagan, 18 October 1987: Buckley, *The Reagan I Knew*, p. 205.
28. W. F. Buckley, 'Thank God He's Gone', *National Review*, 22 January 1988.
29. G. Will, 'Reagan's Disarmament': *Newsweek*, 14 December 1987.
30. Interview with Frank Carlucci, 28 August 2001, p. 24: RROHP.
31. *New York Times*, 18 December 1986.
32. F. Carlucci (interview), HIGFC (HIA), box 1, folder 10, pp. 26–7; G. Shultz (interview), *ibid.*, box 2, folder 20, p. 46; Interview with Frank Carlucci, 28 August 2001, pp. 22–3: RROHP.
33. *Washington Post*, 13 November 1987.
34. F. Carlucci (interview), HIGFC (HIA), box 1, folder 10, pp. 5–6.
35. T. G. Stepanov-Mamaladze diary, 22 March 1988: T. G. Stepanov-Mamaladze Papers (HIA), box 5.
36. Notes for the Politburo, 28 September 1987, p. 6: Anatoli Chernyaev Papers (RESCA), box 2, folder 2.

37. D. Andreas (Chairman, Archer-Daniels-Midland Company) to R. Reagan, 11 July 1988 (memo on meeting with N. I. Ryzhkov): RRPL, Stephen Danzansky Files (NSC): RAC, box 12.

38. Commission on Integrated Long-Term Strategy, *Discriminate Deterrence*, pp. 2, 3, 7 and 28.

39. P. Kennedy, 'Not So Grand Strategy', *New York Review of Books*, 12 May 1988.

40. A. Chernyaev, *Sovmestnyi iskhod. Dnevnik dvukh epokh. 1971–1991 gody*, p. 745 (28 March 1988).

41. *Ibid.*, pp. 747–8 (1 April 1988).

42. A. S. Chernyaev (interview), HIGFC (HIA), box 1, folder 12, pp. 26–7.

43. K. N. Brutents, *Nesbyvsheesya. Neravnodushnye zametki o perestroike*, p. 210.

44. Chernyaev, *Sovmestnyi iskhod*, p. 753 (24 April 1988).

45. *Ibid.*, p. 814 (29 October 1989).

46. V. L. Kataev, diary for 1988, p. 158 (no date): Vitalii Leonidovich Kataev Papers (HIA), box 1, folder 2.

47. L. N. Zaikov, speech, n.d., p. 2: *ibid.*, disk 1, LEW-28.

48. L. N. Zaikov, Theses (some time in 1987), p. 6: *ibid.*, box 13, folder 28.

49. V. L. Kataev, 'Struktura podgotovki i prinyatiya reshenii po voenno-politicheskim problemam v SSSR', p. 17: *ibid.*, box 16.

50. V. L. Kataev (interview), HIGFC (HIA), box 2, folder 4, p. 21.

51. R. Z. Sagdeev, *The Making of a Soviet Scientist: My Adventures in Nuclear Fusion and Space from Stalin to Star Wars*, pp. 257 and 260.

52. Politburo meeting, 3 March 1988, p. 5: Anatoli Chernyaev Papers (RESCA), box 2, folder 3.

53. Central Committee plenum, 23 May 1988: *V Politbyuro TsK KPSS. Po zapisyam Anatoliya Chernyaeva, Vadima Medvedeva, Georgiya Shakhnazarova, 1985–1991*, pp. 318–19 and 320.

54. T. G. Stepanov-Mamaladze diary, 23 May 1988: T. G. Stepanov-Mamaladze Papers (HIA), box 5.

55. Politburo meeting, 20 June 1988: *V Politbyuro TsK KPSS*, pp. 327–8.

56. T. G. Stepanov (interview), HIGFC (HIA), box 3, folder 1, p. 7.

57. T. G. Stepanov-Mamaladze diary, 13 September 1987: T. G. Stepanov-Mamaladze Papers (HIA), box 5.

58. *Ibid.*, 23 May 1988.

59. Central Committee plenum, 30 September 1988: *V Politbyuro TsK KPSS*, p. 351.

60. *Ibid.*, p. 351.

61. Central Committee plenum, 28 November 1988: RGASPI, f. 3, op. 5, d. 178, pp. 33 and 35.

62. Central Committee plenum, 30 September 1988: *V Politbyuro TsK KPSS*, pp. 351–2.

63. V. M. Chebrikov, 'O rezul'tatakh raboty po preduprezhdeniyu terroristicheskikh proyavlenii na territorii SSSR', 11 January 1988, pp. 1–5: Dmitri A. Volkogonov Papers (HIA), reel 18.

64. *Ibid.*, p. 772 (9 November 1988).
65. S. F. Akhromeev in S. F. Akhromeev and G. M. Kornienko, *Glazami marshala i diplomata*, p. 216.
66. A. L. Adamishin Papers (HIA), box 1: Diaries 1987, 25 July 1987.
67. *Soviet Intentions 1965–1985*, vol. 2: *Soviet Post-Cold War Testimonial Evidence*: interview of Col. Gen. A. A. Danilevich, 9 December 1994, pp. 67–8.
68. Shevardnadze in conversation with Baker: T. G. Stepanov-Mamaladze working notes, 12 September 1991: T. G. Stepanov-Mamaladze Papers (HIA), box 3.
69. *Soviet Intentions 1965–1985*, vol. 2: interview of Lt. Gen. G. V. Batenin, 6 August 1993, p. 8.
70. R. Braithwaite, 'Moscow Diary', 21 February 1990.
71. T. G. Stepanov-Mamaladze working notes, 25 March 1988: T. G. Stepanov-Mamaladze Papers (HIA), box 2.
72. A. L. Adamishin Papers (HIA), box 1: Diaries 1987, 25 July 1987; V. L. Kataev (interview), HIGFC (HIA), box 2, folder 4, pp. 52–4.
73. S. P. Tarasenko (interview), HIGFC (HIA), box 3, folder 2, p. 27.
74. This was V. L. Kataev's judgement in his untitled memoir notes filed as PAZNOGL, p. 8: Vitalii Leonidovich Kataev Papers (HIA), disk 3.
75. *Ibid.*, p. 8.
76. *Soviet Intentions 1965–1985*, vol. 2: interview of Col. Gen. A. A. Danilevich, 9 December 1994, p. 68.
77. *Ibid.*: interview of Col. Gen. A. A. Danilevich, 24 September 1992, p. 43.
78. V. L. Kataev, untitled memoir notes filed as PAZNOGL, p. 3: Vitalii Leonidovich Kataev Papers (HIA), disk 3.
79. V. N. Chernavin (interview), HIGFC (HIA), box 1, folder 11, p. 8.

第三十一章　里根离任之际

1. Politburo meeting, 6 June 1988: Anatoli Chernyaev Papers (RESCA), box 1, p. 423.
2. M. S. Gorbachëv to the Political Consultative Committee in Warsaw (Soviet record), 15 July 1988, p. 2: PHPCS.
3. *Ibid.*, pp. 3–4.
4. *Ibid.*, p. 8.
5. *Ibid.*, p. 16.
6. V. L. Kataev, 'Struktura podgotovki i prinyatiya reshenii po voenno-politicheskim problemam v SSSR', p. 21: Vitalii Leonidovich Kataev Papers (HIA), box 16.
7. M. S. Gorbachëv to R. Reagan, 20 September 1988: RRPL, Executive Secretariat, NSC, Head of State Files: USSR: General Secretary Gorbachev, box 41.
8. T. G. Stepanov-Mamaladze diary, 23 September 1988: T. G. Stepanov-Mamaladze Papers (HIA), box 5.

9. *Ibid.*

10. G. Shultz: interview with R. Service and P. Robinson, Hoover Institution, 1 September 2009.

11. *New York Times*, 15 October 1988.

12. C. Hill, diary (17 October 1988): Charles Hill Papers (HIA), box 66, folder: Miscellany.

13. Gorbachëv's meeting with E. A. Shevardnadze, A. N. Yakovlev, A. F. Dobrynin, V. M. Falin and A. S. Chernyaev, 31 October 1988: Anatoli Chernyaev Papers (RESCA), box 1, pp. 499–500.

14. Politburo meeting, 24 November 1988: *V Politbyuro TsK KPSS. Po zapisyam Anatoliya Chernyaeva, Vadima Medvedeva, Georgiya Shakhnazarova, 1985–1991*, p. 361.

15. *Ibid.*

16. Gorbachëv's meeting with E. A. Shevardnadze, A. N. Yakovlev, A. F. Dobrynin, V. M. Falin and A. S. Chernyaev, 31 October 1988: Anatoli Chernyaev Papers (RESCA), box 1, p. 500.

17. Politburo meeting, 20 June 1988: *V Politbyuro TsK KPSS*, pp. 327–8.

18. T. G. Stepanov-Mamaladze diary, 7 December 1988 (afterthoughts written a day later, pp. 109–11): T. G. Stepanov-Mamaladze Papers (HIA), box 5; V. L. Kataev, 'Kartina kontsa 80-x', filed as 80–90, p. 3: Vitalii Leonidovich Kataev Papers (HIA), disk 3.

19. T. G. Stepanov-Mamaladze diary, 6 December 1988: T. G. Stepanov-Mamaladze Papers (HIA), box 5.

20. *Ibid.*, 7 December 1988.

21. M. S. Gorbachëv, *Sobranie sochinenii*, vol. 13, pp. 20, 22, 23–4, 31–2, 33–4 and 36.

22. T. G. Stepanov-Mamaladze diary, 7 December 1988: T. G. Stepanov-Mamaladze Papers (HIA), box 5.

23. Meeting on Governors Island, 7 December 1988 (memcon): National Security Archive Electronic Briefing Book no. 261, doc. 8, p. 2.

24. *Ibid.*, pp. 2–6.

25. Phone conversation (New York) between G. H. W. Bush and M. S. Gorbachëv, 8 December 1988: *Otvechaya na vyzov vremeni: Vneshnyaya politika perestroiki: Dokumental'nye svidetel'stva*, p. 221.

26. T. G. Stepanov-Mamaladze diary, 7 December 1988: T. G. Stepanov-Mamaladze Papers (HIA), box 5; T. G. Stepanov-Mamaladze working notes, 7 December 1988: T. G. Stepanov-Mamaladze Papers (HIA), box 2.

27. A. Adamishin and R. Schifter, *Human Rights, Perestroika, and the End of the Cold War*, pp. 175–6 (R. Schifter).

28. *Ibid.*, p. 179.

29. *Ibid.*, p. 180.

30. Politburo meeting, 27–8 December 1988: RGASPI, f. 89, op. 42, d. 24, pp. 1–2.

31. *Ibid.*, p. 3.

32. *Ibid.*, pp. 4–6 and 8–10.

33. *Ibid.*, pp. 6 and 12.
34. Politburo meeting minutes, 27–28 December 1988: *ibid.*, f. 89, op. 17, d. 42, p. 13.
35. Politburo meeting, 27–28 December 1988: *ibid.*, f. 89, op. 42, d. 24, pp. 8–9.
36. Politburo meeting minutes, 27–28 December 1988: *ibid.*, f. 89, op. 17, d. 42, pp. 13–19.
37. *Ibid.*, pp. 22–4.
38. *Ibid.*, pp. 24–5.
39. *Ibid.*, p. 25.
40. *Ibid.*, pp. 25–6.
41. Politburo meeting, 27–8 December 1988: *ibid.*, f. 89, op. 42, d. 24, pp. 16–17.
42. *Ibid.*, pp. 13–14.
43. Politburo meeting minutes, 27–28 December 1988: *ibid.*, f. 89, op. 17, d. 42, pp. 26–8.
44. *Ibid.*, pp. 32–4.
45. *Ibid.*, p. 34.

第三十二章　第五人

1. *New York Times*, 3 November 1989.
2. *Ibid.*
3. G. H. W. Bush to M. S. Gorbachëv, letter handed over by H. Kissinger in Moscow, 17 January 1989: *Otvechaya na vyzov vremeni: Vneshnyaya politika perestroiki: Dokumental'nye svidetel'stva*, p. 223.
4. Telephone conversation between G. H. W. Bush and M. S. Gorbachëv, 23 January 1989, p. 2: http://bushlibrary.tamu.edu/research/pdfs/memcons_telcons/1989-01-23--Gorbachev.pdf
5. T. G. Stepanov-Mamaladze diary, 8 January 1989: T. G. Stepanov-Mamaladze Papers (HIA), box 5.
6. *New York Times*, 25 January 1989.
7. C. Hill, notes (5 March 1992) on 'Transition', p. 1: Charles Hill Papers (HIA), box 67.
8. J. Attali, *Verbatim*, vol. 3: *Chronique des années 1988–1991*, p. 271 (F. Mitterrand, 28 June 1989).
9. First AAASS Conference on Science, Arms Control and National Security, 4–5 December 1986, p. 44: Thomas H. Johnson Papers (HIA), box 52.
10. G. H. W. Bush, 'Address on Administration Goals', 9 February 1989: http://bushlibrary.tamu.edu/research/public_papers.php?id=51&year=1989&month=2.
11. Attali, *Verbatim*, vol. 3, p. 202 (31 March 1989).
12. Central Committee plenum, 10 January 1989: RGASPI, f. 3, op. 5, d. 195, p. 20.
13. Briefing paper for Big Five (Politburo commission) meeting of 16 January 1989, pp. 1–3: Vitalii Leonidovich Kataev Papers (HIA), box 13, folder 29.

14. 'Iz besedy s G. Kissindzherom, 17 yanvarya 1989 goda', *Otvechaya na vyzov vremeni*, pp. 221–3.
15. Recollection in T. G. Stepanov-Mamaladze diary, 6 February 1989: T. G. Stepanov-Mamaladze Papers (HIA), box 5.
16. Politburo meeting, 24 January 1989, p. 6: Anatoli Chernyaev Papers (RESCA), box 1b. I have translated *balovalis'* as 'did not play up' – with its notion of childish naughtiness.
17. Politburo meeting, 24 January 1989, p. 5: *ibid*.
18. 'Zapis' besedy A. N. Yakovleva c politologom i gosudarstvennym deyatelem SShA G. Kissindzherom', 16 January 1989: *Aleksandr Yakovlev. Perestroika, 1985–1991. Neizdannoe, maloizvestnoe, zabytoe*, pp. 305–6.
19. Notes for Politburo meeting, 24 January 1989, p. 4: Anatoli Chernyaev Papers (RESCA), box 1b, folder 4.
20. V. Falin, *Bez skidok na obstoyatel'stva: politicheskie vospominaniya*, p. 437.
21. Politburo meeting, 24 January 1989: Anatoli Chernyaev Papers (RESCA), box 1, p. 6.
22. Falin, *Bez skidok na obstoyatel'stva*, p. 436.
23. Politburo meeting, 24 January 1989: *V Politbyuro TsK KPSS. Po zapisyam Anatoliya Chernyaeva, Vadima Medvedeva, Georgiya Shakhnazarova, 1985–1991*, pp. 375–6.
24. Politburo meeting, 24 January 1989: Anatoli Chernyaev Papers (RESCA), box 1b, pp. 4–5.
25. *Ibid.*, p. 4.
26. *Ibid.*, p. 5.
27. Excerpt from Politburo decree, 1 February 1989, pp. 1–3: Vitalii Leonidovich Kataev Papers (HIA), box 4, folder 31.
28. V. L. Kataev, untitled memoir notes filed as PAZNOGL, p. 10: *ibid.*, disk 3.
29. V. L. Kataev, 'Sovetskii voenno-promyshlennyi kompleks', p. 30: *ibid.*, box 16.
30. *Ibid.*, p. 33.
31. O. D. Baklanov and I. S. Belousov's commentary on V. A. Kryuchkov's analysis of the socio-economic consequences of 'conversion', 4 March 1989: *ibid.*, box 11, folder 30, pp. 1–2.
32. *Ibid.*, pp. 3–4.
33. J. Abrahamson to Deputy Secretary of Defense, 9 February 1989: Albert J. Wohlstetter Papers (HIA), box 24, folder 4.
34. See the report on progress in laser-beam uniformity in Laboratory for *Laser Energetics Review: Quarterly Report* (Laboratory for Laser Energetics, University of Rochester), July–September 1989, pp. 185–202.
35. G. H. W. Bush, memo on National Security Review no. 12, 3 March 1989, pp. 1–10: National Security Archive, End of the Cold War series, box A1, folder 1.
36. T. G. Stepanov-Mamaladze diary, 5–7 March 1989: T. G. Stepanov-Mamaladze Papers (HIA), box 5; T. G. Stepanov-Mamaladze working notes, 7 March 1989: T. G. Stepanov-Mamaladze Papers (HIA), box 2.

37. *Ibid.*, 6 March 1989.
38. T. G. Stepanov-Mamaladze diary, 5–7 March 1989: *ibid.*, box 5.
39. *Ibid.*
40. *Ibid.*; T. G. Stepanov-Mamaladze working notes, 6 March 1989: *ibid.*, box 2.
41. G. E. Brown to V. A. Medvedev, no earlier than 9 March 1989: Vitalii Leonidovich Kataev Papers, box 14, folder 26.
42. See S. White, *After Gorbachev*, pp. 52–3.
43. T. G. Stepanov-Mamaladze diary, 9–18 April 1989, p. 1: T. G. Stepanov-Mamaladze Papers (HIA), box 5.
44. *Ibid.*, p. 36.
45. T. G. Stepanov(-Mamaladze) (interview), HIGFC (HIA), box 3, folder 1, p. 33.
46. *Guardian*, 19 April 1989.
47. 'Besedy N. I. v Lyuksemburge. 18.04.1989 g.', pp. 1–3: A. L. Adamishin Papers (HIA), box 1: Diaries 1989.
48. *Ibid.*, pp. 6–7.
49. *Ibid.*, pp. 8–9.
50. *Ibid.*, p. 13.
51. *Ibid.*, pp. 11–12.
52. Response to National Security Review no. 12 – Review of US Defense Strategy, part 1, 16 March 1989, pp. 7–12: National Security Archive, End of the Cold War series, box A1, folder 1.
53. Response to National Security Review no. 12 – Review of US Defense Strategy, part 2, US Defense Objectives and Strategies for the 1990s and Beyond, 3 April 1989, pp. 3, 5 and 10: *ibid.*
54. *Ibid.*
55. *Washington Post*, 5 April 1989.
56. *New York Times*, 2 April 1989.
57. *Ibid.*, 2 May 1989, p. 1.
58. R. Braithwaite, 'Moscow Diary', 25 April 1989.
59. L. N. Zaikov's report to M. S. Gorbachëv, 15 May 1990, pp. 1–3: Vitalii Leonidovich Kataev Papers (HIA), box 10, folder 2.
60. Excerpt from Politburo minutes, 25 April 1990 and accompanying 'Informatsionnyi material ob ob"ekte v Sverdlovske': Dmitri A. Volkogonov Papers (HIA), reel 17.
61. Politburo Commission on Arms Reduction Talks (minutes), 27 July 1989, pp. 1–4: Vitalii Leonidovich Kataev Papers (HIA), box 13, folder 29.
62. Aide-memoire on chemical and biological weapons (no earlier than 16 March 1990), pp. 1–2: *ibid.*, box 10, folder 4.
63. Conversation between M. S. Gorbachëv and J. A. Baker (Moscow), 11 May 1989: *Otvechaya na vyzov vremeni*, pp. 227–30.
64. *Ibid.*, p. 231.
65. Response to National Security Review no. 12 – Review of US Defense Strategy. Executive Summary, 13 May 1989, pp. 1–10: National Security Archive, End of the Cold War series, box A1, folder 1.

66. *Ibid.*, pp. 22–4.
67. G. H. W. Bush to M. S. Gorbachëv, 29 May 1989, pp. 1–2: Vitalii Leonidovich Kataev Papers (HIA), box 8, folder 20.
68. Associated Press, 13 June 1989.
69. Conversation M. S. Gorbachëv and F. Mitterrand, 4 July 1989: Gorbachëv Foundation Archive, fond 1, op. 1, reproduced in P. Stroilov, *Behind the Desert Storm*, p. 130; conversation between M. S. Gorbachëv and F. Mitterrand conversation, 5 July 1989: *ibid.*
70. G. H. W. Bush to M. S. Gorbachëv, 21 July 1989: G. Bush, *All the Best, George Bush: My Life in Letters and Other Writings*, pp. 433–4.
71. A. Chernyaev, *Sovmestnyi iskhod. Dnevnik dvukh epokh. 1971–1991 gody*, p. 818 (10 December 1989).
72. Central Committee plenum, 28 May 1989: Anatoli Chernyaev Papers (RESCA), box 1, pp. 71–2.
73. O. S. Belyakov to O. D. Baklanov, 6 June 1989: Vitalii Leonidovich Kataev Papers (HIA), box 13, folder 29.
74. T. G. Stepanov-Mamaladze working notes, 28 July 1989: T. G. Stepanov-Mamaladze Papers (HIA), box 2.
75. J. A. Baker III with T. M. DeFrank, *The Politics of Diplomacy: Revolution, War, and Peace, 1989–1992*, p. 139.
76. T. G. Stepanov-Mamaladze working notes, 21 September 1989: T. G. Stepanov-Mamaladze Papers (HIA), box 2.
77. T. G. Stepanov-Mamaladze diary, 21 August 1989: *ibid.*, box 5.
78. Memcon, meeting of G. H. W. Bush and E. A. Shevardnadze, 21 September 1989, p. 6: http://bushlibrary.tamu.edu/research/pdfs/memcons_telcons/1989-09-21-Shevardnadze.pdf
79. T. G. Stepanov-Mamaladze working notes, 21 September 1989: T. G. Stepanov-Mamaladze Papers (HIA), box 2.
80. *Ibid.*, 22 September 1989.
81. Chernyaev, *Sovmestnyi iskhod*, pp. 809–10 (15 October 1989).
82. T. G. Stepanov-Mamaladze working notes, 22 September 1989: T. G. Stepanov-Mamaladze Papers (HIA), box 2.
83. Baker with DeFrank, *The Politics of Diplomacy*, pp. 145–50.
84. Thomas Friedman, 'Baker Bars Expert's Speech About Gorbachev's Chances', *New York Times*, 27 October 1989.

第三十三章　另一片大陆：亚洲

1. Politburo meeting, 4 December 1986, p. 102: Anatoli Chernyaev Papers (RESCA), box 1a; see also the conversation between M. S. Gorbachëv and T. Zhivkov (Moscow), 11 May 1987: *Otvechaya na vyzov vremeni: Vneshnyaya politika perestroiki: Dokumental'nye svidetel'stva*, p. 531.
2. T. G. Stepanov-Mamaladze diary, 23 July 1987: T. G. Stepanov-Mamaladze Papers (HIA), box 5.

3. Politburo meeting, 8 May 1987: Anatoli Chernyaev Papers (RESCA), box 1, p. 220.
4. Shevardnadze's analysis in T. G. Stepanov-Mamaladze working notes, 11 May 1987: T. G. Stepanov-Mamaladze Papers (HIA), box 1.
5. *Ibid.*, 1–3 December 1988: box 2; Qian Qichen, *Ten Episodes in China's Diplomacy*, pp. 23–6.
6. Politburo meeting, 22 May 1987: *Otvechaya na vyzov vremeni*, p. 830.
7. K. Tōgō, *Japan's Foreign Policy, 1945–2009*, p. 244.
8. Meeting with newspaper editors, writers and ideological personnel, 7 May 1988: Anatoli Chernyaev Papers (RESCA), box 1, p. 411.
9. T. G. Stepanov-Mamaladze diary, 19 December 1988: T. G. Stepanov-Mamaladze Papers (HIA), box 5.
10. *Ibid.*, 20 December 1988.
11. *Ibid.*, 8 January 1989.
12. James Mann's interview with James Lilley, 10 September 1996, p. 5: Jim Mann Papers (HIA), box 60.
13. A. L. Adamishin Papers (HIA), box 1: Notes on Ministry of Foreign Affairs collegium meetings, 25 April 1987, p. 8.
14. Politburo meeting, 8 May 1987: Anatoli Chernyaev Papers (RESCA), box 1, p. 220.
15. T. G. Stepanov-Mamaladze working notes, 4 February 1989: *ibid.*, box 2.
16. T. G. Stepanov-Mamaladze diary, 4 February 1989: *ibid.*, box 5.
17. T. G. Stepanov-Mamaladze working notes, 4 February 1989: *ibid.*, box 2.
18. *Ibid.*
19. T. G. Stepanov-Mamaladze diary, 4 February 1989: T. G. Stepanov-Mamaladze Papers (HIA), box 5.
20. *Ibid.*, 5 February 1989.
21. Conversation between M. S. Gorbachëv and H. Assad, 24 April 1987: Gorbachëv Foundation Archive, fond 1, op. 1, reproduced in P. Stroilov, *Behind the Desert Storm*, p. 73.
22. T. G. Stepanov-Mamaladze diary, 17–27 February 1989: T. G. Stepanov-Mamaladze Papers (HIA), box 5.
23. *Ibid.*, n.d. but after 17–27 February 1989.
24. *Ibid.*
25. A. S. Chernyaev's notes on conversation between M. S. Gorbachëv and K. K. Katushev (3 March 1989), reproduced in Stroilov, *Behind the Desert Storm*, p. 64.
26. US embassy (Beijing) to Secretary of State, 18 April 1989: BEIJIN 10518: Jim Mann Papers (HIA), box 8.
27. Politburo meeting, 8 May 1987: Anatoli Chernyaev Papers (RESCA), box 1, p. 220.
28. Gorbachëv's conversation with his aides, 29 September 1986: Anatoli Chernyaev Papers (RESCA), box 1, p. 71.
29. Conversation with A. S. Chernyaev, 5 August 1988: *ibid.*, box 2, folder 2.

30. Gorbachëv frequently cast doubt on the effectiveness of Deng's path of reforms. In May 1987, when Todor Zhivkov returned from a visit to China full of admiration for the profusion of goods on sale, Gorbachëv interrupted with sceptical remarks. Two months later Gorbachëv told Rajiv Gandhi that China was running out of foreign currency and that sales of its industrial output were restricted to its elites: Karen Brutents reports these conversations, without documentary references, in *Nesbyvsheesya. Neravnodushnye zametki o perestroike*, pp. 228–9.

31. Qichen, *Ten Episodes in China's Diplomacy*, pp. 29–30.

32. T. G. Stepanov-Mamaladze working notes, 16 May 1989: T. G. Stepanov-Mamaladze Papers (HIA), box 2.

33. Discussion in Shevardnadze's entourage: *ibid.*, 16 May 1989.

34. M. S. Gorbachëv, speech, 17 May 1989: M. S. Gorbachëv, *Sobranie sochinenii*, vol. 14, pp. 207–20.

35. T. G. Stepanov-Mamaladze working notes, 18 May 1989: *ibid.*, box 2.

36. Karen Brutents reports the conversation, without documentary reference, in *Nesbyvsheesya. Neravnodushnye zametki o perestroike*, pp. 228–9.

37. J. A. Baker to G. H. Bush, memo, not later than 5 June 1989: US Department of State FOIA Documents.

38. Background briefing on Sino-Soviet arms reduction talks (n.d.): Vitalii Leonidovich Kataev Papers (HIA), box 10, folder 16. For the background see B. Lo, *Axis of Convenience: Moscow, Beijing and the New Geopolitics*, pp. 28–9.

第三十四章　全面收缩

1. V. O. Korotych, diary no. 1, 22 February 1988 (misdated as 1987): Vitalii Korotych Papers (HIA).

2. A. N. Yakovlev, 'Ob itogakh soveshchaniya sekretarei TsK bratskikh partii sotsialisticheskikh stran po ideologicheskim voprosam (Ulan-Bator, 16–17 marta 1988 g.': memorandum to the Central Committee, 21 March 1988: *Aleksandr Yakovlev. Perestroika, 1985–1991. Neizdannoe, maloizvestnoe, zabytoe*, pp. 187–91.

3. Report to Central Committee plenum, 26 June 1969: RGASPI, f. 2, op. 3, d. 161, pp. 5–6 and 8–14. See also S. Pons, *Berlinguer e la fine del comunismo*, p. 10.

4. See O. A. Westad, *The Global Cold War: Third World Interventions and the Making of Our Times*, pp. 378–95.

5. RGASPI, f. 89, op. 2, d. 2: decree of Party Secretariat, 6 May 1988.

6. V. Zagladin, Deputy Head of the International Department, to the Central Committee secretariat, 15 May 1987: *ibid.*, f. 89, op. 11, d. 41.

7. Excerpt from Secretariat meeting minutes, 18 January 1988: *ibid.*, f. 89, op. 13, d. 17.

8. Memo of K. N. Brutents, 6 January 1989: *ibid.*, f. 89, op. 13, d. 34.

9. Memo from V. M. Falin to the Central Committee, 5 December 1989; excerpt from Politburo meeting minutes, 11 December 1989: Dmitri A. Volkogonov Papers (HIA), reel 18.

10. Excerpt from Secretariat meeting, 22 February, and accompanying note from the International and Ideological Departments, pp. 1–3: *ibid.*, reel 1.

11. A. Adamishin, *Beloe solntse Angoly*, pp. 183–4.

12. A. L. Adamishin Papers (HIA), box 1: Diaries 1988, 16 April 1988; Adamishin, *Beloe solntse Angoly*, p. 104.

13. T. G. Stepanov-Mamaladze working notes, 10 May 1988: T. G. Stepanov-Mamaladze Papers (HIA), box 2.

14. A. L. Adamishin Papers (HIA), box 1: Diaries 1988, 25 August 1988.

15. Adamishin, *Beloe solntse Angoly*, pp. 59, 175–7 and 181.

16. A. S. Chernyaev to A. N. Yakovlev, 30 September 1988: A. S. Chernyaev, *Shest' let s Gorbachëvym*, pp. 259-60; A. S. Chernyaev to A. N. Yakovlev, 10 October 1988: Anatoli Chernyaev Papers (RESCA), box 2, folder 3.

17. Excerpt from Politburo meeting minutes, 19 September 1989: RGASPI, f. 89, op. 10, d. 43.

18. Excerpt from Politburo minutes, 20 December 1989 plus N. I. Ryzhkov's proposal: *ibid.*, f. 89, op. 9, d. 66, pp. 1–2.

19. G. Kh. Shakhnazarov and A. S. Chernyaev to M. S. Gorbachëv, 10 October 1989: Anatoli Chernyaev Papers (RESCA), box 2, folder 4.

20. Briefing paper on 'Military-Technical Collaboration' (n.d. but no earlier than 1992), p. 4: Vitalii Leonidovich Kataev Papers (HIA), box 12, folder 30.

21. T. G. Stepanov-Mamaladze diary, 8 January 1989: T. G. Stepanov-Mamaladze Papers (HIA), box 5.

22. *Ibid.*, 27 October 1985.

23. *Ibid.*, 17 November 1985.

24. *Ibid.*, 7 October 1987.

25. T. G. Stepanov-Mamaladze working notes, 8 October 1987: *ibid.*, box 1.

26. A. L. Adamishin Papers (HIA), box 1: Diaries 1988, 30 March 1988, pp. 1–3.

27. A. Chernyaev, *Sovmestnyi iskhod. Dnevnik dvukh epokh. 1971–1991 gody*, p. 781 (15 January 1989).

28. Politburo meeting, 28 March 1989: Anatoli Chernyaev Papers (RESCA), box 1, p. 5; Politburo meeting, 28 March 1989: *V Politbyuro TsK KPSS. Po zapisyam Anatoliya Chernyaeva, Vadima Medvedeva, Georgiya Shakhnazarova, 1985–1991*, p. 397.

29. Politburo meeting, 13 April 1989: Anatoli Chernyaev Papers (RESCA), box 1, pp. 35–7.

30. Excerpt from Politburo meeting minutes, 17 February 1990 plus proposal from E. A. Shevardnadze and A. N. Yakovlev: RGASPI, f. 89, op. 9, d. 80, pp. 1–6.

31. Briefing paper on 'Military-Technical Collaboration' (n.d. but no earlier than 1992), p. 1: Vitalii Leonidovich Kataev Papers (HIA), box 12, folder 30.

32. M. Moiseev to L. N. Zaikov, 21 March 1990: RGASPI, f. 89, op. 2, d. 10,

pp. 1–2.

33. Aide-memoire, 'Afghanistan', prepared for M. S. Gorbachëv on the history of the decisions on the Soviet military withdrawal from the war in Afghanistan, no earlier than 23 August 1990, p. 17: Anatoli Chernyaev Papers (RESCA), box 2, folder 4.

34. Excerpt from Politburo meeting minutes, 13 April 1990, including memo from Shevardnadze, Yakovlev and Kryuchkov: RGASPI, f. 89, op. 9, d. 177.

35. J. F. Matlock to J. A. Baker, telegram, 23 June 1989: US Department of State FOIA Documents.

36. Proposal by V. Ryvin (Deputy Chief of the International Department), 13 May 1991: RGASPI, f. 89, op. 4, d. 29, p. 1.

第三十五章　东欧剧变

1. Party International Department to A. N. Yakovlev, February 1989: National Security Archive, End of the Cold War series, Box A8.

2. Politburo meeting, 12 March 1989: Anatoli Chernyaev Papers (RESCA), box 1, p. 31.

3. A. Chernyaev, *Sovmestnyi iskhod. Dnevnik dvukh epokh. 1971–1991 gody*, p. 787 (3 April 1989).

4. See M. Kramer, 'Gorbachev and the Demise of East European Communism', in S. Pons and F. Romero (eds), *Reinterpreting the End of the Cold War. Issues, Interpretations, Periodizations*, p. 188.

5. T. G. Stepanov-Mamaladze diary, 20 May 1989: T. G. Stepanov-Mamaladze Papers (HIA), box 5.

6. J. Attali, *Verbatim*, vol. 3: *Chronique des années 1988–1991*, p. 241 (conversation between F. Mitterrand and G. H. W. Bush, 20 May 1989).

7. See A. Paczkowski, *The Spring Will Be Ours: Poland and the Poles from Occupation to Freedom*, pp. 507–8.

8. The first serious reference is made on 16 August; and what is more, no mention appears in that entry to Shevardnadze's personal reaction: T. G. Stepanov-Mamaladze working notes in T. G. Stepanov-Mamaladze Papers (HIA), box 2.

9. Andrei Kozyrev's testimony: R. Braithwaite, 'Moscow Diary', 12 April 1991.

10. T. G. Stepanov-Mamaladze diary, 9 June 1989: T. G. Stepanov-Mamaladze Papers (HIA), box 5.

11. M. S. Gorbachëv to the Political Consultative Committee in Bucharest (Soviet record), 7 July 1989, p. 2: PHPCS.

12. *Ibid.*, pp. 7–8.

13. *Ibid.*, pp. 11–13.

14. *Ibid.*, p. 22.

15. Conversation between M. S. Gorbachëv and F. Mitterrand (Moscow), 25 November 1988: *Otvechaya na vyzov vremeni: Vneshnyaya politika*

perestroiki: Dokumental'nye svidetel'stva, p. 400.

16. M. S. Gorbachëv to the Political Consultative Committee in Bucharest (Soviet record), 7 July 1989, p. 25: PHPCS.

17. W. Jaruzelski to the Political Consultative Committee in Bucharest (East German record, translated into English), 7 July 1989, pp. 1–5: *ibid*.

18. Memcon, meeting of G. H. W. Bush and W. Jaruzelski, 10 July 1989, pp. 1–3: http://bushlibrary.tamu.edu/research/pdfs/memcons_telcons/1989-07-10--Jaruzelski.pdf

19. Memcon, meeting of G. H. W. Bush and M. Rakowski, 10 July 1989, p. 3: *ibid*.

20. Memcon, meeting of G. H. W. Bush and M. Németh, 12 July 1989, p. 3: http://bushlibrary.tamu.edu/research/pdfs/memcons_telcons/1989-07-12--Nemeth.pdf

21. Memcon, meeting of G. H. W. Bush and I. Poszgay, 12 July 1989, p. 2: http://bushlibrary.tamu.edu/research/pdfs/memcons_telcons/1989-07-12--Poszgay.pdf

22. Braithwaite, 'Moscow Diary', 12 July 1989.

23. 'Zapis' besedy A. N. Yakovleva s poslom v SSSR Dzh. Metlokom', 20 July 1989: *Aleksandr Yakovlev. Perestroika, 1985–1991. Neizdannoe, maloizvestnoe, zabytoe*, pp. 340–2.

24. See Kramer, 'Gorbachev and the Demise of East European Communism', p. 189.

25. See also *ibid.*, p. 190.

26. T. G. Stepanov-Mamaladze diary, 16 August 1989: T. G. Stepanov-Mamaladze Papers (HIA), box 5.

27. *Ibid.*

28. *Gazeta Wyborcza*, 29 September – 1 October 1989, p. 6.

29. GDR Ambassador Plashke to G. Wittag, telegram, 20 August 1989: Poland, 1986–1989: The End of the System (HIA), box 1, folder 2, item 22, pp. 1–2; official GDR response to Foreign Affairs Minister Totu, 29 August 1989, box 1, folder 2, item 29, p. 1.

30. *Gazeta Wyborcza*, 29 September – 1 October 1989, p. 6.

31. See Kramer, 'Gorbachev and the Demise of East European Communism', p. 190.

32. See M. Kramer, 'The Demise of the Soviet Bloc', pp. 788–854, citing especially 'Vstrechi v Varshave', *Izvestiya*, 27 August 1988, p. 3.

33. See Paczkowski, *The Spring Will Be Ours*, pp. 508–9.

34. L. V. Shebarshin (interview), HIGFC (HIA), box 2, folder 19, p. 21.

35. *Ibid.*, pp. 22–3.

36. V. A. Medvedev (interview), *ibid.*, box 2, folder 10, p. 46.

37. Braithwaite, 'Moscow Diary', 13 September 1989.

38. Central Committee plenum, 19 September 1989: RGASPI, f. 3, op. 5, d. 318, p. 8.

39. Central Committee plenum, 19 September 1989: *ibid.*, f. 3, op. 5, d. 323, p. 182; for Bush's speech on 7 September 1989 see http://bushlibrary.tamu.edu/research/public_papers.php?id=872&year=1989&month=9.

40. Proposal to the Central Committee by E. A. Shevardnadze, A. N. Yakovlev, D. T. Yazov and V. M. Kryuchkov, 20 September 1989, pp. 8–12: Zelikow-Rice Papers (HIA), box 3.
41. Excerpt from minute on Politburo meeting, 28 September 1989 and accompanying proposal: RGASPI, f. 89, op. 9, d. 33, pp. 1–5.
42. Attali, *Verbatim*, vol. 3, p. 297 (conversation between F. Mitterrand and M. Thatcher, 1 September 1989).
43. Chernyaev, *Sovmestnyi iskhod*, p. 808 (9 October 1989).
44. National Security Archive Electronic Briefing Book no. 293, doc. 3: A. S. Chernyaev's notes on conversation between M. S. Gorbachëv and M. Thatcher, 23 September 1989, p. 4.
45. *Ibid.*
46. Chernyaev, *Sovmestnyi iskhod*, p. 808 (9 October 1989).
47. V. Falin, *Bez skidok na obstoyatel'stva: politicheskie vospominaniya*, p. 440.
48. *Ibid.*, p. 442.
49. East German Politburo, 7 October 1989: *Mikhail Gorbachëv i germanskii vopros*, pp. 209–12.
50. Chernyaev, *Sovmestnyi iskhod*, pp. 805–6 (5 October 1989).
51. Conversation between M. S, Gorbachëv and E. Honecker, 7 October 1989: *Mikhail Gorbachëv i germanskii vopros*, pp. 206–7.
52. Chernyaev, *Sovmestnyi iskhod*, pp. 805–6 (5 and 8 October 1989).
53. *Ibid.*, p. 808 (11 October 1989).
54. DPA report (18 August 1991) on Tisch's article in *Kurier am Sonntag*: John Koehler Papers (HIA), box 52, folder: End of the DDR, 1990–1997.
55. V. I. Varennikov (interview), HIGFC (HIA), box 3, folder 3, p. 23.
56. Braithwaite, 'Moscow Diary', 23 October 1989; T. G. Stepanov-Mamaladze diary, 21–29 October 1989: T. G. Stepanov-Mamaladze Papers (HIA), box 5; E. A. Shevardnadze, speech to USSR Supreme Soviet, 23 October 1989: *Pravda*, 24 October 1989.
57. V. A. Aleksandrov (interview), HIGFC (HIA), box 1, folder 2, p. 42.
58. Politburo meeting, 12 October 1989: *V Politbyuro TsK KPSS. Po zapisyam Anatoliya Chernyaeva, Vadima Medvedeva, Georgiya Shakhnazarova, 1985–1991*, p. 443.
59. Joint memorandum of the Hungarian Foreign Affairs Ministry and the Ministry of National Defence on the future of the Warsaw Treaty (translated into English), pp. 4–5, 6 March 1989: PHPCS.
60. E. A. Shevardnadze to the Warsaw Pact's Foreign Ministers' meeting in Warsaw (East German report), 26 October 1989, pp. 6, 14, 24 and 28: *ibid.*
61. Record of conversation between M. S. Gorbachëv and W. Brandt, 17 October 1989: *Mikhail Gorbachëv i germanskii vopros*, pp. 229–30.
62. Record of conversation between Alexander Yakovlev and Zbigniew Brzezinski, 31 October 1989, pp. 4–5: ECWF, MTG-1989-10-31-AY-ZB.
63. 'Memorandum of Krenz-Gorbachëv Conversation, 1 November 1989', *Cold War International History Project Bulletin*, no. 12/13 (2001), p. 19.

64. Conversation between M. S. Gorbachëv and E. Krenz, 1 November 1989: *Mikhail Gorbachëv i germanskii vopros*, pp. 238–9.

65. Excerpt from record of conversation between M. S. Gorbachëv and E. Krenz, 1 November 1989: Poland, 1986–1989: The End of the System (HIA), box 1, folder 2, item 32, pp. 26–7 from A. S. Chernyaev Archive.

66. Politburo meeting, 3 November 1989: *V Politbyuro TsK KPSS*, p. 450.

67. *Ibid.*, p. 451.

68. T. G. Stepanov-Mamaladze working notes, 19 November 1989: T. G. Stepanov-Mamaladze Papers (HIA), box 2.

69. *Deutsche Einheit: Sonderedition aus den Akten des Bundeskanzleramtes 1989/90*, pp. 492–6.

70. T. Stepanov-Mamaladze working notes, 9 November 1989: T. G. Stepanov-Mamaladze Papers (HIA), box 2.

71. Telephone conversation of G. H. W. Bush and H. Kohl, 10 November 1989, p. 1: http://bushlibrary.tamu.edu/research/pdfs/memcons_telcons/1989-11-10--Kohl.pdf

72. Conversation between M. S. Gorbachëv and H. Kohl, 11 November 1989: *Mikhail Gorbachëv i germanskii vopros*, p. 249.

73. Attali, *Verbatim*, vol. 3, p. 339 (14 November 1989).

74. T. G. Stepanov-Mamaladze working notes, 18 November 1989: T. G. Stepanov-Mamaladze Papers (HIA), box 2.

75. V. M. Falin (interview), HIGFC (HIA), box 1, folder 15, p. 33.

76. *Ibid.*, p. 34.

77. H. Teltschik, *329 Tagen: Innenansichten der Einigung*, pp. 44–6 (21 November 1989). See also A. Grachev, *Gorbachev's Gamble: Soviet Foreign Policy and the End of the Cold War*, pp. 144–5; M. E. Sarotte, *1989: The Struggle to Create Post-Cold War Europe*, pp. 71–2.

78. H. Kohl, speech to the Bundestag, 28 November 1989: German History in Documents and Images (http://ghdi.ghi-dc.org/sub_document.cfm?document_id=223&language=german).

79. Conversation of G. H. W. Bush and H. Kohl, 29 November 1989 (telcon), p. 4: http://bushlibrary.tamu.edu/research/pdfs/memcons_telcons/1989-11-29--Kohl.pdf

80. Attali, *Verbatim*, vol. 3, p. 350 (28 November 1989).

81. Braithwaite, 'Moscow Diary', 7 December 1989 (conversation with V. M. Falin); A. G. Kovalëv (interview), HIGFC (HIA), box 2, folder 6, p. 16.

第三十六章　马耳他峰会

1. *New York Times*, 15 November 1989.

2. CIA National Intelligence Estimate: 'The Soviet System in Crisis: Prospects for the Next Two Years', 18 November 1989, pp. vi–vii: ECWF, INT-1989-11-18.

3. E. Rowny to J. A. Baker, 17 November 1989, p. 1: *ibid.*, STY-1989-11-17-

Rowny.
4. B. Scowcroft to G. H. Bush, 30 November 1989, pp. 3–4: *ibid.*
5. J. F. Matlock to Secretary of State, 14 November 1989, pp. 1–3: *ibid.*, STY-1989-11-14.
6. Telephone conversation between G. H. W. Bush and H. Kohl, 29 November 1989, p. 5: http://bushlibrary.tamu.edu/research/pdfs/memcons_telcons/1989-11-29--Kohl.pdf.
7. G. H. W. Bush to M. S. Gorbachëv, 22 November 1989: G. Bush, *All the Best, George Bush: My Life in Letters and Other Writings*, p. 444.
8. J. A. Baker to G. H. W. Bush, 29 November 1989, pp. 1–4: ECWF, STY-1989-11-29.
9. A. Chernyaev, *Sovmestnyi iskhod. Dnevnik dvukh epokh. 1971–1991 gody*, p. 802 (16 September 1989).
10. *Ibid.*, pp. 812–13 (23 October 1989).
11. 'Primernyi perechen' voprosov k vstreche c Dzh. Bushem, 2–3 dekabrya 1989 goda', pp. 1–7: Vitalii Leonidovich Kataev Papers (HIA), box 4, folder 27.
12. Politburo meeting, 22 September 1988: Anatoli Chernyaev Papers (RESCA), box 2, folder 3.
13. T. G. Stepanov-Mamaladze working notes, 29 November 1989: T. G. Stepanov-Mamaladze Papers (HIA), box 3.
14. Conversation between M. S. Gorbachëv and A. Casaroli (Moscow), 13 June 1988: *Otvechaya na vyzov vremeni: Vneshnyaya politika perestroiki: Dokumental'nye svidetel'stva*, pp. 494–6.
15. Conversation between John Paul II and M. S. Gorbachëv (Vatican), 1 December 1989: *ibid.*, pp. 501–2; T. G. Stepanov-Mamaladze diary, 1 December 1989: T. G. Stepanov-Mamaladze Papers (HIA), box 5; Gorbachëv's report to the leaders of Warsaw Pact countries: T. G. Stepanov-Mamaladze working notes, 1 and 4 December 1989: *ibid.*, box 2.
16. Chernyaev, *Sovmestnyi iskhod*, p. 819 (10 December 1989).
17. One-on-one conversation between G. H. Bush and M. S. Gorbachëv (Malta), 2 December 1989: *Otvechaya na vyzov vremeni*, pp. 234–6.
18. Chernyaev, *Sovmestnyi iskhod*, p. 822 (10 December 1989); Malta talks between G. H. Bush and M. S. Gorbachëv (Malta), 2 December 1989: *Otvechaya na vyzov vremeni*, pp. 237–9.
19. Chernyaev, *Sovmestnyi iskhod*, p. 822 (10 December 1989).
20. *Ibid.*, p. 824 (10 December 1989); Malta talks between G. H. Bush and M. S. Gorbachëv (Malta), 2 December 1989: *Otvechaya na vyzov vremeni*, p. 240.
21. Chernyaev, *Sovmestnyi iskhod*, pp. 823–4 (10 December 1989); Malta summit talks between G. H. Bush and M. S. Gorbachëv (Malta), 2 December 1989: *Otvechaya na vyzov vremeni*, pp. 236–7.
22. Lunchtime summit talks between G. H. Bush, J. A. Baker and M. S. Gorbachëv (Malta), 2 December 1989: *ibid.*, p. 243; Chernyaev, *Sovmestnyi iskhod*, pp. 824–5 (10 December 1989).
23. Chernyaev, *Sovmestnyi iskhod*, p. 825 (10 December 1989).
24. Malta summit talks between G. H. Bush and M. S. Gorbachëv, 3 December

1989: *Otvechaya na vyzov vremeni*, pp. 243–4.

25. *Ibid.*, p. 246.

26. Chernyaev, *Sovmestnyi iskhod*, pp. 826–7 (10 December 1989).

27. *Ibid.*, pp. 827–8.

28. Malta summit talks between G. H. Bush and M. S. Gorbachëv, 3 December 1989: *Otvechaya na vyzov vremeni*, p. 247.

29. *Ibid.*

30. One-on-one conversation between G. H. Bush and M. S. Gorbachëv (Malta), 3 December 1989: *ibid.*, pp. 248–9.

31. T. G. Stepanov-Mamaladze diary, 3 December 1989: T. G. Stepanov-Mamaladze Papers (HIA), box 5.

32. Secretary of State to Tokyo and Beijing embassies, 8 December 1989: STATE 391698: Jim Mann Papers (HIA), box 8.

33. Meeting of G. H. W. Bush and H. Kohl, 3 December 1989 (memcon), pp. 1–4: George Bush Presidential Library, http://bushlibrary.tamu.edu/research/pdfs/memcons_telcons/1989-12-03--Kohl.pdf.

34. B. Scowcroft to G. H. W. Bush (memo), 5 December 1989: STY-1989-12-05.

35. T. G. Stepanov-Mamaladze diary, 4 December 1989: T. G. Stepanov-Mamaladze Papers (HIA), box 5.

36. T. G. Stepanov-Mamaladze working notes, 4 December 1989: *ibid.*, box 2.

37. T. G. Stepanov-Mamaladze diary, 4 December 1989: *ibid.*, box 5.

38. T. G. Stepanov-Mamaladze working notes, 4 December 1989: *ibid.*, box 2.

39. T. G. Stepanov-Mamaladze diary, 4 December 1989: *ibid.*, box 5.

40. T. G. Stepanov-Mamaladze working notes, 4 December 1989: *ibid.*, box 2.

41. T. G. Stepanov-Mamaladze diary, 4 December 1989: *ibid.*, box 5.

42. *Ibid.*; T. G. Stepanov-Mamaladze working notes, 4 December 1989: *ibid.*, box 2.

43. T. G. Stepanov-Mamaladze diary, 4 December 1989: *ibid.*, box 5.

44. 'Initsiativy prezidenta Busha, vydvinutye v khode vstrechi na Mal'te' (unsigned, n.d.), p. 1: Vitalii Leonidovich Kataev Papers (HIA), box 4, folder 3.

45. 'Plenum TsK KPSS – 9 dekabrya 1989 goda. Stenograficheskii otchët', *Izvestiya TsK KPSS*, no. 4 (1990), pp. 58 and 61.

46. *Ibid.*, pp. 61–2.

47. *Ibid.*, pp. 27–9.

48. *Ibid.*, pp. 76–9.

第三十七章　重绘欧洲地图

1. 'Zapis' besedy M. S. Gorbachëva s ministrom inostrannykh del FRG G.-D. Gensherom', 5 December 1989, pp. 33–6: Zelikow–Rice Papers (HIA), box 3.

2. Conversation between M. S. Gorbachëv and H.-D. Genscher, 5 December 1989: *Mikhail Gorbachëv i germanskii vopros*, pp. 276–7.

3. 'Zapis' besedy M. S. Gorbachëva s prezidentom Frantsii F. Mitteranom',

5 December 1989, pp. 38–9: Zelikow–Rice Papers (HIA), box 3.

4. 'Beseda [V. Zagladina] s Zhakom Attali v Kiev', 6 December 1989, p. 37: *ibid.*

5. J. Attali, *Verbatim*, vol. 3: *Chronique des années 1988–1991*, p. 371 (conversation between F. Mitterrand and M. Thatcher, 8 December 1989).

6. *Ibid.*, pp. 369–70.

7. *Ibid.*, p. 371.

8. T. G. Stepanov-Mamaladze diary, 21 December 1989: T. G. Stepanov-Mamaladze Papers (HIA), box 5.

9. *Ibid.*, 17 December 1989.

10. R. Braithwaite, 'Moscow Diary', 4 November 1989.

11. T. G. Stepanov-Mamaladze diary, 17 December 1989: T. G. Stepanov-Mamaladze Papers (HIA), box 5.

12. V. A. Medvedev (interview), HIGFC (HIA), box 2, folder 10, p. 35.

13. Meeting of M. S. Gorbachëv, N. I. Ryzhkov, N. Ceauşescu and C. Dadalescu, 4 December 1989: Ş. Săndulescu, *Decembrie '89: Lovitura de stat a confiscate revoluţie română*, pp. 289–93.

14. T. G. Stepanov-Mamaladze diary, 17 December 1989: T. G. Stepanov-Mamaladze Papers (HIA), box 5.

15. Politburo meeting, 23 December 1989: RGASPI, f. 89, op. 9, d. 67.

16. T. G. Stepanov-Mamaladze diary, 3 January 1990: T. G. Stepanov-Mamaladze Papers (HIA), box 5.

17. *Ibid.*, 6 January 1990.

18. *Ibid.*

19. See M. E. Sarotte, *1989: The Struggle to Create Post-Cold War Europe*, p. 99.

20. G. K. Shakhnazarov, *S vozdyami i bez nikh*, p. 173.

21. Politburo meeting, 26 January 1990: *V Politbyuro TsK KPSS. Po zapisyam Anatoliya Chernyaeva, Vadima Medvedeva, Georgiya Shakhnazarova, 1985–1991*, p. 474.

22. Shakhnazarov, *S vozdyami i bez nikh*, p. 173.

23. V. L. Kataev, diary notes on arms reduction and 'Five' work, 1988–1990, 29 January 1990: Vitalii Leonidovich Kataev Papers (HIA), box 2, folder 5.

24. T. G. Stepanov-Mamaladze diary, 1 February 1990: T. G. Stepanov-Mamaladze Papers (HIA), box 5.

25. T. G. Stepanov-Mamaladze diary, 11 February 1990: *ibid.*, box 5.

26. Politburo minute, 9 March 1990: RGASPI, f. 89, op. 8, d. 78, p. 1.

27. See also M. Kramer, 'Gorbachev and the Demise of East European Communism', in S. Pons and F. Romero (eds), *Reinterpreting the End of the Cold War. Issues, Interpretations, Periodizations*, p. 193.

28. Central Committee plenum, 5 February 1990: RGASPI, f. 3, op. 5, d. 420, p. 11.

29. *Ibid.*, f. 3, op. 5, d. 421, pp. 20–1.

30. *Ibid.*, p. 113.

31. *Ibid.*, f. 3, op. 5, d. 422, pp. 27–8.

32. Politburo meeting, 29 January 1990: *V Politbyuro TsK KPSS*, p. 481.

33. J. A. Baker to E. A. Shevardnadze, 3 February 1990: Vitalii Leonidovich

Kataev Papers (HIA), box 4, folder 35.

34. Meeting of J. A. Baker and E. A. Shevardnadze, 9 February 1990 (memcon), p. 3: National Security Archive, Soviet Flashpoints, box 38.

35. 'O peregovorakh c Dzh. Beikerom, 7-8 fevralya 1990, pp. 1-5: Vitalii Leonidovich Kataev Papers (HIA), box 4, folder 36.

36. J. A. Baker to all diplomatic posts, 13 February 1990, pp. 3-4: US Department of State FOIA Documents.

37. First telephone conversation of G. H. W. Bush and H. Kohl, 13 February 1990, pp. 1-2: http://bushlibrary.tamu.edu/research/pdfs/memcons_tel-cons/1990-02-13--Kohl%20%5B1%5D.pdf. See also P. Zelikow and C. Rice, *Germany Unified and Europe Transformed: A Study in Statecraft*, p. 184.

38. Official Soviet note on Baker's position in the Moscow talks: Vitalii Leonidovich Kataev Papers (HIA), box 4, folder 36; memcon: J. A. Baker, M. S. Gorbachëv and E. A. Shevardnadze, 9 February 1990, pp. 6 and 9-11: National Security Archive, Soviet Flashpoints, box 38.

39. Excerpt from Soviet record of conversation between M. S. Gorbachëv and J. A. Baker, 9 February 1990: *Otvechaya na vyzov vremeni: Vneshnyaya politika perestroiki: Dokumental'nye svidetel'stva*, p. 379.

40. Official Soviet note on Baker's position in the Moscow talks: Vitalii Leonidovich Kataev Papers (HIA), box 4, folder 36; meeting of J. A. Baker, M. S. Gorbachëv and E. A. Shevardnadze, 9 February 1990 (memcon), pp. 6 and 9-11: National Security Archive, Soviet Flashpoints, box 38.

41. J. Baker, 'Remarks before the International Affairs Committee of the USSR Supreme Soviet, 10 February 1990', pp. 1-3: Committee on the Present Danger, box 115.

42. J. Baker, 'The New Russian Revolution: Toward Democracy in the Soviet Union' (Washington, DC: US Department of State, March 1990), pp. 1-2 and 7; meeting of J. A. Baker, M. S. Gorbachëv and E. A. Shevardnadze, 9 February 1990 (memcon), pp. 4 and 11: National Security Archive, Soviet Flashpoints, box 38.

43. Baker, 'The New Russian Revolution', pp. 4-9.

44. Record of conversation between M. S. Gorbachëv and H. Kohl, 10 February 1990: *Mikhail Gorbachëv i germanskii vopros*, pp. 341-53.

45. T. G. Stepanov-Mamaladze diary, 14 February 1990: T. G. Stepanov-Mamaladze Papers (HIA), box 5.

46. *Ibid.*, 13 February 1990.

47. *Ibid.*

48. *Ibid.*, 14 February 1990.

49. *Ibid.*, 24 February 1990.

50. V. A. Kryuchkov to M. S. Gorbachëv and the Supreme Soviet, 14 February 1990: RGASPI, f. 89, op. 51, d. 16, p. 2.

51. *Ibid.*

52. *Ibid.*, pp. 4-6.

53. Excerpt from phone conversation between G. H. Bush and M. S. Gorbachëv, 28 February 1990: Vitalii Leonidovich Kataev Papers (HIA), disk 2, TEL-GERM.

February 1990: Vitalii Leonidovich Kataev Papers (HIA), disk 2, TEL-GERM.

54. Telephone conversation of G. H. W. Bush and M. S. Gorbachëv, 28 February 1990, p. 3: http://bushlibrary.tamu.edu/research/pdfs/memcons_telcons/1990-02-28--Gorbachev.pdf

55. J. A. Baker to G. H. Bush, cabled memo, 20 March 1990, section 2, pp. 1–2: US Department of State FOIA Documents.

56. *Ibid.*, section 3, p. 1.

57. *Ibid.*, p. 4.

58. T. G. Stepanov-Mamaladze diary, 22 March 1990: T. G. Stepanov-Mamaladze Papers (HIA), box 5.

59. See M. Dennis, *The Rise and Fall of the German Democratic Republic, 1945–1990*, pp. 279–83 and 296–97.

60. N. S. Leonov, *Likholet'e*, p. 328.

61. Politburo Commission on Arms Reduction Talks (minutes), 30–31 March 1990, p. 2: Vitalii Leonidovich Kataev Papers (HIA), box 13, folder 29; V. L. Kataev (interview), HIGFC (HIA), box 2, folder 4, p. 58; V. L. Kataev, untitled memoir notes filed as PAZNOGL, p. 10: Vitalii Leonidovich Kataev Papers (HIA), disk 3.

62. Aide-memoir, based on report from Yu. K. Nazarkin: T. G. Stepanov-Mamaladze working notes, 6 April 1990: T. G. Stepanov-Mamaladze Papers (HIA), box 3; V. L. Kataev, 'Problemy voennoi politiki', p. 9: Vitalii Leonidovich Kataev Papers (HIA), box 16; V. L. Kataev, untitled memoir notes filed as PAZNOGL, pp. 9–10: *ibid.*, disk 3.

63. T. G. Stepanov-Mamaladze diary, 6 April 1990: T. G. Stepanov-Mamaladze Papers (HIA), box 5. Stepanov-Mamaladze's information came from Yu. K. Nazarkin, who attended the Big Five.

64. 'Direktivy dlya peregovorov ministra inostrannykh del SSSR s Prezidentom SShA Dzh. Bushem i gosudarstvennym sekretarëm Dzh. Beikerom, 4–6 aprelya 1990 goda', pp. 44–6: RGASPI, f. 89, op. 9, d. 100.

65. Letter of M. S. Gorbachëv to G. W. Bush, to be delivered by E. A. Shevardnadze on 4–6 April 1990, pp. 1–6: RGASPI, f. 89, op. 9, d. 101.

66. T. G. Stepanov-Mamaladze diary, 3 April 1990: T. G. Stepanov-Mamaladze Papers (HIA), box 5.

67. T. G. Stepanov-Mamaladze working notes, 5 April 1990: *ibid.*, box 3.

68. Attali, *Verbatim*, vol. 3, p. 460 (6 April 1990).

69. S. F. Akhromeev in S. F. Akhromeev and G. M. Kornienko, *Glazami marshala i diplomata*, p. 232.

70. *Ibid.*

71. T. G. Stepanov-Mamaladze working notes, 6 April 1990: T. G. Stepanov-Mamaladze Papers (HIA), box 3. Stepanov-Mamaladze's information came from Yu. K. Nazarkin, who attended the Big Five.

72. *Ibid.*, 13 April 1990 (?): T. G. Stepanov-Mamaladze Papers (HIA), box 3.

73. *Ibid.*, 12 April 1990.

74. Attali, *Verbatim*, vol. 3, p. 468 (19 April 1990).

75. V. Falin, *Konflikty v Kremle: sumerki bogov po-russki*, pp. 163–4 and 168; the
    memorandum is reproduced *ibid.*, pp. 368–85.
76. Shevardnadze in conversation with US Senate delegation led by John Glenn:
    T. G. Stepanov-Mamaladze working notes, 12 April 1990: T. G. Stepanov-
    Mamaladze Papers (HIA), box 3.
77. *Ibid.*, 4 May 1990.
78. Notes on conversation between J. A. Baker and V. P. Karpov, 20 April 1990:
    Vitalii Leonidovich Kataev Papers (HIA), box 4, folder 37.
79. T. G. Stepanov-Mamaladze working notes, 5 May 1990 : T. G. Stepanov-
    Mamaladze Papers (HIA), box 3.
80. Excerpt from Politburo minutes, 25 April 1990 and accompanying 'Informat-
    sionnyi material ob ob"ekte v Sverdlovske': Dmitri A. Volkogonov Papers
    (HIA), reel 17.
81. Braithwaite, 'Moscow Diary', 14 May 1990; Soviet minute on A. A. Bessmert-
    nykh's meeting with J. F. Matlock and R. Braithwaite, 14 May 1990, pp. 1–3:
    Vitalii Leonidovich Kataev Papers (HIA), box 10, folder 1.
82. *Ibid.*, p. 4.
83. L. N. Zaikov's report to M. S. Gorbachëv, 15 May 1990, pp. 1–3: *ibid.*, box 10,
    folder 2.
84. M. Moiseev to L. N. Zaikov, 13 June 1990, pp. 1–3: *ibid.*, box 10, folder 4.
85. L. N. Zaikov, V. Kryuchkov, E. A. Shevardnadze, D. Yazov, O. Baklanov and I.
    Belousov to M. S. Gorbachëv, June 1990: *ibid.*
86. *Washington Post*, 30 April 1990.
87. *Ibid.*, 29 June 1990.
88. T. G. Stepanov-Mamaladze diary, 30 April 1990: T. G. Stepanov-Mamaladze
    Papers (HIA), box 5.
89. *Ibid.*, 1 May 1990.
90. Memcon of J. A. Baker's intervention at NATO Council meeting, 3 May 1990,
    pp. 2–5: US NATO Mission to Secretary of State, 10 May 1990, US Depart-
    ment of State FOIA Documents.

第三十八章　新德国

1. J. Attali, *Verbatim*, vol. 3: *Chronique des années 1988–1991*, pp. 506–7 (1 June
   1990).
2. J. A. Baker to H.-D. Genscher via US Embassy (Bonn), 4 May 1990 (sent
   from Bonn a day later): US Department of State FOIA Documents.
3. Excerpt from Soviet minute on M. S. Gorbachëv's meeting with J. A. Baker,
   11 May 1990: Vitalii Leonidovich Kataev Papers (HIA), box 4, folder 38.
4. H. Teltschik, *329 Tagen: Innenansichten der Einigung*, pp. 230–2 (14 May
   1990).
5. *Ibid.*, pp. 234 and 235 (14 and 15 May 1990).
6. One-on-one meeting between G. H. W. Bush and H. Kohl, 17 May 1990, p. 3:
   http://bushlibrary.tamu.edu/research/pdfs/memcons_telcons/1990-05-17--

Kohl%20%5B1%5D.pdf

7. Teltschik, *329 Tagen*, p. 243 (21 and 22 May 1990).

8. *Ibid.*, p. 269 (12 June 1990).

9. T. G. Stepanov-Mamaladze working notes, 23 May 1990 : T. G. Stepanov-Mamaladze Papers (HIA), box 3.

10. Second meeting of G. H. W. Bush and H. Kohl, 17 May 1990, memcon, p. 5: http://bushlibrary.tamu.edu/research/pdfs/memcons_telcons/1990-05-17--Kohl%20%5B2%5D.pdf

11. I. Korchilov, *Translating History: Thirty Years on the Front Lines of Diplomacy with a Top Russian Interpreter*, p. 278.

12. G. Bush, diary entry, 31 May 1990: G. Bush, *All the Best, George Bush: My Life in Letters and Other Writings*, p. 471.

13. *Ibid.*, 1 June 1990, p. 472.

14. V. Falin, *Konflikty v Kremle: sumerki bogov po-russki*, p. 172. In an interview, Falin remembered the comment differently: 'Eduard is not right.': V. M. Falin (interview), HIGFC (HIA), box 1, folder 15, p. 40.

15. V. M. Falin (interview), HIGFC (HIA), box 1, folder 15, p. 41.

16. G. Bush in G. Bush and B. Scowcroft, *A World Transformed*, pp. 282–3.

17. *Ibid.*, p. 283.

18. M. S. Gorbachëv to the Political Consultative Committee in Moscow (East German record, translated into English), 7 June 1990, p. 3: PHPCS; T. G. Stepanov-Mamaladze diary, 9 June 1990: T. G. Stepanov-Mamaladze Papers (HIA), box 5. Stepanov-Mamaladze recorded the events of 7 June 1990 two days later.

19. M. S. Gorbachëv to the Political Consultative Committee in Moscow (East German record, translated into English), 7 June 1990, p. 3: PHPCS.

20. *Ibid.*, p. 6.

21. Telephone conversation of G. H. W. Bush and H. Kohl, 1 June 1990, p. 1: http://bushlibrary.tamu.edu/research/pdfs/memcons_telcons/1990-06-01--Kohl.pdf

22. M. S. Gorbachëv to the Political Consultative Committee in Moscow (East German record, translated into English), 7 June 1990, pp. 8–10: PHPCS.

23. Warsaw Pact States' Declaration at Political Consultative Committee in Moscow: *Pravda*, 8 June 1990.

24. See M. E. Sarotte, *1989: The Struggle to Create Post-Cold War Europe*, p. 171.

25. Interview in *Rabochaya tribuna*, 12 June 1990; V. L. Kataev, untitled memoir notes filed as PAZNOGL, p. 10: Vitalii Leonidovich Kataev Papers (HIA), disk 3.

26. R. Braithwaite, 'Moscow Diary', 19 July 1990.

27. US State Department's Briefing Book on the NATO Summit in London, 5–6 July 1990, pp. 3–4: PHPCS.

28. Meeting of G. H. W. Bush and H. Kohl, 8 June 1990 (Washington, memcon), p. 3: http://bushlibrary.tamu.edu/research/pdfs/memcons_telcons/1990-06-08--Kohl.pdf

29. Meeting of G. H. W. Bush and H. Kohl, 9 July 1990 (Houston, memcon),

pp. 1–2: http://bushlibrary.tamu.edu/research/pdfs/memcons_telcons/1990-07-09--Kohl.pdf; Teltschik, *329 Tagen*, p. 305 (9 July 1990).

30. Attali, *Verbatim*, vol. 3, p. 533 (sherpas' discussion, 9 July 1990).
31. Opening session of the Economic Summit of Industrialized Nations (Houston, memcon), 9 July 1990, pp. 2 and 6–7; first plenary session of the Economic Summit of Industrialised Nations (Houston), 10 July 1990, memcon, pp. 4–6; Teltschik, *329 Tagen*, pp. 306–10 (10–11 July 1990); Attali, *Verbatim*, vol. 3, pp. 533–4 (10 July 1990).
32. T. G. Stepanov-Mamaladze working notes, 16 July 1990: T. G. Stepanov-Mamaladze Papers (HIA), box 3.
33. Braithwaite, 'Moscow Diary', 16 July 1990.
34. Teltschik, *329 Tagen*, p. 310 (11 July 1990); Attali, *Verbatim*, vol. 3, pp. 533–4 (10 July 1990).
35. Teltschik, *329 Tagen*, p. 316 (13 July 1990).
36. V. M. Falin to M. S. Gorbachëv, 9 July 1990 (appendix 19): Falin, *Konflikty v Kremle*, pp. 386–92.
37. *Ibid.*, pp. 185–7.
38. Teltschik, *329 Tagen*, p. 325 (15 July 1990).
39. H. Kohl, *Erinnerungen*, vol. 3: *1990–1994*, pp. 169–70.
40. *Ibid.*, p. 332; T. G. Stepanov-Mamaladze diary, 16 July 1990: T. G. Stepanov-Mamaladze Papers (HIA), box 5; record of conversation between M. S. Gorbachëv and H. Kohl, 16 July 1990: *Mikhail Gorbachëv i germanskii vopros*, p. 507; A. Chernyaev, *Sovmestnyi iskhod. Dnevnik dvukh epokh. 1971–1991 gody*, p. 865 (15 July 1990).
41. Record of conversation between M. S. Gorbachëv and H. Kohl, 16 July 1990: *Mikhail Gorbachëv i germanskii vopros*, p. 509, 511–13, 517 and 519.
42. T. G. Stepanov-Mamaladze diary, 17 July 1990: T. G. Stepanov-Mamaladze Papers (HIA), box 5.
43. T. G. Stepanov-Mamaladze working notes, 16 July 1990: T. G. Stepanov-Mamaladze Papers (HIA), box 3.
44. H.-D. Genscher, *Erinnerungen*, p. 837.
45. Falin, *Konflikty v Kremle*, pp. 156–7, 180 and 187.
46. Ye. K. Ligachëv (interview), HIGFC (HIA), box 2, folder 9, p. 32.
47. T. G. Stepanov-Mamaladze diary, 16 July 1990: T. G. Stepanov-Mamaladze Papers (HIA), box 5; T. G. Stepanov-Mamaladze working notes, 16 July 1990: *ibid.*, box 3.
48. G. Bush in Bush and Scowcroft, *A World Transformed*, pp. 296–7.
49. Telephone conversation of G. H. W. Bush and H. Kohl, 17 July 1990, p. 2: http://bushlibrary.tamu.edu/research/pdfs/memcons_telcons/1990-07-17--Kohl.pdf
50. Phone conversation between M. S. Gorbachëv and G. H. W. Bush, 17 July 1990: *Otvechaya na vyzov vremeni: Vneshnyaya politika perestroiki: Dokumental'nye svidetel'stva*, p. 266.
51. Phone conversation between M. S. Gorbachëv and G. H. W. Bush, 17 July 1990: M. S. Gorbachëv, *Sobranie sochinenii*, vol. 21, pp. 277–8.

52. A. L. Adamishin Papers (HIA), box 1: Diaries 1990, March 1990.
53. A. L. Adamishin (interview), HIGFC (HIA), box 1, folder 1, p. 23.
54. A. N. Yakovlev (interview), *ibid.*, box 3, folder 5, p. 17.
55. E. I. Primakov (interview), *ibid.*, box 2, folder 14, p. 6.
56. See above, p. 432; and excerpt from Soviet record of conversation between M. S. Gorbachëv and J. A. Baker, 9 February 1990: *Otvechaya na vyzov vremeni*, p. 379. A. E. Stent gives an excellent account of the Gorbachëv–Baker conversation, albeit one that is more definite about the implications of the contents than I have adopted, in *Russia and Germany Reborn: Unification, the Soviet Collapse, and the New Europe*, pp. 113–14 and 225.
57. J. A. Baker and E. A. Shevardnadze (West Berlin, memcon), 22 July 1990, pp. 4–5 and 12–14: National Security Archive, Soviet Flashpoints, box 38.
58. Record of conversation between M. S. Gorbachëv and H. Kohl, 7 September 1990: *Mikhail Gorbachëv i germanskii vopros*, pp. 555–6.
59. Record of conversation between M. S. Gorbachëv and H. Kohl, 10 September 1990: *ibid.*, p. 565.
60. Record of conversation between M. S. Gorbachëv and R. von Weizsäcker, 9 November 1990: *ibid.*, p. 597.
61. Record of conversation between M. S. Gorbachëv and T. Waigel, 10 November 1990: *ibid.*, p. 622.
62. A. G. Kovalëv (interview), HIGFC (HIA), box 2, folder 6, p. 36.
63. Politburo vote, 4 April 1990: Dmitri A. Volkogonov Papers (HIA), reel 1.
64. Coded telegram to Soviet embassy, 16 October 1990: *ibid.*

第三十九章　波罗的海三国

1. J. Attali, *Verbatim*, vol. 3: *Chronique des années 1988–1991*, p. 275 (conversation between F. Mitterrand and M. S. Gorbachëv, 5 July 1989).
2. Politburo meeting, 23 February 1987: *V Politbyuro TsK KPSS. Po zapisyam Anatoliya Chernyaeva, Vadima Medvedeva, Georgiya Shakhnazarova, 1985–1991*, pp. 127–9.
3. Politburo meeting, 23 February 1987, p. 152: Anatoli Chernyaev Papers (RESCA), box 1.
4. T. G. Stepanov-Mamaladze diary, 15 and 23 December 1986: T. G. Stepanov-Mamaladze Papers (HIA), box 5.
5. E. Shevardnadze, *Kogda rukhnul zheleznyi zanaves: vstrechi i vospominaniya*, p. 199.
6. T. G. Stepanov-Mamaladze working notes, 26 April 1988: T. G. Stepanov-Mamaladze Papers (HIA), box 2, folder 7; T. G. Stepanov-Mamaladze diary, 28 April 1988: *ibid.*, box 5; T. G. Stepanov-Mamaladze, 'K besede s nemtsami iz Nut'ingena' (retrospective notes: n.d.), p. 1: *ibid.*, box 2.
7. V. Bakatin, *Izbavlenie ot KGB*, p. 45.
8. Survey of operational information of the Lithuanian SSR KGB, 22 April 1987

(p. 2): Lithuanian SSR KGB (HIA), K-1/10/712.

9. Survey of operational information of the Lithuanian SSR KGB, 6 March 1987 (pp. 1–6): *ibid.*

10. Survey of operational information of the Lithuanian SSR KGB, 10 June 1987 (pp. 2–3): *ibid.*

11. V. Landsbergis, *Lithuania Independent Again: The Autobiography of Vytautas Landsbergis*, pp. 113–14.

12. F. D. Bobkov (interview), HIGFC (HIA), box 1, folder 6, p. 28.

13. *Ibid.*, p. 28 and 32.

14. A. N. Yakovlev, theses for speech at the Politburo, 18 August 1988: *Aleksandr Yakovlev. Perestroika, 1985-1991. Neizdannoe, maloizvestnoe, zabytoe*, pp. 218–22.

15. *Ibid.*, pp. 221 and 223.

16. Politburo meeting, 24 January 1989: Anatoli Chernyaev Papers (RESCA), box 1, p. 6; Politburo meeting, 24 January 1989: *V Politbyuro TsK KPSS*, p. 376.

17. Draft policy document (signed by V. A. Medvedev, Yu. D. Maslyukov, N. Slyunkov, A. N. Yakovlev, A. I. Lukyanov and G. Razumovski), 1 February 1990, pp. 1–5: Dmitri A. Volkogonov Papers (HIA), reel 1.

18. 'Zapis' besedy A. N. Yakovleva s poslom SShA v SSSR Dzh. Metlokom', 30 March 1990: *Aleksandr Yakovlev. Perestroika*, pp. 437–42.

19. J. A. Baker and G. H. Bush, 20 March 1990 (memo), section 2, p. 3: US Department of State FOIA Documents.

20. T. G. Stepanov-Mamaladze working notes, 5 April 1990: T. G. Stepanov-Mamaladze Papers (HIA), box 3.

21. Politburo meeting, 11 May 1989: Anatoli Chernyaev Papers (RESCA), box 1, pp. 62–3.

22. *Ibid.*, p. 64.

23. *Ibid.*, p. 65.

24. *Ibid.*

25. Politburo meeting, 14 July 1989: *V Politbyuro TsK KPSS*, pp. 427–8.

26. Politburo meeting, 14 July 1989: Anatoli Chernyaev Papers (RESCA), box 1, pp. 73–4.

27. *Ibid.*, 75–6.

28. *Ibid.*, pp. 78–9.

29. *Ibid.*, p. 82.

30. Central Committee plenum, 19 September 1989: RGASPI, f. 3, op. 5, d. 295, pp. 31–2.

31. Politburo meeting, 9 November 1989: Anatoli Chernyaev Papers (RESCA), box 1, p. 99.

32. *Ibid.*, p. 100.

33. T. G. Stepanov-Mamaladze working notes, 19 November 1989: T. G. Stepanov-Mamaladze Papers (HIA), box 2.

34. *Ibid.*, 18 November 1989.

35. One-on-one conversation between G. H. Bush and M. S. Gorbachëv (Malta), 3 October 1989: *Otvechaya na vyzov vremeni: Vneshnyaya politika perestroiki: Dokumental'nye svidetel'stva*, pp. 248–9.

36. Central Committee plenum, 25 December 1989: RGASPI, f. 3, op. 5, d. 374, pp. 194–5.

37. M. S. Gorbachëv, speech in the House of Culture (Vilnius), 11 January 1990: M. S. Gorbachëv, *Sobranie sochinenii*, vol. 18, pp. 73–85.

38. T. G. Stepanov-Mamaladze diary, 12 January 1990: T. G. Stepanov-Mamaladze Papers (HIA), box 5.

39. *Ibid.*, 16 January 1990.

40. Politburo meeting, 13 February 1990: Anatoli Chernyaev Papers (RESCA), box 1b, p. 48.

41. Politburo meeting, 22 March 1990: *ibid.*, pp. 59–60.

42. *Ibid.*, p. 60.

43. *Ibid.*, pp. 60–1.

44. 'Ukazaniya dlya besedy ministra inostrannykh del SSSR s Prezidentom SShA Dzh. Bushem (Vashington, 6 aprelya 1990 goda)', pp. 2–46: RGASPI, f. 89, op. 9, d. 100.

45. T. G. Stepanov-Mamaladze diary, 6 April 1990: T. G. Stepanov-Mamaladze Papers (HIA), box 5.

46. J. A. Baker to G. H. Bush, 9 May 1990, memo: US Department of State FOIA Documents.

47. T. G. Stepanov-Mamaladze working notes, 6 April 1990: T. G. Stepanov-Mamaladze Papers (HIA), box 3.

48. *Ibid.*

49. R. Braithwaite, 'Moscow Diary', 10 April 1990.

50. Attali, *Verbatim*, vol. 3, pp. 469–70 (19 April 1990).

51. G. H. W. Bush to M. S. Gorbachëv, 29 April 1990: G. Bush, *All the Best, George Bush: My Life in Letters and Other Writings*, p. 468.

52. Conversation between M. S. Gorbachëv and J. A. Baker (Moscow), 18 May 1990: *Otvechaya na vyzov vremeni*, p. 259.

53. Braithwaite, 'Moscow Diary', 18 May 1990.

54. Conversation between G. H. W. Bush and M. S. Gorbachëv (Washington), 31 May 1990: *Otvechaya na vyzov vremeni*, p. 263.

55. I. Korchilov, *Translating History: Thirty Years on the Front Lines of Diplomacy with a Top Russian Interpreter*, p. 263.

56. *Ibid.*, p. 255.

57. *New York Times*, 6 June 1990.

58. Meeting of J. A. Baker and E. A. Shevardnadze (West Berlin, memcon), 22 July 1990, pp. 4–5 and 12–14: National Security Archive, Soviet Flashpoints, box 38.

59. Shevardnadze, *Kogda rukhnul zheleznyi zanaves*, p. 182.

60. A. N. Yakovlev, Question-and-answer session at the XXVIII Party Congress, 7 July 1990: *Aleksandr Yakovlev. Perestroika*, p. 511.

1. A. Chernyaev, *Sovmestnyi iskhod. Dnevnik dvukh epokh. 1971–1991 gody*, p. 872 (13 September 1990).
2. *Ibid.*
3. Meeting of A. A. Obukhov and J. Matlock, 3 September 1990: Vitalii Leonidovich Kataev Papers (HIA), box 4, folder 48.
4. Message from official to E. A. Shevardnadze, 19 September 1990: *ibid.*, box 4, folder 49.
5. Helsinki Summit, 9 September 1990: *Otvechaya na vyzov vremeni: Vneshnyaya politika perestroiki: Dokumental'nye svidetel'stva*, p. 726.
6. Conversation between M. S. Gorbachëv and G. H. W. Bush, 9 September 1990: Gorbachëv Foundation Archive, fond 1, op. 1, reproduced in P. Stroilov, *Behind the Desert Storm*, p. 149; B. Scowcroft in G. Bush and B. Scowcroft, *A World Transformed*, p. 364.
7. Helsinki summit transcript (Soviet), 9 September 1990: Gorbachëv Foundation Archive, fond 1, op. 1, reproduced in Stroilov, *Behind the Desert Storm*, p. 182.
8. *Ibid.*, pp. 184–6.
9. T. G. Stepanov-Mamaladze diary, 28 April 1988: T. G. Stepanov-Mamaladze Papers (HIA), box 5.
10. T. G. Stepanov-Mamaladze working notes, 1 February 1990: *ibid.*, box 3.
11. *Ibid.*
12. *Ibid.*, 22 March 1990.
13. T. G. Stepanov-Mamaladze diary, 5–9 February 1990: *ibid.*, box 5.
14. *Ibid.*, 23 June 1989.
15. T. G. Stepanov-Mamaladze working notes, 1 June 1990 : *ibid.*, box 3.
16. T. G. Stepanov-Mamaladze diary, 30 June 1988: *ibid.*, box 5.
17. *Ibid.*, 28 December 1989.
18. T. G. Stepanov (interview), HIGFC (HIA), box 3, folder 1, p. 38.
19. T. G. Stepanov-Mamaladze diary, 28 December 1989: T. G. Stepanov-Mamaladze Papers (HIA), box 5.
20. *Ibid.*, 25 December 1989; S. P. Tarasenko (interview), HIGFC (HIA), box 3, folder 2, p. 57.
21. A. G. Kovalëv (interview), *ibid.*, box 2, folder 6, p. 38; S. P. Tarasenko (interview), *ibid.*, box 3, folder 2, pp. 58 and 99–100.
22. A. G. Kovalëv (interview), *ibid.*, box 2, folder 6, p. 39; S. P. Tarasenko (interview), *ibid.*, box 3, folder 2, pp. 58 and 99–100.
23. T. G. Stepanov-Mamaladze diary, 28 December 1989: T. G. Stepanov-Mamaladze Papers (HIA), box 5.
24. *Ibid.*, 30 December 1989.
25. *Ibid.*, 1 February 1990. The Russian phrase is: 'Radi etogo stoilo by eshchë pozhit.'
26. 'O nekotorykh aspektakh polozheniya del na peregovorakh po sokrash-

cheniyu vooruzhenii', 23 March 1990 (n.a.), pp. 1–5: Vitalii Leonidovich Kataev Papers (HIA), box 13, folder 28.

27. G. M. Kornienko in S. F. Akhromeev and G. M. Kornienko, *Glazamı marshala i diplomata*, p. 255.

28. *Ibid.*, p. 256.

29. 'O nekotorykh aspektakh polozheniya del na peregovorakh po sokrash-cheniyu vooruzhenii', 23 March 1990 (n.a.), pp. 1–5: Vitalii Leonidovich Kataev Papers (HIA), box 13, folder 28.

30. V. Kryuchkov, *Lichnoe delo*, vol. 1, pp. 296–8 and 301.

31. R. Braithwaite, 'Moscow Diary', 4 January 1989.

32. T. G. Stepanov-Mamaladze diary, 1 February 1990: T. G. Stepanov-Mamaladze Papers (HIA), box 5.

33. *Ibid.*, 5–9 February 1990.

34. T. G. Stepanov-Mamaladze working notes, 27 February 1990: T. G. Stepanov-Mamaladze Papers (HIA), box 3.

35. A. L. Adamishin Papers (HIA), box 1: Diaries 1990, March 1990.

36. Lt. Gen. A. F. Katusev, 'Proshu opublikovat', *Sovetskaya Rossiya*, 25 March 1990; Col. Gen. I. Rodionov, 'Lish' polnaya pravda mozhet ubedit'', *Literaturnaya Rossiya*, 20 April 1990; T. G. Stepanov-Mamaladze diary, 17–25 April 1990: T. G. Stepanov-Mamaladze Papers (HIA), box 5.

37. T. G. Stepanov-Mamaladze working notes, 13 April 1990: T. G. Stepanov-Mamaladze Papers (HIA), box 3.

38. A. S. Chernyaev (interview), HIGFC (HIA), box 1, folder 16, p. 89.

39. In fact over a thousand out of 4,459 delegates rejected Defence Minister Yazov whereas only 872 spurned Shevardnadze: T. G. Stepanov-Mamaladze diary, 13 July 1990: T. G. Stepanov-Mamaladze Papers (HIA), box 5.

40. A. N. Yakovlev (interview), HIGFC (HIA), box 3, folder 4, p. 17.

41. T. G. Stepanov-Mamaladze diary, 12 January 1990: T. G. Stepanov-Mamaladze Papers (HIA), box 5.

42. T. G. Stepanov-Mamaladze working notes, 2 July 1990: *ibid.*, box 3.

43. A. S. Chernyaev (interview), HIGFC (HIA), box 1, folder 12, p. 90.

44. A. Yakovlev, *Omut pamyati*, p. 484.

45. T. G. Stepanov-Mamaladze working notes, 1 February 1990: T. G. Stepanov-Mamaladze Papers (HIA), box 3. The Russian phrase is: 'Ya absolyutno veryu v Shevardnadze.'

46. V. L. Kataev, 'Kartina kontsa 80-x', filed as 80–90, p. 3: Vitalii Leonidovich Kataev Papers (HIA), disk 3.

47. Chernyaev, *Sovmestnyi iskhod*, p. 802 (16 September 1989).

48. Braithwaite, 'Moscow Diary', 14 September 1990.

49. E. A. Shevardnadze to M. S. Gorbachëv, 18 September 1990, p. 5: Vitalii Leonidovich Kataev Papers (HIA), box 4, folder 50.

50. E. Shevardnadze, *Moi vybor: v zashchitu demokratii i svobody*, p. 20.

51. E. A. Shevardnadze to M. S. Gorbachëv, item 2 (October 1990?), pp. 6–8: Vitalii Leonidovich Kataev Papers (HIA), box 4, folder 53; T. G. Stepanov-Mamaladze working notes, 17 February 1991: T. G. Stepanov-Mamaladze

52. Chernyaev, *Sovmestnyi iskhod*, p. 883 (23 October 1990).

53. P. Cradock, *In Pursuit of British Interests Reflections on Foreign Policy under Margaret Thatcher and John Major*, p. 115.

54. S. P. Tarasenko (interview), HIGFC (HIA), box 3, folder 2, p. 80.

55. A. S. Chernyaev (interview), *ibid.*, box 1, folder 12, p. 88.

56. S. P. Tarasenko (interview), *ibid.*, box 3, folder 2, p. 58.

57. K. N. Brutents, *Nesbyvsheesya. Neravnodushnye zametki o perestroike*, p. 534.

58. S. P. Tarasenko (interview), HIGFC (HIA), box 3, folder 2, p. 81.

59. E. A. Shevardnadze to M. S. Gorbachëv (n.d.), 'Ob itogakh peregovorov v N'yu-Iorke, 22 sentyabrya – 5 oktyabrya 1990 goda', pp. 2–7 and 17: Vitalii Leonidovich Kataev Papers (HIA), box 4, folder 53.

60. See J. G. Wilson, *The Triumph of Improvisation: Gorbachev's Adaptability, Reagan's Engagement, and the End of the Cold War*, p. 191.

61. See A. Brown, *The Gorbachev Factor*, pp. 152–3.

62. See Wilson, *The Triumph of Improvisation*, p. 192.

63. Chernyaev, *Sovmestnyi iskhod*, p. 884 (31 October 1990).

64. Braithwaite, 'Moscow Diary', 4 December 1990; Y. Primakov, *Russian Crossroads: Towards the New Millennium*, p. 48.

65. Meeting of M. S. Gorbachëv and S. Al-Feisal (Moscow), 27 November 1990: *Otvechaya na vyzov vremeni*, p. 740.

第四十一章　新世界秩序？

1. Y. Primakov, *Russian Crossroads: Towards the New Millennium*, p. 51.

2. S. P. Tarasenko (interview), HIGFC (HIA), box 3, folder 2, p. 81.

3. T. G. Stepanov-Mamaladze diary, 19 October 1990: T. G. Stepanov-Mamaladze Papers (HIA), box 5.

4. J. Attali, *Verbatim*, vol. 3: *Chronique des années 1988–1991*, pp. 620–1 (conversation between F. Mitterrand and M. Gorbachëv, 30 October 1990).

5. S. P. Tarasenko (interview), HIGFC (HIA), box 3, folder 2, pp. 84–5.

6. *Ibid.*, pp. 84–6.

7. T. G. Stepanov (interview), *ibid.*, box 3, folder 1, p. 8.

8. A. S. Chernyaev (interview), *ibid.*, box 1, folder 12, p. 88.

9. T. G. Stepanov-Mamaladze working notes, 26 November 1990: T. G. Stepanov-Mamaladze Papers (HIA), box 3.

10. *Ibid.*, 27 November 1990.

11. E. Shevardnadze, *Kogda rukhnul zheleznyi zanaves: vstrechi i vospominaniya*, pp. 191–2; conversation between N. Shevardnadze and J. Braithwaite: R. Braithwaite, 'Moscow Diary', 10 September 1991.

12. T. G. Stepanov-Mamaladze working notes, 9 December 1990: T. G. Stepanov-Mamaladze Papers (HIA), box 3.

13. *Ibid.*, 23 November 1990.

14. *Ibid.*, 24 November 1990.
15. V. V. Bakatin (interview), HIGFC (HIA), box 1, p. 6.
16. *Ibid.*, p. 7.
17. A. Chernyaev, *Sovmestnyi iskhod. Dnevnik dvukh epokh. 1971–1991 gody*, p. 883 (23 October 1990).
18. T. G. Stepanov-Mamaladze working notes, 4 December 1990: T. G. Stepanov-Mamaladze Papers (HIA), box 3.
19. Attali, *Verbatim*, vol. 3, p. 657 (11 December 1990).
20. T. G. Stepanov-Mamaladze working notes, 12 December 1990: T. G. Stepanov-Mamaladze Papers (HIA), box 3.
21. *Ibid.*
22. Braithwaite, 'Moscow Diary', 14 December 1990.
23. Letter from Zh. A. Medvedev to the British authorities, 11 July 1991 about information collected by Roy Medvedev from S. F. Akhromeev: Braithwaite, 'Moscow Diary', 18 July 1991.
24. T. G. Stepanov-Mamaladze working notes, 20 December 1990: T. G. Stepanov-Mamaladze Papers (HIA), box 3.
25. *Pravda*, 21 December 1990; Chernyaev, *Sovmestnyi iskhod*, p. 890 (19 December 1990).
26. *Pravda*, 21 December 1990.
27. T. G. Stepanov-Mamaladze working notes, 20 and 21 December 1990: T. G. Stepanov-Mamaladze Papers (HIA), box 3.
28. *Ibid.*, 21 December 1990.
29. *Ibid.*
30. *Ibid.*, 30 December 1990.
31. *Ibid.*, 2 January 1991.
32. Shevardnadze, *Kogda rukhnul zheleznyi zanaves*, pp. 191–2.
33. *Ibid.*, p. 193.
34. T. G. Stepanov-Mamaladze diary, 28 April 1988: T. G. Stepanov-Mamaladze Papers (HIA), box 5.
35. V. M. Falin (interview), HIGFC (HIA), box 1, folder 15, pp. 20–1.
36. S. P. Tarasenko (interview), *ibid.*, box 3, folder 2, pp. 59–60.
37. *New York Times*, 21 December 1990.
38. A. S. Chernyaev (interview), HIGFC (HIA), box 1, folder 16, p. 90.
39. T. G. Stepanov-Mamaladze working notes, 18 March 1991: T. G. Stepanov-Mamaladze Papers (HIA), box 3.
40. T. G. Stepanov-Mamaladze diary, 30 June 1988: *ibid.*, box 5.
41. Chernyaev, *Sovmestnyi iskhod*, p. 934 (31 March 1991).
42. V. M. Falin (interview), HIGFC (HIA), box 1, folder 15, pp. 20–1.
43. Chernyaev, *Sovmestnyi iskhod*, p. 912 (29 January 1991).
44. *Ibid.*, p. 921 (25 February 1991).
45. L. N. Zaikov, V. M. Kryuchkov, E. A. Shevardnadze, D. T. Yazov, O. D. Baklanov and I. S. Belousov to M. S. Gorbachëv (draft memo), December 1990:

Vitalii Leonidovich Kataev Papers (HIA), disk 1, AKHROMEEV, pp. 1–2. I have no idea whether this memo went to Gorbachëv as drafted.

46. Soviet record of conversation between D. Logan and V. P. Karpov, 24 December 1990: *ibid.*, box 11, folder 12.

47. A. L. Adamishin Papers (HIA), box 2, folder 1: Diaries 1991, 17 February 1991.

48. Chernyaev, *Sovmestnyi iskhod*, p. 917 (15 January 1991).

49. E. Shevardnadze, *Moi vybor: v zashchitu demokratii i svobody*, p. 85.

50. E. A. Shevardnadze to J. A. Baker, January 1991: Vitalii Leonidovich Kataev Papers (HIA), box 4, folder 54; and record of conversation with J. Matlock, 1 February 1991: *ibid.*, folder 55.

51. Chernyaev, *Sovmestnyi iskhod*, p. 908 (18 January 1991).

第四十二章　结局

1. L. V. Shebarshin, *Ruka Moskvy: Zapiski nachal'nika sovetskoi razvedki*, p. 274.

2. V. L. Kataev, 'Sovetskii voenno-promyshlennyi kompleks', p. 41: Vitalii Leonidovich Kataev Papers (HIA), box 16.

3. R. Braithwaite, 'Moscow Diary', 25 September 1991.

4. V. Landsbergis, *Lithuania Independent Again: The Autobiography of Vytautas Landsbergis*, pp. 259–60.

5. Protocol on the cessation of the Warsaw Pact's military agreements and the elimination of its organs and structures, 25 February 1991 (Soviet record): PHPCS.

6. See also M. Kramer, 'Gorbachev and the Demise of East European Communism', in S. Pons and F. Romero (eds), *Reinterpreting the End of the Cold War. Issues, Interpretations, Periodizations*, p. 194.

7. Braithwaite, 'Moscow Diary', 21 March 1991.

8. A. Chernyaev, *Sovmestnyi iskhod. Dnevnik dvukh epokh. 1971–1991 gody*, p. 928 (14 March 1991).

9. J. Major to M. S. Gorbachëv, 5 April 1991: Vitalii Leonidovich Kataev Papers (HIA), box 4, folder 57; Braithwaite, 'Moscow Diary', 5 April 1991.

10. *Ibid.*, 5 December 1991.

11. A. N. Yakovlev (interview), HIGFC (HIA), box 3, folder 4, pp. 11–12.

12. A. L. Adamishin Papers (HIA), box 2, folder 1: Diaries 1991, 14 March 1991.

13. *Ibid.*, 15 March 1991.

14. *Ibid.*, 14 March 1991.

15. G. K. Shakhnazarov, *S vozhdyami i bez nikh*, p. 472.

16. Chernyaev, *Sovmestnyi iskhod*, p. 815 (29 October 1989).

17. 'Spravka' on the expected savings from the fulfilment of the strategic offensive weapons treaty, probably April 1991: Vitalii Leonidovich Kataev Papers (HIA), box 11, folder 33.

18. Braithwaite, 'Moscow Diary', 6 May 1991.
19. Security Council meeting, 18 May 1991: *V Politbyuro TsK KPSS. Po zapisyam Anatoliya Chernyaeva, Vadima Medvedeva, Georgiya Shakhnazarova, 1985–1991*, p. 573.
20. *Ibid.*, p. 574.
21. Landsbergis, *Lithuania Independent Again*, pp. 261–2.
22. *Ibid.*, pp. 263–4.
23. Telephone conversation of G. H. W. Bush and M. S. Gorbachëv, 11 May 1991, pp. 3–4: http://bushlibrary.tamu.edu/research/pdfs/memcons_telcons/1991-05-11--Gorbachev.pdf
24. G. H. W. Bush to M. S. Gorbachëv, 5 June 1991: Vitalii Leonidovich Kataev Papers (HIA), box 4, folder 58.
25. M. S. Gorbachëv to G. H. W. Bush, 13 June 1991: *ibid.*, box 4, folder 59.
26. V. A. Kryuchkov (interview), HIGFC (HIA), box 2, folder 7, pp. 47–8.
27. V. Kryuchkov, *Lichnoe delo*, vol. 2, pp. 389–92.
28. A. L. Adamishin Papers (HIA), box 2, folder 1: Diaries 1991, 26 June 1991; Braithwaite, 'Moscow Diary', 17 June 1991.
29. L. V. Shebarshin (interview), HIGFC (HIA), box 2, folder 19, p. 39.
30. Braithwaite, 'Moscow Diary', 6 June 1991.
31. V. Kryuchkov, *Lichnoe delo*, vol. 1, p. 261.
32. Presidential Council, 16 October 1990: Anatoli Chernyaev Papers (RESCA), box 1, p. 61.
33. V. L. Kataev, untitled memoir notes filed as PAZNOGL, p. 10: Vitalii Leonidovich Kataev Papers (HIA), disk 3.
34. V. M. Falin (interview), HIGFC (HIA), box 1, folder 15, p. 17.
35. Chernyaev, *Sovmestnyi iskhod*, p. 954 (23 June 1991).
36. *Ibid.*
37. Meeting of Gorbachëv and Rodric Braithwaite, 15 June 1991: *V Politbyuro TsK KPSS*, p. 579.
38. Braithwaite, 'Moscow Diary', 15 June 1991.
39. J. A. Baker, 'CFE: Foundation for Enduring European Security', statement before Senate Foreign Relations Committee, 11 July 1991, p. 1: Committee on the Present Danger, box 126, folder: CFE.
40. Gorbachëv and Bush 17 July 1991 (London): *V Politbyuro TsK KPSS*, pp. 594–6.
41. Braithwaite, 'Moscow Diary', 18 July 1991.
42. Chernyaev, *Sovmestnyi iskhod*, p. 966 (23 July 1991).
43. *Ibid.*, pp. 966–7.
44. B. Scowcroft, 'Bush Got It Right in the Soviet Union', *New York Times*, 18 August 1991.
45. G. Bush, *All the Best, George Bush: My Life in Letters and Other Writings*, p. 530.
46. Chernyaev, *Sovmestnyi iskhod*, p. 970.
47. G. I. Revenko (interview), HIGFC (HIA), box 2, folder 16, p. 33.

48. *Sovetskaya Rossiya*, 23 July 1991.
49. Chernyaev, *Sovmestnyi iskhod*, p. 971 (21 August 1991).
50. *Ibid.*, p. 975.
51. *Ibid.*, p. 972.
52. Bush, *All the Best, George Bush*, p. 533 (diary: 19 August 1991).
53. Interview with L. M. Zamyatin, *Kommersant*, 3 May 2005.
54. Chernyaev, *Sovmestnyi iskhod*, p. 982 (21 August 1991).
55. *Ibid.*
56. V. A. Medvedev, *V komande Gorbachëva. Vzglyad izvnutri*, p. 198.
57. Chernyaev, *Sovmestnyi iskhod*, p. 973 (21 August 1991).
58. *Ibid.*, p. 984 (21 August 1991).
59. S. Plokhy, *The Last Empire: The Final Days of the Soviet Empire*, p. 174.
60. T. G. Stepanov-Mamaladze working notes, 30 August 1991: T. G. Stepanov-Mamaladze Papers (HIA), box 3; E. Shevardnadze, *Kogda rukhnul zheleznyi zanaves: vstrechi i vospominaniya*, pp. 211–12.
61. A. Yakovlev, *Omut pamyati*, p. 469. Yakovlev did not specify that Gorbachëv made the offer at that meeting, but the balance of probability is that it was then and there.
62. Shevardnadze, *Kogda rukhnul zheleznyi zanaves*, pp. 211–12. On 30 November 1991, Shevardnadze was to ask Yeltsin whether he thought that Gorbachëv had been involved in the August coup. Apparently Yeltsin had replied: 'I don't exclude [the possibility].': T. G. Stepanov-Mamaladze working notes, 30 November 1991: T. G. Stepanov-Mamaladze Papers (HIA), box 3.
63. Shevardnadze, *Kogda rukhnul zheleznyi zanaves*, pp. 211–12.
64. G. Bush and B. Scowcroft, *A World Transformed*, p. 539.
65. *Washington Post*, 30 August 1991.
66. Bush and Scowcroft, *A World Transformed*, pp. 541–2.
67. G. H. W. Bush, Address to the Nation on Reducing United States and Soviet Nuclear Weapons, 27 September 1991: www.presidency.ucsb.edu/ws/?pid=20035
68. Bush and Scowcroft, *A World Transformed*, p. 546.
69. *Ibid.*, p. 547.
70. Braithwaite, 'Moscow Diary', 7 October 1991.
71. Chernyaev, *Sovmestnyi iskhod*, p. 1016 (3 November 1991).
72. V. L. Kataev, diary: 15 November 1991: Vitalii Leonidovich Kataev Papers (HIA), box 3, folder 5.

（此部分页码为原书页码，即本书边码）

图书在版编目（CIP）数据

冷战的终结：1985-1991 / （英）罗伯特·瑟维斯
(Robert Service) 著；周方茹译. -- 北京：社会科学
文献出版社, 2021.5（2025.5重印）
书名原文: The End of the Cold War: 1985-1991
ISBN 978-7-5201-7974-4

Ⅰ. ①冷…　Ⅱ. ①罗…②周…　Ⅲ. ①冷战-国际关
系史-研究-1985-1991　Ⅳ. ①D819

中国版本图书馆CIP数据核字（2021）第029604号

冷战的终结：1985~1991

著　者 / 〔英〕罗伯特·瑟维斯（Robert Service）
译　者 / 周方茹

出 版 人 / 冀祥德
责任编辑 / 段其刚
文稿编辑 / 郭锡超
责任印制 / 岳　阳

出　　版 / 社会科学文献出版社·教育分社（010）59367151
　　　　　　地址：北京市北三环中路甲29号院华龙大厦　邮编：100029
　　　　　　网址：www.ssap.com.cn
发　　行 / 社会科学文献出版社（010）59367028
印　　装 / 北京盛通印刷股份有限公司

规　　格 / 开　本：787mm×1092mm　1/16
　　　　　　印　张：47　插　页：1.25　字　数：550千字
版　　次 / 2021年5月第1版　2025年5月第2次印刷
书　　号 / ISBN 978-7-5201-7974-4
著作权合同
登 记 号 / 图字01-2017-1415号
定　　价 / 179.00元

读者服务电话：4008918866